THE WRITINGS OF
WILL ROGERS

SPONSORED BY

The Will Rogers Memorial Commission
and Oklahoma State University

THE WRITINGS OF WILL ROGERS

- **SERIES I:** Books of Will Rogers
  1. Ether and Me, or "Just Relax"
  2. There's Not a Bathing Suit in Russia & Other Bare Facts
  3. The Illiterate Digest
  4. The Cowboy Philosopher on the Peace Conference
  5. The Cowboy Philosopher on Prohibition
  6. Letters of a Self-Made Diplomat to His President
- **SERIES II:** Convention Articles of Will Rogers (in one volume)
- **SERIES III:** Daily Telegrams of Will Rogers
  1. Coolidge Years 1926-1929
  2. Hoover Years 1929-1931
  3. Hoover Years 1931-1933
  4. Roosevelt Years 1933-1935
- **SERIES IV:** Weekly Articles of Will Rogers
  1. Harding/Coolidge Years 1922-1925
  2. Coolidge Years 1925-1927
  3. Coolidge Years 1927-1929
  4. Hoover Years 1929-1931
  5. Hoover Years 1931-1933
  6. Roosevelt Years 1933-1935
- **SERIES V:** Magazine Articles of Will Rogers
  1. "He Chews to Run": Will Rogers' Life Magazine Articles, 1928
  2. More Letters of a Self-Made Diplomat
  3. "How to Be Funny" and Other Writings of Will Rogers
- **SERIES VI:** Radio Broadcasts of Will Rogers (in one volume)

Cumulative Index

WILL ROGERS MEMORIAL COMMISSION

James C. Leake, *Chairman* Paul Johnson
Thomas Boyd David R. Milsten
John Denbo Will Rogers, Jr.
Harry Hoagland
  Governor George Nigh, *ex-officio*

MEMORIAL STAFF

Reba Neighbors Collins, Delmar Collins,
  Director Manager
  Gregory Malak,
    Curator

SPECIAL CREDIT

The late Paula McSpadden Love
Curator, 1938-73

OSU ADVISORY COMMITTEE

W. David Baird, *Chairman* Roscoe Rouse
J.O. Grantham William A. Sibley
Edward P. Pharr
  President Lawrence L. Boger, *ex-officio*

EDITORIAL CONSULTANTS

Ray B. Browne, *Bowling Green State University*
LeRoy H. Fischer, *Oklahoma State University*
Wilbur R. Jacobs, *University of California,
      Santa Barbara*
Howard R. Lamar, *Yale University*
Russel B. Nye, *Michigan State University*

CUMULATIVE INDEX:
THE WRITINGS OF WILL ROGERS

CUMULATIVE INDEX:
THE WRITINGS OF WILL ROGERS

Compiled and Edited by
Steven K. Gragert

Judy G. Buchholz, *assistant editor*

OKLAHOMA STATE UNIVERSITY PRESS
Stillwater, Oklahoma
1983

© 1983 Oklahoma State University Press

Printed in the United States of America
Library of Congress Catalog Card Number 83-61835
International Standard Book Number 0-914956-27-2

INTRODUCTION

An index is an indispensable tool, especially so for a multi-volume work. The twenty-one volumes of *The Writings of Will Rogers,* a project first undertaken in 1967 and completed in 1983 through a joint effort of Oklahoma State University and the Will Rogers Memorial Commission of the State of Oklahoma, brings within the ready reach of lay readers and researchers the vast preponderance of the public works of American wit and philosopher, William Penn Adair "Will" Rogers (1897-1935). In this series can be found the six original books of Rogers, as well as his 3,483 syndicated newspaper columns, 61 political convention articles, 58 previously uncollected magazine essays, and 29 verifiable radio broadcasts—in all, 5,202 pages of printed matter.

To take this mass of material and then to compile a cumulative index merely of proper names would have done Will Rogers and his writings an injustice. Moreover, it would have seriously shortchanged the reader, who may be interested in discovering not only what Rogers had to say about Herbert Hoover but be as equally curious about the Oklahoman's remarks on honesty in politics. I have sought to prepare—as thoroughly as possible—a comprehensive, topical index that would enable the user to find quickly all of Will's references to any one of a vast array of subjects.

In offering this reference source, I carefully avoid all claims to consistency, accuracy, completeness, or anything but a tremendous effort. I do suggest the following general guides to using the index.

1) A list of abbreviations of the books in the series is located before *and* after the index. It is prominently displayed in both places for ready reference. Users of the index should become familiar with it.

2) Volumes within *The Writings of Will Rogers* have been indicated by bold, upper-case type.

3) The number of possible entries have been reduced through the use of subentries and the elimination of detail. The general rule has been to index under the smallest heading. Cities are not included under states, denominations under religion, or the New Deal under Franklin D. Roosevelt. Cross-references in such cases have been omitted.

4) Order within main entries is chronological by volume, except in a few obvious cases. Likewise, the arrangement of subheadings is also according to earliest mention. See ABBREVIATIONS for the chronological order of the volumes of *The Writings of Will Rogers.*

5) Major entries for newspapers are located according to the city of publication. Exceptions to this rule include the *Christian Science Monitor* and the *Wall Street Journal.* Magazines are listed by name.

6) Letter-by-letter is the general rule for alphabetization. By this method entries are alphabetized up to the first mark of punctuation; spaces and hyphens between words are ignored. An exception is the handling of names beginning with *Mc.* They are treated as if spelled *Mac.* The letter-by-letter approach has also been applied to the treatment of acronyms and most abbreviations, e.g. R.F.C. (Reconstruction Finance Corporation) and WBBM (radio station).

7) Numerals have been alphabetized as if spelled out.

8) Umlauted vowels are alphabetized as is, rather than by their English equivalent spellings.

9) Names of places or titles of publications beginning with *the* are alphabetized under the principal first word.

10) Place names beginning with *Saint* or *Fort* have been spelled out in full and alphabetized accordingly.

11) A 2-pica line indicates that a first name was not located.

The index, like the other books in the collection of *The Writings of Will Rogers,* was not the work of only one person. I owe a deep debt of gratitude to Judy G. Buchholz for her commitment to the project, her recognition of its usefulness, and her strengths as an editor. She gave heart, soul, and two good eyes to the cause. I trust she considered it well worth it. The tedious task of typing was left to a small cadre of dedicated, untiring, and generally uncomplaining staff members, foremost among whom was Marina Pepper. The combined patience and skills of all concerned have managed to bring forth, at long last, this volume. We hope the effort is justly rewarded by long and fruitful use.

Steven K. Gragert
Editor/Compiler

ABBREVIATIONS

The list is arranged according to the organization of *The Writings of Will Rogers*.

E	*Ether and Me, or "Just Relax"*
BS	*There's Not a Bathing Suit in Russia & Other Bare Facts*
ID	*The Illiterate Digest*
PC	*The Cowboy Philosopher on the Peace Conference*
P	*The Cowboy Philosopher on Prohibition*
L	*Letters of a Self-Made Diplomat to His President*
CA	*Convention Articles of Will Rogers*
DTI	*Daily Telegrams: Volume 1, Coolidge Years, 1926-1929*
DTII	*Daily Telegrams: Volume 2, Hoover Years, 1929-1931*
DTIII	*Daily Telegrams: Volume 3, Hoover Years, 1931-1933*
DTIV	*Daily Telegrams: Volume 4, Roosevelt Years, 1933-1935*
WAI	*Weekly Articles: Volume 1, Harding/Coolidge Years, 1922-1925*
WAII	*Weekly Articles: Volume 2, Coolidge Years, 1925-1927*
WAIII	*Weekly Articles: Volume 3, Coolidge Years, 1927-1929*
WAIV	*Weekly Articles: Volume 4, Hoover Years, 1929-1931*
WAV	*Weekly Articles: Volume 5, Hoover Years, 1931-1933*
WAVI	*Weekly Articles: Volume 6, Roosevelt Years, 1933-1935*
HC	*"He Chews to Run": Will Rogers' Life Magazine Articles, 1928*
ML	*More Letters of a Self-Made Diplomat*
HT	*"How to Be Funny" and Other Writings of Will Rogers*
RB	*Radio Broadcasts of Will Rogers*

The Writings of Will Rogers

A

abacus: **ML:** 153
Abd-el-Krim, Mohammed: **L:** 85, 92; **WAII:** 51, 62
"Abe Martin" (cartoon): **DTI:** 32, 198; **WAII:** 153; **WAIII:** 181; **WAIV:** 230
Abend, H. Edward: **ML:** 166, 167, 168
Abernathey, Charles L.: **WAVI:** 55
Abie's Irish Rose (musical): **L:** 30; **DTIII:** 108; **WAI:** 234-35; **WAII:** 153; **WAIV:** 73
Abilene, Texas: **DTII:** 265; **DTIII:** 54; **WAIV:** 228, 236; **WAVI:** 240
Abner, W.: **WAVI:** 18
Abraham: **HT:** 102
Abyssinia: *see* Ethiopia
accidents: **DTI:** 253; **DTII:** 37; **DTIV:** 15, 328; *see also* automobiles; aviation; trains; *and similar topics*
Acosta, Miguel M.: **DTII:** 7
acrobatics: **WAI:** 37
acting: **DTI:** 245; **DTIV:** 338; **WAI:** 29, 32, 34; **WAII:** 13, 119; **WAV:** 17, 41; **WAVI:** 45, 133, 153; **HT:** 70; **RB:** 23, 24
actors and actresses: **E:** 1, 15; **BS:** 14; **ID:** 65, 93, 94, 118, 120, 183, 185; **P:** 26; **L:** 3, 9, 42; **DTI:** 44, 82, 234, 237, 291; **DTII:** 90, 206; **DTIII:** 98, 189, 203, 256, 262; **DTIV:** 240, 256, 338; **WAI:** 113, 179, 194, 237, 244, 268, 303, 317, 318, 334, 338; **WAII:** 13, 19, 74, 107, 162, 172, 190, 258, 288; **WAIII:** 12, 23, 33, 40, 49, 87, 169, 171-72, 188, 193-95, 198-99, 217, 220; **WAIV:** 73, 75, 81, 83, 233; **WAV:** 11, 41, 69, 72, 158, 183, 188, 216; **WAVI:** 9, 14, 21, 32-33, 44, 61, 63, 76, 80, 83, 122, 123, 130-32, 133, 139, 143, 193, 200-201, 208, 239-40, 253; **ML:** 6, 38, 109, 112, 114; **HT:** 41, 51, 57, 74, 75, 76, 143, 146-47; **RB:** 23, 24, 81-82, 88, 97, 155; salaries of, **DTI:** 107; **WAI:** 313; **WAVI:** 3-4; in motion pictures, **DTI:** 237, 249; **DTII:** 105, 116; **DTIV:** 5, 39, 69, 75; **RB:** 80-82, 149, 150; divorce among, **DTIV:** 238; in Japan, **ML:** 112, 114, 115-17, 120
Actors' Fund: **WAVI:** 192, 193
Ada, Okla.: **DTI:** 19-20, 210; **WAIV:** 239
Adair, John: **WAII:** 172
Adair, William Penn: **WAIV:** 24
Adam and Eve: **DTII:** 16
Adams, Charles Francis: **DTII:** 230; **DTIII:** 30, 232; **WAIV:** 19
Adams, Frances L. (Mrs. Charles F.): **WAIV:** 119
Adams, John: **WAIV:** 19
Adams, John Quincy: **DTII:** 10; **WAIV:** 19
Adams, Maude: **L:** 40; **WAI:** 21; **WAII:** 219-20
Addams, Jane: **DTII:** 86; **DTIV:** 292, 313
Ade, George: **DTI:** 32, 77, 197-98, 211; **WAII:** 156; **WAIII:** 152; **WAV:** 15; **WAVI:** 167
adenoids: **E:** 31; **DTI:** 177
administrators: **DTI:** 272
admirals: **DTII:** 266, 268; **WAVI:** 67
adoption, of children: **WAI:** 44-45; **WAII:** 68

Adriatic Sea: **HT:** 130
Adventure Magazine: **WAII:** 204
adversity: **DTIV:** 26; in Russia, **BS:** 86
advertising: **ID:** 63-64, 81; **P:** 1, 2; **DTI:** 39, 48, 81, 210; **DTII:** 27, 65, 81, 97, 119, 234-35; **DTIII:** 29, 207, 215; **DTIV:** 15; **WAI:** 49, 63, 146, 166, 169, 184, 186, 339; **WAIII:** 27; **WAIV:** 80, 153; **WAV:** 25, 28, 42, 141; **HT:** 33; **RB:** 56, 65; in newspapers, **ID:** 111; **DTIV:** 15, 196; **WAV:** 23; **RB:** 111; on radio, **DTII:** 48, 83; **WAII:** 31; **WAV:** 23; **ML:** 25; **RB:** 83, 88-89, 118-19; for motion pictures, **DTIV:** 161; **WAV:** 25, 27-28; on billboards, **WAV:** 25; in Latin America, **WAV:** 25; for real estate, **WAV:** 38
advice and advisers: **DTI:** 240; **DTIV:** 176, 236; **WAVI:** 46, 47; **ML:** 129
Afghanistan: **DTI:** 288; **WAIV:** 26
Africa: **ID:** 202; **L:** 50; **DTII:** 227; **DTIII:** 28, 96; **DTIV:** 325; **WAI:** 277; **WAII:** 160; **WAIV:** 11, 120, 200; **WAV:** 102, 106, 219, 231, 233; **WAVI:** 238, 240; **ML:** 114; **HT:** 147; **RB:** 11, 37, 104; diamonds in, **DTIV:** 130
Agricultural Adjustment Act of 1933: **DTIV:** 8
Agricultural Adjustment Administration (A.A.A.): **DTIV:** 82, 134; **WAVI:** 205
Agricultural Credit Act of 1933: **WAI:** 91
agriculture: **DTI:** 57, 114, 118, 194; **DTII:** 48, 89-90; **DTIV:** 130, 172; **WAI:** 91, 102-103; **WAIV:** 91; **ML:** 105-106; **HT:** 80; **RB:** 28, 44-45, 125; in Netherlands, **BS:** 21; in Germany, **BS:** 22; subsidy for, **DTII:** 39; conference on, **DTIII:** 34; crop production control, **DTIII:** 66; **DTIV:** 69-70, 73, 154, 172, 177, 178; livestock production control, **DTIV:** 69-70; in Mexico, **WAI:** 102; **ML:** 33, 52; study of, **WAV:** 210-11; *see also* farmers *and other related topics*
Agriculture, U.S. Department of: **DTI:** 264, 266; **DTIV:** 71, 154; **WAIII:** 231; **HT:** 80
Aguascalientes, Mexico: **DTII:** 141; **ML:** 62, 67; horse racing at, **DTIII:** 7
Aguinaldo, Emilio: **WAV:** 84; **ML:** 172
Aguirre, Jesus M.: **DTII:** 7
Ah, Wilderness! (play): **WAVI:** 114, 121, 123, 141, 201
Aintree, England: **DTIV:** 293
air: **DTIV:** 107
Airedale, Lady: *see* Kitson, Florence S.
Airedale, Lord: *see* Kitson, Albert E.
airfields: **DTI:** 250; **DTII:** 67, 75-76, 136, 176; **DTIII:** 50, 51, 53, 54, 106; **DTIV:** 28, 270
air mail: **DTI:** 140, 182, 192, 220, 239, 266; **DTII:** 186, 214; **DTIII:** 249; **DTIV:** 137, 138, 139-41, 142, 145, 148, 150, 151-52, 156, 203, 347; **WAVI:** 100, 101, 103, 104, 106-107, 108, 226; **ML:** 54; **HT:** 48, 50, 52-53, 55, 56, 58, 59, 62, 65-66, 68; **RB:** 8
airplanes: **DTI:** 285, 286, 287; **DTII:** 110; **DTIV:** 175, 233; Ford models, **DTI:** 130, 144;

1

Cumulative Index

DTII: 34; DTIII: 13, 220; Ryan models, DTI: 206; exhibitions of, DTI: 305-306; DTII: 205; WAIV: 183; Lockheed models, DTIII: 13, 135-36; DTIV: 58, 347; Boeing models, DTIV: 23; Douglas models, DTIV: 232, 233; sleepers, DTIV: 269; bombers, DTIV: 342; *see also* aviation; seaplanes
airships: *see* dirigibles
Akerson, George E.: DTII: 254
Aklavik, Canada: DTIV: 346; WAVI: 259
Akron (dirigible): DTIII: 164; DTIV: 13; WAV: 151
Akron, Ohio: ID: 139; DTI: 194; WAI: 207; WAV: 96
Alabama: ID: 171, 177, 178; CA: 72, 73, 76, 77, 80, 81, 83, 84; DTI: 31, 58; DTII: 6, 106, 107, 124, 253; WAI: 142, 261, 266, 312; WAII: 24, 116, 278, 311; WAIII: 2, 123, 129, 247; WAIV: 21, 155-57; WAV: 185; HC: 66, 93; HT: 24; ML: 96, 124; flood in, DTII: 6; legislature of, WAIII: 2; election in, WAIV: 231-32
Alabama, University of: DTII: 247, 253, 254; DTIV: 259, 260; WAII: 138, 140-41, 142; WAIV: 215; WAVI: 187
Alabama State University (Alabama State Normal College): WAII: 115-17, 141
Aladdin: WAII: 287
Alamo: WAII: 130, 267; HT: 152
alarm clocks: RB: 78, 85, 128
Alaska: ID: 122, 165; BS: 17; CA: 116; DTI: 217; DTII: 76; DTIII: 78; DTIV: 344, 346-48; WAI: 38, 61, 71, 90, 94, 258, 354, 363, 364, 366; WAV: 104; WAVI: 17, 203-204, 250-52, 253, 254-56, 258-61; ML: 106; HT: 49; RB: 11; legislature of, DTIV: 344; aviation in, DTIV: 347; diptheria epidemic in, WAI: 362-63, 365-66, 369; inland passage of, WAVI: 254; ML: 106; purchase of, WAVI: 254-55
Alaskan Sweepstakes: WAVI: 261
Alba, Duke of: *see* Stuart y Falco, Jacobo F.
Albania: WAVI: 187
Albany, N. Y.: DTI: 49, 84; DTII: 6; DTIII: 199; WAI: 42, 272, 273, 274; WAII: 13, 70; WAIV: 234; HC: 68, 99; RB: 23
Albee, E. F.: DTI: 56
Albert I, king of Belgium: DTI: 94
Alberta, Canada: WAV: 113; WAVI: 137
Albert Frederick, Duke of York: L: 27, 115; HT: 130
Albright, William E.: DTIV: 214
Albuquerque, N. M.: L: 30; DTII: 272; DTIV: 280; WAI: 237-38, 240; WAII: 71, 292; WAIII: 4; WAIV: 72, 240; WAV: 16; WAVI: 138; HT: 60; newspapers in, DTIV: 20
alcoholic beverages, consumption of: BS: 13-14; DTIV: 112-13; WAVI: 78; RB: 89, 150; among congressmen, WAIV: 9-10; among high school students, HT: 15; *see also* liquor *and other related topics*
Aldrich, Charley: WAVI: 180, 193
Aldrich, Winthrop W.: DTIV: 3, 251
Aleutian Islands: WAV: 105, 108-109

Alexander I, king of Yugoslavia: DTIV: 229, 230
Alexander II, czar of Russia: BS: 67; murder of, BS: 70
Alexander, _____: WAIV: 103
Alexander, Grover Cleveland: DTI: 19
Alexander, Vic: WAV: 40
Alexander the Great: WAIV: 192
Alexandrovna, Xenia: DTIV: 247
Alfonso XIII, king of Spain: L: 97-99; DTIII: 18, 19, 22; WAI: 131, 167; WAV: 1, 32, 62; WAIV: 106, 217; ML: 97; HT: 131; wife of, HT: 131
Algarsson, Grettier: WAII: 29-30
Algiers, Algeria: WAV: 39
Algiers, La.: WAIII: 134
alienists: DTI: 174, 177, 178; DTIII: 157; WAI: 280
aliens, deportation of: DTIII: 65
alimony: ID: 39, 40; DTI: 36, 70; DTII: 146, 242; DTIII: 25; WAI: 49, 50
Allahabad, India: DTIV: 232
All-America teams: DTI: 284, 298; DTIV: 181, 248
Allegheny Mountains: DTI: 134; DTII: 105; DTIII: 233; HT: 60, 64
Allen, Frank G.: RB: 54
Allen, Frederick Lewis: WAV: 163
Allen, Henry J.: ID: 11; CA: 17; DTII: 80; DTIV: 131; WAI: 5, 237; WAIII: 153; WAIV: 175; HT: 88
Allen, Henry T.: CA: 116
Allen, Lester: L: 43
Allied Debt Conference of 1922: WAI: 2
Allied Powers (World War I): PC: 25, 26, 27; P: 20; L: 110; DTII: 30, 13; DTIV: 283; WAIII: 93; WAV: 47; ML: 138; RB: 104-105
alligators: HT: 34
Allison, Ernest M.: HT: 58, 59, 69
Allison, May: WAII: 115
All Quiet on the Western Front (film): DTII: 245
Almack, Malcolm: DTI: 291
Almahum abn Bakar, Ibrahim I. (Sultan of Johore): DTIV: 167, 168
Almazán, Juan Andreu: ML: 60
Alps: DTI: 13; DTII: 125; HT: 30
Alsace-Lorraine: L: 111; DTIII: 219
Altoona, Pa.: WAI: 280
Altrock, Nick: BS: 1; L: 45; WAII: 20
aluminum: HT: 26
Aluminum Trust: WAII: 301
Amalgamated Iron, Steel and Tin Workers Union: DTIV: 182
Amanullah, king of Afghanistan: DTI: 288
Amarillo, Texas: DTI: 26; DTII: 34, 91; DTIII: 53, 134; WAII: 162; WAIV: 72, 208; WAV: 51; WAVI: 20, 138-39, 140; HT: 101
Amarillo (Texas) *Daily News:* DTIV: 268
Amaro, Joaquín: ML: 60
amateurism: DTI: 232, 236, 238; in athletics, DTI: 218, 232; DTII: 32, 57, 60, 65, 217, 237
amateur theater: RB: 23
Amazon River: DTIII: 226, 227
Ambassador Hotel (New York City): DTI: 80

2

ambassadors: **DTI:** 132, 142, 158, 171; **DTII:** 23; **DTIV:** 36, 120, 279; **WAI:** 227-28; **WAIV:** 39; **ML:** 21, 40, 51, 58, 61, 72, 81; **HT:** 21-22; **RB:** 40, 41; *see also* diplomacy and diplomats
"America" (song): **CA:** 111
America, S. S.: **DTI:** 301
America First Society: **DTI:** 144-45; **WAIII:** 94-97
American Airways: **DTIII:** 12, 83, 178; **DTIV:** 18, 94, 267
American Athletic Union: **DTIII:** 253
American Bankers' Association: **DTI:** 142; **DTII:** 205, 219; **DTIII:** 217-18; **DTIV:** 234, 235; **WAIII:** 51
American Bar Association: **DTIV:** 332-34, 336; **WAVI:** 243, 244, 247; **HT:** 16
American-British Tobacco Company: **ML:** 141
American Can Corporation: **DTIV:** 96
American Civil War: **L:** 82; **DTI:** 44, 267, 286; **DTII:** 74; **WAI:** 321; **WAII:** 141, 142, 269; **WAIII:** 190-91, 207, 208; **WAIV:** 85; **WAV:** 55; **WAVI:** 129, 132; **ML:** 53, 149; **HT:** 88, 119; **RB:** 39, 49, 158
American Club of London: **L:** 42, 46
American Federation of Labor: **DTIII:** 245; **DTIV:** 184-85; **WAI:** 340; **RB:** 28, 138
American Foundation for the Blind: **WAVI:** 181
American Hospital (Tokyo): **ML:** 122
American Hotel Association: **WAII:** 213-15
American Institute of Banking: **DTIII:** 175; **DTIV:** 175
Americanism: **ID:** 82; **DTIV:** 188; **WAI:** 367-70; **WAIII:** 94-97, 98; **WAV:** 234
American Legion: **DTI:** 41, 133; **DTIII:** 78-79, 210; **WAIII:** 49-53, 167; **WAVI:** 42, 64, 135; **HT:** 148; **RB:** 55, 138; British criticism of, **DTI:** 134-35; aeronautical branch of, **DTI:** 305; national convention of, **DTII:** 224; **DTIV:** 86, 88
American Liberty League: **DTIV:** 229, 241
American Magazine: **WAII:** 92, 98, 302; **WAIV:** 41, 111; **WAVI:** 90; **HT:** 104
American Manufacturers' Association: **WAII:** 99
American Mercury (magazine): **CA:** 128; **DTIV:** 118; **WAII:** 144, 179; **WAIV:** 24
American Newspaper Publishers' Association: **DTIII:** 22, 96; **WAV:** 22-24
American Red Cross: *see* Red Cross
American Relief Association: **RB:** 12
American Revolutionary War: **DTII:** 24, 46, 157; **DTIII:** 88; **DTIV:** 164; **WAII:** 103; **WAIII:** 153; **WAIV:** 16, 65, 121; **WAVI:** 56, 125, 257; **ML:** 21, 133; **HT:** 118; **RB:** 44, 55, 137, 167
American River: **WAVI:** 231
American Royal Livestock Show: **WAII:** 275
American Telephone & Telegraph Company: **DTIII:** 67, 88; **DTIV:** 96
America's Cup: **DTII:** 212; **DTIV:** 217-18, 219, 220; **HT:** 128; *see also* yachting
Ames, Iowa: **WAII:** 171; **WAVI:** 172; **ML:** 50

Amherst College: **L:** 75, 107; **DTI:** 142, 198; **WAIII:** 93, 196, 257; **ML:** 25, 26, 63, 73, 75; **HT:** 104, 106; **RB:** 39, 40
Amityville, N. Y.: **WAVI:** 179
Amonte family: **ML:** 69
"Amos 'n Andy" (radio show): **CA:** 141; **DTII:** 196; **DTIII:** 43, 51-52, 207, 210; **DTIV:** 191; **WAIV:** 146-48, 169, 171; **WAV:** 140, 179, 188, 194; **WAVI:** 150; **RB:** 44, 66, 88-89, 108
Amsterdam, Netherlands: **BS:** 18, 22; **DTIII:** 119; **WAII:** 245; **WAIII:** 201; **WAVI:** 149
Amsterdam Theatre (New York City): **ID:** 131; **CA:** 49; **WAI:** 197; **WAVI:** 193; **HT:** 4
Amundsen, Roald: **WAII:** 29, 39, 85
Anadyr, Russia: **WAVI:** 53
anarchy and anarchists: **DTIV:** 49; **WAV:** 5
Anastasia, princess of Greece: *see* Leeds, Nancy S.
Anatolia, Turkey: **WAI:** 60
ancestry: **DTI:** 59, 217; **RB:** 38-39
Anderson, Benjamin M.: **DTIV:** 251
Anderson, Heartley W. (Hunk): **DTIII:** 91; **DTIV:** 113
Anderson, Paul Y.: **DTII:** 278
Anderson, William: **WAI:** 20, 28
Andes Mountains: **DTIII:** 224, 229, 237, 266; **WAV:** 232
Andorra: **DTIV:** 124
Andrada, Manual: **DTIII:** 78
Andrée, Salomon A.: **DTII:** 207-208
Andreu Almazan, Juan: **WAIV:** 3
Andrews, Adolphus: **L:** 18, 21
Andrews, Jess C.: **DTI:** 211; **WAII:** 152; **WAIV:** 130
Andrews, Lincoln C.: **L:** 66, 82, 101; **DTI:** 3
anesthetics, effect of: **E:** 20-23
Angell, James R.: **DTIV:** 158-59
Angels Camp, Calif.: **DTII:** 212; **DTIV:** 234
anglophobia: **DTI:** 148, 168, 205; **DTII:** 127; **WAIII:** 93-94; **WAIV:** 24; **ML:** 57-58; **HT:** 61, 91; **RB:** 60
animal husbandry, teaching of: **WAII:** 171
animals: **DTII:** 179; **DTIII:** 119; cruelty to, **DTI:** 282; **WAII:** 39-40; in England, **DTIV:** 137; in motion pictures, **WAVI:** 132-33; **HT:** 145-47; trapping of, **WAVI:** 257
Annapolis, Md.: **ID:** 126; **WAI:** 202; **WAIII:** 236
Anne of Cleves: **WAIV:** 32
annexation, by municipalities: **WAVI:** 155, 156
annuities: **DTIV:** 301
Anthony, Earle C.: **WAIV:** 107
Anti-Bunk party: **DTI:** 221, 262; **HC:** 8, 24, 28, 29, 39, 42, 49, 50, 51, 54, 67, 68-69, 91, 94, 104, 106, 110, 112, 113
antiques: **DTII:** 223; **DTIII:** 189; **WAIII:** 106
Anti-Saloon League: **DTI:** 108, 125; **WAI:** 20, 28; **WAII:** 11; **WAIII:** 21; **WAIV:** 118, 159; **HC:** 112; convention of, **DTI:** 153
anti-Semitism, of Henry Ford: **DTI:** 38, 106-107; **WAI:** 249
ants: **WAV:** 115
Apache Indians: **DTII:** 141, 142; **WAIV:** 125
apartments: **WAIV:** 164

3

Cumulative Index

"Apostle of Doom": *see* Reidt, Robert
appendicitis: **E:** 2, 8; **DTI:** 100
appendix (human organ): **E:** 11, 31, 32; **HT:** 148
Appian Way: **WAIV:** 112
applause: **DTII:** 160; **RB:** 96-98, 100-101
apples: **HT:** 37
April Fool's Day: **CA:** 78; **DTII:** 111; **DTIV:** 155
Aquitania, S. S.: **WAIV:** 113
Arabia: **WAV:** 66; people of, **WAV:** 39, 66
Araki, Sadao: **DTIV:** 131
arbitration: **DTI:** 49-50; labor, **DTIV:** 177
Arbuckle, Macklyn: **WAVI:** 193
Arbuckle, Roscoe C. (Fatty): **DTIV:** 47
archbishops: **ML:** 38
archeology and archeologists: **WAI:** 151-52, 159, 226; **RB:** 120-22
Arctic: **DTIV:** 211, 346, 347; **WAVI:** 256, 259, 260; aero exploration of, **WAIV:** 13
Arctic Village (book): **WAVI:** 260
Arcturus: **WAVI:** 23
Ardmore, Okla.: **WAII:** 194; **WAIV:** 238
Argentina: **L:** 35, 49, 50, 68, 115; **DTI:** 45, 180, 254, 258, 277, 305; **DTII:** 13; **DTIII:** 57, 78, 192, 195, 220, 224, 261; **DTIV:** 121; **WAI:** 135, 141, 293; **WAII:** 49, 67, 147, 181, 186, 239; **WAIII:** 137, 229; **WAIV:** 69, 200, 207; **WAV:** 56, 62, 170, 178, 203; **WAVI:** 46, 47, 50, 91, 222; socialists in, **DTI:** 286; revolution in, **DTII:** 207, 209; U. S. recognition of, **DTII:** 214; national anthem of, **DTIII:** 195; Rogers in, **DTIII:** 224-25; **WAII:** 186, **WAIV:** 200; aviation in, **DTIII:** 225; gauchos in, **DTIII:** 225; ranching in, **DTIII:** 225; wheat crop in, **WAI:** 325; people of, **WAVI:** 49
aristocracy: **DTI:** 52; **DTII:** 28; in Mexico, **ML:** 78; **RB:** 41
Arizona: **ID:** 122, 174; **P:** 21; **L:** 81; **CA:** 51, 65, 76, 77, 78, 80, 81; **DTI:** 39, 61, 62, 66, 120, 146, 153, 178, 217, 218, 289, 295; **DTII:** 35, 69, 91, 141, 192; **DTIII:** 29, 207, 262, 279; **DTIV:** 9, 20, 49, 128, 131, 232, 260; **WAI:** 38, 230, 237, 238, 245, 249, 262; **WAII:** 1, 3, 71, 167, 168, 203, 292, 293; **WAIII:** 4, 5-6, 7, 28, 72, 81, 82, 83, 132, 182, 199; **WAIV:** 71, 125, 126, 144, 195, 201, 216; **WAV:** 37, 113, 218; **WAVI:** 36, 59, 220, 246, 249; **HT:** 72; **ML:** 53; tourists in, **DTI:** 147; legislature of, **DTIV:** 9
Arizona, University of: **DTIII:** 27; **WAV:** 218; polo team of, **WAV:** 157
Arizona Republic (Phoenix): **DTIV:** 49; **WAIII:** 134
Arkansas: **BS:** 18; **ID:** 139, 172; **CA:** 82, 116; **DTI:** 59, 60, 184, 185, 228, 253, 275; **DTII:** 66, 122, 201, 259, 260, 262, 266, 276; **DTIII:** 3, 95; **DTIV:** 13, 25, 132, 259, 260, 339-40; **WAI:** 169, 207, 261, 269; **WAIII:** 3, 17; **WAIV:** 69, 87, 120, 201, 202, 206, 224, 225, 231, 237; **WAV:** 30, 65, 91, 219-20; **WAVI:** 115, 147; **HC:** 68; **HT:** 35, 94; **RB:** 12; convention delegates from, **CA:** 69; issue of evolution in, **DTI:** 59; legislature of, **DTI:** 59; **WAIII:** 3; politics in, **DTII:** 128; election in, **DTII:** 201; prohibition repeal in, **DTIV:** 56
Arkansas River: **HT:** 36
Arlington, Texas: race track at, **WAVI:** 69
Arlington Hotel (Hot Springs, Ark.): **DTI:** 59
Arlington National Cemetery: **CA:** 75; **DTIV:** 119; **WAI:** 78
armaments: **DTI:** 276; **DTII:** 95; **DTIV:** 218, 295, 304, 337; naval, **DTI:** 48; sellers of, **DTII:** 49-50; **ML:** 129; manufacturers of, **RB:** 84, 107; *see also* munitions
Armenia: **P:** 15; **CA:** 29; **DTII:** 117; **WAI:** 53; people of, **WAV:** 66; **HC:** 54, 105; **HT:** 78, 92, 127; **RB:** 12
armies: **HT:** 91; *see also* United States Army
Armistice Day: **PC:** 5, 6, 15, 30; **P:** 33; **DTI:** 27, 276; **DTII:** 95, 96, 235; **DTIII:** 135, 238; **DTIV:** 71, 186, 199, 322; **WAI:** 267; **WAII:** 74; **WAIII:** 103, 230; **WAV:** 163; **RB:** 165
Armour, J. Ogden: **HT:** 132
Armour, Philip D.: **WAIV:** 24
Army: *see* United States Army; United States Military Academy
Army, U. S. Department of: *see* United States Army
Arnold, Benedict: **WAII:** 71; **WAIV:** 150
Arnold, Henry M. (Hap): **DTIV:** 141
Arobi, Ariz.: **WAIII:** 199
art and artists: **BS:** 9, 10; **ID:** 203; **L:** 28, 72, 73, 78; **CA:** 49, 147; **DTI:** 37, 139; **DTII:** 90; **DTIV:** 10, 29; **WAI:** 218-21, 277, 286, 288, 334; **WAII:** 271-72; **WAIII:** 194; **WAIV:** 126, 176; **WAV:** 11, 24, 134, 171, 191; **WAVI:** 15; **ML:** 151; **HT:** 76, 122, 123, 136, 138; **RB:** 28; in Russia, **BS:** 69, 73-74; in Pompeii, **L:** 54; in Rome, **L:** 76; in Italy, **L:** 77-79; in Los Angeles, **L:** 77; in Japan, **ML:** 119; in China, **ML:** 151
Arthur, Prince of Wales: **WAIV:** 28, 29
Aryan myth: **RB:** 154
Asbury Park, N. J.: **WAIII:** 188
Asheville, N. C.: **WAII:** 165, 170; **WAIII:** 157
Ashfield, Albert S.: **L:** 42
Ashtabula, Ohio: **WAII:** 291, 293
Ashton, Geoffrey: **WAIV:** 199
Ashton, James H.: **WAIV:** 199
Ashton, Phillip: **WAIV:** 199
Ashton, Robert R.: **WAIV:** 199
Ashurst, Henry F.: **DTI:** 66; **WAI:** 247, 249, 250; **WAII:** 167, 168; **WAIII:** 70, 72-73
Asia: **DTIII:** 106; **ML:** 42
Asia Minor: **WAI:** 60
Ask Me Another; the Question Book: **WAIII:** 32-35
aspirin: **WAVI:** 162
Asquith, Emma A. (Margot): **WAI:** 22-23, 268
Asquith, Margaret T.: **CA:** 69
assassinations, in Mexico: **DTI:** 235; **ML:** 77-78
Associated Press: **L:** 23, 62; **DTIV:** 165, 230; **WAII:** 278; writer for, **ML:** 67
Association of National Advertisers: **DTII:** 234
asthma: **HT:** 30
As Thousands Cheer (musical): **WAVI:** 141, 213

4

Astor, Helen D. H. (Mrs. W. Vincent): **DTIII:** 168
Astor, John J.: **DTIII:** 81
Astor, John J., III: wedding of, **DTIV:** 190
Astor, Nancy L.: **L:** 1, 10, 27-29, 31, 38-41, 115; **CA:** 116; **DTI:** 1; **DTII:** 33, 40, 123, 128, 138, 140; **DTIII:** 56, 66, 69, **DTIV:** 247; **WAI:** 44; **WAII:** 218, 221, 227; **WAIII:** 219, 256; **WAIV:** 49, 61; **WAV:** 58, 62; **ML:** 13; **HT:** 128; **RB:** 29-32; home of, **WAIV:** 115-18; **RB:** 29, 30
Astor, W. Vincent: **DTIV:** 75; **HT:** 23; yacht of, **DTIV:** 155, 157; **HT:** 23; **RB:** 105, 132, 170
Astor, Waldorf: **L:** 1; **WAII:** 227; **WAV:** 58; **RB:** 29; home of, **WAIV:** 115-18
astrology: **WAIII:** 249
astronomy and astronomers: **ID:** 58; **DTIV:** 249; **WAI:** 127; **WAV:** 113; **HT:** 48
Aswell, James B.: **WAII:** 250
As Young as You Feel (film): **WAV:** 15
Atchison, Topeka & Santa Fe Railroad: **WAII:** 170-71, 292
atheism and atheists: **DTI:** 251, 289; **DTII:** 115; **DTIV:** 151; **WAII:** 10, 255; **WAIV:** 95; **HT:** 108; in Russia, **BS:** 86-88
Athens, Greece: **BS:** 69; **L:** 10; **DTIII:** 120; **DTIV:** 232, 283; **WAVI:** 55, 211; **HT:** 99
athletes: **DTI:** 212, 281; **DTIII:** 193, 198; **WAIV:** 238; **WAV:** 158, 169, 170-71, 178, 181, 239; **WAVI:** 102, 234; **HT:** 102; **RB:** 57; blacks as, **DTIII:** 186-87, 193; women as, **WAV:** 170, 173-74; men as, **WAV:** 174
athletics: **DTI:** 28; **DTII:** 78; amateurism in, **DTI:** 218, 232; **DTII:** 32, 60, 65, 90, 217, 237; **WAVI:** 234-35; in colleges, **DTII:** 30, 60, 90, 93, 97, 102; **WAIV:** 238; women in, **DTII:** 196; **WAV:** 147
Atkins, W. H.: **WAIII:** 72
Atkinson, Will: **WAIII:** 46
Atlanta, Ga.: **L:** 115; **DTI:** 122, 123, 192; **DTII:** 65, 108, 174, 190, 216; **DTIII:** 24; **WAI:** 168; **WAII:** 113; **WAIII:** 159; **WAIV:** 176; **WAV:** 17; **WAVI:** 20, 39, 102; **HT:** 24, 116; **RB:** 61; federal prison at, **PC:** 2; **DTII:** 4-5
Atlanta Constitution: **WAIV:** 176
Atlantic & Pacific Tea Company: **RB:** 89
Atlantic City, N. J.: **CA:** 49, 50; **WAI:** 254, 255; **WAII:** 30, 160, 190, 216, 281; **WAIII:** 254
Atlantic Ocean: **DTI:** 90, 149; **DTII:** 130, 208; **DTIII:** 127, 159, 169, 180; **DTIV:** 157, 160; **WAV:** 105, 207; **WAVI:** 52, 141, 196; **ML:** 88, 106, 114
atoms: **WAVI:** 165, 167; splitting of, **DTIII:** 160
Attell, Abe: **DTI:** 129
Atterbury, William W.: **DTIV:** 120; **WAV:** 22
attorneys: *see* lawyers
Attwell, Walter G.: **WAV:** 32
Auburn University: **DTI:** 186
Aurora, Ill.: **WAIV:** 9
Aurora, Ind.: **DTI:** 77
aurora borealis (northern lights): **WAIV:** 21

Austerlitz, Battle of: **ID:** 190; **WAI:** 152
Austin, John V. (Tex): **WAV:** 156
Austin, Stacker L. (Little Tex): **WAV:** 156
Austin, Texas: **L:** 39; **DTI:** 23, 26; **DTII:** 263; **DTIV:** 195, 267; **WAII:** 161; **WAIV:** 234, 235; **WAV:** 74, 228; **WAVI:** 58; **HT:** 25
Australia: **L:** 103, 115; **DTI:** 5; **DTII:** 124, 161; **DTIII:** 49, 145, 151, 256; **DTIV:** 20, 50, 232, 234, 249, 264; **WAI:** 156; **WAII:** 49, 66, 227; **WAIV:** 91, 119, 199, 200; **WAV:** 49, 62, 65, 107, 142, 170, 237-38; **WAVI:** 46, 109, 149, 222-23, 242; **HC:** 92; **ML:** 103; **HT:** 36; **RB:** 11; aviator from, **DTIV:** 232; race horse from, **WAV:** 142; Rogers in, **WAV:** 107, 142, 238; **WAVI:** 222-23
Austria: **ID:** 94; **P:** 9; **L:** 65, 69, 110; **DTIV:** 87, 139, 140, 150, 201, 216, 217, 261, 295; **WAI:** 193; **WAIV:** 196; **WAV:** 62; **WAVI:** 7, 23, 109, 161; **ML:** 127
authors: *see* writing and writers
autobiographies: **HC:** 20
autographs: **DTIII:** 194; **DTIV:** 140; **WAIII:** 133; **WAVI:** 99-100, 251
automatic weapons, and crime: **WAV:** 35
automobiles: **ID:** 27; **P:** 39; **L:** 34; **DTI:** 57, 135, 188, 212, 233, 240, 277, 291, 295-96, 299; **DTII:** 56, 138, 153, 160, 170, 252; **DTIII:** 7, 39, 50, 131, 159, 187, 200, 261; **DTIV:** 96, 126, 254, 284; **WAI:** 12-14, 66, 167, 175, 177, 368, 373; **WAII:** 18, 102, 299-300; **WAIII:** 188; **WAIV:** 177, 178, 193; **WAV:** 35, 110, 180, 184; **WAVI:** 100, 121, 240, 241; **HC:** 43, 77; **ML:** 37, 71, 81, 154; **HT:** 46, 48, 69, 73, 90, 102, 119, 121; **RB:** 66, 72, 111; "flivvers," **BS:** 21, 87; **L:** 99; **ML:** 159; **HT:** 38, 102; Ford models, **BS:** 28; **ID:** 20, 53, 57-58, 95, 107; **P:** 30; **L:** 46; **DTI:** 38, 39, 69, 72, 73, 99, 105, 106, 108, 109, 117, 145, 148-49, 150, 152, 154, 162, 200, 206; **DTII:** 18, 21, 39, 52, 63, 88, 110, 143; **DTIII:** 131, 136, 138; **DTIV:** 96, 100, 118; **WAI:** 32, 43, 87, 117, 151, 163, 177, 190, 230-31, 237, 243, 264, 293, 320, 357; **WAII:** 25, 32, 42, 48, 66, 74-77, 92, 98, 99, 100, 114, 145, 162, 197, 199, 252, 261, 269, 301; **WAIII:** 99, 102, 104, 106, 107, 123-25, 165, 183, 199, 222, 243-44, 251; **WAIV:** 17, 53, 145, 169; **WAV:** 38, 45, 60, 88, 119, 126, 135, 146, 147, 159, 169, 234; **WAVI:** 11, 101, 114, 116, 149, 156, 208, 252; **HC:** 79; **ML:** 34, 47, 110, 147; **HT:** 7, 99, 114, 119, 121-24, 152, 153; **RB:** 35, 38, 43, 44, 45, 46-47, 137, 144, 170; Chevrolet models, **BS:** 61; **DTI:** 29, 274; **DTIV:** 118; **WAIII:** 174, 251; **WAIV:** 170; **WAV:** 38, 60, 141, 234; **HC:** 79; **HT:** 84; **RB:** 46, 144; in Russia, **BS:** 61; **WAII:** 247-48; Overland models, **ID:** 132; **WAI:** 198; **WAII:** 124; tariffs on, **L:** 48; in Italy, **L:** 60; Rolls Royce models, **DTI:** 21, 162; **DTII:** 108; **DTIII:** 73; **DTIV:** 62, 80, 333; **WAII:** 197, 230; **WAV:** 135, 210; **HT:** 151; Lincoln models, **DTI:** 73, 149; **DTII:** 88, 97; **DTIV:** 62; **WAII:** 275; accidents involving, **DTI:** 125, 144, 188, 207, 210; **DTII:** 37, 45, 71, 160, 239; **DTIII:** 71,

Cumulative Index

254; **DTIV**: 291; **WAII**: 172-73, 174, 175, 241; **WAIII**: 1, 112; **WAIV**: 134, 206, 207; **WAV**: 48, 63; **RB**: 50, 133-34; of Rogers, **DTI**: 135, 149; **DTII**: 63; used, **DTI**: 204, 261, 291; **DTIII**: 39; **DTIV**: 175; of farmers, **DTI**: 206, 224, 256; Durant models, **DTI**: 248; Buick models, **DTI**: 249, 312; **DTII**: 63, 97; **DTIV**: 246; **WAIII**: 16, 60, 222; **WAIV**: 101, 127; **WAVI**: 203; **HC**: 79, 90; exhibitions of, **DTI**: 295-96, 305-306; **DTII**: 205; **DTIV**: 262; **WAIII**: 244-46, 247; **WAIV**: 183; **WAVI**: 34; tires for, **DTII**: 227; speed records set by, **DTII**: 268-69; **DTIII**: 75, 145; industry of, **DTIII**: 194; **DTIV**: 71, 262, 278; Cadillac models, **DTIV**: 62, 333; **WAIV**: 127; racing of, **DTIV**: 285; **WAII**: 93-94; **WAIII**: 53-56; **WAVI**: 56; manufacturers of, **WAI**: 13, 14, 324; **WAIV**: 81; history of, **WAI**: 351-58; electric lights for, **WAII**: 93; Studebaker models, **WAII**: 125; **WAIV**: 94; stolen, **WAII**: 169; Fiat models, **WAII**: 230; tax on, **WAIII**: 103-104; **WAV**: 145; Franklin models, **WAIII**: 249; compared to aviation, **WAIV**: 72; Cord models, **WAIV**: 101; credit purchases of, **WAIV**: 221; **RB**: 4; importation of, **WAV**: 9; Americans' reliance on, **WAV**: 82; in Japan, **WAV**: 118-19; in parades, **WAVI**: 58-59; sightseeing by, **WAVI**: 207-208; Chrysler models, **WAVI**: 208; **RB**: 144; in Mexico, **ML**: 78, 82; Dodge models, **HT**: 153; Star models, **RB**: 43

Automotive Engineers' Association, meeting of: **WAIII**: 245

auto-suggestion: **WAI**: 8; **WAV**: 82

"average man": **DTI**: 243

aviation: **BS**: 27-28, 76; **ID**: 190; **P**: 30; **L**: 18; **CA**: 117, 146-47; **DTI**: 9-10, 32-33, 46, 55, 66, 68, 70, 75, 77-78, 83, 86-88, 90-92, 96, 97-98, 101, 103-104, 105, 113-15, 118, 119, 120, 122, 123, 124, 125, 126, 129, 130, 140, 141, 142, 144, 149, 157, 158, 159, 160, 163, 164, 178, 182, 184, 186-87, 188, 191-92, 198, 199, 200, 201, 202, 207-208, 209, 210, 213, 214, 215, 220, 225, 229, 234, 237, 239, 241, 246, 248, 250, 261, 262, 264, 266, 277, 285, 295, 305-306, 311, 312, 313, 314; **DTII**: 8, 20, 34-35, 38, 41, 43, 52, 55, 56, 63, 67, 74, 75-76, 89, 91, 92, 99, 100, 101, 112, 118, 123, 136, 141, 144, 159, 160, 161, 173, 176, 182, 183, 188, 205, 207-208, 211-12, 219, 228, 236, 262, 264, 271; **DTIII**: 29, 31, 47-48, 49, 50, 51, 53, 56, 60, 63, 71, 75, 134, 151, 156, 160, 164, 166, 169, 180, 183, 209, 234, 244, 254, 266; **DTIV**: 13, 16, 18, 20, 23, 28, 34, 38, 54, 56, 57, 67, 83, 86, 94, 131-32, 134, 175, 177-78, 189-90, 200, 220, 236, 237, 248, 249, 252-53, 264, 265, 269, 272, 277-78, 280, 285, 296, 300, 307-309, 328, 344; **WAI**: 68, 152, 153, 186, 214, 308, 341-42, 358, 364, 367, 370-73; **WAII**: 2-3, 8, 28-29, 38-39, 42, 62, 83-87, 88-89, 97, 118, 173-74, 290, 293-96; **WAIII**: 3, 17-19, 35, 36, 53, 57, 70, 74, 85, 87-89, 90, 92, 101, 107, 110-12, 132, 133, 140, 147, 158-59, 166-68, 172-74, 186, 187-88, 190, 197-98, 224, 230; **WAIV**: 44, 54, 71, 72, 86, 101, 120, 185, 227-28, 230, 235, 240-41; **WAV**: 15-16, 42, 49, 51, 62, 88, 93, 96-97, 98, 100, 104, 105, 109, 119-20, 130, 152, 156, 185, 199, 231-33; **WAVI**: 17, 20-21, 24, 28, 38, 51, 66, 71, 92-94, 100, 128, 140, 166, 191, 196-97, 204, 206, 211, 216, 218, 240-41, 245, 249-50; **HC**: 14-15; **ML**: 10-11, 49, 72, 83, 85-86, 88-89, 90, 100, 111, 126, 148, 153; **HT**: 5, 46, 48-62, 64-73, 123, 138; **RB**: 7-9, 15-16, 98; in Europe, **BS**: 18, 21-22, 38, 41, 76; **DTI**: 241; **DTII**: 48; **DTIII**: 119-20, 122; **WAII**: 173, 206-208, 231-32, 247, 293; **WAIII**: 17; **ML**: 10; in Germany, **BS**: 22, 25; **DTII**: 48; **WAIII**: 37; in Russia, **BS**: 25-27, 29-30, 33-34, 38, 43, 74-76, 79; **DTIV**: 86, 213, 311-12, 336-37; **WAV**: 50, 144; **WAVI**: 218; military, **BS**: 27-28, 79; **DTI**: 32-33, 41, 66, 77-78, 110, 234, 285; **DTII**: 92, 120, 161; **DTIII**: 21; **DTIV**: 48, 203, 307, 342; **WAI**: 97, 134; **WAII**: 27-28; **WAIII**: 36, 37, 42; **WAIV**: 103-104; **WAV**: 69-70, 180; **RB**: 15; commercial, **DTI**: 55, 141, 241; **DTII**: 91, 97, 136, 160, 176, 219; **DTIII**: 11-13, 14, 20, 21, 24, 25, 53, 54, 98-99, 120, 132, 176, 178, 233, 234; **DTIV**: 20, 34, 38-39, 67, 94, 137, 142, 145, 203, 265, 269, 272, 307, 328; **ML**: 10; **HT**: 58, 68; **RB**: 49; subsidy for, **DTI**: 77; **ML**: 102, endurance flights, **DTI**: 77-78, 295; **DTII**: 20, 32, 48, 49, 52, 54, 55, 56, 65, 185, 193, 203; **WAIII**: 53-56, **WAIV**: 45-47; transoceanic flights, **DTI**: 86, 87-88, 90-91, 93, 95, 104, 114, 118, 119-20, 124, 125, 126, 139, 142, 149, 200-201, 220, 225; **DTII**: 39, 40, 41, 48, 208; **DTIII**: 209; **DTIV**: 53, 236, 237, 249, 300; women in, **DTI**: 123, 124, 125, 139, 142, 149, 225; **DTII**: 20, 63, 64, 65, 129; **DTIV**: 265, 296; **WAIV**: 11; **WAVI**: 216; safety in, **DTI**: 125, 188, 207, 234, 262, 277, 285, 295, 313-14; **DTII**: 42, 43, 71, 91, 97, 136, 176; **DTIII**: 11-12; **DTIV**: 13, 307; **WAII**: 173-74; **WAV**: 15; **HT**: 69; accidents in, **DTI**: 144, 207, 234, 262, 264, 266; **DTII**: 34, 45, 71, 72; **DTII**: 37, 71, 72, 104-105; **DTIII**: 7; **WAIV**: 71; in Mexico, **DTI**: 234; **WAV**: 18; **ML**: 86, 88, 90; **RB**: 8; in England, **DTI**: 285, 286, 287; **DTII**: 72; **WAI**: 341; stowaways, **DTII**: 39, 40, 41; high altitude flights, **DTII**: 156; **DTIV**: 234, 265, 277-78, 280; speed records in, **DTII**: 63, 72; **DTIII**: 145; in Nicaragua, **DTIII**: 16; racing in, **DTIII**: 71; **DTIV**: 45, 48; **WAVI**: 34; in Japan, **DTIII**: 106; **DTIV**: 86; **WAI**: 341; **WAV**: 110-11, 112; **ML**: 125; in Korea, **DTIII**: 106; in Middle East, **DTIII**: 118, 119; in South America, **DTIII**: 222, 223, 224; **WAV**: 17; in Argentina, **DTIII**: 225; Italian air armada, **DTIV**: 53; in Italy, **DTIV**: 102; in Hawaii, **DTIV**: 202, 203; navigation in, **DTIV**: 249, 344; in Brazil, **DTIV**: 309; polar flights, **DTIV**: 337; in Alaska, **DTIV**: 347; in Canada, **DTIV**: 347; **WAV**: 104; **ML**: 102; in France, **WAI**: 341; compared to automobiles, **WAIV**: 72; in Central America, **WAV**: 17; in Guatemala, **WAV**: 19; **RB**: 8-9;

use of radio in, **WAV**: 52; international, **WAV**: 88; in China, **ML**: 164; *see also* airplanes; aviators; National Air Races; *and other related topics*

aviators: **DTI**: 68, 75, 97, 104, 119-20, 158, 199, 229, 234, 277, 313; **DTII**: 61, 97, 186, 203; **DTIII**: 132, 151; **DTIV**: 190, 232, 265, 308; **HC**: 80; **ML**: 128; **HT**: 48, 50-51, 55, 58, 59, 62, 64, 65, 68, 69, 70-71, 72, 73; salaries of, **DTIII**: 158-59; from France, **ML**: 147; *see also* air mail; aviation; *and names of aviators*

Ayres, _____: **WAVI**: 168
Azores: **DTIII**: 159
Aztec Indians: **WAIII**: 4, 5
Azucar (race horse): **DTIV**: 280

B

Babbitt (novel): **HT**: 152
"Babbitts": **WAI**: 236
Babicora Ranch: **DTIII**: 83, 128, 135, 136
babies: **CA**: 106; **DTI**: 227; **DTII**: 83, 186; **DTIII**: 149; **WAV**: 158, 159, 188, 221; **RB**: 89, 156-57; mortality rate of, **DTIII**: 28; birth rate of, **DTIII**: 122; **WAI**: 13
Babson, Roger W.: **DTII**: 108; **DTIV**: 60, 274; **WAIV**: 82-83
Baby Le Roy: *see* Winnebrenner, Le Roy
Babylon: **WAVI**: 207
Baby Peggy: *see* Montgomery, Peggy J.
baccalaureate addresses: **DTII**: 179; **DTIV**: 317
Bacon, Francis: **WAVI**: 42; **HT**: 117
Bacon, Frank: **WAIV**: 179
Baden-Powell, Robert S. S.: **DTII**: 58; **DTIV**: 275
badges, political: **ID**: 172; **CA**: 50, 108, 117, 122; **WAI**: 261; **HC**: 18, 39, 60
Baedeker, Karl: **L**: 71
Baer, _____: **L**: 13
Baer, Arthur (Bugs): **CA**: 55; **DTIV**: 39, 325; **WAV**: 187; **WAVI**: 68, 219
Baer, Maximilian A. (Max): **DTIV**: 39, 182, 197, 251, 264, 274, 321, 325; **RB**: 89-90
Baghdad, Iraq: **DTIII**: 119; **DTIV**: 232; **WAV**: 145
Baghinel, Abdel (El Ouafi): **DTI**: 252
bagpipes: **WAII**: 236, 243
Bagley, Sarah: **DTII**: 243
Bahama Islands: **WAII**: 224
Baikal, Lake: **DTIV**: 210
Bailey's Beach (Newport, R. I.): **DTI**: 236
Baker, Bryant: **WAIV**: 140
Baker, Mount: **WAV**: 104
Baker, Newton D.: **ID**: 165; **PC**: 24; **L**: 117, 118; **CA**: 65, 74, 75; **DTI**: 9; **DTII**: 131, 135; **WAI**: 258; **WAII**: 197; **WAV**: 109, 128; **ML**: 98
Baker, Reginald L.: **DTIII**: 2
Baker, Ruth Laughlin: **WAV**: 163
Baker, Sam (Sammy): **WAV**: 40-41
Bakersfield, Calif.: **WAV**: 158; **HT**: 101
Balbo, Italo: **DTIV**: 56, 66, 102

Balboa, Vasco Núñez de: **DTII**: 143; **WAII**: 31, 139; **WAV**: 107
baldness: **DTIII**: 3
Baldwin, Anita M.: **WAIV**: 187-88
Baldwin, Elias J. (Lucky): **WAIV**: 187
Baldwin, Frank F.: **DTIV**: 202; **WAVI**: 160
Baldwin, Stanley: **L**: 41, 90; **DTI**: 177, 287; **DTII**: 81, 123
Baldy, Mount: **HT**: 48-49
Balfour, Arthur J.: **ID**: 99-100; **DTII**: 148; **WAI**: 56
Balfour, Maxwell: **DTI**: 201
Balieff, Nikita: **BS**: 10, 13
Balkan States: **L**: 15; **DTI**: 19, 27, 35, 153; **DTIV**: 229; **WAII**: 260, 274, 279; **WAIV**: 196; war among, **WAI**: 355; **WAII**: 106, 216
Ballard, Edward: **WAVI**: 136; **ML**: 49
ballet: **DTIV**: 214
ballooning and balloonists: **DTI**: 218; **DTIV**: 107, 234; **WAII**: 93; **WAVI**: 165-66
Baltimore, Md.: **ID**: 93, 94, 95, 174; **P**: 33; **L**: 49-50, 83, 84; **CA**: 16, 72; **DTI**: 269; **DTII**: 11; **DTIII**: 160; **WAI**: 193, 194, 262, 328; **WAII**: 65, 130, 282; **WAIII**: 213, 234
Baltimore & Ohio Railroad Company: **ML**: 36
Balto (dog): **WAVI**: 260-61
Balzar, Fred B.: **DTIII**: 160; **DTIV**: 2-3, 58, 153-54; **WAIII**: 13; **WAVI**: 41, 42-43; **RB**: 80
bananas: **ID**: 45, 46; **WAI**: 105-107; **ML**: 24, 59
Bancroft, David J.: **WAII**: 181
banditry: **ML**: 56; **HT**: 61; in Mexico, **DTI**: 142; **ML**: 27-28, 30-31, 58, 64, 67, 82, 90; in China, **WAI**: 69-70; **ML**: 143, 156; in Philippines, **ML**: 172
bands (musical): **DTII**: 24; **WAII**: 152; **RB**: 96; jazz, **BS**: 15; **DTI**: 277; **DTIV**: 10, 38; on radio, **RB**: 72
banjos: **ID**: 184, 185
bank "holidays": **WAVI**: 3, 5, 84; in California, **DTIII**: 281-82; national, **DTIV**: 1, 2-3, 12, 52; **RB**: 73
banking and bankers: **ID**: 153; **DTI**: 44, 142, 164, 166, 169, 251; **DTII**: 5, 62, 83, 183, 184, 219; **DTIII**: 66, 70, 82, 85, 121, 128, 130, 135, 136, 140-41, 144, 148, 173, 175, 192, 207, 217-18, 245, 270, 271, 278, 282; **DTIV**: 1, 3, 4, 5, 17, 31, 59, 63, 83, 108, 114, 117, 130, 136, 145, 234, 235, 247, 251, 256, 266, 274, 279; **WAI**: 23, 40-41, 82, 113, 204, 248; **WAIII**: 23, 29, 194; **WAIV**: 91, 107, 162; **WAV**: 61, 65, 81-82, 102, 121, 127, 136, 206, 227; **WAVI**: 1, 3, 24-26, 32, 54, 84, 85, 110, 132, 173, 196, 206, 248; **ML**: 26, 28, 30, 50, 52; **HT**: 94, 134; **RB**: 23, 113, 122, 148, 158; branch banking, **DTI**: 142; **DTII**: 235; and insolvency, **DTI**: 142; **DTIII**: 245, 266; international, **DTIII**: 46, 145, 202; **DTIV**: 2, 23; **WAV**: 55, 136, 154, 213; regulation of, **DTIII**: 262; moratoriums on, **DTIII**: 280; in Detroit, **DTIII**: 281; **DTIV**: 190; relief for, **DTIV**: 37; vice presidents of, **DTIV**: 83
Bank of America: **DTIV**: 242
Bank of England: **DTII**: 33; **DTIII**: 78, 205; **WAI**: 12

7

Bank of Finland: **WAVI:** 173
Bank of Italy: **DTI:** 164
Banky, Vilma: **DTI:** 103
Banning, Calif.: **WAIV:** 228
banquets: **ID:** 6; **DTI:** 29, 39, 119; **DTII:** 66, 228; **DTIII:** 53, 62; **DTIV:** 97; **WAI:** 84-85; **WAV:** 51; **WAVI:** 75; **HC:** 16; food at, **WAV:** 22
Baptists: **DTI:** 89, 174, 194, 251, 257; **DTIII:** 29; **WAIII:** 92, 138, 145, 191, 205; **WAV:** 108, 212; **WAVI:** 11; **ML:** 130; **HT:** 138
Bara, Theda: **WAII:** 101
barbarians, and ancient Rome: **L:** 71
Barbary States: **WAVI:** 149
barbers, in China: **WAV:** 123
Barcelona, Spain: **L:** 90
Bardo, Clinton L.: **DTIV:** 246
Barkley, Alben W.: **CA:** 135, 138, 139
Barnett, Jackson: **DTIII:** 215, 274, 277-78; **DTIV:** 182
Barnum, Phineas T.: **ID:** 161; **DTII:** 215; **DTIV:** 246; **WAI:** 123; **WAII:** 17, 92; **WAIV:** 171, 216; circus of, **WAVI:** 204; **WAV:** 183
Barnum and Bailey Circus: **WAII:** 213
Barrie, James M.: **L:** 40; **DTIV:** 9; **WAII:** 218-21
Barrow, Clyde: **DTIV:** 177
Barrows, Joe: **DTIV:** 347
Barry, David S.: **DTIII:** 274
Barrymore, Ethel: **DTIV:** 111
Barrymore, John: **DTIV:** 204; **WAIII:** 171; **WAIV:** 30, 179; **WAV:** 41, 147, 148; child of, **WAV:** 157, 158; wife of, **WAV:** 158
Barrymore, Lionel: **WAV:** 147; **WAVI:** 77
Barrymore family: **DTIV:** 150; **WAI:** 21; **WAII:** 70; **WAV:** 41; **WAVI:** 200
Barstow, Calif.: **HT:** 50, 72
barter: **WAV:** 122, 123-24
Barthelmess, Richard: **WAIII:** 33
Bartlesville, Okla.: **DTI:** 208; **DTII:** 76; **DTIV:** 248; **WAII:** 108
Bartlett, George A.: **WAIV:** 188
Barton, Bruce: **DTI:** 294; **HT:** 136
Baruch, Bernard M.: **PC:** 12; **L:** 53, 103, 115; **CA:** 57, 79, 108, 111, 140; **DTI:** 4, 280; **DTIII:** 96, 135; **DTIV:** 46, 92, 96, 136, 187; **WAI:** 41, 75, 264, 326-27; **WAII:** 20-21, 152-53, 236, 242-43, 245-46; **WAIII:** 227-28, 229-30; **WAIV:** 223-24; **HT:** 25, 26-27; **RB:** 107, 160; family of, **CA:** 57; magazine article by, **DTIV:** 107
baseball: **ID:** 70, 112, 120; **L:** 52; **CA:** 120; **DTI:** 134, 135, 136, 137, 189, 202, 251, 257, 258, 261, 262-63; **DTII:** 20, 82, 83, 84, 93, 117, 215, 218-19, 220, 222; **DTIII:** 93, 130, 146, 177, 215; **DTIV:** 79, 86-87, 143, 163, 206, 208, 223-26, 228, 299, 314, 332, 341; **WAI:** 32, 37, 58, 88, 117, 137, 156, 213, 235, 248, 270, 290, 297-99, 301, 302-305, 322; **WAII:** 21-22, 46, 69, 78, 89-90, 119-20, 143, 181-82, 184, 241; **WAIII:** 23, 32, 114, 235-37; **WAIV:** 8, 25, 75, 197; **WAV:** 43, 72, 136-38, 226; **WAVI:** 37, 61-62, 163-64, 184, 197-99, 234, 235, 239; **ML:** 52, 65; **HT:** 40, 101, 114; **RB:** 103; World Series (general), **ID:** 5, 102; **L:** 36; **CA:** 139; **DTI:** 104, 134; **DTII:** 155; **WAII:** 142, 239; scandal in, **DTI:** 40, 44, 51; **WAI:** 304-305; **WAII:** 296-99; Rogers' fondness for, **DTI:** 104; World Series of 1927, **DTI:** 134, 135, 136, 137; in Mexico, **DTI:** 160; **WAV:** 81; World Series of 1928; **DTI:** 261, 262; **WAIII:** 213-14; **HT:** 15, 85; in Japan, **DTII:** 82; **DTIV:** 206, 208; **ML:** 120; World Series of 1929, **DTII:** 83, 84; **WAIV:** 78-79; World Series of 1930, **DTII:** 218-19, 220, 222; **WAV:** 72, 73, 80-81; World Series of 1931, **DTIII:** 84; World Series of 1932, **DTIII:** 215, 216, 217; World Series of 1933, **DTIV:** 86-87; World Series of 1934, **DTIV:** 223-26, 228, 234; **WAVI:** 163-64, 198; radio broadcasters of, **DTIV:** 86-87; World Series of 1924, **WAI:** 299, 302-304; World Series of 1925, **WAII:** 89-90, 107; night games in, **WAV:** 72; team owners in, **WAV:** 136-37; *see also names of teams*
Baseball Writers of America: **WAVI:** 197-98
basketball: **DTI:** 200, 284; **WAII:** 112; **WAIII:** 154; **WAVI:** 235; **ML:** 52, 75
Bass, Sam: **WAIII:** 38-39
Bass, Tom: **DTIV:** 244
Batavia: *see* Djakarta, Indonesia
Bates, Blanche: **WAVI:** 134
Batesville, Ark.: **ML:** 153
bathing: **ID:** 82-84, 209; **DTI:** 56; **DTIV:** 96; **WAI:** 46-48, 100, 101, 166
"bathing beauties": **HT:** 34
bathing suits: **ID:** 40, 70, 71, 75; **DTII:** 111; **DTIV:** 75; **WAI:** 49
bathrooms: **ID:** 81, 82-84; **DTI:** 20-21; **WAI:** 47-48
baths, public: in ancient Rome, **L:** 76
bathtubs: **ID:** 81, 83, 209; **DTII:** 17, 160, 252; **WAVI:** 45; **HC:** 78; **HT:** 126
Baton Rouge, La.: **DTIV:** 269, 270; **WAIII:** 42; **WAVI:** 198
bats: **WAV:** 30
Battle Creek, Mich.: **DTI:** 197, **DTIII:** 167; **WAV:** 153
The Battleship Potemkin (film): **DTIV:** 213, **WAII:** 233
Baxter, Warner: **DTIV:** 238
Bayes, Nora: **L:** 115
Beach, Albert I. (Bert): **WAII:** 274, 275
Beach, Edith C. (Mrs. Rex E.): **WAV:** 215; **WAVI:** 252, 253
Beach, Rex E.: **ID:** 122; **DTIV:** 344-45; **WAI:** 38; **WAII:** 156; **WAIV:** 59; **WAV:** 215; **WAVI:** 172, 204, 252-53
beans: **ID:** 65; **DTI:** 31; **HT:** 33, 38; navy, **WAVI:** 100-101
bears, in Yosemite National Park: **WAIV:** 181
Bearsted, viscount: *see* Samuel, Marcus
Bearsted, viscountess: *see* Samuel, Fanny E. B.
Beatty, Nev.: **DTIII:** 206
Beaumont, Texas: **WAIV:** 236
beauty: **DTIII:** 3-4
beauty contests: **WAII:** 9, 216
Beaver Falls, Pa.: **WAIII:** 133; **HT:** 66, 67

Beaver Springs, Pa.: **WAIII**: 133
Becerril, Andréa: **ML**: 86, 88
Becerril, Antonio: **ML**: 86, 88
Becerril, Audomaró: **ML**: 86, 88
Beckley, W. Va.: **DTI**: 83
Beecher, Henry Ward: **WAII**: 95
beer: **ID**: 51; **P**: 16, 19, 27, 28-29, 30, 40; **CA**: 143-44; **DTI**: 253; **DTII**: 211; **DTIII**: 16, 60, 79, 116, 164, 183, 184, 251, 253, 258, 262; **DTIV**: 5, 6, 11, 13, 14-15, 16, 17, 34, 35; **WAI**: 59; **WAV**: 84; **WAVI**: 18, 23, 24, 31, 37, 67; **HT**: 126; **RB**: 75; tax on, **DTIII**: 60; in Oklahoma, **DTIV**: 29, 52; retail licenses for, **DTIV**: 34; on Indian reservations, **DTIV**: 38
Beery, Wallace: **DTIII**: 41; **DTIV**: 280; **WAIII**: 35; **WAV**: 98, 147, 149; **WAVI**: 44; **HT**: 52
bees: **WAV**: 113-15, 215, 216; **ML**: 110-11
beet sugar industry: **WAII**: 9
Begg, James T.: **L**: 9
beggers: **ML**: 33
Behn, Louise: **WAV**: 32
Belasco, David: **WAI**: 21, 358; **WAII**: 12, 19
Belém (Pará), Brazil: **DTIII**: 226
Belengenland, S. S.: **WAV**: 233
Belgium: **BS**: 18; **PC**: 13, 18, 21; **P**: 10; **DTII**: 12; **DTIV**: 43, 76, 217, 268; **WAI**: 11, 70, 357; **WAII**: 47, 78-79, 215, 231, 250, 296; **WAIII**: 49, 52, 137; **WAIV**: 19, 38; **WAV**: 47; **WAVI**: 39, 129, 239; **HC**: 100; **HT**: 77, 78, 122, 123; wartime starvation in, **DTI**: 231, 272; **RB**: 12, 46; people of, **HC**: 54
Belgrade, Yugoslavia: **HT**: 130
"Believe It or Not" (serial): **DTII**: 177; **DTIII**: 243; **WAVI**: 225
Belinski, Vissarion G.: **ID**: 7
Bell, Rex: **WAV**: 157-58; ranch of, **WAVI**: 167
Bellefonte, Pa.: **DTII**: 105; **HT**: 64, 65, 66, 68
Bellingham, Wash.: **WAV**: 104, 109
Bellonte, J. Maurice: **DTII**: 208
Belper, Lady: *see* Strutt, Margaret C.
Benchley, Robert C.: **HC**: 113
Bender, Charles A. (Chief): **WAIII**: 235-37; **WAV**: 137
Benedictines: **WAIV**: 15
Bengough, Bernard: **DTI**: 136
Ben Hur (novel): **ID**: 7
Bennett, Ira E.: **ID**: 145; **WAI**: 209
Bennett, Richard B.: **DTIV**: 304; **WAVI**: 241-42
Benny, Jack: **RB**: 97
Benson, Godfrey R.: **ML**: 101
Benton, Iowa: **WAIII**: 55
Bentonville, Ark.: **DTII**: 66
Benz, Karl: **WAIV**: 193
Berengaria, S. S.: **DTIII**: 127
Berenger, Victor-Henri: **L**: 85-86; **WAII**: 279
Beresford, John C. (marquess of Waterford): **WAII**: 153
Berger, Victor L.: **WAI**: 170; **WAII**: 195-96, 197
Bering, Frank W.: **DTIV**: 279; **WAII**: 126; **WAVI**: 124
Bering Sea: **WAVI**: 52, 256

Berkowitz, A.: **WAIV**: 155, 157
Berlin, Germany: **BS**: 18, 22, 41; **DTI**: 12, 104; **DTIII**: 123, 124; **WAI**: 154; **WAII**: 107, 207, 245, 247; **WAIII**: 205; **WAIV**: 193; **WAV**: 50; **WAVI**: 227, 228; airport at, **DTIII**: 51
Berlin, Irving: **CA**: 139; **DTI**: 172; **WAII**: 186, 238, 258
Bermuda: **ID**: 82; **WAI**: 46; **WAII**: 38
Bern, Paul: **WAV**: 188
Bernard, Gene: **WAIII**: 44
Bernie, Ben: **DTI**: 56; **RB**: 89
Bethlehem: **DTII**: 250; **DTIII**: 119; **WAVI**: 211
Bethlehem, Pa.: **WAII**: 291; **WAV**: 24
"better element": **DTI**: 75; **DTIV**: 111, 200; **HC**: 15
Beverly Hills, Calif.: **E**: 7, 20, 24; **ID**: 3, 111, 113, 134; **L**: 54; **CA**: 117; **DTI**: 39, 41, 42, 43, 46, 47, 51, 55, 58, 62, 64, 75, 87, 97, 101, 103, 105, 108, 109, 112, 118-19, 125, 140, 141, 162, 177, 208, 220, 227, 237, 239, 248, 252; **DTII**: 35, 37, 58, 74, 122, 136, 159, 176, 256; **DTIII**: 18, 98, 224, 243, 250; **DTIV**: 10, 15, 138, 145, 197, 242; **WAI**: 87, 116, 187, 189, 200; **WAII**: 140-42, 206, 293, 296; **WAIII**: 36, 37, 40, 46, 47, 53, 55, 58-59, 65, 66, 70, 71, 73, 78-80, 100, 106, 125, 133, 166, 167, 172, 198, 203, 228; **WAIV**: 46, 102, 130, 140, 161; **WAV**: 17, 188; **WAVI**: 9, 99, 180, 216, 236, 246; **HC**: 54, 67; **ML**: 26, 143, 163; **HT**: 48, 61, 67, 99; **RB**: 49; Rogers as mayor of, **DTI**: 39, 40, 41, 42, 43, 45, 46, 52, 54, 58, 61, 62, 64, 66, 101, 112, 116, 118-19, 120, 125, 191; **DTIII**: 171; **WAII**: 293, 297, 299, 312; **WAIII**: 8, 22, 23, 36, 37, 40, 45, 65-67, 68-69, 70-72, 73; **HC**: 7; **HT**: 41; newspapers in, **DTI**: 42; **DTIII**: 243; **WAIV**: 106; census of, **DTI**: 165-66; crime in, **WAIII**: 22; chamber of commerce of, **WAIII**: 133
Beverly Hills (Calif.) *Citizen*: **WAVI**: 106; editor of, **DTIII**: 243
Beverly Wilshire Hotel (Beverly Hills): **DTIV**: 10
Bibesco, Antoine: **WAI**: 268
Bibesco, Elizabeth A. (Mrs. Antoine): **CA**: 69, 73; **WAI**: 268-69
Bible: **ID**: 83, 117, 119, 161, 191; **P**: 4-5, 23-27; **CA**: 39; **DTII**: 58; **DTIII**: 76, 119; **WAI**: 20, 33, 34, 37, 48, 289, 339; **WAII**: 55, 56, 65, 164, 191, 306; **WAIII**: 192, 243, 253; **WAIV**: 92, 157-59; **WAV**: 16, 71; **WAVI**: 105, 126, 129, 206, 211, 238; **ML**: 33; **HT**: 53, 102; **RB**: 38, 51; interpretations of, **WAI**: 183
bicycles: **DTI**: 313; **DTIII**: 31, 194; **DTIV**: 66; **WAV**: 119; **WAVI**: 229; **RB**: 144; in Italy, **L**: 60; races involving, **CA**: 58-59, 61, 69; in Japan, **WAV**: 110
Biddle, Anthony J. D. (Tony), Jr.: **WAII**: 152; **WAIII**: 165
Biffle, Ira O.: **HT**: 59-60
bigamy: **DTII**: 4, 156, 168; **WAV**: 70
Big Bend, Texas: **WAV**: 224
big business: **DTI**: 18, 190, 312; **DTII**: 102; **DTIII**: 64, 85; **DTIV**: 36, 46, 260, 261, 317;

Cumulative Index

WAI: 171, 183, 196; WAIII: 143, 155-57, 208; WAIV: 124, 127-29, 147-48, 162, 163; WAV: 3, 207, 226; WAVI: 40, 215; HC: 61-62; HT: 93; RB: 127, 165; relief for, DTIV: 37
big game: DTII: 85, 179; WAV: 17; WAVI: 17
bigotry: *see* intolerance
Big Parade (film): WAII: 232
Big Spring, Texas: DTIII: 54; WAIV: 228
billboards, advertising on: WAV: 25
bills: DTIV: 140, 326
Billy the Kid: *see* Bonney, William H.
Biltmore Hotel (Havana): DTI: 172
Biltmore Hotel (Los Angeles): WAI: 234
Biltmore Theatre (Los Angeles): WAI: 234
Bingham, Hiram: DTII: 86, 93, 95; WAIV: 86; ML: 111; son of, ML: 111, 112
Bingham, Robert W.: DTIV: 36
Binghamton, N. Y.: WAII: 255
biographies and biographers: DTIV: 90; WAVI: 69
birds: DTI: 304; DTII: 50, 81
bird's nest soup: ML: 163
Birmingham, Ala.: BS: 16; DTI: 17; DTII: 174; WAII: 111, 115; WAVI: 20
Birmingham (Ala.) *Age-Herald:* WAII: 111-12; WAIV: 155
birth certificates: L: 11; DTIV: 69
birth control: DTI: 205, 298; DTIV: 46; WAIII: 64, 160, 256; WAIV: 7, 18, 208; WAVI: 119, 126; RB: 76; in Ethiopia, ML: 97
birthday cards: DTI: 90
birthdays: WAVI: 172; of Rogers, DTI: 105, 146; DTII: 232; DTIV: 238; WAIV: 205; WAVI: 2, 171-72; ML: 26-27
Birth of a Nation (film): L: 72; WAII: 213; WAVI: 131
birth rate: DTIII: 122; WAI: 13; in Puerto Rico, DTIII: 8; in Italy, DTIV: 118
Bishop, Calif.: WAV: 185
Bismarck, N. D.: L: 39
Black, Hugo L.: DTIV: 142
Black, Loring M., Jr.: WAII: 169
Black, Thomas C.: DTIV: 233
Black Bess (horse): DTII: 30
Blackbirds (revue): DTIV: 218
black bottom (dance): WAIII: 15
Black Hills: DTI: 92, 100, 105, 152; DTII: 61; WAIII: 37, 38-40, 58, 76, 141; WAIV: 47; WAV: 10, 63; ML: 35, 42, 62
"black light" liquor: DTII: 144-45
Black Sea: DTIV: 212, 213; RB: 100
Black Shirts: DTIV: 216
Blackstone, William: WAII: 255
Blackwood, I. Charles: WAVI: 42
Blaine, James G.: WAII: 128
Blaine, John J.: WAII: 44; HT: 84
Blair, Emily N.: CA: 112
Blake, James (Jimmy): WAVI: 138
Blakeley, Bassett: WAII: 161
Blanton, Thomas L.: L: 6, 26; DTI: 58; WAII: 168, 131
Blasco-Ibáñez, Vicente: ID: 6; L: 92; writings of, P: 3-4; WAV: 114

Blease, Coleman L.: L: 6; DTII: 9, 134; WAII: 168, 181, 198; HT: 21-22
blind, the: WAVI: 181-82
Blinn, Holbrook: WAIV: 5
Blizzard, Warren L.: WAIV: 239
Block, Paul: DTI: 280; DTIII: 136, 171; son of, DTI: 255; DTIII: 171
Blocker, Abner P. (Ab): WAII: 267
Blocker, John R. (Johnny): WAII: 267-68
Blocker rope loop: WAII: 268; WAV: 168
Blood and Sand (novel): P: 3
Bloom, Sol: BS: 51; L: 10; DTI: 36, 58; WAII: 311
Blue, Monte: WAIII: 198-99
Blue Boy (hog): DTIV: 70; WAVI: 13, 14, 23, 32, 172; RB: 81
Blue Coat (race horse): DTII: 26
Blue Devils of France: ML: 129
Blue Eagle (N. R. A.): RB: 167
Bluefield, W. Va.: E: 6
Blue Larkspur (race horse): DTII: 30
Blue Prince (race horse): DTIV: 293
blueprints: HC: 99
Blythe, Samuel G.: CA: 37, 113; WAIV: 24; HC: 23; article by, DTIII: 246
Boardman, Russell N.: DTIII: 60
boards of directors: DTI: 284; RB: 46, 56, 93, 170
bobbed hair: DTIII: 63; WAI: 271
Bodie, Calif.: DTII: 212; WAIV: 189
Boenning, Henry: WAVI: 209
Boers: WAII: 49; ML: 59
Boer War: DTIV: 339; WAI: 353; WAII: 51; WAIV: 200; WAVI: 212; ML: 59
Bohemian Club: DTI: 240, 241; WAIII: 193-95
Boise, Idaho: CA: 11; DTI: 69; ML: 101, 150; HT: 56
Bok, Edward W.: WAI: 96, 182
Bok Bird Sanctuary: DTI: 304
Boles, Thomas (Tom), Jr.: WAV: 30
Boleyn, Anne: WAIV: 30-33
Boleyn, Mary: WAIV: 30-31
Bolivia: DTI: 286, 289; DTIV: 209, 286, 322; WAII: 280-82; WAV: 38, 178; WAVI: 47, 237; RB: 94; army of, DTI: 287; U. S. recognition of, DTII: 214
boll weevils: DTI: 148, 152, 255, 311; DTII: 57, 80, 199; DTIII: 74; WAI: 115-16, 233, 340; WAII: 239; WAVI: 201; HC: 8, 73; HT: 91, 152
Bolshevism and Bolsheviks: PC: 22; P: 11, 38; L: 61; DTI: 62, 98; DTIV: 212, 278, 281, 337; WAII: 74, 82, 247, 261; WAV: 64, 66, 83; WAVI: 204; ML: 137, 139, 140, 141; RB: 135; in Mexico, DTI: 62; *see also* Communism and Communists
bolters, political: DTI: 244; DTII: 3-4, 21
Bombay, India: DTIII: 261
bombings: DTI: 98, 221; in Chicago, DTI: 184, 199
Bonanza, Canada: DTIV: 346
Bone, Scott C.: WAI: 61
Bonney, William H. (Billy the Kid): WAV: 35
Bonus Army: DTIII: 191-92, 193; DTIV: 31;

WAV: 160, 178-79; **WAVI:** 64
"Boob McNutt" (cartoon): **WAIII:** 22
bookkeeping: **ML:** 80
bookmakers: **DTI:** 147, 192
books: **ID:** 1, 4-8, 192; **PC:** 1; **L:** 7; **DTI:** 174-75; **WAV:** 162, 217; **WAVI:** 100; **ML:** 28, 105-106; **HT:** 13; **RB:** 118; introductions to, **P:** 1; best sellers, **DTII:** 169; *see also titles of books*
Boone, Daniel: **DTIII:** 108; **DTIV:** 157; **WAVI:** 56
Boonville, Mo.: **L:** 99; **WAII:** 192; **WAIII:** 216; **WAV:** 202, 219; **WAVI:** 148, 182, 183
boosterism: **DTI:** 39, 122, 178; **WAII:** 101; **WAV:** 44
bootblacks: **WAI:** 41; **WAII:** 92
Booth, Albert J., Jr.: **WAIV:** 95
Booth, Evangeline C.: **CA:** 137; **DTIII:** 200
Bootlegger (horse): **WAVI:** 179
bootlegging and bootleggers: **BS:** 61; **ID:** 12, 40, 41, 54, 69, 89; **P:** 19, 20, 30; **L:** 24, 37, 89, 106; **CA:** 9, 27, 52, 109; **DTI:** 6, 7, 42, 89, 91, 110, 122, 253, 255, 291, 297, 305; **DTII:** 3, 42, 57, 60, 69, 85, 106, 111, 145, 160, 172, 205, 235; **DTIII:** 63, 81, 83, 87; **DTIV:** 13, 16, 70, 100, 132; **WAI:** 4, 6, 14, 17, 19-20, 23, 28, 42, 44, 50-51, 54, 59, 60, 67, 68, 80, 87, 93, 104, 131, 136, 149, 151, 165, 178, 185, 190, 216, 247-48, 274, 328, 342, 347; **WAII:** 7, 22, 40, 68, 97, 164, 166, 178, 212; **WAIII:** 7, 34, 60, 183, 199, 228, 235, 241; **WAIV:** 79, 84, 104, 127, 133, 134, 162-63, 173, 191; **WAV:** 8, 48; **WAVI:** 1, 19, 32; **HC:** 43-46, 73, 85; **ML:** 30, 47; **HT:** 6, 9, 21, 37-38, 76, 125-27, 144; **RB:** 62; in Chicago, **L:** 108
boots: **DTIV:** 89
Boragzzi Galleries (Rome): **L:** 74
Borah, William E.: **BS:** 28, 51, 53; **ID:** 14, 165; **L:** 9, 31, 34, 37, 56, 70, 74, 78, 83-84, 101, 107; **CA:** 11, 102; **DTI:** 2, 66, 69, 84, 101, 128, 135, 179, 187, 189, 193, 194, 201-202, 222, 297, 303; **DTII:** 45, 51, 81, 113, 117, 133, 156, 179, 185, 206, 213, 232; **DTIII:** 6, 21, 66, 74, 84, 90, 121, 128, 135, 190, 225; **DTIV:** 108-109, 144, 154, 192, 239; **WAI:** 2, 7, 9-10, 40, 43, 86, 94, 102, 240, 246, 258, 310-11; **WAII:** 7-8, 32, 49, 92, 112, 146, 159, 177, 178, 193, 198, 240, 284, 311; **WAIII:** 4, 10, 19-20, 102, 176, 181, 251, 258; **WAIV:** 31, 62, 63, 124, 241; **WAV:** 12, 69, 85, 91, 115, 120, 146, 223; **WAVI:** 20, 42, 104, 174-75, 230; **HC:** 20, 34; **ML:** 51-52, 95, 96, 97, 98-99, 100, 101, 102, 104, 108, 109, 110, 111, 112, 114, 115, 117, 121, 122, 123, 124, 125, 126, 136, 142, 143, 146, 149, 151, 154, 161, 168; **HT:** 9, 20, 34, 56, 96, 99, 148, 155; **RB:** 108, 160
Borein, J. Edward (Ed): **WAI:** 221; **WAV:** 196-97
Borglum, Gutzon: **WAII:** 268; **WAIV:** 176
Boris III, king of Bulgaria: **DTIV:** 99; **WAIV:** 203, 204
Borzage, Frank: **WAV:** 98; **WAVI:** 124
Boston, Mass.: **ID:** 65; **PC:** 16, 25; **L:** 19, 20, 70, 71-72; **CA:** 36, 120; **DTI:** 86, 88, 268; **DTII:** 18-19, 57, 180, 224, 230; **DTIII:** 212; **DTIV:** 197, 272, 311; **WAI:** 58, 69, 147, 250; **WAII:** 24, 127-28, 130, 132, 133, 134, 135, 138, 179; **WAIII:** 20, 222; **WAIV:** 4, 11, 17, 19, 20, 21, 104, 123, 159, 161, 201, **WAV:** 115; **WAVI:** 48, 164; **HC:** 99; **HT:** 17, 55, 105, 106, 109, 132; **RB:** 54-56; police strike in, **CA:** 35; **WAI:** 357; marathon race in, **DTII:** 18; tercentenary celebration in, **RB:** 55
Boston Braves (baseball): **CA:** 120; **DTI:** 189; **WAII:** 181
Boston Conservatory of Music: **WAII:** 135
Boston Globe: **HT:** 17
Boston Historical Society: **WAII:** 117
Boston Red Sox (baseball): **WAII:** 298; **WAVI:** 164
Boston Symphony Hall: **WAII:** 132, 135
Boston Tea Party: **WAIV:** 8
Boston Transcript: **HT:** 17
Boswell, James: **WAII:** 218; **WAIII:** 196; **WAV:** 160; **WAVI:** 27
Boulder Dam: *see* Hoover Dam
bourgeoisie: **BS:** 44, 82
Bow, Clara: **DTI:** 242; **DTII:** 58, 99, 107, 113, 140; **DTIII:** 100, 228; **WAIV:** 178, 205, 230; **WAV:** 16, 157-58, 183; **ML:** 149; **RB:** 44, 81; biography of, **DTIII:** 31; ranch of, **WAV:** 188; **WAVI:** 167; home of, **RB:** 16
Bowen Air Lines: **DTIII:** 53
Bowers, Claude G.: **CA:** 111-12, 113; **WAIII:** 181
Bowery, the (New York City): **WAVI:** 14, 133
Bowie, James (Jim): **WAII:** 130; **HT:** 152
Boxer Rebellion: **WAV:** 115; **RB:** 11
boxing: **ID:** 60, 120, 148; **DTI:** 15, 16, 20, 26, 110-11, 113, 116, 124, 126-27, 128, 129, 130, 132, 133-34, 164, 176, 205, 212, 287, 304, 310; **DTII:** 93, 155, 179, 205; **DTIII:** 50, 55, 122, 146, 179, 206, 277; **DTIV:** 39, 184, 197, 262, 264, 320, 321, 325, 341; **WAI:** 37, 72, 82, 91, 95, 96, 128, 129, 167, 176, 211, 248, 271, 279-80, 289, 290, 295-96, 319, 350; **WAII:** 50, 68, 69, 70, 72, 111-14, 142, 153, 155, 312; **WAIII:** 13, 23, 34, 73-75, 76-77, 102, 114; **WAIV:** 41, 159-61, 182; **WAV:** 39-40, 87, 173, 186; **HC:** 39, 42-43, 63; **ML:** 11, 38; **HT:** 45, 85, 100, 101, 117; **RB:** 57-58, 89-90
"Box T Lad" (ranch hand): **WAV:** 202-203
Box T Ranch: **WAV:** 202
boycotts: **DTIV:** 91
Boy Scouts of America: **DTI:** 41, 79; **DTII:** 58; **DTIV:** 275; **ML:** 88; **HT:** 32
Braddock, James J. (Jim): **DTIV:** 325
Braden, Forrest: **WAIII:** 46
Bradley, Edward R.: **DTIV:** 306
Brady, James B. (Diamond Jim): **HT:** 4
Brady, Peter J.: **HT:** 55-56, 57, 58, 59, 60
Brady, William A.: **WAII:** 10, 12; **WAIV:** 192
Braille, Louis: **WAV:** 223-24
Braille system: **WAV:** 223
Brain Trust: **DTIV:** 72, 155, 156, 159, 164, 166, 187, 212, 219, 258, 337, 341; **WAVI:** 48, 64, 73, 110, 192; **RB:** 97, 110

Cumulative Index

Brand, Thomas W. (viscount Hampden): **WAII:** 235
Brandon, William W.: **DTI:** 31; **WAII:** 116, 278-79; **WAIII:** 2; **HT:** 24
brassieres: **DTI:** 85
Brasstown, N. C.: **WAIII:** 167-68
Bratinau, Ion: **DTI:** 152, 164-65
Bratton, Sam G.: **WAIV:** 132-33
bravery: **DTI:** 149, 158, 241, 266; **DTII:** 102; **DTIII:** 169; **DTIV:** 157; **ML:** 28, 130
Brazil: **L:** 93, 115; **DTI:** 45; **DTII:** 207, 226; **DTIII:** 117, 220, 226; **DTIV:** 88, 205, 329; **WAI:** 141; **WAII:** 147, 186, 280, 304; **WAIII:** 93; **WAIV:** 126, 207; **WAV:** 20, 62, 177-78, 232; **WAVI:** 39; **RB:** 125; revolution in, **DTII:** 209; **DTIII:** 226; **WAVI:** 161; military aviation in, **DTIV:** 309
Brazilian Clipper (airplane): **DTIV:** 175
bread lines: **DTIV:** 235; **RB:** 124
breakfast: **WAIII:** 99-100; at White House, **ML:** 14, 15, 45
breakfast food: **DTI:** 73, 197; **DTIII:** 167; **WAI:** 116
breath analyzer: **RB:** 53
Breckenridge, Mary: **WAV:** 234
Breckenridge, Texas: **WAII:** 161; **WAIV:** 236
breeches: **ID:** 101; **DTI:** 117, 273; **DTII:** 4, 43-44, 66; **WAI:** 57; **WAII:** 152; **WAIII:** 16; **ML:** 58, 135; **RB:** 45, 58, 60; for riding, **WAVI:** 58
Bremen, S. S.: **DTII:** 62, 119; **WAIV:** 108
Brennan, George E.: **ID:** 178; **CA:** 63, 72, 85
Brest-Litovsk, Treaty of (1918): **ML:** 138, 139
Briand, Aristide: **L:** 60, 85, 86, 100, 118; **DTI:** 9; **DTII:** 192; **WAII:** 176-78, 228, 229; **WAIV:** 49
bribery: **DTIV:** 102; **ML:** 81
Brice, Fanny: **CA:** 36; **DTII:** 99; **ML:** 122
bricklayers: **DTI:** 235; **WAI:** 277
brides: **DTI:** 233; **WAI:** 230
bridge (card game): **DTII:** 196; **DTIII:** 118-19, 169, 194; **DTIV:** 69, 73, 126, 279, 301; **WAVI:** 53, 58; **HT:** 91; **RB:** 161
Bridgeport, Conn.: **WAII:** 263
bridges: **DTIV:** 199, 301, 342; *see also names of bridges*
Bridger, James: **WAVI:** 56
Briggs, Walter O.: **WAVI:** 81
"Bringing Up Father" (cartoon): **WAIII:** 22, 102
Brisbane, Arthur: **ID:** 5-6, 185; **CA:** 126, 145; **DTI:** 70, 132, 140, 198, 231, 251, 287, 294, 313; **DTII:** 40, 52, 83, 92, 108, 151, 160, 164, 207, 211-12, 216; **DTIII:** 2, 13, 23, 41, 89, 141, 193, 199, 201, 241, 243, 281; **DTIV:** 3, 21, 28, 35, 233, 238, 239, 274, 296, 328; **WAI:** 154, 264, 312, 364; **WAII:** 101, 105, 153, 291, 293; **WAIII:** 27, 89-91; **WAIV:** 24, 191-93, 200; **WAV:** 234; **WAVI:** 4, 67-68, 165, 167, 177, 208, 219, 220; **HT:** 51, 72; **RB:** 16, 157-58; wagers with Rogers, **DTI:** 136-38
Brisbane, Phoebe C. (Mrs. Arthur): **DTI:** 313
"Britania Rules the Waves" (song): **WAI:** 331
British Broadcasting Company: **WAVI:** 181

British Columbia, Canada: **WAV:** 12, 107; **WAVI:** 255; **ML:** 104, 105
British Guiana: *see* Guyana
Britten, Frederick A.: **WAI:** 245; **WAII:** 250; **WAIII:** 230
broadcasters: *see* radio announcers
broad-mindedness: **DTI:** 79; **DTIV:** 26, 88
Broadway Avenue, theater district of: **DTI:** 255; **DTII:** 212; **WAI:** 84, 302; **WAII:** 63, 150; **WAVI:** 21-22
Brock, William: **DTI:** 122
Brockton, Mass.: **DTII:** 6; **WAIV:** 18
Brody, Elizabeth Cobb: **WAVI:** 116, 118
Broken Bow, Okla.: **WAIII:** 58
Brokenshire, Norman: **RB:** 86
Bromley, Harold: **DTII:** 52
Bronenosets Potemkin (film): *see* The Battleship Potemkin
Bronson, Betty: **WAIII:** 33
Bronx, N. Y.: **L:** 55; **DTII:** 89; **HC:** 85; **RB:** 24
Bronx (N. Y.) Zoo: **WAI:** 18
Bronxville, N. Y.: **WAVI:** 20, 210
Brookhart, Smith W.: **ID:** 165; **DTII:** 27, 94; **DTIII:** 17; **WAI:** 247, 250, 258; **WAII:** 185; **WAIV:** 27, 86; **ML:** 154
Brooklyn, N. Y.: **ID:** 191; **DTII:** 62; **DTIII:** 115; **WAI:** 58, 153; **WAII:** 139; **WAIII:** 101; **HC:** 86; **RB:** 16, 132, 166-67
Brooklyn Bridge: **DTI:** 272; **WAI:** 271; **WAIII:** 185, 202; **WAIV:** 233; **RB:** 22
Brooklyn Dodgers (baseball): **WAI:** 290
Brooklyn Naval Yard: **WAII:** 277; **WAVI:** 67
Brooks, Harry: **DTI:** 184; **WAVI:** 166
Brougher, James Whitcomb, Sr.: **WAI:** 154, 168-69; **WAIII:** 21
Broun, Heywood C.: **CA:** 79, 133; **DTII:** 218; **WAIII:** 108; **WAVI:** 193, 198
Broussard, Edwin S.: **WAIV:** 132
Brown, Clarence: **WAV:** 98
Brown, Clyde A.: **WAIII:** 54
Brown, Curley: **WAV:** 97
Brown, Edgar A.: **DTI:** 213
Brown, Fred H.: **ID:** 166; **WAI:** 258
Brown, Henry J. (Brownie): **HT:** 64, 65
Brown, Izotta Jewell: **WAI:** 268
Brown, Joe E.: **DTIII:** 243; **DTIV:** 228; **WAVI:** 163
Brown, Lew: **WAVI:** 21
Brown, Mordecai P. C. (Three Finger): **WAV:** 137
Brown, Pennsylvania: **CA:** 65
Brown, Walter F.: **CA:** 123; **DTIV:** 142
Brown County, Ind.: **WAIV:** 178
Browne, Mary K.: **WAII:** 226
Browning, Edward W.: **DTI:** 19; **WAII:** 302, 306; **WAIII:** 22
Browning, Francis H. (Peaches): **ID:** 145, 147, 148, 149; **DTI:** 16, 18, 19, 22, 34, 50, 51, 70; **WAII:** 270, 285, 302, 304, 306; **WAIII:** 22, 24; **WAIV:** 55
Brownlee, John E.: **WAVI:** 137
Brownsville, Texas: **DTI:** 159, 160, 166; **DTIII:** 93, 225, 234; **DTIV:** 328; **WAIII:** 114; **WAV:** 17; **ML:** 24, 29, 88, 90

12

Brown University: **DTI:** 28
Bruce, William C.: **WAII:** 166, 167, 168
Brush, Matthew C.: **DTIII:** 187
Brutus: **WAIV:** 111, 112
Bryan, Charles W.: **ID:** 166, 171; **CA:** 79; **DTI:** 244; **WAI:** 259, 260, 263, 264-65, 268, 313, 322, 323; **WAII:** 21
Bryan, Mary Baird (Mrs. William J.): **DTII:** 123
Bryan, William Jennings: **ID:** 33, 53, 95, 139, 154, 159-61, 162, 165, 171, 189, 209, 210; **PC:** 2, 8, 26, 28-29; **L:** 4, 37, 70; **CA:** 14, 15, 23, 24-25, 27, 29, 36, 49, 50, 53, 55, 63, 65, 71, 72, 73, 75, 77, 78, 79, 82, 86-87, 102, 137; **DTI:** 205, 244, 257; **DTII:** 123; **DTIII:** 81, 163, 242; **DTIV:** 13, 118-19, 151; **WAI:** 13, 51, 72-73, 76, 86, 88, 90, 93, 102, 121-23, 152, 159, 163, 185, 192, 195, 204, 207, 214, 240, 250, 258, 260, 263-64, 265, 270, 272, 283, 290, 291, 293, 306, 310, 312, 339, 353; **WAII:** 16, 21, 28, 31, 32, 43, 44, 53, 54, 55-58, 59, 60, 105, 240; **WAIII:** 235; **WAIV:** 212; **WAV:** 128, 165, 202; **HC:** 58; **ML:** 132; **HT:** 107, 112, 146; political philosophy of, **P:** 7; speeches by, **CA:** 24, 86, 87; "Cross of Gold" speech of, **DTIV:** 119; **WAI:** 170; **WAII:** 126; on evolution, **WAI:** 101, 123; policies of, **WAI:** 322; death of, **WAII:** 63-66
Bryce Canyon National Park: **DTIV:** 339; **HT:** 54
Bucharest, Rumania: **DTIV:** 216
Buck, E. Eugene (Gene): **WAII:** 152; **WAIII:** 137
Buck, John L.: **WAV:** 210, 211
Buck, Pearl S.: **WAV:** 210-12; book written by, **DTIII:** 139
Buckingham and Chandos, duchess of: *see* Egerton, Alice A. M.
Buckingham Palace: **PC:** 12; **DTI:** 99; **DTII:** 135, 192; **DTIII:** 76; **DTIV:** 125; **WAII:** 233-35, 260, 303; **WAIII:** 101; **WAIV:** 106, 118, 153
Bucknell College: **WAIII:** 237
Buckner, Emory R.: **WAII:** 178
Budapest, Hungary: **DTIV:** 217
Buddha: **ML:** 130
Buddhism: **E:** 22
budgets: **WAVI:** 22; *see also* England, national budget of; United States, national budget of
Buenos Aires, Argentina: **DTI:** 217; **DTIII:** 224, 237; **DTIV:** 307, 309; **WAIII:** 229; **WAIV:** 200; **WAV:** 232; **WAVI:** 222; **RB:** 86
buffalo: **DTIII:** 29; **WAVI:** 259
Buffalo, N. Y.: **DTI:** 16; **WAI:** 236; **WAII:** 96, 255; **WAV:** 188; **HT:** 16, 73; international exposition at, **WAI:** 353
Buffalo Bayou, Texas: **DTIV:** 100
"Buffalo Bill": *see* Cody, William F.
Buffalo Bill's Wild West Show: **WAII:** 272
buffets: **WAVI:** 9
Bulgaria: **L:** 109; **DTI:** 153; **DTIV:** 99; **WAII:** 106; **WAIV:** 196, 203; **WAV:** 135; **HT:** 130
Bulger, Bozeman: **WAV:** 138
Bullard, Robert L.: **WAIII:** 134-35

bulldogging: **DTIII:** 154
bullfighting and bullfights: **ID:** 59-60; **L:** 96-97; **DTI:** 155, 157, 158, 159-60, 162; **DTII:** 6, 12; **DTIII:** 13, 62, 92; **WAI:** 127; **WAIII:** 114, 184; **WAIV:** 1-2, 97, 211; **WAV:** 18, 25; **ML:** 29, 41, 44, 47, 52, 61, 64-67, 85, 125; **RB:** 7-8
Bullfrog, Nev.: **DTIII:** 206; **WAV:** 187
Bullitt, William C.: **DTIV:** 106, 212
Bull Moose party: **HC:** 67
Bulow, William J.: **DTI:** 182-83; **DTII:** 231; **WAIII:** 140-41; **WAIV:** 177, 205-206; **ML:** 62
Bulwinkle, Alfred L.: **DTIV:** 167
"bumming": **WAIV:** 72
Bunion Derby: **DTI:** 202, 212, 215, 216, 217, 225, 252; **DTII:** 39, 65; **ML:** 68; **HT:** 99-102
bunions: **DTI:** 212
bunk: **DTI:** 214, 313; **DTII:** 126; **DTIV:** 45; **HC:** 8, 14, 32, 39, 42, 54-55, 60, 64, 66, 75-76, 77-78, 82, 98, 105, 110
Bunker Hill, Battle of: **DTII:** 180; **RB:** 55
Bunny, John: **WAVI:** 193
Burbank, Calif.: **WAIV:** 227, 228
Burbank, Luther: **ID:** 52; **DTII:** 49; **DTIII:** 206; **WAI:** 115, 162; **WAII:** 75; **WAIV:** 227; **HT:** 43
Bureau of Indian Affairs: **DTIII:** 10
Burghley, David: **WAV:** 177
Burke, Billie: *see* Ziegfeld, Billie Burke
Burke, Carleton F.: **WAVI:** 51, 221
Burke, Martha J. (Calamity Jane): **WAIV:** 64
Burke, "Sailor": **WAII:** 112
Burleson, Albert S.: **PC:** 17, 30; **P:** 2
burlesque: **WAV:** 237; *see also* vaudeville
Burnam, C. H.: **WAVI:** 210
Burnett, Samuel B.: **WAII:** 267
Burnham, Frederick R.: **DTIII:** 143
Burns, Fred: **WAVI:** 131
Burns, William J.: **ID:** 140; **WAI:** 208
Burnside, Frank H.: **HT:** 62
Burr, Aaron: **WAIV:** 24
burros: **ML:** 29, 31, 34, 52, 81, 147
Burroughs, John: **WAIV:** 80
Burton, Theodore E.: **CA:** 37, 38, 39, 40; **DTI:** 79; **ML:** 16
Busch, Adolphus: **ID:** 51; **WAI:** 161
buses: **DTI:** 125, 277; **DTII:** 98; **DTIV:** 148, 290; **WAVI:** 21; **RB:** 134
Bush, Guy T.: **CA:** 120
Bushyhead, Jesse C.: **WAV:** 126
business and businessmen: **DTI:** 181, 193, 194, 215, 234, 268, 298; **DTII:** 33, 112, 154, 157, 227; **DTIV:** 100, 124, 170, 220, 246, 251, 315; **WAI:** 14, 70, 82; **WAII:** 76; **WAIII:** 29, 115, 167, 194; **WAIV:** 77, 96, 97, 135, 151; **WAV:** 203; **WAVI:** 4, 132, 214-15; **HC:** 18, 25; **ML:** 25, 41, 71, 104, 152, 158; **RB:** 94, 173; Rogers as, **DTI:** 184-85; integrity of, **DTIII:** 167; and government, **DTIV:** 26, 124, 168, 169, 257, 262, 310, 319; *see also* big business; mergers; *and other related topics.*
Butler, David: **WAVI:** 131-32
Butler, Frank E.: **WAII:** 272
Butler, Nicholas Murray: **BS:** 53; **L:** 3; **CA:** 120; **DTI:** 57; **DTIII:** 169, 237; **DTIV:** 114,

Cumulative Index

123; **WAIII:** 20; **WAIV:** 94; **WAV:** 45; **WAVI:** 89; **HC:** 53; **HT:** 119; **RB:** 40
Butler, Smedley D.: **L:** 94; **DTI:** 72; **DTII:** 49, 108, 265, 266; **DTIII:** 158; **DTIV:** 244; **WAIII:** 251; **WAIV:** 25; **WAV:** 5, 62; **ML:** 96; **HT:** 19; court-martial trial of, **DTII:** 266, 268
Butler, Thomas S.: **WAI:** 245
Butler, William M.: **L:** 3-4, 85; **DTI:** 23, 26, 42, 86; **WAI:** 311; **WAII:** 284; **WAIII:** 145-46; **WAIV:** 194; **ML:** 16, 26, 35, 91, 109-10
butlers: **WAI:** 121
Butte, Mont.: **ID:** 117; **WAI:** 33, 236, 243
butter: **DTI:** 206; **WAIII:** 159-61
"Butter and Egg Men": **DTI:** 206; **WAIII:** 159-61
"Buy American": **DTIII:** 246-47, 250-51
"Buy British": **DTIII:** 123, 247
Byers, Chester: **DTII:** 265; **WAIV:** 236, 238
Byfield, Eugene (Gene): **WAII:** 126
Byng, Julian H. G.: **WAII:** 255
Byrd, Harry F.: **DTI:** 83, 104; **CA:** 136, 146
Byrd, Richard E.: **DTI:** 103, 104; **DTII:** 111, 112; **WAIV:** 174; expedition by, **DTI:** 245; airplane of, **WAVI:** 23-24
Byrne, Alfred (Alfie): **DTIV:** 293
Byrnes, James F.: **WAVI:** 67

C

Caballeros (book): **WAV:** 163
cactus: **ML:** 34
Cadman, Samuel P.: **WAVI:** 138
Caesar: **RB:** 44
Caesar, Julius: **BS:** 59; **P:** 32; **L:** 71, 74; **DTIII:** 120; **WAIII:** 243; **WAIV:** 111, 115, 227; **HT:** 118; death of, **L:** 75
cafeterias: **ID:** 57, 208; **WAI:** 88; **WAV:** 145
Cagle, Christian K. (Red): **DTII:** 168; **WAIV:** 95, 148-50
Cahill, Lilly: **WAII:** 190
Caillaux, Joseph: **WAII:** 176, 177
Cain and Abel: **WAI:** 97
Cairo, Egypt: **DTIV:** 232; **WAV:** 231, 233; **WAVI:** 206, 207, 211
Cajon Pass: **HT:** 50, 52, 72
Calais, France: **HT:** 133
Calais, Maine: **WAVI:** 48
calamities: **DTI:** 64, 92, 119, 251; **DTII:** 92; **RB:** 92
"Calamity Jane": *see* Burke, Martha J.
Calaveras County, Calif.: **WAIV:** 190
Calcutta, India: **DTI:** 228; **DTIV:** 232; **WAV:** 233
Calder, William M.: **HT:** 12
Calgary, Canada: **WAI:** 129, 295; **WAVI:** 36
Calhoun, John C.: **WAIII:** 169
Calico Mountains: **HT:** 50
California: **E:** 24, 25; **BS:** 7; **ID:** 1, 7, 26, 27, 51, 61, 63-66, 69, 105, 159, 178, 197; **P:** 23; **L:** 77; **CA:** 9, 10, 17, 69, 79, 80, 84, 102, 123, 125, 127, 135, 138, 139, 142, 147; **DTI:** 29, 38, 53, 62, 66, 99, 119, 122, 140, 146, 163, 181, 208, 220, 225, 230, 242, 243, 266, 289, 291, 293, 299, 304; **DTII:** 35, 44, 69, 104, 111, 115, 123, 136, 146, 151, 153, 158, 178, 192, 200, 211, 226, 233, 238, 253, 271; **DTIII:** 1, 11, 12, 20, 65, 72, 93, 98, 160, 167, 180, 181, 194, 204, 205, 207, 208, 211, 212, 219, 223, 228, 236, 243, 248-49, 259, 263, 264, 275; **DTIV:** 5, 17, 49, 56, 57, 62, 77, 90, 109, 123, 128, 132, 134, 141, 174, 177, 178, 223, 242, 288, 291, 295, 300, 314, 316, 328; **WAI:** 18, 27, 40, 76, 89, 92, 108, 120, 121, 136, 145-48, 158, 168, 172, 184, 226, 230, 233, 235, 236, 237, 238, 265, 266, 268, 272, 274, 305, 320, 365, 372; **WAII:** 26, 52, 53, 54-55, 92, 94, 105, 138, 139, 141, 147, 163, 164, 213, 256, 272, 289, 293, 311; **WAIII:** 36, 48, 55, 56, 80, 81, 82, 83, 90, 100, 106, 127, 131, 132, 140, 149, 158, 174, 183, 187, 188, 197, 205, 206, 243, 249, 260; **WAIV:** 34, 45, 59, 71, 72, 85, 91-93, 96, 97, 106, 107, 133, 178, 179, 182, 186, 188, 189, 190, 227, 228, 240; **WAV:** 13, 14, 15-16, 32, 35, 37, 39, 54, 70, 86, 95, 130, 151, 153, 154, 163, 187, 191, 194, 197, 219; **WAVI:** 8, 16, 24, 34, 35, 41, 43, 47-48, 53, 61, 62, 66, 81, 89, 94, 96, 104, 122, 123, 134, 172, 174, 180, 189, 196, 197, 199, 207, 214, 224, 231, 240, 241, 245, 253; **HC:** 73, 112; **ML:** 29, 31, 135; **HT:** 12, 24, 28-38, 48, 49, 51, 72, 149, 150, 151; **RB:** 10, 55, 78, 80, 83, 104, 109, 110, 120, 148-52, 156, 162; climate of, **ID:** 63-64; **DTI:** 43, 54, 67, 112, 117, 118, 119, 146, 163, 300; **DTII:** 41, 111, 115, 116, 117, 220, 226; **DTIV:** 106, 123; **WAI:** 146, 147; **WAIV:** 168-69; **WAV:** 16, 38, 75; **HT:** 31, 32, 33, 36-37, 48, 137-38; **RB:** 10, 110, 120, 169; wine making in, **P:** 12; champagne from, **CA:** 7; convention delegates from, **CA:** 16, 51; **WAV:** 159, 160; state flag of, **CA:** 125; earthquakes in, **DTI:** 54, 190; **DTIV:** 3, 8, 13, 45; real estate in, **DTI:** 58, 67; **WAII:** 39, 68; **WAVI:** 34; **HT:** 28, 49; **RB:** 55; legislature of, **DTI:** 65, 67, 119; **DTIII:** 31; **DTIV:** 290, 316, 322; **WAIII:** 65-66; **WAVI:** 227; **RB:** 120, 149, 150, 151, 156; prohibition in, **DTI:** 65-66; lawyers in, **DTI:** 67; emigration to, **DTI:** 183; **DTII:** 60, 242; **DTIV:** 316; **WAV:** 37-39; newspapers in, **DTI:** 112, 242; **DTII:** 41, 61, 64, 116, 198; **DTIII:** 57, 66; **DTIV:** 3, 62, 75, 200; **WAII:** 172; **WAIV:** 85, 168-69; **WAV:** 46, 150; **ML:** 31; flooding in, **DTI:** 189-90; **WAVI:** 88-89, 100; congressmen from, **DTI:** 218; golf in, **DTII:** 66; drought in, **DTII:** 116; **DTIII:** 263-64; state highway commission of, **DTII:** 278; election in, **DTIII:** 159; **DTIV:** 171, 199, 237, 238, 240; **WAV:** 150; ranches in, **DTIII:** 204; **DTIV:** 170, 174; **WAV:** 188; bank "holiday" in, **DTIII:** 281-82; prohibition repeal in, **DTIV:** 47; taxes in, **DTIV:** 62, 63; murder trial in, **DTIV:** 71; petroleum industry in, **DTIV:** 79; **WAI:** 147; senatorial investigations in, **DTIV:** 106; liquor laws of, **DTIV:** 118; supreme court of, **DTIV:** 126; crime in, **DTIV:** 173; kidnapping in, **DTIV:** 173-74; college students in, **DTIV:** 248; lobbying in, **DTIV:** 295; tourists in, **WAII:** 104; historians of, **WAIV:** 92;

Chamber of Commerce of, **WAV:** 37; missions in, **WAVI:** 125, 126; gold rush in, **RB:** 148; *see also* Northern California; Southern California
California, Gulf of: **DTI:** 159; **DTII:** 100
"California, Here I Come" (song): **DTIII:** 33
California, University of (Berkeley): **DTII:** 75, 97, 102, 147, 149; **DTIV:** 292; **WAVI:** 146, 191
California, University of (Los Angeles): **WAVI:** 146, 245
California Bar Association: **DTIV:** 258
California Institute of Technology (Pasadena): **ML:** 111
California-Pacific International Exposition of 1935-1936: **DTIV:** 322, 342; **WAVI:** 224, 236-37, 241
California Polytechnic State University (San Luis Obispo): **WAV:** 153; **WAVI:** 172
California Racing Commission: **WAVI:** 221
Calipatria, Calif.: **WAIV:** 92-93
Calles, Plutarco E.: **DTI:** 134, 155, 156, 157, 158, 159, 250; **DTII:** 109; **DTIII:** 57, 82, 92, 219; **DTIV:** 184; **WAIII:** 6, 121; **WAIV:** 1, 3, 6; **WAV:** 88, 90, 100; **WAVI:** 127; **ML:** 35, 36, 38, 41-42, 43, 44, 45, 49, 50, 52, 58, 61, 62, 64, 65, 66, 67, 68, 69, 72, 79, 81, 83, 85; **HT:** 104, 109; **RB:** 7, 41; family of, **ML:** 41; personal physician of, **ML:** 42, 65; dairy ranch of, **ML:** 51
Calneva, Calif.: **DTII:** 217
Caloosahatchee River: **ID:** 197; **WAI:** 26
Cambridge, Mass.: **WAVI:** 48
Cambridge University: **L:** 29; **WAII:** 228; **WAIV:** 217
Camden, Ark.: **DTI:** 185
cameras: **WAVI:** 251
Cameron, Ralph H.: **DTI:** 66
Cameron, Walter: **WAIII:** 32
campaigns, political: **WAV:** 195-96; **HC:** 100; illicit funds for, **CA:** 8; contributions to and expenditures for, **DTI:** 182, 201-202, 210, 218, 256, 257, 261, 262, 298, 301, 302; **DTIII:** 163; issues raised during, **DTI:** 231; promises made during, **DTI:** 240, 244, 246, 270, 271, 272, 278, 280; **DTIV:** 20-21; *see also* elections
Campbell, Bess M. B. (Mrs. Thomas D.): **WAV:** 101
Campbell, Malcolm: **DTII:** 268-69; **DTIV:** 285
Campbell, Thomas D.: **WAV:** 101, 102-103
Campion, John: **DTI:** 202
Campísteguy, Juan: **DTII:** 151-52
Canada: **ID:** 177; **P:** 9; **L:** 48, 93, 111; **CA:** 84; **DTI:** 16, 24, 74, 86, 114, 126, 166, 240, 297; **DTII:** 18, 124, 161, 188; **DTIII:** 52, 99, 145, 175, 180, 192, 261; **DTIV:** 151, 182, 264, 287, 297; **WAI:** 129, 130, 131, 221, 293, 295, 313; **WAII:** 20, 160, 166, 185, 255-56, 276, 277; **WAIII:** 224; **WAIV:** 117, 163; **WAV:** 66, 96, 104, 105, 107, 109, 113, 130, 170, 173, 179-80; **WAVI:** 36, 37, 44, 46, 48, 109, 225, 241-42, 250, 253, 254, 255, 257; **HC:** 73; **ML:** 44, 98-107, 134; **HT:** 16, 118; **RB:** 3, 31, 37, 144; relations with U.S., **DTII:** 124; **WAII:** 255; **ML:** 99-100; sales tax in, **DTIII:** 98, 143; aviation in, **DTIV:** 347; **WAV:** 104; **ML:** 102; U. S. investments in, **WAII:** 255; farmers in, **WAII:** 256; Rogers in, **ML:** 99-107; people of, **ML:** 100, 102; **RB:** 30; economic depression in, **ML:** 102
Canadian, Texas: **WAII:** 162; **WAV:** 202
Canadian National Railroad: **ML:** 101-102
Canadian Pacific Railroad: **WAVI:** 255; **ML:** 101-102; hotel of, **ML:** 100
Canadian River: **WAVI:** 183
canals: **DTIII:** 16; **DTIV:** 157; in Nicaragua, **DTI:** 167; **DTIII:** 58-59; in Mexico, **ML:** 69; *see also* Panama Canal
cancer, cure for: **DTII:** 173
candidates, for public office: **DTI:** 49, 143, 147, 198, 220, 235, 236, 241, 242, 261, 264, 270; **DTII:** 195, 205, 210, 223; **DTIII:** 46-47; **DTIV:** 238; **HC:** 7, 9, 18, 33, 34, 38-39, 60, 65, 66, 69, 76, 77, 85, 105, 112; **ML:** 91; **HT:** 95, 108; dark horse, **CA:** 65, 67, 68, 77; favorite son, **CA:** 74; **DTI:** 184, 199, 255; in Mexico, **DTI:** 142, 154; notification of nomination of, **DTI:** 150, 233, 235, 236, 241-42, 243, 245, 246, 247, 250, 251; **HC:** 67-69; presidential, **DTI:** 156, 177, 179, 193, 245, 250; **DTII:** 47; **DTIV:** 333; **WAI:** 75-77
Caney River: **HT:** 36
Canfield, Charles A.: **WAII:** 286-87
cannibalism and cannibals: **CA:** 147; **DTI:** 220; **DTII:** 223-24; **WAIV:** 11, 189, 201-202
Cannon, James, Jr.: **DTI:** 301; **DTII:** 50, 113, 170, 176, 178, 206; **DTIII:** 176; **WAIV:** 27, 85, 184, 212; **ML:** 107; **RB:** 57
Cannon, Joseph G.: **ID:** 105; **L:** 45; **WAI:** 43, 51, 109; **WAII:** 89
Canterbury, Archbishop of: **WAVI:** 143; *see also* Davidson, Randall T.
Canton, China: **WAII:** 50; **WAV:** 119, 124, 143, 210; **ML:** 128, 150, 154, 155
Canton, Ohio: **WAII:** 97
Cantor, Eddie: **E:** 27; **DTII:** 108; **WAI:** 252-53; **WAII:** 257; **WAIV:** 83-85; **WAVI:** 124; **RB:** 89, 97, 118; daughters of, **WAV:** 100
Cantu, Esteban: **WAI:** 248
Cantwell, Robert W. (Bobby): **WAIV:** 72, 236
Cape Cod, Mass.: **WAI:** 356
Capetown, South Africa: **WAV:** 233
capital: **CA:** 29; **WAI:** 117, 323, 341; **WAIV:** 65; "drafting" of, **ID:** 87; **DTI:** 28, 29; **WAI:** 78-79
capitalism and capitalists: **BS:** 41, 70, 74, 84; **ID:** 58; **WAIV:** 223; **WAVI:** 162; **ML:** 71; in Mexico, **ML:** 81-82
capital punishment: **DTII:** 176, 184; **WAII:** 83; **WAIII:** 84
Capitol Hill (Washington, D. C.): **WAVI:** 206; *see also* United States Capitol
Capone, Alphonse (Scarface Al): **CA:** 120, 125; **DTII:** 28, 102, 147, 206, 235, 241, 278; **DTIII:** 30, 39, 43, 69, 84, 97, 141, 170; **DTIV:** 16; **WAIV:** 28, 129-30, 147, 193; **WAV:** 22, 47-48, 106, 124, 126, 135, 149, 160; **WAVI:** 55; **ML:** 105, 136; **RB:** 16, 62; gang of, **DTII:** 266; **RB:** 59; trial of, **DTIII:** 59, 86, 87

15

Capone, Umberto (Albert John): **DTII:** 159
Capper, Arthur: **DTI:** 38, 101, 120, 191; **WAI:** 170; **WAII:** 290; **WAIII:** 166; **WAIV:** 60; **ML:** 145; **HT:** 88; **RB:** 106, 107, 108
Capper's Weekly (periodical): **RB:** 19
Caraguatay, Paraguay: **WAV:** 232
Caraway, Hattie W. (Mrs. Thaddeus H.): **WAV:** 220
Caraway, Thaddeus H.: **ID:** 139, 140, 145, 147, 148, 149; **L:** 115; **DTII:** 51; **DTIII:** 95; **WAI:** 207, 208, 209, 210, 211, 212; **WAII:** 198, 236; **WAIV:** 231; death of, **WAV:** 91-92
Cárdenas, Lázaro: **DTIV:** 336; **WAVI:** 245
Cardinal Aircraft Company: **DTI:** 199
Carey, Harry: **WAVI:** 131; **ML:** 109; ranch of, **DTI:** 190
Carey, Max G.: **WAII:** 90
Carey, Robert D.: **HT:** 58
Carey, Seward: **WAIV:** 200
Carey, William: **WAIV:** 30-31
caribou: **WAVI:** 259
Carideo, Frank F.: **WAV:** 14
Carleton, William P.: **WAVI:** 124
Carlisle Indian School: **WAIII:** 196, 236-37; **RB:** 11
Carlsbad, N. M.: **WAV:** 28; **ML:** 166
Carlsbad Caverns National Park: **ID:** 210; **DTIII:** 28; **WAI:** 101; **WAV:** 28, 30, 31; **ML:** 166
Carlyle, Thomas: **WAVI:** 114
Carmel, Calif.: **ML:** 151
Carnegie, Andrew: **WAII:** 188, 189; **WAV:** 24
Carnegie, Pa.: **ID:** 107; **WAI:** 110
Carnegie Foundation for the Advancement of Teaching: **DTII:** 90
Carnegie Hall (New York City): **WAI:** 274; **WAII:** 188-90
Carnegie Institute of Technology (Carnegie-Mellon University): **DTI:** 32
Carnera, Primo: **DTII:** 155; **DTIV:** 211, 325; **RB:** 89-90
Carol II, king of Rumania: **DTI:** 142, 152, 209-10; **DTII:** 176, 203; **DTIV:** 99, 216; **WAII:** 261; **WAIII:** 58; **WAVI:** 176; **RB:** 53
Carpenter, Leon L.: **WAIII:** 54
Carpentier, Georges: **WAI:** 271; **WAII:** 50
carpetbaggers: **WAII:** 92
Carr, Harry: **DTI:** 102; **DTIV:** 115; **WAIV:** 189, 190; **WAV:** 216; relatives of, **DTIII:** 58
Carranza, Emilio: **DTI:** 124, 223; **ML:** 86; death of, **DTI:** 234, 235
Carranza, Venustiano: **WAIV:** 5
Carr Creek, Ky.: basketball team from, **WAIII:** 154
Carrillo, Leo A.: **ID:** 120; **WAIII:** 47; **WAVI:** 208
carrots: **DTII:** 212
Carson, Christopher (Kit): **WAI:** 56
Carson City, Nev.: **DTI:** 68; **WAIII:** 13; **WAIV:** 182, 186, 187
Cartagena, Colombia: **DTIII:** 19
Carter, Amon G.: **CA:** 142, 145, 146; **DTI:** 59, 120, 129, 225, 226; **DTII:** 32, 65, 113, 174, 256; **DTIII:** 23, 205, 212; **DTIV:** 35, 93, 132; **WAII:** 124, 131, 161; **WAIV:** 45, 228; **WAV:** 23, 100, 159, 161, 207, 209, 228; **WAVI:** 28, 101, 155, 173, 196; **RB:** 72, 111, 122, 161; Shady Oaks Farm of, **DTI:** 226; **DTIII:** 54; **WAV:** 55, 159
Carter, Charles D.: **WAI:** 170, 246; **WAII:** 194
Carter, Nick: **WAVI:** 105
Carthage, ancient: **WAIV:** 192, 193
cartooning and cartoonists: **L:** 43; **DTI:** 206; **DTIII:** 43; **WAII:** 101, 283; **HT:** 114; in Latin America, **ML:** 41
cartoons: **ID:** 75
Caruso, Dorothy P. B. (Mrs. Enrico): **WAIV:** 174
Caruso, Enrico: **ID:** 203; **PC:** 13; **WAI:** 157, 278; **WAII:** 126; **WAIV:** 174
Cascade, Mont.: **WAI:** 220
Case, Anna: **CA:** 53; **DTIII:** 55
"Casey at the Bat" (poem): **DTIII:** 215
Castle, Irene: **WAI:** 168; **HT:** 4-5
Castle, Vernon: **ID:** 120; **WAI:** 38; **HT:** 4-5
Castle, William R., Jr.: **WAII:** 250
Castle Garden, N. Y.: **HT:** 129
castles: **WAII:** 235-36
castor oil: **ID:** 35; **L:** 57, 61, 67, 70; **DTI:** 104; **DTIV:** 297; **WAIV:** 165-66; **HT:** 84
Castrejón, Augustín: **ML:** 86
Catalina Island: **ID:** 51, 57; **DTII:** 240; **DTIII:** 228; **WAI:** 125, 161; **WAVI:** 93, 116; **HT:** 32
catfish: **DTII:** 63; **HT:** 30, 32, 36, 37, 38
Cathay Hotel (Shanghai): **WAV:** 144; **ML:** 166
Cathcart, Vera Fraser: **WAII:** 159-60, 193
Catherine of Aragon: **WAIV:** 29-30, 31-32
Catholics: **ID:** 119; **DTI:** 58, 169, 174, 194, 240, 257, 305, 311; **DTII:** 115; **WAI:** 36; **WAIII:** 120-22, 138; **WAIV:** 15, 30, 31, 32, 95; **WAVI:** 136, 154; **HC:** 93; **RB:** 24; votes of, **DTI:** 251
Catlett, Walter: **WAVI:** 124
Cato, E. Raymond: **WAVI:** 41
Catoosa, Okla.: **ID:** 174; **WAI:** 262
cats: **DTI:** 102; **WAV:** 182
Catskill Mountains: **WAI:** 295
Catt, Carrie Chapman: **WAI:** 242; **WAIV:** 230
cattle: **DTI:** 120, 144, 148; **DTII:** 77; **DTIII:** 139, 181, 182, 224, 243; **DTIV:** 170; **WAIV:** 66, 72; **WAVI:** 59, 60-61, 214, 229; **ML:** 29, 51; tax on, **WAII:** 80; business of, **WAII:** 149, 161, 162; driving of, **WAII:** 267-69
cattlemen: **P:** 39; **DTII:** 264; **DTIII:** 139; **DTIV:** 174, 195, 252, 268, 295; **WAII:** 79-80, 162; **WAIII:** 60; **WAIV:** 235; **WAV:** 45, 76, 77, 102, 132, 167; **RB:** 143; *see also* ranching and ranchers
Caucasians: **ID:** 189; **DTI:** 224, 248; **DTII:** 27; **DTIV:** 51, 216; **WAI:** 151
Caucasus Mountains: **DTIV:** 213
Cavalcade (film): **WAVI:** 9
Caverly, John R.: **WAI:** 295
caviar: **DTI:** 221; **DTIV:** 161, 211; **WAIV:** 171; **WAVI:** 77-78, 102
Cecil, Lord: *see* Gascoyne-Cecil, Edgar A. R.
Cedar Rapids, Iowa: **DTI:** 206; **DTIII:** 17
Celler, Emanuel: **WAII:** 246-47
Celts: **WAII:** 246-47
cemeteries: **WAII:** 225

censorship: **DTI:** 156; **DTIII:** 134; **DTIV:** 17-18; **WAI:** 217; **WAIV:** 158; of motion pictures, **WAVI:** 15, 142; **HT:** 18, 146; **RB:** 155
census returns: **DTII:** 157, 158, 159, 162-63, 165-66, 167, 174, 188; **WAI:** 158; **WAIV:** 133; **RB:** 19, 62; for Beverly Hills, **DTII:** 165; for Los Angeles, **DTII:** 171; for 1930, **WAIV:** 164
Central America: **DTI:** 137, 171; **DTIV:** 58, 121; **WAIII:** 90, 115; **WAIV:** 54; **WAV:** 19, 197; **ML:** 23, 104; aviation in, **WAV:** 17
Centralia (Wash.) *Daily Chronicle:* **DTIII:** 99
Central Park (New York City): **ID:** 78; **WAI:** 224; **WAVI:** 35, 260; **RB:** 35
Central Vermont Railroad: **DTI:** 86
Centre College (Ky.): **WAII:** 133; **WAIII:** 154
Century Air Lines: **DTIII:** 132
Cermak, Anton J.: **CA:** 123, 138; **DTIII:** 276, 280; **DTIV:** 2
Cervantes, Miguel de: **ID:** 7
Ceylon: **HT:** 133
Chaco War: **DTI:** 286, 287, 289; **DTIV:** 115, 188, 209, 286, 322; **RB:** 94
chain letters: **DTIV:** 139, 306, 325; **RB:** 135, 144, 161
chain stores: **DTII:** 27; **WAIV:** 127-29; **RB:** 53
Chamberlain, Harry D.: **DTIII:** 149; **WAV:** 155
Chamberlin, Clarence D.: **DTI:** 86, 94-97, 114-15; **WAIII:** 40
Chamber of Deputies, French: **BS:** 9; **L:** 85-86; **DTII:** 45; **DTIV:** 137; **WAV:** 1; **HT:** 35
Chamber of Deputies, Italian: **L:** 65, 68, 96
Chamber of Deputies, Mexican: **ML:** 47, 78
chambers of commerce: **BS:** 79; **ID:** 57; **DTI:** 113, 250; **DTII:** 28, 65, 72, 97, 139, 158, 163, 165, 182, 205, 220, 228, 250; **DTII:** 139, 182; **DTIII:** 26, 35, 36, 80, 93, 202, 205, 248, 270, 275; **DTIV:** 6, 90, 103, 160, 197, 259, 274, 275, 330, 344; **WAI:** 71; **WAII:** 148, 171, 260; **WAIII:** 38, 92, 124, 131, 133, 167; **WAIV:** 92, 93, 126, 165, 240; **WAV:** 33, 56, 97, 219; **WAVI:** 66, 67, 116, 206, 229; **ML:** 24, 52, 137; **HT:** 16, 33, 34, 38, 99, 149, 150, 153; **RB:** 84, 119; of Los Angeles, **DTI:** 312; **WAI:** 125; of Beverly Hills, **WAIII:** 133; in Kansas, **WAIII:** 166; in California, **WAV:** 37; in Oklahoma, **WAV:** 43; *see also* United States Chamber of Commerce
champagne: **RB:** 82; from California, **CA:** 7
champions: **WAVI:** 50, 51; **HT:** 116-24
Champman, _____: **WAIII:** 134
Chandler, Harry: **DTII:** 137; **DTIV:** 160; **RB:** 75-76
Chaney, Lon: **DTII:** 206; **WAIII:** 66
Changchun, China: **ML:** 141
change: **WAV:** 183
Chang Hsueh-liang (Young Marshall): **DTIII:** 111-12; **ML:** 126, 134, 145, 161-64
Chang Tso-lin: **ML:** 134, 161
Chapel (horse): **WAVI:** 179, 180
chaperones: **DTI:** 129
Chapin, Roy D.: **DTIII:** 194; **WAII:** 175
Chaplin, Charles S. (Charlie): **ID:** 118; **CA:** 121; **DTI:** 43, 46, 47, 74, 121, 128, 221; **DTII:** 20; **DTIII:** 4-5, 9, 34, 203, 243; **DTIV:** 90, 281-82; **WAI:** 29-30, 34, 39, 116, 140, 171, 191, 216, 235, 255, 263, 333-34, 335; **WAII:** 2, 54, 134, 213, 232; **WAIII:** 32, 34, 40; **WAIV:** 34, 154; **WAV:** 11-12, 33, 188; **WAVI:** 27, 64-65, 115, 204, 233, 253; **ML:** 97; **HT:** 49, 53, 119, 123, 128; **RB:** 33, 44
Chaplin, Lita Grey: **DTI:** 45-46, 47; **WAI:** 333-34
Chaplin, Mildred H.: **WAI:** 29
Chaplin, Sydney (Syd): **WAIII:** 34
Chapman, Gerald: **WAII:** 62
Chapultepec Castle: **WAIV:** 5; **ML:** 37, 75; cook from, **ML:** 65
character: **WAV:** 69
charities: **DTII:** 5; **ML:** 16
charity: **ID:** 118; **DTI:** 90-91, 92, 93-94, 95, 96, 194, 261, 278, 290, 300; **DTII:** 5, 117, 130, 202; **DTIII:** 68, 145, 254; **DTIV:** 56-57, 177, 269; **WAI:** 3, 4, 36, 72, 145; **WAII:** 14, 17; **WAIII:** 43; **WAIV:** 81, 166, 167, 173, 224, 226, 228, 233, 234; **WAV:** 12, 21, 50, 70-71, 74, 192, 233-35, 236; **HC:** 55; **ML:** 166; **HT:** 88; **RB:** 67, 97, 138, 164; football games for, **WAV:** 15
charity benefits: **DTI:** 15, 81-82, 83-84, 93-94, 95, 96, 191; **DTIV:** 115, 266; **WAI:** 44-45
Charles VIII, king of France: **WAIV:** 38
Charles, Wilson D.: **WAV:** 178
Charleston (dance): **WAII:** 99, 117, 123, 142, 191, 202, 205, 281; **WAV:** 62; **ML:** 114
Charleston, Ohio: **WAII:** 99
Charleston, S. C.: **BS:** 82; **ID:** 174; **L:** 78; **CA:** 72; **DTIII:** 20; **WAI:** 262; **ML:** 158; **HT:** 129; society in, **WAIII:** 29
Charro Club: **WAV:** 93; **ML:** 86
Chase, Stuart: **WAV:** 90
"Chase & Sanborn Hour" (radio show): **RB:** 87
Chase National Bank: **DTIV:** 3
Chattahoochee River: **HT:** 96
Chattanooga, Tenn.: **WAII:** 156; **WAIV:** 177
Chatterjee, Atul C.: **DTII:** 124
Chautauquas: **ID:** 33, 209; **P:** 4; **L:** 104; **CA:** 14, 15, 17, 26, 35, 49, 82, 121; **DTI:** 7; **DTIII:** 229; **WAI:** 2, 43, 90, 101, 132, 270, 283, 316; **WAIII:** 191
chauvinism: **DTIV:** 339
checkers (game): **DTI:** 55; **DTII:** 205; **WAII:** 157
cheerleaders: **DTI:** 150-51, 279; **WAI:** 2; **HT:** 92
Cheka (G. P. U.): **CA:** 47
Chelsea, Okla.: **DTI:** 208; **DTII:** 269; **WAI:** 171, 241; **WAII:** 33; **WAIII:** 47; **WAIV:** 67, 71, 142, 228; **WAV:** 53, 130; **WAVI:** 228; **HT:** 153
chemicals: **DTII:** 110
chemists: **DTII:** 144; **HC:** 43
Cheraw, S. C.: **WAIII:** 167, 168
Cherbourg, France: **L:** 14, 20, 21; **DTII:** 120; **WAII:** 277; **WAIII:** 77, 78; **ML:** 4
Cherokee, Wyo.: **WAIII:** 173
Cherokee Indians: **ID:** 15, 197; **CA:** 25; **DTI:** 187, 223, 226; **DTIV:** 21, 80; **WAI:** 1, 27, 185, 246, 329; **WAII:** 267; **WAIII:** 45, 59, 83, 128, 129, 233; **WAIV:** 57, 67, 142-43; **WAV:**

85, 90, 93; **WAVI:** 55, 228, 233, 234; **ML:** 13-14, 42; **HT:** 87, 100; **RB:** 17, 95, 119, 163; Rogers as, **ID:** 15, 197; **L:** 11-12; **CA:** 25; **DTI:** 187, 223, 226; **DTII:** 133; **DTIV:** 21; **WAI:** 27, 185, 329; **WAII:** 1, 33, 172, 224; **WAIII:** 235; **WAIV:** 24, 67, 143; **WAVI:** 55, 234; **ML:** 13-14, 91; **HT:** 87; **RB:** 17, 95, 119, 164

Cherokee language: **ML:** 99, 125, 155

Cherokee Nation: **WAI:** 77; **WAIV:** 68; **WAV:** 39, 188

Cherokee Strip: **WAIII:** 222; **WAIV:** 142-43; **WAVI:** 103

Cherry Sisters: **DTI:** 206; **WAI:** 255

Chevalier, Maurice A.: **DTIV:** 318; **WAV:** 118; **ML:** 115, 169

Chevy Chase Golf Club: **ID:** 99; **WAI:** 55

chewing gum: **ID:** 3, 27, 51-52, 57, 69, 207; **L:** 19, 88; **DTI:** 26, 48, 73, 81; **DTII:** 114, 240; **DTIII:** 30; **DTIV:** 155; **WAI:** 97, 120, 125, 136, 161-63, 164, 166, 216, 247, 323; **WAII:** 15-16, 121, 141; **WAIII:** 160; **WAIV:** 84, 136; **WAVI:** 120, 138, 222; **HT:** 13, 127; **RB:** 3; tax on, **DTIII:** 148

chewing tobacco: **ID:** 207; **DTII:** 155; **DTIV:** 317; **WAI:** 97

Cheyenne, Wyo.: **ID:** 120; **DTIV:** 58, 67; **WAI:** 38, 213; **WAIII:** 173; **WAVI:** 20, 36, 84, 100, 112, 113, 134; **HT:** 55, 56, 57, 58-59, 69, 70

Cheyenne Frontier Days: **DTI:** 238-39; **WAVI:** 100, 112; **HT:** 57

Cheyenne Indians: **WAIII:** 19

Chiang Kai-shek: **WAIV:** 53; **ML:** 156

Chicago, Ill.: **BS:** 10, 27, 54, 65, 83; **ID:** 51, 93, 107, 184, 191; **L:** 70, 103; **CA:** 7, 9, 10, 11, 12, 13, 15, 17, 23, 26, 30, 58, 95, 120, 122, 123, 128, 138, 142, 143, 145, 146, 147; **DTI:** 5, 32, 38, 51, 75, 129, 132, 148, 168, 176, 182, 220, 221, 236, 238, 239, 262, 264, 267, 309; **DTII:** 25, 43, 49, 68, 75, 86, 97, 102, 117, 127, 145, 159, 225, 235, 241, 278; **DTIII:** 14, 32, 59, 68, 87, 131, 132, 155, 163, 166, 176, 177, 178, 181, 183, 224, 276; **DTIV:** 16, 28, 34, 35, 66-67, 69, 88, 103, 134, 145, 147, 169, 178, 236-37, 270, 279, 342; **WAI:** 61, 95, 110, 153, 161, 168, 170, 215, 280, 281, 295, 310, 334, 335, 349, 353, 354; **WAII:** 4, 30, 58, 70, 106, 126, 142, 156, 173, 274, 276-77, 283, 286, 292, 296; **WAIII:** 23, 28, 45, 73, 92, 94, 100, 106, 107, 110, 124, 126, 132, 134, 135, 158, 172, 230; **WAIV:** 13, 17, 24, 26, 53, 64, 101, 128, 159, 165, 183, 207, 216, 220, 230; **WAV:** 22, 48, 93, 127, 149, 159, 160, 165, 167, 182, 204; **WAVI:** 20, 22-24, 28, 36, 51, 58, 64, 124, 125, 140, 173, 184, 193, 246; **HC:** 55, 98; **ML:** 56-58, 63, 101, 142; **HT:** 18, 35, 52, 55, 56, 59, 60, 61, 62, 68, 69, 100; **RB:** 59-62; crime in, **ID:** 208; **L:** 20, 51; **CA:** 7; **DTI:** 30, 31, 38, 74, 75, 76, 121, 129, 141, 168, 205, 238, 267; **DTII:** 28, 31, 41, 102, 118, 159, 174, 182, 183; **DTIII:** 9, 33; **WAI:** 98; **WAII:** 53, 58, 65, 100, 112, 125, 126, 241, 270, 276, 291, 297, 299, 300; **WAIII:** 28, 29, 67, 140, 159; **WAIV:** 129, 161-64; **WAV:** 34, 160; **WAVI:** 23; **ML:** 29, 57-58, 77; **HT:** 17, 19, 54, 61; **RB:** 59-62; taxicab drivers in, **L:** 29; drainage canal in, **L:** 55; **DTI:** 38; **WAI:** 353, 354, 357; **WAII:** 277; **ML:** 44; bootleggers in, **L:** 108; murder in, **DTI:** 30-31, 205; elections in, **DTI:** 74-75, 76, 199; **DTII:** 99; gangsterism in, **DTI:** 168; **DTII:** 31, 241; **RB:** 58, 59-62; bombings in, **DTI:** 184, 199; Republicans in, **DTI:** 223; livestock show in, **DTII:** 102; taxation in, **DTIII:** 131; bankers from, **WAII:** 184; population of, **RB:** 62; fire in, **RB:** 92

Chicago, University of: **WAV:** 172; educational plan of, **DTII:** 238

Chicago Automobile Trade Association: **WAI:** 356

Chicago Cardinals (football): **WAII:** 120

Chicago Century of Progress Exposition: **DTII:** 183; **DTIV:** 16, 28, 34-35, 102, 103, 182, 236-37; **WAI:** 352; **WAVI:** 22-24, 36, 37; **HT:** 138; **RB:** 62; Rogers at, **DTIV:** 28

Chicago Cubs (baseball): **CA:** 120; **DTI:** 258; **DTII:** 215, 219; **WAIV:** 78, 79

Chicago Evening Post: **WAII:** 27

Chicago Mercantile Exchange Building: **DTI:** 206; **WAIII:** 159-60

Chicago Opera Company: **WAII:** 286

Chicago Opera House: **DTIV:** 120

Chicago Tribune: **ID:** 184; **L:** 82; **DTIV:** 70-71; **WAII:** 172-73; **WAIII:** 160; **WAVI:** 81, 82, 129; **RB:** 170

Chicago White Sox (baseball): **WAI:** 168; **WAII:** 297, 298

Chicago World's Fair: *see* Chicago Century of Progress Exposition

Chicherin, Grigori V.: **BS:** 52-53

Ch'i-ch'i ha'erh, Manchuria: *see* Tsitsihar

Chickasaw Indians: **WAI:** 170

Chickasha, Okla.: **WAIV:** 238; **WAV:** 51

chickens: **DTII:** 49; **ML:** 47; **RB:** 119, 166-68

Chihuahua, Mexico: **WAV:** 18

Child, Richard W.: **WAI:** 2

Child Adoption League: **WAI:** 44-45

child labor: **DTIV:** 315; **WAI:** 171; constitutional amendment on, **WAI:** 341

children: **L:** 28; **CA:** 115; **DTI:** 269, 285, 296; **DTII:** 23, 33; **DTIV:** 60-61, 301; **WAI:** 19, 363-64; **RB:** 32; disciplining of, **DTII:** 39; suffrage for, **DTII:** 205; **RB:** 166; handicapped, **DTIV:** 18; adoption of, **WAI:** 44-45; **WAII:** 68; maturity of, **WAIV:** 100; Congress likened to, **RB:** 76

Childs' Restaurant (New York City): **HT:** 118; **RB:** 19

child welfare: **WAIII:** 135; **RB:** 32

Chile: **ID:** 102; **L:** 50, 115; **DTI:** 45, 294; **DTII:** 13, 151-52; **DTIII:** 58, 174, 220, 223, 224; **DTIV:** 121; **WAI:** 58, 84, 85-86, 103; **WAII:** 67, 146, 186, 280-82; **WAV:** 62, 232; **WAVI:** 37; nitrate sales of, **DTIV:** 146; embassy of, **WAIV:** 15; revolution in, **WAV:** 69, 70

chili: **DTI:** 155, 225; **DTII:** 16; **DTIV:** 12; **WAIII:** 47; **WAVI:** 253; **ML:** 44, 46, 68

Chilkoot Pass: **DTIV:** 344

China: **E:** 22; **ID:** 5-6; **PC:** 19, 26, 28; **L:** 109;

CA: 124; DTI: 41, 279; DTII: 49, 225; DTIII: 58, 70, 78, 89, 95, 97, 98, 99, 100, 102, 103, 105, 108, 109, 110, 111, 112, 113, 114, 115, 120, 123, 124, 125, 126, 131, 134, 137, 139, 144, 153, 262, 263, 272, 280; DTIV: 5, 33, 91, 164, 170, 185, 233, 251, 286, 319, 321, 342; WAI: 20, 228, 229, 339, 354, 365; WAII: 101, 257, 282, 312; WAIII: 6, 14-17, 21, 27, 43, 60, 93, 99, 125; WAIV: 25, 48-49, 52-54, 125-26; WAV: 8-10, 12, 52, 105, 106, 113, 119-21, 122-24, 126, 129, 131, 133, 142, 143, 179, 210-12, 213, 215, 231, 237, 238; WAVI: 6, 11, 35, 38, 91, 162, 207, 211, 239; HC: 54; HT: 29, 123; RB: 11, 46; civil war in, DTI: 33, 54, 71, 72, 106; DTII: 197; WAII: 49, 50, 62, 245, 302-304; ML: 129, 156; U. S. intervention in, DTI: 41, 54, 61, 62, 67, 71, 72, 74, 76, 78, 82, 89, 90, 152, 279; DTII: 197; RB: 40; missionaries in, DTI: 50, 51, 70, 74, 89; WAI: 69-70; WAIII: 15-17, 21, 99; WAIV: 53; WAVI: 10-12; British relations with, DTI: 55, 67, 70; WAIV: 53; earthquake in, DTI: 114; Japanese relations with, DTI: 211; DTIV: 33; WAIV: 52; WAV: 73, 83-84, 116-17, 121-24, 134, 143-44, 181; Russian relations with, DTII: 49, 50, 51, 52, 54-55, 60-61, 64, 85; WAIV: 52, 53; flooding in, DTIII: 62, 71; war in, DTIII: 78, 86, 262, 263, 280; WAIII: 22; RB: 5; army of, DTIII: 107; WAV: 117; ML: 128, 129-30, 134; government of, DTIII: 109; WAV: 144; WAVI: 100; ML: 155, 165; diplomacy in, DTIII: 111; brokerage business in, DTIV: 135; people of, DTIV: 135, 136, 210; WAV: 107; WAVI: 11, 12, 18, 47, 115, 161, 162; ML: 125, 128, 130-31, 153, 154, 156, 157, 158-60; foreign affairs expert from, DTIV: 210, 212; banditry in, WAI: 69-70; ML: 143, 156; foreign intervention in, WAII: 50-51; RB: 5; "Open Door" in, WAII: 50, 303; U. S. relations with, WAIV: 52; liquor consumption in, WAV: 8; politics in, WAV: 119; ML: 155-56, 157; railroads in, WAV: 120-21; ML: 165; family life in, WAV: 122; barbers in, WAV: 23; torture in, WAV: 144; Communists in, WAV: 211; Rogers in, WAVI: 10, 12, 18, 38, 211, 249; ML: 126-30, 131, 146, 147-69, 171; war with Japan, ML: 107, 108, 116, 120-21, 124-31, 132-34, 136, 138, 142, 143, 146, 147, 161, 162, 172-73; military in, ML: 125; lack of leadership in, ML: 128, 129-30; history of, ML: 135; war lords in, ML: 143, 145, 164; humor in, ML: 150; art in, ML: 151; population control in, ML: 153; foreigners in, ML: 155-57; tradition in, ML: 157; corruption in, ML: 158; education in, ML: 158; honesty in, ML: 158; crises in, ML: 160; food in, ML: 163-64; aviation in, ML: 164; starvation in, ML: see also Manchuria
China, Great Wall of: WAV: 9; ML: 98, 155
Chinchow, Battle of: WAV: 116
Chinchow, China: DTIII: 106, 109, 112, 113, 130; ML: 131, 143, 166
Chinese-Americans: WAII: 51
Chinese Eastern Railway: DTIV: 210; ML: 141

Chinese language: E: 22; WAV: 211; ML: 155
chinooks: WAI: 219
Chita, Russia: DTIV: 210; WAVI: 141
chocolate: DTI: 94, 305; WAII: 38; WAIV: 93
Choctaw Indians: WAI: 246
chopsticks: WAV: 121; ML: 119, 120, 149, 159, 163
chop suey: DTI: 89; DTIII: 115
Chosen: see Korea
Christian, Frank L.: WAII: 95, 96
"Christian General": see Feng Yu-hsiang
Christianity and Christians: ID: 118; WAI: 34, 36, 150, 315; WAII: 55, 56; WAIII: 15; WAV: 38, 212; WAVI: 12, 88, 238, 239; ML: 130, 166; RB: 73; early, WAIV: 111; WAV: 79
Christian Science Monitor: WAII: 61
Christian Scientists: ID: 119; WAI: 36; WAIII: 242; RB: 31
Christman, Franklin W.: WAII: 253
Christmas: ID: 14; L: 46; CA: 76; DTI: 28, 29, 40, 41, 157, 159, 163, 254, 289-90; DTII: 67, 69, 109, 111, 220, 237, 247, 249, 250, 251, 253; DTIII: 99, 111, 112, 113, 197, 252, 253, 254; DTIV: 68, 117, 119, 254, 256; WAI: 6, 318, 342, 345-48; WAII: 74, 138, 246; WAIII: 5, 33, 116-19, 231, 239-40; WAIV: 100-102, 222-23; WAV: 24, 58, 116, 130, 153, 218; WAVI: 181, 182, 185, 186, 211, 258; HC: 59, 81; ML: 166-67, 168; HT: 9-10; RB: 143
Christmas cards: DTI: 289, 290; WAIII: 239; WAV: 224; HT: 9
A Christmas Carol (novel): WAI: 345
Christopher, crown prince of Greece: WAI: 8
Christy, Howard Chandler: WAI: 81
Christy, Nancy M. P. (Mrs. Howard C.): WAI: 81
Chrysler, Walter P.: WAIII: 244; WAIV: 81
Chrysler Building (New York City): DTII: 201
Chu Chin Chow (musical): DTIII: 130
churches: DTII: 160; WAII: 95, 97, 191, 221; WAV: 113; HT: 93; RB: 137; in Rome, L: 71, 77; in Italy, L: 74-75; in Europe, WAII: 225-26; in Mexico, ML: 33, 75, 77
Churchill, Marguerite: WAV: 157
Churchill, Winston L. S.: L: 27, 101; DTI: 2; DTII: 17; DTIII: 66
Cicero: ID: 191; L: 75; WAI: 153
cigarettes: DTI: 298; DTII: 21, 48, 54; DTIII: 73, 82; DTIV: 11, 100; WAI: 347; WAII: 193; WAV: 87; ML: 81; HT: 125; RB: 65; prohibition of, P: 15-16; smoking of, DTIV: 15, 162
cigars: L: 44; CA: 68; DTII: 65
Cimarron, N. M.: WAIV: 72
Cincinnati, Ohio: ID: 88; P: 22; DTI: 194; DTIV: 31, 267; WAI: 79; WAII: 131, 258
cinematography: WAVI: 133
circuses: ID: 160; CA: 49; DTI: 264; DTII: 270-71; WAI: 38, 123, 256; WAII: 213; WAIV: 204; WAV: 62, 183, 237; HC: 87; HT: 16; RB: 51, 80; business of, WAIV: 107
cities: DTII: 94, 99; DTIV: 168; WAIV: 165, 218; WAVI: 140; residents of, DTI: 246, 281; DTIII: 67; WAV: 3, 53, 54, 59, 61; HT: 17,

Cumulative Index

43, 105, 123; **RB:** 53, 119; poverty in, **WAIII:** 26; economic relief in, **WAV:** 65; annexation by, **WAVI:** 155, 156; design of, **HT:** 121
citizenship: **HT:** 93
city manager system: **WAVI:** 127
City National Bank of New York: **DTII:** 83
civic clubs: *see* luncheon clubs
civic pride: **DTIV:** 197; *see also* boosterism
civil engineers: **WAIV:** 69
Civilian Conservation Corps (C. C. C.): **DTIV:** 11, 82, 87, 159, 348; **WAVI:** 205; **RB:** 121, 163
civilization: **ID:** 96, 148, 190, 191; **DTI:** 213; **DTII:** 19, 50, 61, 99, 110, 138, 164, 200; **DTIII:** 82; **DTIV:** 12, 18, 291, 336, 339; **WAI:** 152, 153, 196, 211; **WAII:** 161; **WAIII:** 4, 14, 95; **WAIV:** 101, 126, 129, 179; **WAV:** 38, 45, 46; **WAVI:** 53, 126, 190, 225, 239, 245, 255; **ML:** 23, 47, 106, 134, 137, 147, 151, 152, 163; **HT:** 101; **RB:** 11-12, 103, 120-22, 123-24
civil rights: **DTI:** 303
civil war: **DTI:** 98; in China, **DTI:** 33, 54, 106; **WAII:** 49, 50, 62, 245, 302-304; **ML:** 129, 156; *see also* American Civil War
Civil Works Administration (C. W. A.): **DTIV:** 132
Civitan clubs: **DTI:** 250; **WAIII:** 51; **HT:** 150
clams: **WAII:** 150; diggers of, **HT:** 29
Claremore, Okla.: **E:** 1, 25; **BS:** 18, 47; **ID:** 71, 94, 132, 174, 207-10; **P:** 30; **L:** 4, 23, 54-55, 59, 73, 105-106, 117; **CA:** 54, 72, 112; **DTI:** 19, 20, 41, 43, 47, 51, 60, 84, 87, 91, 96, 105, 127, 168, 177, 202, 212, 225, 252, 257; **DTII:** 33, 52, 57, 65, 67, 74, 75-76, 89, 102, 103, 105, 129, 143, 146, 167, 176, 205, 269; **DTIII:** 35, 50, 51, 53, 80, 106, 109, 128, 132, 134, 181, 182, 224; **DTIV:** 87, 211, 238, 248, 294, 328; **WAI:** 13, 149, 171, 194, 198, 241, 325, 349, 357; **WAII:** 46, 63, 81, 110-11, 130, 155, 170, 191, 258, 296; **WAIII:** 36, 53, 55, 56, 65, 78, 81, 100, 109, 147, 229, 234; **WAIV:** 23, 34, 57, 113, 142; **WAV:** 28, 30, 38, 39, 51, 53, 73, 76, 97, 130, 167; **WAVI:** 49, 140, 155, 174, 229, 231; **ML:** 9, 36, 125, 143; **HT:** 33, 34, 35, 38, 42, 65, 99, 148-49, 152-53; **RB:** 10, 20, 49, 56, 122; mineral water at, **DTI:** 52; **DTII:** 150; **WAI:** 97-98, 100-101, 116, 138, 197, 240; airport at, **DTII:** 67, 75-76; **DTIII:** 50, 51; **WAV:** 51; Indian hospital at, **WAII:** 196; **ML:** 13; **RB:** 20; radium baths at, **WAV:** 5; newspaper in, **WAV:** 97
Claremore (Okla.) *Messenger:* **WAV:** 126
Claremore (Okla.) *Progress:* **L:** 23; **DTIV:** 195, 294; **WAII:** 167; **WAV:** 126; **WAVI:** 106; **ML:** 6
Clark, _____: **WAV:** 186
Clark, Bennett B. (Champ): **DTIV:** 5
Clark, J. Beauchamp (Champ): **ID:** 171; **DTII:** 103; **DTIII:** 160; **WAI:** 72, 260; **WAII:** 65
Clark, J. Reuben, Jr.: **DTIII:** 13, 92, 219; **WAV:** 18-19, 90; **WAVI:** 35
Clark, William: **BS:** 59
Clarkdale, Nev.: **WAV:** 186
Clarke Institute for the Deaf: **DTI:** 278

Clarksburg, W. Va.: **WAII:** 130
class: *see* social classes
Clatskanie River: **ID:** 197; **WAI:** 26-27
Claudel, Paul L. C.: **DTIII:** 268
Clay, Henry: **WAII:** 289; **WAIII:** 169
Clearwater, Fla.: **WAII:** 155
Clemenceau, Georges: **L:** 102, 103, 115; **DTI:** 4; **WAI:** 2, 10, 44, 323; **WAII:** 236; **HT:** 7, 9
Clemens, Samuel L.: *see* Twain, Mark
Clements, Colin C.: **WAIII:** 46
Clement II, pope: **WAIV:** 31
Cleopatra: **DTIV:** 282; **WAIV:** 93, 192; **HT:** 133
clergy: **ID:** 117, 118-19, 122; **CA:** 101, 102, 110, 113, 127, 137; **DTI:** 112, 213, 235, 242, 246, 274, 294; **DTII:** 11, 56, 98, 155, 170, 245; **DTIII:** 167, 192, 216-17; **DTIV:** 34, 103, 114, 175; **WAI:** 23, 28, 33, 36, 38, 73, 154, 168-69, 218, 248, 295, 339; **WAII:** 16, 32-34, 95, 97; **WAIII:** 21, 191, 202, 253-54; **WAIV:** 92, 128, 133-34, 158, 212; **WAV:** 184-85, 220, 222; **WAVI:** 138; **HC:** 44, 93; **HT:** 119; **RB:** 46; wives of, **DTI:** 112; pension fund for, **WAI:** 73-74, 91; *see also* priests
Cleveland, Grover: **ID:** 139; **DTI:** 138; **WAI:** 207; **WAII:** 148; **WAV:** 156; **RB:** 121
Cleveland, Ohio: **ID:** 171; **CA:** 33, 35, 36, 40, 41, 51, 60, 61, 63, 77; **DTI:** 78, 141, 147, 169, 266; **DTII:** 65, 163, 167, 219; **DTIII:** 164; **DTIV:** 141, 265, 320; **WAI:** 82, 240, 261, 263, 269, 327; **WAII:** 4, 100, 197, 279, 291, 307; **WAIII:** 100, 152; **WAIV:** 45; **WAV:** 34, 127, 222; **WAVI:** 141, 191; **ML:** 16, 91; **HT:** 62, 64, 65, 67, 68, 69, 73, 82, 101, 107, 129; railroad depot at, **CA:** 35; **DTI:** 78; jail in, **DTI:** 194; air races in, **DTIII:** 71
Cleveland Indians (baseball): **DTI:** 258
Cliff Dweller Indians: **WAIII:** 4-5
cliff dwellers: **DTI:** 146; **WAV:** 216-17
climate: **HT:** 150, 151; of California, **ID:** 63-64; **DTI:** 43, 54, 67, 112, 117, 118, 119, 146, 163, 300; **DTII:** 41, 111, 115, 116, 117, 220, 226; **DTIV:** 106, 123; **WAI:** 146, 147; **WAIV:** 168-69; **WAV:** 16, 38, 75; **HT:** 31, 32, 33, 36-37, 48, 137-38; **RB:** 10, 110, 120, 169; of eastern U. S., **DTI:** 176; **DTII:** 116; **WAII:** 172; of New York City, **DTIV:** 143, 144; **WAIII:** 228; of Florida, **DTIV:** 253; **HT:** 31, 33, 36-37; of Los Angeles, **WAI:** 86, 88, 89; of southwestern U. S., **WAV:** 218; of Oklahoma, **HT:** 37; of Nevada, **HT:** 51; *see also* weather
Clisby, Neil: **DTII:** 155
clocks: **WAV:** 122
closed shops: **WAVI:** 206
clothing: **WAV:** 148; **WAVI:** 76; **RB:** 36-37; for golf, **DTI:** 311; **DTII:** 103; **HC:** 8, 52; **ML:** 25, 26, 60; **RB:** 45; in Korea, **ML:** 136; *see also* fashions
clubs and organizations: **ID:** 81, 82; **DTI:** 96; **DTII:** 163, 234-35; **WAIII:** 1, 16, 51-52, 95, 96, 111, 174, 255; for swimming, **ID:** 69-71; for sunbathing, **WAI:** 136-38; of women, **WAI:** 191; **RB:** 7-8, 138; social, **WAV:** 206; *see also* luncheon clubs *and names of clubs and*

organizations

coaches: **DTI:** 26, 150; **DTII:** 115, 116; **DTIV:** 297; of football, **DTI:** 279; **DTII:** 102, 254; **DTIII:** 248; **HT:** 155
coal: **DTIV:** 339; **WAI:** 71; **ML:** 70, 110
coalitions, political: **WAV:** 64-65, 66
coal mining and mines: **L:** 34, 43; **DTI:** 184-85, 194, 204; **DTII:** 109, 110; **DTIII:** 65; **DTIV:** 312; **WAIII:** 150; **WAVI:** 54; **RB:** 38; labor strikes in, **ID:** 160; **DTI:** 152; **DTII:** 109; **WAI:** 15; labor relations in, **WAI:** 117, 122; in England, **WAII:** 228-29
Coast Guard: *see* United States Coast Guard
Cobb, Calvin: **ML:** 101
Cobb, Irvin S.: **E:** 1; **ID:** 6, 7; **CA:** 25, 55; **DTIV:** 84, 186, 313; **WAIII:** 4, 108; **WAVI:** 68, 116, 118, 128-30, 132, 135, 153, 169, 171, 173, 201, 208, 219, 220, 227, 228, 231, 237, 240; **RB:** 71-72, 150, 152-55, 156
Cobb, Margaret: **ML:** 101
Cobb, Tyrus R. (Ty): **DTI:** 40, 51, 56; **WAI:** 305; **WAII:** 297; **WAIII:** 129; **WAV:** 72
Coca Cola: **DTII:** 108, 190; **DTIII:** 73, 116; **WAI:** 325
Cochran, Charles B.: **WAII:** 237
Cochrane, Gordon S. (Mickey): **DTIV:** 224, 225, 226
cockfighting: **ML:** 47
cockroaches: **DTI:** 71
cocktails: **DTIV:** 69, 78; **ML:** 137; Sazerack, **DTIV:** 105
codes: **DTIV:** 60, 67-68, 71, 89, 144; **RB:** 84; for broadcasting, **RB:** 83-84; for lobbyists, **RB:** 150
Codos, Paul: **DTIV:** 177-78
Cody, William F. (Buffalo Bill): **WAVI:** 131; wild west show of, **WAII:** 272
coffee: **WAV:** 19; **RB:** 83, 89; consumption of, **P:** 20; in England, **L:** 41; **DTII:** 17; **RB:** 29; in New Orleans, **L:** 41; cultivation of, **DTIII:** 226; demitassee, **WAI:** 85
Coffeyville, Kan.: **WAII:** 89, 182, 184; **WAIV:** 11
Coffroth, James W. (Jimmy): **HT:** 57
Cohalan, Daniel F.: **WAII:** 244
Cohan, George M.: **ID:** 46, 94; **L:** 104; **DTI:** 7, 105, 202; **WAI:** 106, 193, 194; **WAII:** 12, 13, 172; **WAVI:** 114-15, 123; **RB:** 83
Cohen, Andrew: **DTI:** 201
Cohen, John S.: **DTIII:** 24; **WAVI:** 102
Cohen, Louis (Louie): **WAI:** 83
Cohen, Maurice: **WAV:** 84
Cohen, Octavus Roy: **BS:** 16; **WAII:** 115; **WAIV:** 176
Colby, Bainbridge: **CA:** 26
Coleman, Georgia: **WAV:** 173
Colgate University: **DTIII:** 248
Coli, Francois: **DTI:** 88
collective bargaining: **DTIV:** 183
colleges and universities: **DTI:** 68, 282; **DTII:** 75, 115, 135, 217; **DTIV:** 172, 175, 248, 265; **WAI:** 345, 346; **WAIII:** 29, 123, 146, 195-96; **WAIV:** 150; **WAV:** 44, 45, 237; **WAVI:** 149; **ML:** 25; **HT:** 87; **RB:** 11, 23, 40, 137, 163; education at, **DTI:** 33, 47, 150-51; **DTII:** 69-70, 238; **DTIV:** 126; **WAII:** 118; **WAIV:** 69; **HC:** 64; **HT:** 113-14, 117, 121; presidents of, **DTI:** 279, 309; **DTII:** 75; **WAIV:** 69; **WAV:** 72; student life at, **DTI:** 279; athletics at, **DTII:** 30, 60, 90, 93, 102; **DTIV:** 128, 228; **WAIV:** 238; graduates of, **DTII:** 41; **DTIII:** 41; **DTIV:** 53; **ML:** 54; **HT:** 80, 121, 136, 154, 155; **RB:** 11; students in, **DTI:** 30, 45, 294, 308-309; **DTII:** 41; **DTIV:** 248; **WAV:** 10; **WAVI:** 177-79; **HC:** 36; **ML:** 40, 54, 165; **HT:** 102, 112; **RB:** 117, 163; graduation from, **DTII:** 179; **RB:** 39; women in, **DTIII:** 6; degrees from, **DTIV:** 180; **WAVI:** 62, 224-25; **ML:** 159; spirit in, **WAIII:** 119, 120; coursework credits in, **WAV:** 172, 173; diplomas from, **ML:** 40; **HT:** 156; *see also* football; professors; *and names of colleges and universities*
Collier, John: **DTIV:** 182
Collier, William: **ID:** 94; **WAI:** 194; **WAII:** 12, 13
Collier's (magazine): **DTIII:** 46-47
Collins, Edward T. (Eddie): **WAII:** 297, 298
Collins, Joel: **WAIII:** 39
Collins, John: **WAIII:** 55
Cologne, Germany: **BS:** 18; **ID:** 190; **DTI:** 13; **WAI:** 152
Colombia: **DTI:** 45; **DTIII:** 19, 222, 223; **WAV:** 18
colonels, honorary: **P:** 13; **DTIV:** 84; Rogers as, **DTI:** 196, 197, 199, 200; **DTII:** 75; **DTIII:** 58, 62; **DTIV:** 84; **WAIII:** 153; **WAV:** 57
Colonial Theatre: **ID:** 183
colonies: **WAV:** 73, 235
colonization, by U. S.: **DTIII:** 10
Colorado: **DTI:** 30; **DTII:** 223, 278; **DTIV:** 292-93; **WAI:** 238; **WAII:** 274; **WAIII:** 82, 235; **WAIV:** 201, 202; **WAV:** 219; **WAVI:** 168; **HT:** 35; **RB:** 120; banker from, **DTII:** 83
Colorado River: **DTI:** 218; **ML:** 44; **HT:** 52, 72; damming of, **DTI:** 39, 62, 133, 153; **WAII:** 292-93; interstate rivalry over, **WAI:** 238; *see also* Hoover Dam
Colorado Springs, Colo.: **WAII:** 170
Colosseum (Rome): **L:** 80; **WAV:** 79
Coltiletti, Frank: **DTII:** 30
"Columbia, Gem of the Ocean" (tune): **DTI:** 113
Columbia, S. C.: **WAIII:** 1-2
Columbia (S. C.) *Record:* **WAIII:** 2
Columbia, Tenn.: **WAVI:** 202-203
Columbia Broadcasting System: **DTII:** 222; **WAVI:** 181, 192
Columbia River: **DTI:** 281; **ML:** 97; **RB:** 76
Columbia Theatre (New York City): **WAII:** 189
Columbia University: **ID:** 192; **L:** 3; **CA:** 64, 120; **DTI:** 57, 281; **DTIV:** 113-14, 123; **WAI:** 154; **WAII:** 186; **WAIII:** 20; **WAIV:** 215; **WAVI:** 11, 89, 100; **RB:** 40; faculty of, **DTI:** 68
Columbus, Christopher: **BS:** 59; **L:** 94, 97; **DTI:** 135, 217; **DTIII:** 50; **DTIV:** 90; **WAII:** 30, 168, 224-25; **WAIII:** 4-5, 33, 82, 98, 129, 221; **WAIV:** 29, 57, 126; **WAVI:** 55; **ML:** 82, 89; **HT:** 118, 123; **RB:** 20

Columbus, Miss.: **WAVI:** 115
Columbus, N. M.: **ID:** 95; **WAI:** 103, 195, 357
Columbus, Ohio: **P:** 22; **DTI:** 194; **DTII:** 135, 163; **DTIV:** 58; **WAII:** 101; **WAIV:** 230; **WAVI:** 20
Columbus (Ohio) *Dispatch:* **WAII:** 101
columnists: **WAV:** 187, 210; **RB:** 88; for newspapers, **DTIII:** 38, 66; **DTIV:** 5, 179; **WAIV:** 176, 208
Comanche (horse): **WAV:** 167; **WAVI:** 179
combines (threshers): **WAV:** 101-102
comedians: **BS:** 10, 22, 48; **ID:** 75, 107, 117, 184; **CA:** 85-86, 125, 139; **DTI:** 97, 126, 128, 137, 177, 233, 255, 262; **DTII:** 7; **DTIII:** 46, 101, 241; **DTIV:** 31, 68, 281-82; **WAI:** 33, 34, 116, 177, 179, 221, 224, 242, 243, 245, 268, 292, 316, 326; **WAII:** 8, 14, 25, 110, 136, 203; **WAIII:** 3, 34, 85, 121, 122; **WAIV:** 72, 84-85, 154, 230; **WAV:** 17, 98, 149, 222, 228; **WAVI:** 21, 62, 124, 164, 193, 209, 247, 249, 253; **ML:** 5, 43, 65, 67, 143, 147, 152; **HT:** 53, 112; **RB:** 28, 35, 83-84; 96-97; salaries of, **DTIV:** 5; industrial code for, **DTIV:** 68; wives of, **WAI:** 242, 243; on radio, **WAIII:** 127; **RB:** 96
comedy: **ID:** 195, 196; **CA:** 124; **DTI:** 160, 227, 288; **WAI:** 25-26, 110, 178, 179, 316; **RB:** 167; in Congress, **ML:** 108
commerce: **DTI:** 37, 234; **WAI:** 181; in Japan, **DTIV:** 208; *see also* business; trade
Commerce, U. S. Department of: **DTII:** 22; **WAIII:** 173, 231, 258; **WAV:** 100; **WAVI:** 38, 103-104; **HT:** 80, 81; office building of, **DTIV:** 67-68
Commercial Club of Phoenix: **WAII:** 203
commercial clubs: **ML:** 24; *see also* luncheon clubs
commissions and committees: **L:** 62; **DTI:** 268; **DTII:** 68, 98; **DTIII:** 66, 68, 72, 93, 129, 257, 258; **WAIII:** 136-37; **WAVI:** 183; **RB:** 13; presidential, **DTI:** 268, 272; **DTII:** 46, 54, 98, 110, 112, 163; **ML:** 29-30, 70, 95-97, 100, 134, 153, 172; **RB:** 13, 14, 19, 62, 75, 76, 100
Commission of Fine Arts: **WAIII:** 231
commodities: **DTII:** 146; *see also* prices
common man: **ID:** 166; **DTI:** 36, 159, 175, 233; **DTIV:** 10, 69; **WAI:** 259; **WAII:** 45, 64, 65, 66; **WAV:** 128, 207; **WAVI:** 177; **HC:** 28, 58; **ML:** 5, 38; *see also* average man; forgotten man; *and other related topics*
common sense: **ID:** 34-35; **DTI:** 54, 227; **DTII:** 55, 135, 178, 266; **DTIII:** 124; **DTIV:** 22, 70, 151, 176, 252, 266, 316; **WAI:** 186, 308, 319; **WAII:** 1, 59, 98; **WAV:** 165; **HC:** 104; **ML:** 26; **RB:** 46, 107, 171
Communism and Communists: **BS:** 8, 16, 47, 51, 53, 54, 57, 60, 61, 63, 64, 66, 70, 73, 74, 81-87; **L:** 88; **DTII:** 49, 140, 143; **DTIII:** 25; **DTIV:** 57, 72, 160, 161, 168, 198, 199, 216; **WAI:** 313-14, 357, 368-69; **WAII:** 87, 248-49; **WAIII:** 31, 32, 93; **WAIV:** 223; **WAVI:** 54, 157, 188; **ML:** 142; **RB:** 103; in France, **DTIV:** 137; in China, **WAV:** 211; *see also* Bolshevism and Bolsheviks
Communist party: **WAIII:** 93
community spirit: **WAI:** 234-35

commuters: **WAVI:** 195-96
compulsory bargaining: **DTIV:** 153, 177
Comstock Lode: **WAIII:** 13
conceit: **DTI:** 261; **RB:** 143
concierges: **L:** 92
Concord, Mass.: **DTII:** 252, 254; **WAIV:** 16, 17
Concord, N. H.: **E:** 9
Coney Island, N. Y.: **ID:** 149; **CA:** 50; **DTI:** 117; **WAI:** 211; **WAII:** 79, 248; **WAIII:** 188; **ML:** 115; **HT:** 58
Confederate States of America: **WAVI:** 129, 171
conferences: **DTI:** 102; **DTIII:** 84, 140, 188; international, **BS:** 15; **ID:** 14; **L:** 18, 19, 111, 114-15; **DTI:** 109, 175, 179, 181, 303; **DTII:** 54, 149-50, 169; **DTIII:** 34, 35, 39, 55-56, 76, 77, 104; **DTIV:** 49, 50, 52, 59-60, 71, 92, 113, 115, 121, 150, 152, 252, 300-301, 327; **WAI:** 2, 4-5, 7, 9, 10-11, 12, 15, 97, 169, 353, 361; **WAII:** 216-18, 231, 245; **WAIII:** 145; **WAIV:** 134, 170, 210-12, 213; **WAVI:** 41; **ML:** 11, 22, 44, 99, 107-108, 111, 125, 137, 138; **RB:** 3, 4-5; on disarmament, **DTI:** 99, 103, 106, 109, 115, 117, 192, 311; **DTII:** 8, 58, 85, 109, 110, 119-30, 180, 236, 243, 246, 277; **DTIII:** 179; **DTIV:** 13; **WAII:** 209, 216, 245; **WAIII:** 15; **WAIV:** 19-20, 102-104, 108, 113-15, 118-20, 123, 126, 130, 134-35, 143-45, 167, 168, 169-70, 211, 213; **WAV:** 32, 69; **RB:** 3, 34, 37, 42; on agriculture, **DTIII:** 34; on narcotics, **DTIII:** 40; on home-building, **DTIII:** 77; of governors, **DTIV:** 57-59, 60; **WAVI:** 41-45, 127; on peace, **WAII:** 100-101; **HT:** 10
confidence: **DTI:** 266; **DTII:** 91; **DTIII:** 27; **DTIV:** 81, 93, 119; **ML:** 106; restoring of, **DTII:** 98, 99, 102, 103; **WAIV:** 89-91, 95-96; in public officials, **WAIV:** 130; of Mexicans, **ML:** 82
Confucius: **ID:** 148, 190; **DTII:** 60; **DTIII:** 113; **DTIV:** 136; **WAI:** 152, 210, 229; **WAIII:** 16, 97; **WAIV:** 52; **WAV:** 8-9, 45-46; **ML:** 110, 130, 135, 153, 158; **HT:** 127; sayings of, **ML:** 157
Conger, Nellie: **WAV:** 224
Congregationalists: **WAIII:** 191
Congress: *see* United States Congress
Congress Dances (film): **DTIII:** 246; **RB:** 81
Congressional Medal of Honor: **WAI:** 67; **WAV:** 5
Congressional Record: **E:** 1; **BS:** 42; **PC:** 8; **L:** 23; **CA:** 128; **DTII:** 191, 248; **DTIV:** 140; **WAI:** 23, 225, 226-27, 244, 349; **WAII:** 166-69; **WAIII:** 253; **WAIV:** 22, 176; **WAV:** 153; **HC:** 110; **ML:** 161; **HT:** 90, 113, 136; **RB:** 49, 145-46; Rogers in, **WAII:** 8-9
Congress of Vienna: *see* Vienna, Congress of
Conklin, Chester: **WAIII:** 32
Connally, Thomas T.: **CA:** 142; **DTIV:** 25, 105
Connaught, duke of: **WAI:** 129-30, 218
Connecticut: **CA:** 124; **DTI:** 144, 210; **DTII:** 51, 57; **DTIV:** 58; **WAIV:** 154; **WAVI:** 42; **HT:** 29; manufacturers in, **DTII:** 95
A Connecticut Yankee (film): **WAV:** 25; **WAVI:** 131-32
Connelly, James L. (One-Eyed): **DTIV:** 39;

ML: 123
conscience: **DTI:** 67, 301; **WAVI:** 185, 186-87, 190; **HT:** 24, 35, 41; **RB:** 141, 142
Conscience Fund: **DTIV:** 307
conscientious objectors: **DTIII:** 48; **DTIV:** 126
conscription: **ID:** 87-88; **DTI:** 29, 264; **WAI:** 78-79
conservatism and conservatives: **DTI:** 171; **DTIV:** 26, 117, 183, 317; **WAVI:** 5-6; **RB:** 165
Conservative party, British: **WAII:** 255; **WAV:** 64
Considine, John W.: **WAVI:** 228
consistency: **DTI:** 216
consomme: **WAI:** 84
Constantine, _____: **ML:** 68, 69
Constantinople, Turkey: **BS:** 18; **DTI:** 88; **WAII:** 225; **WAV:** 145
constituents: **DTIV:** 72, 73, 288
Constitution: *see* United States Constitution
Constitution, U. S. S.: **DTII:** 180
consular service: **ML:** 73
consumers: **DTI:** 146, 291; **DTII:** 32; **DTIV:** 146; **WAIII:** 160-61; **WAV:** 58
contests: **DTI:** 290-91, 293; **WAVI:** 71
conventions: **DTII:** 163; **DTIV:** 22, 97, 279, 336; **WAII:** 247, 276; **WAV:** 23; **HT:** 148-49
conventions, political: **DTI:** 184, 219, 223; **WAIII:** 119, 177-81, 183; **WAV:** 153, 165-66, 169; **HC:** 8, 18, 23, 52; delegates to, **CA:** 8, 18, 24, 28, 33-34, 41, 49, 50, 51-52, 53, 60, 61, 64, 65, 66, 67, 72, 82, 85, 109, 116, 122, 135, 136, 147; **DTI:** 221, 222, 230; **DTIII:** 176, 180, 182; **HC:** 23, 28, 29, 33, 34, 60; **ML:** 91, 92; **HT:** 82; chairmen of, **CA:** 39; badges at, **ID:** 172; **CA:** 50, 108, 117, 122; **WAI:** 261; **HC:** 18, 39, 60; nominating speeches at, **CA:** 56-58, 59-61, 69-71, 102, 114-15, 116, 127, 144, 145; **DTI:** 230; **HC:** 32-34; sanity at, **CA:** 56; keynote speeches at, **CA:** 99, 111, 122-24, 125, 135, 138; **DTI:** 221, 222, 226, 227; parades during, **CA:** 146; speeches at, **CA:** 146; **DTI:** 228, 229; *see also* Democratic National Convention; Republican National Convention
Coogan, Jackie: **ID:** 174, 178; **L:** 20, 108; **CA:** 84; **DTII:** 21; **WAI:** 171, 255, 263, 315, 323; **WAII:** 54, 307; **WAIII:** 32, 58, 186, 187; **WAIV:** 57
Coogan, John M.: **WAIII:** 186
Cook, Frederick A.: **WAI:** 184; **WAII:** 37; **WAIII:** 158; **WAIV:** 13
Cook County, Ill.: **WAII:** 173
Coolidge, Calvin: **E:** 11, 22, 30; **BS:** 48; **ID:** 36, 112, 126, 145, 147-48, 160, 166, 172, 174, 202; **L:** 1, 3, 5, 7-10, 13, 14-16, 18, 19-20, 21, 22, 26, 27, 29, 30, 31, 35-37, 38, 43, 46, 48, 50, 51, 53, 57, 60, 65, 66, 71, 72-73, 74, 75, 78, 81, 82, 85, 86, 87-89, 90, 91, 93, 95, 100, 104, 105-107, 114, 116-17, 118; **CA:** 33-34, 35, 36, 40, 41, 42, 51, 55, 68, 71, 73-74, 77, 96, 97, 99, 108, 120, 127, 140, 141; **DTI:** 2, 3, 6, 10, 12, 23, 26, 27, 28, 29, 33, 35, 36, 39, 45, 49, 50, 52, 58, 59, 60, 61, 62, 65, 66, 69, 76, 79, 80, 83, 85, 86, 87, 90, 92, 93, 95, 97, 98, 99, 100, 101, 102, 105, 108, 110, 111, 113, 115, 117, 118, 120, 121, 125, 126, 127, 128, 129, 130, 135, 136, 137, 138, 139, 140, 142, 144, 148, 150, 151, 156, 169, 170, 171, 172, 173, 176, 178, 180, 182, 193, 194, 198, 204, 216, 217, 218, 219, 220, 222, 226, 229, 230, 231, 234, 242, 245, 248, 257, 258, 259, 260, 261, 266, 267, 268, 269, 270, 271, 272, 274, 275, 276, 277, 278, 280, 281, 283, 284-85, 289, 291, 292, 293, 294, 295, 296, 299, 300, 302, 303, 304, 308, 309, 310, 312, 313, 314, 315; **DTII:** 1, 2, 3, 7, 8, 10, 12, 15, 16, 17, 20, 23, 51, 60, 70, 81, 92, 99, 105, 108, 116, 117, 118, 130, 136, 137, 139, 141, 142, 144, 147, 153, 177-78, 197, 199, 201, 204, 209, 223, 230, 231, 232, 276; **DTIII:** 11, 30, 38, 42, 46, 63, 64, 83, 84, 96, 119, 136, 142, 147, 150, 162, 176, 192, 196, 207, 223, 233, 234, 242; **DTIV:** 42, 205, 334; **WAI:** 115-18, 122-23, 131, 135, 140, 159, 167-68, 169-72, 173, 177, 179, 184, 185, 188, 202, 205, 209, 210-11, 224, 225, 226, 227, 229, 235, 256, 258, 262, 263, 272, 277, 280-81, 282, 285, 290, 293, 296, 301-302, 303, 304, 308, 309, 311, 312, 315, 316, 317, 319, 320-21, 322, 324, 325, 326, 333, 334-35, 337, 347, 350, 357, 360, 361, 363, 372; **WAII:** 1, 4, 6, 7, 8, 9-10, 39, 41, 42, 43, 44, 45, 46, 48, 49, 60, 61, 67, 86, 87, 90, 108, 112, 115, 118, 121, 125-27, 132, 134-35, 136, 142, 146, 147, 148, 156, 164, 168, 178, 185, 192, 198, 228, 236, 237, 238-39, 240, 241, 243, 245, 246, 250, 253-56, 261, 262, 270, 274, 275, 277, 284, 293, 295, 304, 310, 312; **WAIII:** 2, 4, 6, 10, 21, 22, 27, 29, 37-40, 43, 54, 57-58, 61, 68-69, 71, 75-77, 81, 82, 89-90, 93, 98, 99, 101, 102-103, 107, 116, 118, 119, 122-23, 129, 130, 132, 138-39, 141-42, 143, 145, 148, 151-52, 153, 157, 158, 163, 176, 186, 193, 195, 196, 197, 202, 209-10, 215, 216, 217, 223, 230, 232-35, 237, 239, 245, 248, 250-51, 252; **WAIV:** 1, 4, 6, 11, 14, 16, 20, 23, 26, 38, 40, 41, 42, 51, 57, 59, 60, 63, 67, 80, 93, 94, 96, 106, 122, 124-25, 129, 131, 137-40, 144, 145, 149, 166-67, 172, 175-76, 177, 178, 194, 208, 212, 225, 233, 235, 241; **WAV:** 10, 33, 42, 44, 58, 61, 63, 75, 81, 82, 94, 139, 147, 149, 160, 195, 204, 206, 207, 214, 225-26; **WAVI:** 75, 251; **HC:** 49, 60, 68, 81, 86, 93, 100, 113; **ML:** 3-17, 21, 23, 25-26, 29, 31, 34, 35, 36, 37-38, 40, 42, 45, 49, 50, 52-53, 57, 58, 62-63, 64, 65, 69, 70, 72, 73, 81, 82, 90-92, 95, 97, 98, 105, 109-10, 119, 124, 134, 153, 160, 162; **HT:** 15, 17, 18-19, 20, 24-25, 26-27, 40, 41, 42, 43-44, 54, 56, 81, 82, 84, 88, 89, 91, 95-96, 98-99, 101, 102-11, 118; **RB:** 11, 14, 17, 19, 21, 25, 37, 39, 40, 41, 54, 55-56, 76, 132; presidential cabinet of, **L:** 3, 16, 90; **ML:** 15; **HT:** 44, 82; as governor, **L:** 19; foreign policy of, **L:** 105; **DTI:** 82; on vacation, **DTI:** 92, 99, 100, 105, 106, 110, 113, 118, 120, 121, 127, 152, 182, 219, 236; **ML:** 9, 35, 42, 62-63; pet raccoon of, **DTI:** 100; **ML:** 35, 42; denies candidacy for reelection, **DTI:** 115, 214; favoritism of, **DTI:** 275; policies of, **DTI:** 279; magazine articles by, **DTII:** 13, 59, 155-56;

23

newspaper column by, **DTII**: 184-85, 188, 196; historical inscription by, **DTII**: 202; speeches by, **DTIII**: 222, 223; **ML**: 16; death of, **DTIII**: 259, 260; **WAV**: 225; autobiography of, **DTIII**: 272; congressional tribute for, **DTIII**: 272-73; inauguration of, **WAII**: 1-3, 5, 6; salary of, **WAII**: 6-7; home of, **WAV**: 225; humor of, **ML**: 17; **HT**: 111; dogs of, **ML**: 7-8, 10, 13; farm of, **ML**: 31; as writer, **HT**: 103-104, 111; personality of, **HT**: 108-109
Coolidge, Florence T. (Mrs. John C.): **DTII**: 76-77; **WAV**: 225
Coolidge, Grace A. G. (Mrs. Calvin): **BS**: 48; **L**: 1; **CA**: 97; **DTI**: 100, 111, 217, 222, 278, 289, 314; **DTII**: 136, 137, 139, 177-78; **DTIII**: 63, 259, 260; **DTIV**: 228; **WAI**: 171, 317; **WAII**: 136, 277; **WAIII**: 89, 259-62; **WAIV**: 58-60, 122, 123-24; **WAV**: 160, 225; **ML**: 4-7, 8-9, 10, 12-13, 14, 15, 16, 17; **HT**: 109-10; **RB**: 9, 11, 28, 42, 55-56; humor of, **ML**: 7, 13
Coolidge, John C.: **DTI**: 248, 254; **DTII**: 76-77; **WAV**: 225; **HT**: 43, 108
Coolidge, Marcus A.: **DTII**: 70; **WAIV**: 194
Coolidge Dam: **DTII**: 141, 142
Coombs, John W. (Jack): **WAIII**: 236
coonskin caps: **ML**: 90
Cooper, Earl: **WAII**: 93
Cooper, Jackie: **DTIV**: 93
cooperatives, agricultural: **DTI**: 256; **WAII**: 126-27; in Mexico, **ML**: 52
Cooweescoowee District, I. T.: **ID**: 197; **WAI**: 27; **WAV**: 188
Copeland, Royal S.: **DTI**: 36; **DTII**: 134; **DTIV**: 105; **WAI**: 53, 211, 264; **WAIV**: 132; **HT**: 12
Copenhagen, Denmark: **BS**: 18; **WAVI**: 161
Corbett, James J. (Gentleman Jim): **ID**: 120; **DTI**: 68; **WAI**: 37; **WAII**: 13; **WAIV**: 182; death of, **DTIII**: 277
corduroy slacks: **WAV**: 159
corn: **DTI**: 57, 148; **DTIII**: 54, 67, 79; **DTIV**: 73, 216; **WAII**: 265; **HT**: 33, 37, 38, 91; **RB**: 119-20; husking of, **DTII**: 97; price of, **DTIV**: 29; **WAII**: 146; **HT**: 62
cornbread: **DTIV**: 51; **WAIII**: 47; **WAV**: 54
Cornell University: **DTII**: 75; **DTIV**: 51; **WAV**: 210-11; **RB**: 23
corn liquor: **ID**: 197; **DTI**: 18, 315; **DTIV**: 56; **WAI**: 27; **WAIII**: 2; *see also* home brew; moonshine; *and other related topics*
Cornwallis, Charles: **DTIII**: 88
Coronado Beach, Calif.: **ID**: 76; **WAI**: 222
corporations: **ID**: 40-41, 131; **DTI**: 272; **DTII**: 37; **WAI**: 50; **HC**: 61; vice presidents of, **DTII**: 157; **DTIII**: 58; **HT**: 93, 94; tax on profits of, **WAIV**: 124; boards of directors of, **RB**: 46, 56, 93, 170
corpses: **WAV**: 204
correspondence schools: **DTI**: 30
corruption: **CA**: 56, 115; **DTI**: 205; **DTII**: 230; **DTIV**: 137; **WAIII**: 149, 152, 155-57, 161, 167-68, 170, 181, 182, 209; **WAIV**: 204; **HC**: 91; **ML**: 105; **HT**: 94; **RB**: 62; in politics,

DTI: 24, 58, 181, 186, 190, 197, 206, 218, 258; **RB**: 21; in government, **DTI**: 24, 58, 123, 162, 181, 186; **DTII**: 113, 147; **WAIII**: 130; in China, **ML**: 158; *see also* graft; scandals; *and other related topics*
corsets: **ID**: 7, 19-21, 207; **WAI**: 30-32, 97, 256; **WAIII**: 23-24, 27, 165; manufacturers of, **ID**: 19-20; **WAI**: 30-31; for men, **HC**: 78
Corsica: **DTIII**: 120
Corson, Amelia: **DTI**: 8, 14
Corson, Clemington: **WAII**: 242
Cortés, Hernán: **DTIV**: 339; **ML**: 125
Cortesi, Salvatore: **L**: 62
Cortez, Ricardo: **WAIII**: 34
Corum, Martene W. (Bill): **WAVI**: 183
Cosden, Joshua S.: **HT**: 127, 149
Cosgrave, Luke: **DTII**: 211
Cosgrave, William T.: **L**: 105, 119; **DTI**: 12, 173; **WAII**: 244
Coshocton, Ohio: **WAV**: 224
cosmetics: **DTII**: 81; **DTIII**: 3-4, 73; **DTIV**: 22, 100; **WAIV**: 76; for men, **DTII**: 22; and women, **WAIV**: 76; *see also* lipstick
cosmic rays: **WAVI**: 165-67
Cosmopolitan (magazine): **WAIII**: 4; **WAIV**: 41
cosmopolitanism: **DTI**: 76
Cossacks: **BS**: 26, 48, 70
Costa Rica: **DTI**: 45; **DTIII**: 17, 220; **WAV**: 18, 19; **RB**: 5
Coste, Dieudonné: **DTII**: 208
cost of living: **ID**: 82; **CA**: 29; **DTIII**: 191; **WAI**: 47; **WAV**: 132
costumes, for motion pictures: **WAVI**: 132
Cote, Narcisse: **DTI**: 186
cotton: **ID**: 208; **DTI**: 57, 148; **DTII**: 100, 264; **DTIII**: 24, 37, 60, 67, 74, 77, 80, 109, 261; **WAI**: 100, 115-16, 134, 163, 340; **WAIII**: 2; **WAIV**: 93; **WAV**: 56, 74, 206; **HT**: 91; **RB**: 125; overproduction of, **DTI**: 20, 26, 57; price of, **WAII**: 111
Cotton, Joseph P. S.: **DTII**: 151
Couch, Harvey C.: **DTIII**: 123
Coudraye, Henri de la: **DTIII**: 100
Coué, Émile: **WAI**: 8
Coughlin, Charles E.: **DTIV**: 287; **RB**: 139, 173; economic plan of, **RB**: 115, 126
The County Chairman (film): **WAVI**: 167
courage: **DTI**: 240, 261, 309; **RB**: 52
court jesters: **DTI**: 55
Court of Saint James: **ID**: 99; **DTII**: 14; **WAI**: 55, 80; **WAIV**: 24, 29, 120, 153-54; **WAV**: 32-33, 193; **RB**: 60
Couzens, James: **DTII**: 133; **DTIII**: 68; **DTIV**: 36; **WAI**: 219; **WAII**: 20, 153, 300-301; **WAIV**: 24; **ML**: 90; **HT**: 19
Coventry, England: **WAIV**: 170
cover charges: **DTI**: 311
The Covered Wagon (film): **WAVI**: 56
cowardice: **ML**: 129-30; of Rogers, **HT**: 58
cowboy hats: **ML**: 58
cowboys: **DTI**: 21, 32, 73, 74, 81; **DTII**: 209; **DTIII**: 52, 54, 94, 99, 139, 154, 182, 219; **DTIV**: 69, 219, 327-28; **WAI**: 114, 218, 221; **WAII**: 2, 204, 205, 271-72; **WAIII**: 21, 46; **WAV**: 93, 94, 197; **WAVI**: 37, 83, 131, 133,

138, 227-28; **HT:** 61; **RB:** 71; songs by, **WAVI:** 63-64
cow chips: **DTI:** 185
Cowdin, J. Cheever: **WAV:** 132
Cowes, England: **HT:** 132
cowgirls: **WAV:** 76, 77-78; **HT:** 57; **RB:** 81
cowlicks: **DTIV:** 180
cows: *see* cattle
Cox, James M.: **BS:** 54; **ID:** 3, 166-67, 171; **L:** 115; **CA:** 23, 69, 75, 77; **WAI:** 42, 159, 259, 260; **WAII:** 153, 236; **HC:** 58; **HT:** 15, 94
Coxey's Army: **DTIII:** 155; **HT:** 38
Coyne, Joseph: **L:** 42
Cradle of the Deep (book): **WAIV:** 21-22, 27
Crail, Joe: **DTIII:** 50
Craven, Mary W. G. (Mrs. William G. B.): **WAII:** 160
Craven, William G. B.: **WAII:** 159-60
Crawford, Joan: **WAV:** 147
Crawford, John H. (Jack): **DTIV:** 50
credit: **DTIII:** 197, 273; buying and selling on, **DTI:** 35, 135, 145, 150, 239, 252; **DTII:** 56, 59, 80, 110, 183, 189, 218, 223; **DTIII:** 30, 82, 241; **DTIV:** 75, 327; **WAII:** 92; **WAIV:** 112-13, 220-21; **WAV:** 134, 226; **RB:** 4, 45
credits, for classwork: **WAV:** 172, 173
Creek Indians: **WAIII:** 59
Creel, George E.: **PC:** 11; **DTIII:** 46; **WAV:** 224; **WAVI:** 134
cricket: **L:** 103, 117; **DTI:** 5, 9; **WAII:** 227, 257
crime: **ID:** 153; **P:** 12; **L:** 51-52, 54, 88; **DTI:** 46, 74-75, 88, 114, 120, 154, 155, 164-65, 185, 254, 307; **DTII:** 33, 84, 160, 181; **DTIII:** 7, 31, 33, 35, 42, 71, 87, 204; **DTIV:** 78-79, 135, 177, 185-86, 319; **WAI:** 3, 68, 69, 83, 92, 93, 102-103, 104, 113, 153, 181, 205-206, 242, 243, 302, 305; **WAII:** 35-36, 48, 49, 68, 73, 80-83, 96, 124, 184, 187-88, 197, 241-42; **WAIII:** 15, 65, 102, 242; **WAIV:** 129-30, 206-207, 208; **WAV:** 36, 184; **ML:** 30-31, 47; **HT:** 39, 122-23, 125, 143; in Chicago, **ID:** 208; **L:** 20, 51; **CA:** 7; **DTI:** 30, 31, 38, 74, 75, 76, 121, 129, 141, 168, 205, 238, 267; **DTII:** 28, 31, 41, 102, 118, 159, 174, 182, 183; **DTIII:** 9, 33; **WAI:** 98; **WAII:** 53, 58, 65, 100, 112, 125, 126, 241, 270, 276, 291, 297, 299, 300; **WAIII:** 28, 29, 67, 140, 159; **WAIV:** 129, 161-64; **WAV:** 34, 160; **WAVI:** 23; **ML:** 29, 57-58, 77; **HT:** 17, 19, 54, 61; **RB:** 59-62; and prohibition, **P:** 22-23; in England, **L:** 52-53; **DTII:** 125; **DTIV:** 137; **WAII:** 242; in New York City, **DTI:** 286, 290; **DTII:** 28; **WAII:** 35, 40, 52-53; **WAV:** 70; **RB:** 24; in Los Angeles, **DTIII:** 9, 32-33; **WAV:** 34-35; in California, **DTIV:** 173; governmental program against, **DTIV:** 173; prevention of, **DTIV:** 258; women in, **WAII:** 82-83; in Detroit, **WAII:** 299; in Beverly Hills, **WAIII:** 22; news about, **WAV:** 23; in Old West, **WAV:** 34; automatic weapons and, **WAV:** 35; victims of, **WAV:** 35
criminals: **DTI:** 165, 254, 255; **DTII:** 34; **DTIV:** 78-79, 135, 173; pardoning of, **DTIII:** 204; **DTIV:** 231, 319; jail escapes by, **DTIV:** 148, 165, 166

Criqui, Eugene: **WAI:** 82
crises: **WAVI:** 108-109; **ML:** 170; in China, **ML:** 160
critics: **ID:** 33, 35, 183-85; **DTI:** 30, 144, 154; **WAII:** 190; of drama, **WAI:** 21; **WAV:** 210; of music, **WAII:** 132-35
Crockett, Davy: **DTIV:** 157; **WAII:** 130; **HT:** 152
Croker, Bula B. (Mrs. Richard): **WAI:** 329
Croker, Richard: **HC:** 58
Cromwell, Oliver: **WAI:** 159
Cromwell, Thomas: **WAV:** 32, 33, 115-16, 209
Cronin, Joseph E. (Joe): **DTIV:** 89
crooning: **DTIII:** 215; **DTIV:** 87; **WAVI:** 40; **RB:** 84
croquet: **HT:** 89
Crosby, Robert A. (Wild Horse Bob): **DTIV:** 341; **WAV:** 168
Cross, Wilbur L.: **DTIV:** 58; **WAVI:** 42, 45
Cross, Wilson M. (Pick): **L:** 42
"cross of gold": **DTIV:** 119; **WAI:** 170; **WAII:** 126
Crosson, Joe: **DTIV:** 347; **WAVI:** 261
Crosson, Marvel: **DTII:** 64
crossword puzzles: **L:** 77; **DTIV:** 8, 301; **WAI:** 324-25, 339, 356; **WAII:** 9, 187; **WAIII:** 134; **HT:** 33-34
Crowded Years (book): **WAV:** 162
Crowder, Alvin F.: **DTIV:** 226
Crowe, Francis T.: **WAVI:** 167
Crow Indians: **WAIII:** 19
Crowinshield, Frank W.: **WAII:** 156
Croy, Homer: **DTIV:** 110; **WAVI:** 219, 220
Croyden, England: **DTII:** 176
Cruickshank, Robert A. (Bobby): **WAII:** 143
cruises: **WAV:** 233-35; **WAVI:** 206-207, 210
Crusaders: **DTIII:** 52
Crusoe, Robinson: **DTI:** 86; **WAII:** 93; **WAIII:** 33
Cruz, Roberto: **ML:** 60, 75, 86
Cruze, James: **WAVI:** 56
crying: **ML:** 112, 114, 115-17
Cuba: **L:** 4, 56, 111; **CA:** 13, 116; **DTI:** 171-72; **DTII:** 49; **DTIII:** 20; **DTIV:** 64-65, 76-77, 79, 82-83, 86, 107; **WAII:** 186; **WAIII:** 102, 115, 129, 130; **WAV:** 10, 17, 232; **WAVI:** 46-47, 199, 238; **ML:** 82-83; **HT:** 29, 109; **RB:** 3; president of, **DTIV:** 66, 82, 129, 131; **HT:** 109; sugar from, **DTIV:** 78; **WAIV:** 55; U. S. intervention in, **DTIV:** 78, 80, 82, 122; U. S. relations with, **DTIV:** 130, 179; *see also* Platt Amendment
Cuddihy, George: **DTII:** 101
Cuddihy, Robert J.: **WAII:** 250, 251
Culbertson, Ely: **DTIII:** 118-19
Culpepper, Thomas: **WAIV:** 32, 33, 115-16, 209
cults: **DTI:** 30, 143; **WAIV:** 91
culture: **L:** 73-74; **DTIV:** 311; **WAIV:** 126; **ML:** 40, 135; **HT:** 12; **RB:** 54, 55; of Russia, **BS:** 80; of Rome, **L:** 73; of Oklahoma, **WAII:** 246
Culver, Harry H.: **WAIV:** 45
Culver City, Calif.: **DTII:** 48; **WAIV:** 45, 46; **WAV:** 141-42

Cumulative Index

Culver Military Academy: **WAIII:** 76, 133; **HT:** 62
Cumberland River: **WAVI:** 130
Cummings, Homer S.: **CA:** 24, 62; **DTIV:** 204; **WAVI:** 97
Cummings and Mulhall Wild West Show: **WAV:** 77
Cunningham, Charles H.: **L:** 92, 94
Curley, James M.: **DTIII:** 212
currency and exchange: **DTII:** 47; in Russia, **BS:** 62; in Germany, **ID:** 192; **WAI:** 117, 123, 154, 167; in Uruguay, **DTIII:** 225-26; *see also* dollar; money
Curtis, Charles: **ID:** 12, 145, 146-47; **CA:** 99, 102, 121, 124, 126, 127; **DTI:** 38, 120, 143, 168, 207, 210, 222, 223, 224, 226, 246, 258, 271, 290; **DTII:** 2, 7, 13, 26, 133, 260; **DTIII:** 47, 52, 96, 135, 200, 229; **DTIV:** 314; **WAI:** 6, 209-10; **WAII:** 290; **WAIII:** 129, 132, 166, 168, 186, 210, 235-36; **WAIV:** 15; **WAV:** 90-91; **HC:** 20, 32, 33-34, 68; **ML:** 91, 100; **RB:** 16-20, 95; mother of, **RB:** 18, 19
Curtiss-Reed Metal Propeller Company: **DTI:** 83
Curzon, Alexandra: **WAII:** 62, 63
cuspidors: **DTI:** 122, 207
Custer, George A.: **WAIII:** 18-19
Custer City, S. D.: **WAIII:** 39
customs (duties): **DTI:** 15, 227; **ML:** 4; in China, **DTI:** 67
customs and traditions: **ID:** 34; of New England, **DTII:** 185; of England, **WAIV:** 209
customs officers: **ML:** 30
Cuvillier, Louis: **WAI:** 59
Cuyler, Hazen (Kiki): **DTI:** 137
Cvengros, Michael: **DTI:** 136
Czechoslovakia: **PC:** 26; **L:** 109; **DTI:** 169; **DTIV:** 43, 217; **WAI:** 132; **WAV:** 86; **WAVI:** 109; **ML:** 139; **HT:** 37; **RB:** 6; diplomatic recognition of, **PC:** 14-15; people of, **WAV:** 66, 86, 135

D

Daggett, Calif.: **HT:** 50
Dahlman, James C. (Jim): **HC:** 85
Daily Princetonian: **WAIII:** 134
Dairen (Ta-lien), China: **DTIII:** 107; **WAV:** 111, 116; **ML:** 125, 132, 143, 145-46
dairies: **ML:** 50
dairy industry: **ML:** 143; **HT:** 99
Dale, Porter H.: **WAII:** 10
Dallas, Texas: **ID:** 208; **L:** 109; **CA:** 145; **DTII:** 32, 208, 256; **WAI:** 100; **WAII:** 159; **WAIII:** 158, 188; **WAIV:** 45, 228, 236; **WAVI:** 20, 90, 101, 173; **HC:** 98; **HT:** 69
Dalton, Robert R. (Bob): **WAII:** 81
Dalton brothers (outlaws): **WAI:** 41; **WAII:** 184; **WAVI:** 26; **RB:** 62
dams: **DTI:** 39, 62, 133, 153; **DTII:** 232; **DTIV:** 61; **WAII:** 292-93; **WAIV:** 124-25, 126, 129; **WAV:** 229-30; **HT:** 37; in Mexico, **DTI:** 155; **ML:** 38, 54-55, 58, 62; *see also* names of dams

dancing: **ID:** 120; **DTI:** 286; **WAI:** 37; **WAII:** 130; **WAIII:** 183-85; **WAIV:** 100; **WAV:** 62, 171; **ML:** 74, 114, 120, 122; **HT:** 5; **RB:** 81; marathon, **DTI:** 221; **WAI:** 59; *see also types of dances*
dandruff: **RB:** 83
Daniels, Addie W. (Mrs. Josephus): **WAI:** 269; **WAVI:** 35
Daniels, Bebe: **DTI:** 254; **WAIII:** 34, 55; **RB:** 55
Daniels, Josephus: **ID:** 100, 126; **PC:** 18; **CA:** 16, 26, 109; **DTI:** 52, 192, 244; **DTII:** 247; **DTIII:** 20, 212; **WAI:** 56, 202, 269; **WAIII:** 222; **WAVI:** 35
Danube River: **DTIV:** 216
Danville, Ill.: **WAI:** 43
Danville, Ky.: **WAIII:** 154
"Dardanella" (song): **CA:** 13
Dardanelles: **HT:** 7
Darling, Jay N. (Ding): **L:** 43; **DTI:** 206; **DTII:** 186; **DTIV:** 99
Darrow, Clarence S.: **L:** 83; **DTI:** 80; **DTIII:** 163; **DTIV:** 175; **WAI:** 296; **WAII:** 57-58, 59, 60, 65, 103; **WAIII:** 21; **WAV:** 149-50; **WAVI:** 137
Dartmouth College: **DTII:** 70
Darwin, Charles R.: **ID:** 161; **DTII:** 198; **WAI:** 123, 159; **WAII:** 55, 56, 65; evolution theory of, **DTI:** 17, 48, 59
data: **ML:** 96, 97; **RB:** 75
Daugherty, Emmet: **WAIII:** 72
Daugherty, Harry M.: **ID:** 139, 140, 153; **WAI:** 203, 205, 207, 208, 215, 247, 248; **WAV:** 163
Daughters of the American Revolution (D. A. R.): **DTI:** 204; **DTII:** 81, 157; **WAIII:** 88, 153, 157, 168; **RB:** 51; convention of, **DTIII:** 21, 23; **WAII:** 25
Davenport, Iowa: **WAII:** 104
Davenport Hotel and Restaurant (Seattle): **DTI:** 71
David and Goliath: **DTII:** 121, 155; **WAI:** 339; **WAIII:** 45
David Harum (film): **DTIV:** 126, 213; **WAVI:** 56, 89-90, 92, 99
David Harum (novel): **WAIII:** 211; **WAVI:** 56
Davidson, Randall T.: **L:** 24-25, 26
Davidson, Thomas W. (Lynch): **WAII:** 122
Davies, Marion: **WAIII:** 87; **WAIV:** 28
Davila, Carlos G.: **DTII:** 15-16
Davis, Alice B.: **WAV:** 118; **ML:** 112, 120
Davis, "Big Ham": **WAIII:** 154
Davis, Dwight F.: **WAII:** 284; **WAV:** 118; **ML:** 112, 117, 120
Davis, Ellen B. (Mrs. John W.): **ID:** 33, 35; **WAI:** 268, 282, 285
Davis, Harry H.: **WAIII:** 236
Davis, James J.: **DTI:** 136; **DTII:** 152, 170; **WAI:** 143-45, 274; **WAII:** 284; **WAIII:** 232; **ML:** 15; **HT:** 80
Davis, Jefferson: **DTII:** 190; **WAII:** 141; **WAIV:** 176
Davis, Jim: **WAIII:** 248
Davis, John W.: **L:** 106; **CA:** 57, 67-68, 81, 82, 85, 139; **DTI:** 75, 80; **DTII:** 202; **WAI:** 263, 268, 272, 275, 280, 301, 308, 312, 315, 319,

324; **WAII:** 16, 20, 21, 41, 64, 130, 138, 301; **WAIII:** 209; **WAVI:** 24; **HC:** 58, 89, 95; **HT:** 16, 44, 94; **RB:** 39
Davis, Jonathan M.: **CA:** 57
Davis, Joseph E.: **WAII:** 301
Davis, Owen: **WAVI:** 219-20
Davis, Reine: **WAVI:** 193
Davis Cup (tennis): **ML:** 111
Davison, F. Trubee: **WAV:** 100, 201
Dawes, Carol D. B. (Mrs. Charles G.): **DTI:** 289; **WAII:** 290; **WAIV:** 85, 119, 123
Dawes, Charles G.: **BS:** 41; **ID:** 36; **L:** 7-8, 9, 61, 74; **CA:** 55, 100, 121, 122, 124, 126, 142; **DTI:** 32, 36, 40, 66, 76, 116, 117, 128, 169, 202, 222, 234, 250, 289; **DTII:** 4, 14, 40, 43-44, 45, 46, 77, 121, 122, 126, 128, 181, 188, 203; **DTIII:** 102, 121, 130, 135, 140, 157, 163, 164, 175; **WAI:** 226, 255, 265, 282, 285, 293, 301, 302, 313, 323; **WAII:** 2, 4, 5-6, 7, 11, 25, 28, 32, 41, 44-45, 61, 67, 75, 92, 126, 136, 167, 181, 198-99, 261-62, 270, 283, 290, 312; **WAIII:** 2, 68, 117-18, 132, 139, 163, 186, 216; **WAIV:** 17, 29, 40, 62, 85, 102, 118-19, 120, 121-22, 123, 153, 154; **WAV:** 32; **ML:** 44-45, 78, 90, 91, 98; **HT:** 21, 81, 107; **RB:** 18, 58, 60; war debt plan of, **L:** 9; **WAI:** 270, 282; **ML:** 98; and prohibition, **DTII:** 43; as ambassador, **DTII:** 153
Dawes, Rufus C.: **WAII:** 136, 138; **WAVI:** 22; **RB:** 62
Dawes, William: **WAIV:** 17
Dawson, Canada: **DTIV:** 346; **WAVI:** 252
Dawson, Glen W.: **WAV:** 178
Dawson Trail: **WAI:** 94
Day, Horace: **DTII:** 107
daylight savings time: **RB:** 71, 129
Dayton, Ohio: **WAII:** 180, 272; **WAIV:** 25
Dayton, Tenn.: **WAII:** 50, 54, 55, 57, 59, 65
Daytona Beach, Fla.: **DTI:** 190; **WAII:** 138, 307; **WAIV:** 167
Dazey, Agnes Johnson (Mrs. Charles T.): **WAVI:** 221
Dazey, Charles T.: **WAVI:** 221
Dazey, Frank M.: **WAVI:** 221
Dead Sea: **DTI:** 230; **DTIII:** 119; **WAII:** 22; **WAIV:** 92; **WAVI:** 211
Dean, Jay H. (Dizzy): **DTIV:** 223, 224, 225-26, 228, 234, 299, 321; **WAVI:** 163, 164, 165, 198
Dean, Paul D.: **DTIV:** 223, 224, 225-26, 228; **WAVI:** 198
Dearborn, Mich.: **DTII:** 86, 88, 89; **DTIII:** 87-88; **WAII:** 128; **WAIII:** 99; **WAIV:** 80, 81-82; **HT:** 13; **RB:** 43, 46
Dearborn (Mich.) *Independent:* **WAII:** 179
death: **DTIV:** 2, 275; **WAII:** 34
Death Valley, Calif.: **CA:** 107; **DTII:** 220; **DTIII:** 223, 271; **DTIV:** 127; **WAII:** 94; **WAV:** 187, 192; **WAVI:** 35; **HC:** 24; **HT:** 51
"Death Valley Scotty": *see* Scott, Walter
debates: **DTI:** 77; **WAIII:** 19-22; **WAVI:** 204; **HC:** 52, 53-55, 57-59, 72; **RB:** 39; scholastic, **DTII:** 171-72
debenture certificates: **DTII:** 19, 27, 39
Debs, Eugene V.: **WAI:** 265; **WAII:** 87
debts: **ID:** 39; **DTI:** 224, 256; **DTII:** 46, 100,

277; **DTIII:** 31, 44, 46, 166, 190; **DTIV:** 96, 171, 213, 242; **WAII:** 137-38; **WAIV:** 112, 223-24; **WAV:** 3, 55, 147, 207, 213; **WAVI:** 125, 205, 230; **HT:** 122; personal, **DTIII:** 39; **WAI:** 23, 49; **WAIII:** 39; international, **DTIII:** 57; borrowing and, **DTIII:** 133; and loans, **DTIII:** 273; moratoriums on, **DTIII:** 280; **WAVI:** 2; of Europe, **WAIII:** 4; *see also* loans; mortgages; war debts and reparations; *and other related topics*
debutantes: **WAI:** 289; **WAIV:** 120-22; **WAV:** 193, 236; at Court of St. James, **WAIV:** 153-54; **WAV:** 32-33
decathlon: **WAV:** 178
Declaration of Independence: **CA:** 72, 74; **WAI:** 368; **WAII:** 131; **WAIII:** 33, 95, 109; **HC:** 49
Decoration Day (Memorial Day): **ID:** 88; **DTI:** 94, 218; **DTII:** 34, 173-74; **WAI:** 246; **WAV:** 37; speeches made on, **WAI:** 78, 79
deficits: **WAVI:** 226
deficit spending: **DTIV:** 253, 268-69, 271, 274, 282, 284, 300, 302, 317, 326
deflation: **WAVI:** 125, 205; **RB:** 77, 158
DeGarmo, Alva R.: **HT:** 70, 71, 72
DeGraffenried, Jack W.: **WAII:** 161
degrees, academic: **DTIV:** 180; **WAVI:** 62, 224-25; **ML:** 159; *see also* honorary degrees
Delano, Jorge: **WAVI:** 137
Delaware: **ID:** 63-64, 65; **CA:** 57; **DTI:** 143, 144; **WAI:** 146, 147
Delaware Indians: **WAVI:** 234
Delaware River: **WAVI:** 125
Del Monte, Calif.: **ID:** 71; **WAI:** 138
Del Monte Hotel (Los Angeles): **DTII:** 227
Del Norte, Colo.: **DTII:** 223
De Mar, Clarence H.: **DTII:** 18
De Mille, Cecil B.: **E:** 27; **WAI:** 235, 339; **WAIII:** 2; **WAIII:** 34, 87; **HT:** 102
demagogues: **WAVI:** 31
democracy: **ID:** 52; **CA:** 8, 67, 127, 135; **DTI:** 18, 99, 113, 138, 227, 228, 312; **DTII:** 43, 138, 174; **DTIII:** 234; **DTIV:** 12, 106, 275; **WAI:** 11, 162, 289; **WAII:** 16, 274, 275; **WAIV:** 121, 137, 218; **WAV:** 7, 32, 165, 199, 203; **ML:** 5, 171; **RB:** 74; war for, **WAI:** 180; in South, **WAIV:** 155-57
Democratic Club of New York: **DTII:** 260
Democratic National Committee: **WAI:** 261; **ML:** 106; **RB:** 100
Democratic National Convention: **DTII:** 35, 54, 122; **RB:** 22, 46; of 1860, **ID:** 174; **CA:** 72; **WAI:** 262; of 1912, **WAI:** 72; **WAII:** 65; of 1920, **ID:** 171; **CA:** 22-30; **WAI:** 260; **HT:** 77; of 1924, **ID:** 5, 60, 165-67, 171-72, 174, 177-79; **L:** 5; **CA:** 42, 49-88, 112, 139; **DTII:** 253; **WAI:** 75, 197, 250, 257-69, 273, 275, 291, 293, 322; **WAII:** 1, 25, 40-42, 70, 128, 140, 192; **WAIII:** 169, 175; **HT:** 15-16, 29, 44, 81-82, 123; **RB:** 22, 23; of 1928, **CA:** 106-17; **DTI:** 78, 169-70, 184, 194, 204, 224-29, 230; **DTII:** 135, 264; **WAIII:** 131-32, 142-43, 145, 149-50, 167, 168, 175-76, 180, 181-83; **WAIV:** 69, 232-33; **WAV:** 161; **WAVI:** 102; **HC:** 14, 18-19, 23, 28-29, 32, 34, 38, 39, 60-61; **ML:** 92; **HT:** 43; of 1932, **CA:**

Cumulative Index

135-47; **DTI:** 225; **DTIII:** 160, 164, 170, 172, 174, 177, 178, 180-81, 183; **WAIV:** 13; **WAV:** 129, 156, 157, 159-61, 165-66, 167; **WAVI:** 16; women at, **WAI:** 261, 266-69

Democratic party and Democrats: **E:** 24; **BS:** 5, 8, 28, 44, 81; **ID:** 87, 99, 100, 107, 112, 131, 138, 139, 141, 145, 147, 159-60, 161, 165, 166, 171, 174, 189; **PC:** 6, 12, 15, 24; **L:** 5, 19, 21, 25, 46, 53-54, 61, 66, 69, 78, 80, 82, 87, 88, 105, 115, 118; **CA:** 8, 12, 14, 16, 17, 24, 28, 29, 33, 34, 35, 36, 37, 39, 49, 50, 53, 54, 55, 61, 62, 63, 66, 67, 69, 70, 71, 73, 74, 77, 82, 86, 87, 99, 100, 106-107, 108, 109, 110, 111, 112, 113, 114, 116, 120, 122, 124, 125, 126, 127, 128, 135, 136, 137, 138-39, 140, 141-42, 143, 145, 147; **DTI:** 3, 16, 22, 23, 24, 26, 33, 36, 42, 48, 49, 52, 59, 65, 69, 71, 78, 80, 86, 91, 99, 104, 120, 127, 132, 138, 153, 168, 169-70, 172, 173, 177, 181, 182, 184, 186, 190, 194, 204, 205, 220, 225, 226, 227, 228, 229, 230, 232, 233, 236, 237, 240, 243, 249, 251, 252, 257, 259, 260, 261, 263, 266, 267, 268, 271, 273-74, 278, 280, 282, 283, 287, 289, 291, 292, 295, 298, 300, 302, 303, 304, 312, 313; **DTII:** 1, 3-4, 5, 6, 18, 22, 23, 26, 34, 37, 47, 50, 64, 70, 72, 79, 81, 86, 89, 94, 105-106, 110, 114, 117, 120, 135, 137, 146, 149-50, 154, 159, 167, 168, 189, 199, 200, 201, 202, 206, 213, 214, 222, 223, 224, 225, 226, 227, 229, 231, 232, 233, 251, 257; **DTIII:** 1, 4, 17, 19, 23, 36, 43, 45, 47, 50, 59, 72, 75, 93, 96, 99, 105, 107, 115, 117, 118, 119, 123, 131, 146, 150, 153-54, 192, 193, 194, 195, 196, 201, 202, 203, 205, 209, 210, 212, 214, 215, 217, 223, 226, 228, 230, 232, 233, 235, 236, 240, 242, 248, 249, 254, 255, 262, 264, 265; **DTIV:** 3, 8, 10, 12, 14, 15, 20, 23, 26-27, 30, 44, 53, 58, 64, 74, 81, 90, 93, 105, 115, 138, 156, 159, 161, 165, 167, 171, 192, 194, 202, 217, 231, 237, 238, 239, 241, 262, 264, 267, 279, 288, 291, 292, 294, 298, 309, 317, 344; **WAI:** 10, 12, 15, 17, 39, 42, 45, 51, 55, 56, 75, 76, 78, 81, 88, 94, 111, 115, 122, 123, 128, 148, 149, 151-52, 158, 169, 170, 172, 185, 188, 192, 197, 207, 209, 210, 211, 217, 225, 235, 238, 245, 246, 250, 256, 257, 258, 259, 262-64, 265, 266, 268, 273, 274, 275, 280, 282, 286, 291, 301-302, 306-308, 309, 310, 311, 315, 317, 319, 320, 321, 323, 326, 327, 328, 330, 343, 349; **WAII:** 12, 14, 20, 21, 38, 41, 43, 44, 51, 52, 55, 57-58, 64, 65, 66-67, 68, 80, 87, 128, 130, 142, 146, 153, 195, 231, 236, 244, 247, 249, 251, 253, 259, 274, 282, 283, 284, 285, 288, 301, 305, 306; **WAIII:** 10, 11, 20, 42, 46, 59, 67, 68, 69, 76, 83, 100, 103, 107, 109, 110, 117, 118, 124, 128, 129, 130, 131, 138, 139, 140, 149, 155-57, 163, 165, 167, 168, 175, 177, 181, 182, 183, 185, 188, 190, 198, 202, 203, 206, 207, 209, 210, 211, 216, 217, 221-22, 223, 226-28, 229, 232, 240, 243, 247, 248, 252, 260-61; **WAIV:** 3, 11, 15, 25, 28, 31, 40, 49, 53, 56, 60, 61, 65-66, 68, 85, 86, 88, 89, 100, 111, 125, 127, 132, 138, 140, 148, 151, 153-54, 159, 165, 176, 184, 185, 186, 194, 195, 201, 202, 204, 205, 206, 212, 224, 230, 231, 232, 241; **WAV:** 1, 6-8, 9, 21, 28, 36, 38, 57, 63, 66, 73, 83, 84, 91, 94, 95, 127, 128, 129, 150, 152, 155, 156, 159, 160, 167, 177, 179, 181, 182, 191, 193, 194, 195-96, 201, 202, 203, 205, 206, 214, 221, 223, 224, 227, 228, 229, 230, 237, 238; **WAVI:** 3, 5-6, 20, 40, 45, 48, 54, 71, 77, 90, 97, 99, 104, 107, 110, 122, 134, 135, 138, 173, 183, 184, 188, 201, 210, 214, 215, 220-21, 222, 229, 243-44, 261; **HC:** 8, 15, 18-19, 20, 23, 24, 25, 38, 39, 47, 52, 54, 57, 58, 60, 65, 66, 67, 68, 72, 73, 77, 90, 105, 110, 112; **ML:** 5, 9, 28, 49, 50, 53, 56, 62, 70, 78, 90, 91, 98, 102-103, 105, 109, 111, 132, 134, 137, 148, 151, 155, 167, 174; **HT:** 6, 11, 14, 15-27, 41, 42, 43, 44, 45, 62, 77, 78, 79, 82, 83, 84, 85, 86-97, 99, 108, 118, 119, 136, 138, 141, 155; **RB:** 12-13, 17, 21, 25, 44, 51, 56, 60, 61, 65, 66-67, 73, 74, 76, 77, 80, 92-94, 102, 104, 109, 121-22, 127, 128, 130, 139, 151, 169, 170, 171, 173; platform of, **DTII:** 175, 177, 194; campaign fund of, **WAI:** 208; humor in, **HT:** 138

Demosthenes: **ID:** 189-90; **WAI:** 152

Dempsey, Gerald: **DTIII:** 220

Dempsey, William H. (Jack): **BS:** 9; **ID:** 60, 105, 149, 161; **L:** 6, 47, 80; **CA:** 106; **DTI:** 16, 20, 34, 53, 111, 113, 114, 116, 124, 126, 127, 128, 129, 130, 132, 133, 134, 172, 176, 207, 213, 238, 249, 287, 300, 304, 310, 312; **DTII:** 102; **DTIII:** 63, 70, 132, 179; **DTIV:** 54, 56, 284; **WAI:** 92, 95, 97, 109, 124, 128, 159, 171, 181, 211, 214, 248, 262, 271, 275, 312, 313, 319; **WAII:** 50, 69, 70, 112, 113, 142, 153, 155, 301, 304; **WAIII:** 57, 73-75, 81, 135; **WAIV:** 173; **WAV:** 40; **WAVI:** 233; **HC:** 39, 57; **ML:** 22; **HT:** 15, 29, 91; **RB:** 58

Denby, Edwin L.: **ID:** 126, 153; **WAI:** 43, 201, 202, 203

Denmark: **L:** 109-10; **DTI:** 76; **DTIV:** 12-13, 205, 215; **WAI:** 351; **WAII:** 44; **WAIV:** 38; **WAV:** 20, 21; **WAVI:** 148; **ML:** 143; **RB:** 98; people of, **WAII:** 44

denouncing: **WAVI:** 243-44

dentistry and dentists: **E:** 13; **L:** 89; **DTIV:** 17; **WAII:** 199-202

Denver, Colo.: **BS:** 27; **CA:** 9; **DTI:** 30, 133, 257; **DTIV:** 178; **WAI:** 93; **WAIII:** 60, 61, 63, 65, 94, 100, 209; **WAIV:** 202; **HC:** 98; **HT:** 59

Denver Post: **DTI:** 310

department stores: **HT:** 9

Depew, Chauncey M.: **L:** 45; **CA:** 2, 14-15; **WAI:** 328-29; **WAIII:** 152-53

depression, economic: **CA:** 126, 135, 146; **DTI:** 293; **DTII:** 222, 227-28, 231, 239, 242, 243, 247, 249, 274; **DTIII:** 5, 6, 25, 26, 35, 38, 39, 57, 60, 64, 68, 72, 95, 97, 104, 122, 127, 135, 156, 162, 164, 187, 189, 194, 208, 218, 227, 233, 258, 273, 278; **DTIV:** 10, 28, 31, 59, 87-88, 102, 122, 211, 268, 271, 341; **WAIV:** 197, 214, 220-26, 230, 241; **WAV:** 47-48, 56, 61-63, 72, 73, 75, 82, 113, 129, 131-34, 139-40, 146, 151, 155, 158, 188, 190, 219, 226, 233, 235; **WAVI:** 74-75, 85-86, 90, 115, 122, 157, 205, 215, 229, 259; **ML:** 95-96, 103, 105, 136,

28

170; **RB:** 13, 65-67, 71, 92, 136, 163, 172-73; in Florida, **DTI:** 14, 15, 53; in England, **DTIII:** 29, 56, 78; in Germany, **DTIII:** 142; worldwide, **DTIII:** 225, 256; **WAVI:** 241-42; recovery from, **DTIV:** 54, 56, 119, 204, 255, 262, 280-81, 293, 302, 322, 342; in Canada, **ML:** 102; *see also* "hard times"; unemployment; United States, economic conditions in; *and other related topics*
De Priest, Jesse (Mrs. Oscar S.): **DTII:** 40; **WAIV:** 38
De Priest, Oscar S.: **WAIV:** 64
Derby, Ethel R. (Mrs. Richard): **WAII:** 197
derby hats: **DTI:** 255, 271, 274; **DTIV:** 100; **WAII:** 163, 205, 209, 222, 223; **ML:** 168; **RB:** 25
de Reszke' Singers: **WAII:** 90-91, 110, 132, 134, 170, 189, 202
Dern, George H.: **WAVI:** 43, 97
deserts: **DTIII:** 29, 201-202, 249; **WAV:** 145
Des Moines, Iowa: **DTI:** 206; **DTII:** 186; **DTIII:** 250; **DTIV:** 99; **WAII:** 104, 105; **WAIII:** 18, 140; **WAV:** 194; **WAVI:** 48; **HT:** 59, 60
de Soto, Hernán: **BS:** 59; **WAII:** 31
detectives: **DTI:** 274; **WAI:** 247
detours: **HC:** 8
Detroit, Mich.: **ID:** 108; **DTI:** 34, 38, 44, 149, 157, 194; **DTII:** 32, 242; **DTIII:** 131; **DTIV:** 36, 223, 225, 226, 228, 234, 318; **WAI:** 111, 150, 351, 352; **WAII:** 88, 89, 100, 226, 299-300; **WAIII:** 99, 126; **WAIV:** 19, 49, 81; **WAV:** 74, 127; **WAVI:** 1, 164, 246; **ML:** 153; **HT:** 123, 148; **RB:** 163, 164; unemployment relief in, **DTIII:** 68; banking in, **DTIII:** 281; **DTIV:** 190; crime in, **WAII:** 299
Detroit River: **WAI:** 202
Detroit Tigers (baseball): **DTIV:** 223-26; **WAII:** 297, 298; **WAV:** 72, 138; **WAVI:** 164
De Valera, Eamon: **CA:** 9, 10
Dever, William E.: **WAII:** 126
devil: **ID:** 161; **DTI:** 121, 290, 312; **WAI:** 124
Devils Island, France: **DTIII:** 227
Dewar, Thomas R.: **L:** 42; **DTIII:** 8; **WAII:** 237-38, 249; **HT:** 129, 133
De Wet, Christiaan R.: **WAII:** 51; **ML:** 59
Dewey, George: **WAI:** 67, 353; **WAII:** 283; **WAIV:** 148
Diamond Head, Hawaii: **WAVI:** 157
diamonds: **HC:** 54; in Africa, **DTIV:** 130
diaries: **DTI:** 19, 20, 21, 151
Díaz, Adolfo: **DTI:** 45
Díaz, Porfirio: **WAI:** 354; **WAIV:** 4, 5
dice: **WAI:** 304
Dickens, Charles: **WAI:** 345, 346, 347; **WAII:** 187, 218-19; **WAVI:** 105-106
Dickinson, Lester J.: **CA:** 122-23, 125; **DTIII:** 196
Dickson, James B. (Jimmy): **DTIII:** 79, 92, 138; **WAV:** 87, 98; death of, **WAV:** 231-33; family of, **WAV:** 231-32
dictators: **L:** 65, 66, 96, 105; **DTI:** 6, 7, 138, 152; **DTII:** 128; **DTIII:** 20, 120, 174, 253; **DTIV:** 29, 52, 79, 101, 110, 118, 191, 209, 229, 288; **WAII:** 228; **WAIII:** 97, 137-38;

WAIV: 106, 217; **WAV:** 1, 88; **WAVI:** 6, 18, 212; in Europe, **L:** 104; in Greece, **DTI:** 7; in Chile, **DTIII:** 58
dictionaries: **DTI:** 214; **DTII:** 180; **WAVI:** 68, 220; **HT:** 90
Didrikson, Mildred (Babe): *see* Zaharias, Mildred (Babe) Didrikson
Diegel, Leo: **DTII:** 103, 104, 190
Diet, Japanese: **ML:** 119
dieticians: **WAIII:** 48
Dietrich, Marlene: **WAV:** 152; **WAVI:** 3, 8, 32, 33, 45, 115; **RB:** 81
diets: **DTII:** 48, 94, 146; **WAIV:** 55, 109; **HT:** 92; women on, **WAIV:** 56
Dill, Clarence C.: **DTI:** 71; **WAI:** 169
Dill, Rosalie J. (Mrs. Clarence C.): **DTI:** 71
Dillinger, John H.: **DTIV:** 135, 147, 148, 156, 158, 166, 167, 169, 175, 183, 199-200, 254; **WAVI:** 107, 119, 120-21, 128; birthday of, **RB:** 94
Dillingham, Charles B.: **WAVI:** 122
Dillon, Charles (Charley): **WAIII:** 236
dimes: **DTI:** 53, 190, 193; **RB:** 135, 144
Dinwiddle, Frank: **WAVI:** 209
Dionne quintuplets: **DTIV:** 182; **RB:** 144, 156-57
diplomacy and diplomats: **BS:** 44; **ID:** 99, 100; **PC:** 27; **L:** 5, 8, 18, 62, 91, 110, 114, 117; **DTI:** 89, 94, 132, 141-42, 172, 219, 300, 302, 312; **DTII:** 9, 12, 36, 43, 51, 64, 148, 152, 156, 168, 178, 225, 236; **DTIII:** 20, 62, 76, 96, 97, 98, 104, 111, 124, 164, 198; **DTIV:** 40, 49-50, 76, 80, 88-89, 104, 111, 139, 181, 195, 251, 304, 307; **WAI:** 4, 11-12, 23, 55-58, 60, 81, 103, 140, 178, 181, 229; **WAII:** 46-50, 180; **WAIII:** 6-8, 35, 57, 115, 136-37; **WAIV:** 61, 62, 121-22, 191, 196-97, 203; **WAV:** 81, 83; **WAVI:** 7-8, 39, 151-52, 190; **ML:** 6, 22, 23, 24, 25, 26, 35, 36, 38, 40, 45, 51-52, 64, 69, 72, 79, 80-81, 86, 92, 104, 108, 124, 126, 141-42, 150, 156; **HT:** 80, 81, 108; **RB:** 40, 41, 42; Rogers as, **L:** 4, 5, 7, 14, 16, 22, 57, 115, 117; **WAI:** 55-58; wives of, **DTII:** 123; from Brazil, **DTIV:** 205; **WAVI:** 161; in Europe, **RB:** 103-104; *see also* ambassadors
diplomas, academic: **DTI:** 109; **ML:** 40; **HT:** 155
diptheria epidemic, in Alaska: **WAI:** 362-63, 365-66, 369
Direct (horse): **WAVI:** 202
directors, of motion pictures: **WAV:** 40, 68, 87, 98, 183, 216; **HT:** 74
direct primary elections: **WAII:** 64
dirigibles: **P:** 29; **CA:** 8; **DTI:** 10, 196, 232; **DTII:** 48; **DTIV:** 277; **WAI:** 184, 342; **WAII:** 38, 68, 88-89; **WAIII:** 27, 148, 243; **WAV:** 151-52; **HC:** 78; accidents involving, **DTI:** 232, 234; **DTIV:** 277; **WAV:** 151; stowaways on, **DTI:** 271; military uses of, **WAI:** 370-73; investigations of, **WAII:** 146; *see also names of dirigibles*
disarmament: **E:** 22; **BS:** 15; **L:** 18-19, 61, 68-69, 75, 93, 103, 111, 118-19; **CA:** 123; **DTI:** 5, 10, 52-53, 71, 72-73, 74, 78, 99, 103, 106, 109, 115-16, 117, 132, 164, 192, 311;

Cumulative Index

DTII: 8, 25, 40, 54, 58, 63, 66, 71-72, 74, 79, 82, 92-93, 95, 110, 130, 147, 148, 157, 169, 172, 229, 230, 236; **DTIII:** 26, 90, 98, 122, 123, 124, 125, 178-79, 180, 208, 211, 213, 243, 249, 281; **DTIV:** 5, 13, 30, 40, 92, 104, 252, 304; **WAI:** 9, 135, 357; **WAII:** 146, 224, 251, 312; **WAIII:** 6, 48-49, 77, 93, 230, 243, 253; **WAIV:** 4, 76, 78, 125-26, 154, 214; **WAV:** 178, 236; **WAVI:** 87, 175, 201, 249; **ML:** 17, 21, 22, 111, 125; **HT:** 80; **RB:** 3, 45; international conferences on, **DTI:** 99, 103, 106, 109, 115, 117, 192, 311; **DTII:** 8, 58, 85, 180, 236, 243, 246, 277; **DTIII:** 179; **DTIV:** 13; **WAII:** 209, 216, 245; **WAIII:** 15; **WAIV:** 19-20, 211, 213; naval, **WAI:** 329-33; of military aviation, **WAV:** 180; *see also* London Five Power Naval Conference; Preliminary Disarmament Conference; Washington Conference; World Disarmament Conference

discipline, of children: **DTII:** 39
Disney, Walter E. (Walt): **WAVI:** 65
Disraeli, Benjamin: **WAII:** 255
district attorneys: **DTII:** 109
dividends: **DTI:** 306; **DTII:** 94, 149, 197; **DTIV:** 82
divorce: **ID:** 172; **P:** 31, 36-37; **DTI:** 19, 61, 64, 98, 119, 176, 212-13; **DTII:** 17, 77, 204, 207, 209, 210; **DTIII:** 1, 3, 25-26, 70, 274, 277; **DTIV:** 54, 59, 69, 75, 238, 253; **WAI:** 29, 76, 179, 238; **WAII:** 65, 73, 83; **WAIII:** 12-13, 21, 56-57, 64, 170, 215; **WAIV:** 75, 86, 121, 132, 155, 179; **WAVI:** 33-34, 137, 190; **ML:** 34, 82, 108; **HT:** 10, 143; **RB:** 155; in Nevada, **DTI:** 212; **DTII:** 186, 204, 210, 242; **DTIII:** 209; **DTIV:** 98; **WAIV:** 98; in New York, **DTII:** 242; in Hollywood, **DTIV:** 59; among actors, **DTIV:** 238; involving Henry VIII, **WAIV:** 29-33
Dix, Richard: **WAIII:** 35
"Dixie" (song): **CA:** 111; **DTIII:** 33; **WAVI:** 133, 134
Dixon, Jeremiah: **WAIII:** 109
Djakarta (Batavia), Indonesia: **WAV:** 113; **ML:** 110
Dobie, Gilmour: **DTII:** 75
Dockweiler, Isidore B.: **CA:** 138
Dockweiler, John F.: **WAVI:** 97
Doctor Bull (film): **WAVI:** 61, 62, 83, 124
documents, in Mexico: **DTI:** 159, 162, 266; **ML:** 78-79
Dodge City, Kan.: **DTI:** 39; **WAI:** 237; **WAII:** 293
Dodo (horse): **WAVI:** 180
dogma: **DTIV:** 166
dog pound: **WAVI:** 16
dog racing: **WAVI:** 261; **HT:** 85
dogs: **L:** 33; **DTII:** 202; **DTIII:** 8, 122; **DTIV:** 111; **WAI:** 366; **WAII:** 41; **WAIV:** 50; **WAV:** 98, 116, 123; **WAVI:** 132-33, 251, 259, 260-61; **ML:** 8, 147; **HT:** 6, 129; **RB:** 142; of Rogers family, **DTIV:** 111; **WAII:** 249; **WAV:** 187; **HT:** 129; hunting, **DTIV:** 240-41; of Coolidge family, **ML:** 7-8, 10, 13
Dog's Life (film): **WAII:** 213
Doheny, Edward L.: **ID:** 126, 131, 134, 139, 149, 153; **CA:** 77; **DTII:** 147; **DTIII:** 55; **WAI:** 197, 200, 201, 203, 208, 212-14; **WAII:** 186-87, 304; **WAIII:** 8, 129; **ML:** 72; yacht of, **WAI:** 207; oil leases of, **WAI:** 211
"dole": **DTII:** 254, 255, 258-59; **DTIII:** 135, 278; **WAIV:** 224, 225-26, 230-31; **WAV:** 64-66; **WAVI:** 47; in England, **DTIII:** 52, 69, 78, 85; *see also* relief, governmental; welfare
Dolfuss, Engelbert: **DTIV:** 87, 140, 150, 201, 203
dollar: **DTI:** 87; **DTII:** 47; **DTIV:** 88, 101, 106, 115, 116, 171, 247; **RB:** 135; exchange rate of, **DTIV:** 44, 48, 49, 51, 98, 103; value of, **DTIV:** 22-23, 74, 92, 93, 100, 114, 128, 129, 130, 144-45, 262; **WAVI:** 39, 82, 85, 91, 108-109, 120-21; **RB:** 159
"dollar-a-year" men: **DTI:** 76; **DTIV:** 93; **ML:** 126
dolphins: **DTI:** 279
Dominican Republic (Santo Domingo): **DTII:** 4; **DTIII:** 20; **WAIII:** 137; **WAIV:** 29; **WAVI:** 35, 46
dominoes: **WAII:** 157
Donahey, Alvin V.: **CA:** 109; **DTI:** 49, 169; **WAII:** 168; **WAIII:** 129; **HT:** 62
Donald, William H.: **ML:** 162
Donaldson, _____: **WAV:** 210
donkeys: **DTI:** 200; *see also* burros
Donlin, Michael J. (Mike): **DTIII:** 146; **WAVI:** 61-63, 124
Donlin, Rita Ross (Mrs. Mike): **WAVI:** 124
Donner Party: **DTII:** 223; **WAIV:** 189, 201
Donoghue, Stephen (Steve): **ID:** 202; **WAI:** 276
Donovan, William J.: **DTI:** 296, 304; **DTIII:** 23
Don Quixote de la Mancha (novel): **ID:** 7
Doolittle, James H. (Jimmy): **DTIII:** 11, 71; **DTIV:** 86, 232, 264; **WAIV:** 183; **WAV:** 199; **WAVI:** 51, 190-91
Doolittle, Josephine D. (Mrs. Jimmy): **WAVI:** 191
Dopey (horse): **WAVI:** 179-80
Dorrance, Charlotte K.: **WAIV:** 153
D'Orsay, Fifi: **WAVI:** 124; **ML:** 149
Dostoevsky, Feodor M.: **ID:** 7
Doubting Thomas (film): **WAVI:** 200-201
Douglas, Ariz.: **WAIV:** 228; **WAV:** 88
Douglas, Donald W.: **DTIV:** 272
Douglas, Lewis W.: **DTIII:** 279; **DTIV:** 25, 32
Douglas, Stephen A.: **DTIII:** 279; **HC:** 55, 66
Dover, England: **BS:** 17
dowagers: **WAV:** 236
Dowling, Eddie: **CA:** 141
Doyle family, ranch of: **WAV:** 202
drama: **WAII:** 20, 153; **WAV:** 171; **WAVI:** 114, 123, 141-42; **HT:** 40, 76, 118; *see also* the theater
drama critics: **WAI:** 21; **WAV:** 210
Dreiser, Theodore: **L:** 2; **DTIII:** 7
Dresser, Louise: **WAIII:** 45
Dressler, Marie: **DTIV:** 190; **WAV:** 188; **WAVI:** 44, 75-77; **HC:** 8; **RB:** 81; popularity of, **WAV:** 100
dressmakers: **DTII:** 151; **L:** 89
Drew, John: **WAVI:** 200

30

Dreyfus, Alfred: **DTIII:** 227
drift fences: **WAVI:** 60
droshkys: **BS:** 37
drought: **DTII:** 198, 199, 210, 261, 277; **DTIII:** 48, 54, 57, 60, 65, 69, 81, 84; **DTIV:** 13, 18, 194, 205, 229, 268, 332; **WAI:** 115; **WAIV:** 175; **WAVI:** 159; **ML:** 153; in California, **DTII:** 116; **DTIII:** 263-64; in Midwest, **DTII:** 203; in England, Ark., **DTII:** 254; federal relief for, **DTII:** 255, 257, 258-59, 264, 265, 270, 272-73; **WAV:** 91-92; general relief for, **DTII:** 258, 259, 260, 264, 265, 268, 269, 270, 271, 272, 273, 274, 276; in Oklahoma, **DTIV:** 195; in South, **WAV:** 2
druggists: **DTIII:** 2, 218
drug stores: **DTII:** 82, 175; **WAV:** 5; **WAVI:** 58; **HT:** 91, 152
Drumcolliher, Ireland: disaster at, **WAII:** 244
Drumgoole School: **WAIV:** 67-69
Drummond-Hay, Grace M. H.: **DTII:** 174
Drumright, Okla.: **WAIII:** 45
drums: **ID:** 185
Dublin, Ireland: **L:** 105, 107, 119; **WAI:** 329; **WAII:** 243; **ML:** 4; Rogers in, **DTI:** 12; lord mayor of, **DTIV:** 293
Dublin Fusiliers: **DTII:** 4; **ML:** 128
dude ranching: **DTIV:** 17
Duffy, Francis: **CA:** 57, 136; **DTII:** 161
Duke, Doris: **WAIV:** 153
Duke, James B.: **WAI:** 345
Duke University: **DTII:** 247
Dulles, Allen W.: **L:** 18
Duluth, Minn.: **WAI:** 184; **WAII:** 30; **WAIV:** 13; **WAVI:** 210
"dumping": of food commodities, **WAV:** 102; of foreign goods, **ML:** 110
Duncan, Okla.: **WAIV:** 238
Dundas, Lawrence (marquess of Zetland): **WAII:** 233
Dunham, Alanson M. (Mellie): **WAII:** 128, 130, 132
Dunn and Bradstreet Company: **ID:** 25; **WAI:** 119
du Pont, Irénée: **DTIV:** 241
du Pont, Richard C. (Dick): **WAVI:** 136-37
du Pont, T. Coleman: **DTI:** 143
du Pont de Nemours & Company, E. I.: **DTI:** 121, 213
du Pont family: **DTI:** 230; **ML:** 90
Durango, Colo.: **DTIV:** 339
Durant, Ariel Kaufman (Mrs. Will): **WAVI:** 246
Durant, Ethel B.: **WAV:** 100; **WAVI:** 246
Durant, Okla.: **WAIV:** 239
Durant, William C.: **DTIV:** 281; **WAI:** 13-14, 324; contest sponsored by, **DTI:** 248, 290-91, 293
Durant, William J. (Will): **WAV:** 44, 45, 237, 238; **WAVI:** 64-65, 204, 245-46
Durante, Jimmy: **WAVI:** 21; **RB:** 80, 87, 88, 94
Duranty, Walter: **BS:** 51; **DTIV:** 212
Durban, South Africa: **RB:** 86
Durham, N. C.: **WAI:** 349; **HT:** 13
Durkin, James (Jim): **WAII:** 126
Duryea, Charles E.: **WAI:** 352-53

dust storms: **DTIV:** 18, 292-93; **WAVI:** 212, 214; **RB:** 106, 120-22
Dusty Foot (horse): **WAVI:** 102
Dutchess County, N. Y.: **DTIV:** 71
Dutch Guiana: **DTIII:** 227
Dutch Treat Club: **ID:** 33, 34-35; **WAI:** 283, 284
"dutch wife": **DTIII:** 116
Dykes, James J. (Jimmie): **DTII:** 222
dynasties: **ML:** 134-35, 137, 153
dyspepsia: **ID:** 184

E

Earhart, Amelia: **CA:** 121; **DTI:** 225, 236; **DTIII:** 169; **DTIV:** 38, 300, 308; **WAIV:** 11; **WAVI:** 216, 245
Earl Carroll's Vanities (revue): **WAV:** 134, 148
Earnshaw, George L. (Moose): **DTII:** 222; **WAV:** 81
earthquakes: **DTII:** 61, 62; **DTIII:** 14, 16, 17, 21, 196; **DTIV:** 3, 8, 13, 40; **WAI:** 315, 358; **WAII:** 52, 53, 54-55, 239; **WAIII:** 25; **WAIV:** 71; **WAVI:** 15-16, 220; in England, **L:** 103; **DTI:** 5; in Mexico, **DTI:** 43; in California, **DTI:** 54, 190; **DTIV:** 3, 8, 13, 45; in China, **DTI:** 114; in Rome, **DTI:** 163; in Nicaragua, **DTIII:** 14, 16-17, 59, 222; **DTIV:** 142; **WAV:** 15, 62; in Texas, **DTIII:** 66; in Los Angeles, **WAI:** 104-105; in Japan, **WAI:** 128-29; **WAV:** 117; **ML:** 130; in San Francisco, **WAIII:** 24
East (as region of U. S.): **ID:** 69, 93; **CA:** 15; **DTI:** 39, 110, 144, 218, 224, 228, 238; **DTII:** 35, 65, 85, 91, 99, 159, 222, 257; **DTIII:** 48, 54, 138, 159; **DTIV:** 66, 69, 126, 160, 274; **WAI:** 121, 136, 138, 154, 160, 181, 193, 213, 226, 255; **WAIII:** 12, 39, 68, 132, 205; **WAV:** 2, 130, 132, 138, 140, 179, 216; **WAVI:** 15, 18, 20, 24, 35, 49, 51, 58, 59, 124, 126, 190, 212; **HT:** 44, 48, 50, 64, 71, 72; **RB:** 23, 25, 131, 169, 170, 171; climate of, **DTI:** 110, 176; **DTII:** 41, 116, 198; **DTIV:** 62; **WAII:** 172; people from, **DTIV:** 174; newspapers in, **WAII:** 52
East, Alice K.: **WAV:** 93
East Coast: **DTIV:** 168, 170
Easter: **DTII:** 11; **DTIV:** 301; **WAIII:** 117; **WAV:** 15-16; **RB:** 128
Eastman, George: **WAI:** 345; **WAV:** 134
East Orange, N. J.: **WAI:** 186
Echols, Ed: **WAIII:** 7
Eckener, Hugo: **DTII:** 66, 183
eccentricity: **DTIV:** 138
eclipse, solar: **ID:** 57-60; **DTIII:** 205; **WAI:** 124-28, 358-60, 368; **WAIV:** 144
economic recovery plans: **RB:** 115-16, 117-18, 123-28, 129-31, 133, 134, 137-40, 143, 144, 147, 156, 170, 172-73
economics: **DTIII:** 149-50; **DTIV:** 21, 30, 88, 123, 281-82; **WAVI:** 162, 204, 223; **RB:** 52; "trickle down" theory of, **WAV:** 47, 55, 207; **RB:** 172
economists: **DTIII:** 198; **DTIV:** 43, 99, 107, 122, 251, 281; **WAV:** 190; **WAVI:** 64; **HT:**

31

85; **RB:** 115, 158-59
economy: **ML:** 10; **HT:** 17; in government, **CA:** 33; **DTI:** 122, 264, 266; **DTIII:** 12, 34, 51, 147, 162, 178, 181, 186, 191-92, 246, 252; **WAII:** 16, 38, 41, 295, 296; **ML:** 21, 31, 64; **RB:** 92; condition of, **DTI:** 150, 152, 251-52; **DTII:** 17, 183, 219, 227; **DTIII:** 9, 13, 23, 25, 26, 28, 51, 64, 70, 72, 74, 127, 128, 194, 229, 245; **DTIV:** 1, 2, 5, 7, 12, 14, 27, 37-38, 54, 87-88, 146, 170-71, 220, 293; **WAI:** 1-2; **WAIV:** 93, 109, 220-26; **WAV:** 4, 6, 7, 21, 24, 46, 50, 55, 69, 70, 129, 132-34, 190; **WAVI:** 1, 5, 64, 73, 84-86, 100, 185-87, 205, 214-15, 240-41; **RB:** 75-76, 92-94, 102, 105, 111-12, 146-47, 172-74, 175; of Germany, **DTIII:** 53; of England, **DTIV:** 115; **WAV:** 69, 70, 72; recovery of, **DTIV:** 255, 322; *see also* depression, economic; prosperity; *and other related topics*
Ecuador: **DTI:** 45; **DTII:** 219; **DTIII:** 222; **WAIV:** 9
Eddy, N. M.: **WAV:** 28, 30
Eden, R. Anthony: **RB:** 103
Ederle, Gertrude: **BS:** 17; **L:** 102; **DTI:** 3-4, 14, 123; **DTII:** 195-96; **WAII:** 69, 72, 232
Edge, Camilla L. A. S. (Mrs. Walter E.): **DTII:** 55
Edge, Walter E.: **DTII:** 55; **DTIII:** 127; **DTIV:** 90; **WAII:** 178
Edinburgh, Scotland: **DTIV:** 218
Edison, Mina M. (Mrs. Thomas A.): **DTI:** 255
Edison, Thomas A.: **P:** 13; **DTI:** 255, 284, 306, 307; **DTII:** 49, 86, 143, 163, 250; **DTIII:** 87-88; **DTIV:** 336; **WAI:** 337, 352; **WAII:** 63, 174; **WAIV:** 78-82; **WAV:** 44, 114; **HT:** 3-4, 85, 123; **RB:** 45-46; banquet honoring, **DTII:** 86, 88, 89; funeral for, **DTIII:** 89; son of, **WAIV:** 82
editorials: **DTIV:** 196, 204, 303, 326; in newspapers, **DTI:** 80, 96, 125, 136, 276; **DTII:** 202, 230; **DTIV:** 101; **WAIV:** 208; **WAV:** 22; **HT:** 110; **RB:** 3, 50, 111; writers of, **ID:** 45, 46, 75, 145, 146, 189; **DTI:** 82, 85, 214, 274, 313; **DTIV:** 179; **WAI:** 151, 222; **ML:** 46-47
editors: **DTI:** 181; **DTII:** 57; **ML:** 4, 5; **HT:** 143; of newspapers, **BS:** 59-60; **DTI:** 96, 246; **WAII:** 180-81, 185-88; **ML:** 15, 52
Edmonton, Canada: **DTIV:** 347; **WAI:** 184
education: **BS:** 88; **DTI:** 5, 150-51, 231, 244, 255, 291; **DTII:** 27, 42, 51, 56, 135, 140; **DTIII:** 41, 72; **DTIV:** 58, 103-104, 139-40, 159, 301; **WAII:** 191-94; **WAIII:** 20, 146, 195-96, 240, 241, 250; **WAIV:** 39, 103, 150, 213-14; **WAV:** 44-45, 120-21, 171-73; **WAVI:** 136, 148, 149; **ML:** 23, 47-48, 135, 154, 156, 159-60, 173; **HT:** 80, 93, 136; **RB:** 7, 11, 39-40; of Rogers, **ID:** 119; **PC:** 1; **DTI:** 109; **DTIII:** 41; **DTIV:** 123; **WAII:** 192; **WAIII:** 59-60, 216; **WAIV:** 67-69, 239; **WAV:** 202, 219, 221; **WAVI:** 105, 148, 182-83; **HC:** 92; **ML:** 158; **HT:** 17, 155; **RB:** 39-40; in colleges, **DTI:** 33, 47; **DTII:** 69-70; **WAII:** 118; **WAIV:** 69; **HC:** 64; **HT:** 113-14, 117, 121, 155; of Pilgrims, **ML:** 14; in China, **ML:** 158; in Oklahoma, **HT:** 150

Edward VII, king of England: **WAIV:** 28; **RB:** 33
Edward VIII, king of England: *see* Edward Albert
Edward Albert, Prince of Wales: **BS:** 68; **ID:** 75, 76, 77-78, 112, 201; **L:** 6, 26-27, 28, 46-51, 63-64, 94, 98, 115; **DTI:** 55, 91, 92, 94, 114, 116, 117, 191, 284, 285, 286, 287; **DTII:** 38, 40, 81, 166, 203, 204; **DTIII:** 29, 74, 98, 216; **DTIV:** 36, 52, 256, 286; **WAI:** 52-53, 57, 61, 81, 129, 130-31, 188, 218, 221-22, 223-24, 270, 273, 276, 297, 310, 312, 318, 337; **WAII:** 18, 62, 63, 67, 92, 112, 238, 245, 278, 289; **WAIII:** 135, 257; **WAIV:** 28, 36, 61, 120, 121, 167; **WAV:** 2, 11, 62; **WAVI:** 19, 177; **ML:** 97; **HT:** 101, 127, 128, 130; **RB:** 26, 33-37; horsemanship of, **ID:** 75, 76, 77-78, 100; **DTI:** 191; Canadian ranch of, **L:** 48-49; speech by, **DTII:** 241; visits North America, **WAI:** 280, 289, 290-95, 299, 337, 343; marriage of, **WAIV:** 40; humor of, **RB:** 36; family of, **RB:** 37
Edwards, Cliff (Ukelele Ike): **WAII:** 152
Edwards, Edward I.: **WAI:** 12, 53; **HT:** 11
efficiency: **DTI:** 119; of farmers, **DTIV:** 178
Egerton, Alice A. M. (duchess of Buckingham and Chandos): **WAII:** 234
eggnog: **ML:** 168
eggs: **DTI:** 206; **WAIII:** 159-61
egotism: **DTI:** 313; **DTII:** 179; **DTIII:** 109; **WAV:** 45; **ML:** 157
Egypt: **WAI:** 30, 333, 335-36; **WAII:** 22; **WAVI:** 206, 211; **ML:** 54; **RB:** 120; government of, **WAI:** 64; pyramids of, **DTIII:** 119; **WAVI:** 207; **ML:** 75
Ehmke, Howard J.: **DTII:** 82
Eiffel Tower (Paris): **WAIII:** 49
Eighteenth Amendment: **ID:** 161; **CA:** 143; **DTI:** 43, 293, 306; **DTII:** 263; **WAI:** 123, 238, 346; **WAII:** 145, 263; **WAIV:** 6, 8, 64; **WAV:** 23; **HT:** 19; **RB:** 50, 165; repeal of, **DTI:** 51, 145, 225, 263; **DTIII:** 244; **WAII:** 167; **WAVI:** 34; **HC:** 43-45; *see also* prohibition *and other related topics*
Einstein, Albert: **ID:** 191; **DTI:** 303; **DTII:** 239, 246, 252, 253; **DTIII:** 1; **DTIV:** 166, 336; **WAV:** 5, 44, 113; **ML:** 111; **HT:** 126; **RB:** 52; theories of, **L:** 45; **DTII:** 16, 260; **WAI:** 153; **WAIV:** 6, 208; speech by, **WAIV:** 209
Einstein, Isidore (Izzy): **CA:** 55
"El Capitán" (song): **DTIII:** 140
Elder, Ruth: **DTI:** 139, 149; **WAIII:** 100-101
elderly, the: *see* senior citizens
Eldorado, Canada: **DTIV:** 346
elections: **ID:** 133; **DTI:** 98, 147; **DTII:** 2, 94, 205, 210; **DTIV:** 109-10, 228, 230, 236; **WAI:** 315-17, 318-22, 325, 328, 335, 343; **WAII:** 26, 67, 246, 259, 285-86; **WAIII:** 67, 76; **WAIV:** 85, 186, 194, 201, 204-206; **WAV:** 22, 126, 195, 214; **ML:** 55-56, 57, 99; **HT:** 14, 40, 62, 78-79, 85, 87, 89, 94, 95, 96, 106, 138; **RB:** 58; presidential, **ID:** 45, 172, 174; **DTII:** 44, 88-89, 97, 157; **DTIV:** 309, 333, 340; **WAI:**

149, 158-59, 160, 172, 179, 185-86, 192, 205, 235, 238, 240, 271-72, 280-81, 285, 290, 297, 300, 301, 302, 303, 306-13, 314-15, 318; **WAII:** 64, 65, 146, 238-40, 243, 254, 282, 304; **WAIII:** 20, 68, 80-81, 116-19, 129, 135-36, 137, 138-39, 140, 151-52, 153, 155, 157-58, 163, 168-70, 175, 185, 195, 197, 201-202, 205-207, 208-10, 213, 214-17, 219-28, 230, 239, 248, 260; **WAIV:** 153-54, 175, 206; **WAV:** 203; **WAVI:** 75; **ML:** 90-91; **HT:** 6; in U. S., **PC:** 6; of 1918, **PC:** 25; of 1896, **L:** 4; **CA:** 37; of 1912, **L:** 5; of 1928, **L:** 5, 10, 35, 37, 53-54, 82, 106, 118; **DTI:** 9, 12, 16, 22-24, 49, 59, 69, 120, 121, 127, 138, 140, 143, 148, 150-51, 153, 156, 163, 168-69, 170, 177, 179-83, 189, 190, 191, 193, 197, 200, 204, 208, 210-13, 218-21, 228, 230-33, 235-37, 239, 241-64, 266, 267-78, 280, 281, 291-92, 298, 299; **DTII:** 3, 6, 7; **WAV:** 6, 196, 206, 221; **HC; ML:** 16-17; **HT:** 16, 18, 19-20, 21, 25, 26, 41-42, 77, 83, 94, 99; **RB:** 24, 25, 121; scandals involving, **L:** 43-46; **DTI:** 45, 48; of 1926, **L:** 116-17, 120; of 1920, **CA:** 16; **HT:** 15, 78, 94; **RB:** 13; of 1924, **CA:** 69, 70, 71, 87; **DTI:** 258, 260; **WAI:** 93; **HC:** 12, 52, 89; **HT:** 14, 15-16, 82, 94, 146; of 1932, **DTI:** 104, 121, 225, 230, 270, 283; **DTII:** 22, 64, 201, 225, 233, 256; **DTIII:** 23, 34, 36, 43, 52, 60, 62, 71, 72, 75, 84, 89, 103, 129, 131, 132, 144, 146-47, 153-54, 158, 159, 160, 162, 171-72, 174, 175, 177, 181, 183, 186, 187, 190, 192, 193, 194, 196, 203, 205, 207, 209, 210, 211, 212, 213, 214, 217, 220, 223, 225, 229, 230, 232, 233, 234, 235, 236, 239, 240, 243, 246, 252, 277; **DTIV:** 204; **WAIV:** 130; **WAV:** 6, 7, 34, 36, 42, 75, 85, 95, 127, 128-29, 146, 150, 152, 177, 179, 180-83, 189, 191-92, 193-95, 197, 199-200, 201-205, 206-207, 210, 212, 228, 229; **WAVI:** 16; **HC:** 110, 113; **ML:** 100; **HT:** 43, 44, 45, 82, 83, 91, 92; **RB:** 25, 66-67, 149; in Georgia, **DTI:** 17-18; in Chicago, **DTI:** 74-75, 76, 199; **DTII:** 99; in Illinois, **DTI:** 181, 198; **WAIV:** 205; of 1936, **DTI:** 274; **DTIV:** 241, 248, 287, 288-89, 294, 309, 333, 337, 340, 341-42; **WAV:** 85; **RB:** 104, 127, 147, 173-74; in New York City, **DTII:** 88-89, 94; **DTIV:** 101; **WAII:** 80, 83; **WAIV:** 85; in Mexico, **DTII:** 99; **WAIII:** 77; of 1930, **DTII:** 139, 195, 199, 217, 227, 231, 232-33; in New Jersey, **DTII:** 178-79, 180; **WAIV:** 154; in Oklahoma, **DTII:** 196; **WAIV:** 205; in Texas, **DTII:** 196; **DTIII:** 99, 100; in Arkansas, **DTII:** 201; in New York State, **DTII:** 230; **WAI:** 301; **WAII:** 253-54; **WAIV:** 204; in Los Angeles, **DTIII:** 37; in Germany, **DTIII:** 142, 174, 211, 213, 237-38, 261; in California, **DTIII:** 159; **DTIV:** 171, 199, 237, 238, 240; **WAV:** 150; in Kentucky, **DTIV:** 102-103; **WAIV:** 85; of 1934, **DTIV:** 167, 184, 189, 191, 238-40; **WAVI:** 134-35, 174, 189; direct primary, **WAII:** 64; primary, **WAII:** 122; in Nicaragua, **WAII:** 293; in South America, **WAII:** 301; in Virginia, **WAIV:** 85; in Kansas, **WAIV:** 175; in South Dakota, **WAIV:** 205-206; in Alabama, **WAIV:** 231-32; in

England, **WAV:** 64; in Louisiana, **WAV:** 220; **RB:** 93; of 1922, **HT:** 11-12; lottery for, **RB:** 139-40
electoral college, abolition of: **DTIV:** 176
electricity: **WAI:** 186; **WAIV:** 80; usage rates for, **DTIV:** 243
electric light: **DTII:** 86, 88
elevated trains: **RB:** 45
elevators: **CA:** 112
Eliot, Charles W.: **WAIV:** 94
Elizabeth I, queen of England: **WAII:** 218; **WAIV:** 32
Elk Hills, Calif.: oil lease scandal involving, **ID:** 126; oil leases at, **WAI:** 201; oil field at, **WAV:** 129
Elko, Nev.: **DTI:** 68; **HT:** 55
Elks clubs: **DTII:** 75, 205; **DTIII:** 218; **WAII:** 215; **WAIII:** 92; **WAIV:** 63; **WAVI:** 108, 127; **HC:** 23, 67; **RB:** 138
Ellis, John P.: **WAII:** 182
Elmer Gantry (novel): **DTI:** 89; **WAIII:** 24
Elmer the Great (play): **WAIV:** 75
Elmira, N. Y.: **WAII:** 90, 95; **WAVI:** 136; state reformatory at, **L:** 5; **WAII:** 95-96
elocution: **ID:** 25; **WAI:** 119; **HT:** 146; **RB:** 23
El Paso, Texas: **DTI:** 124, 166; **DTII:** 3, 136; **DTIII:** 13, 24, 54; **DTIV:** 94, 269; **WAII:** 163; **WAIII:** 100, 148, 188; **WAIV:** 3, 124, 228; **WAV:** 18, 53, 55, 224; **WAVI:** 20; **ML:** 29, 86
El Salvador: **DTIII:** 13, 219-20; **WAV:** 18; revolution in, **DTIII:** 219; president of, **DTIV:** 297
Ely, Joseph B.: **CA:** 142
embassies: of U. S., **L:** 91-92; **ML:** 72-73; of Chile, **WAIV:** 15
embrazo: **ML:** 33
Emerald Bay: **WAIV:** 187
Emergency Relief Appropriations Act of 1935: **DTIV:** 268-69, 282, 284, 285, 296
emigration: **HT:** 29, 36; in Italy, **L:** 68; to California, **DTI:** 75, 183; **DTIV:** 316; **WAV:** 37-39; to South, **DTII:** 174; to Alaska, **DTIV:** 347-48
emperors: **ML:** 161, 163
Empire Ranch: **WAIII:** 7
Empire State Building (New York City): **DTII:** 69; **DTIII:** 130; **DTIV:** 269; **WAIV:** 232, 233; **WAV:** 28; **WAVI:** 94; **ML:** 148-49
Empire Theatre (New York City): **WAI:** 21
employers and employees: **WAVI:** 82
employment: **DTII:** 17, 109, 195, 228, 229, 239, 255; *see also* unemployment
Emporia, Kan.: **ID:** 5; **DTI:** 204; **WAII:** 170-71; **WAIII:** 153, 157, 166; **HC:** 20
Emporia (Kan.) *Gazette:* **WAI:** 241; **WAII:** 171, 292
Empress of Canada, S. S.: **DTIV:** 204-205; **WAVI:** 161
Empress of Japan, S. S.: **WAVI:** 161
Empress of Russia, S. S.: **DTIII:** 99-104; **WAV:** 104, 106; **ML:** 95
Encyclopaedia Britannica: **ID:** 6
encyclopedias: **ID:** 6, 192; **WAI:** 154
Endicott, Carol E.: **HT:** 134

Cumulative Index

endorsements: of products, **ID**: 207; **DTI**: 18, 81, 298; **DTII**: 37; **WAI**: 97-98; political, **DTI**: 22, 23, 24, 33; *see also* advertising
End Poverty in California (E. P. I. C.): **DTIV**: 240, 241, 316
endurance: **DTI**: 235, 236
enemies: **DTI**: 125, 313
engineering and engineers: **DTI**: 155; **DTII**: 43, 60; **WAVI**: 167; **HC**: 61, 62; **ML**: 54, 55, 58; **HT**: 78; **RB**: 11, 12
engines: **HT**: 70
England: **E**: 22; **BS**: 14, 18, 51, 62; **ID**: 14, 46, 75, 77, 78, 99-102, 112, 190, 202; **PC**: 13, 14, 15, 18, 19, 28; **P**: 8; **L**: 10, 14, 19, 20, 24-34, 38-41, 42-43, 46-51, 61, 63, 64, 68, 90, 91, 93, 97, 98, 101, 102, 103, 106, 108, 109, 110, 111, 115, 118; **CA**: 28, 29, 116, 124, 145; **DTI**: 2, 3, 9, 16, 47, 67, 78, 88, 92, 103, 113, 115-16, 122, 123, 153, 187, 191, 219, 276, 284, 289; **DTII**: 9, 12, 17, 21, 25, 38, 40, 43, 46, 58, 60, 73, 74, 89, 122, 124, 126, 127, 154, 192, 194, 195, 203, 207, 225, 228, 277; **DTIII**: 22, 51, 52, 66, 69, 70, 75, 78, 80, 85, 88, 90, 91, 97, 111, 117, 123, 125, 126, 145, 163, 204, 219, 225, 239, 261, 280-81; **DTIV**: 9, 23, 43, 45, 50, 76, 77, 89, 99, 101, 117, 138, 139, 140, 157, 181, 186, 203, 217, 251, 256, 268, 275, 285, 286, 295, 300, 301, 304, 309, 318, 319, 321, 325, 332, 334, 337, 338; **WAI**: 1, 2, 3, 4, 8, 11, 12, 20, 21, 23, 24, 42, 51, 55-56, 57, 58, 60-61, 64, 67, 69, 71, 80, 81, 106, 116, 140, 141, 153, 156, 159, 178, 186, 188, 218, 221, 223, 224, 271, 292, 293, 319, 330, 331, 332, 333, 335-36, 341, 345, 353, 357, 361, 368, 371; **WAII**: 46, 49, 50, 51, 62, 67, 72-73, 79, 87, 106, 107, 112, 145, 146, 160, 164, 197, 207-208, 220, 226-27, 228-29, 231-35, 244, 249, 255, 257, 262, 277, 278, 279, 282, 296, 303; **WAIII**: 15, 16, 29, 49, 58, 78, 90, 93, 148, 196, 198, 229, 230, 243, 251, 253, 257; **WAIV**: 28, 29, 32, 52, 55, 64, 65, 76, 87, 104, 106, 114, 115, 117-22, 126, 130, 167, 170, 185, 197, 199, 203-204, 210-12, 218-19, 223; **WAV**: 2, 9, 25, 32, 47, 56, 62, 64-66, 70, 73, 86, 87, 107, 109, 129, 133, 135, 144, 151, 170, 176, 177, 178, 180, 191, 236; **WAVI**: 7, 9, 10, 38, 46, 47, 50, 85, 91, 109, 125, 129, 172, 175-76, 181, 199, 222, 238, 239, 242, 253, 254, 255; **ML**: 11-12, 21-22, 25, 27, 57-58, 59, 80, 107, 119, 125, 132, 133, 134, 140, 158, 162, 171, 172; **HT**: 7, 9, 16, 31, 42, 67, 80, 118, 129, 130; **RB**: 3, 4, 5, 31-32, 33, 43, 46, 58, 90, 103, 115, 127, 137, 140, 167; Rogers in, **BS**: 16-17; **L**: 22-53, 100-105, 117-19; **DTI**: 1-10; **DTIV**: 198; **WAIV**: 106, 115-22, 134, 170; **WAVI**: 145; **ML**: 11, 13; **HT**: 128, 129; **RB**: 8, 29-30; general strike in, **L**: 20, 21, 22-23, 25, 26, 29, 30, 31-34, 38, 40, 42, 43, 48, 50; **DTIV**: 198; **WAII**: 218, 220, 226, 228-29; **WAIII**: 77, 78; **WAVI**: 145; **RB**: 37; farmers in, **L**: 22; newspapers in, **L**: 23, 27, 53; **DTI**: 88, 134-35; **WAII**: 241, 242; **WAV**: 124; nobility in, **L**: 23-24, 42; **DTII**: 162; **RB**: 29; navy of, **L**: 29; **DTII**: 25, 74, 148, 153, 169; **DTIII**: 90, 111; **WAIV**: 8-9, 61, 114, 118; **WAV**: 146; **ML**: 125; **RB**: 6, 32; vehicular traffic in, **L**: 30; government of, **L**: 32; **DTI**: 287; **DTII**: 134; **WAI**: 59; **WAIV**: 40, 61, 76, 219; **WAV**: 1; tea in, **L**: 33; **DTI**: 5; **DTII**: 17; **DTIV**: 49; coffee in, **L**: 41; **DTII**: 17; **RB**: 29; statesmen from, **L**: 41; crime in, **L**: 52-53; **DTII**: 125; **DTIV**: 137; **WAII**: 242; earthquake in, **L**: 103; **DTI**: 5; humor in, **L**: 117; rural life in, **DTII**: 47; relations with China, **DTI**: 55, 67, 70; **WAIV**: 53; lecturers from, **DTI**: 73-74; U. S. relations with, **DTI**: 178; **DTIV**: 22; **WAIV**: 8-9; aviation in, **DTI**: 285, 286, 287; **DTII**: 72; **WAI**: 341; **WAIV**: 183; monarchy in, **DTI**: 287; **DTIV**: 99; **WAIV**: 37; prime minister of, **DTI**: 287; **WAI**: 337; **WAIV**: 49; politics in, **DTII**: 17, 33, 35-36, 134; **DTIII**: 75; taxation in, **DTII**: 17; **DTIII**: 75; **DTIV**: 247, 301; **WAV**: 71, 74; **RB**: 127; and recognition of Russia, **DTII**: 49; justice in, **DTII**: 125; free trade in, **DTII**: 127; economic conditions in, **DTIII**: 29, 56, 78; **DTIV**: 115; **WAV**: 69, 70, 72; "dole" in, **DTIII**: 52, 69, 78, 85; scientists in, **DTIII**: 160; and war debts, **DTIII**: 250, 258, 271, 274; golf tournament in, **DTIV**: 50; unemployment in, **DTIV**: 115; animals in, **DTIV**: 137; postal system in, **DTIV**: 152-53; royal wedding in, **DTIV**: 244-45, 247, 248; **WAVI**: 176-77; national debt of, **DTIV**: 262; **WAI**: 61; Labor government of, **WAI**: 290, 318; coal mining in, **WAII**: 228-29; customs in, **WAIV**: 209; elections in, **WAV**: 64; and gold standard, **WAV**: 74; people of, **WAV**: 107; **WAVI**: 9, 10, 46-47, 49, 85, 130, 145, 161, 162; **ML**: 8, 54, 98, 101, 102, 103, 104, 107, 124, 157, 168; **HT**: 123, 129; national budget of, **WAV**: 146; empire of, **WAV**: 179-80; colonies of, **WAV**: 235; prisoners in, **ML**: 103; foreign relations of, **ML**: 127
England, Ark.: **DTII**: 254, 262; **DTIII**: 65-66
England, Church of: **DTII**: 115; **WAIV**: 31
Englewood, N. J.: **DTII**: 182; **WAV**: 131; **RB**: 40
English Channel: **DTI**: 231, 241; **DTIV**: 304; **WAII**: 206, 207; swimming the, **BS**: 1, 16-18, 37; **L**: 37, 101, 102, 104, 117-18, 119; **DTI**: 2, 3-4, 8, 9, 10, 12, 13, 14, 133, 139, 231, 271; **DTII**: 196, 226; **WAII**: 69, 72-73, 206, 232, 240, 242; **WAIII**: 33, 98, 242; **WAIV**: 121, 153; **WAV**: 70; **ML**: 38

English Derby: **DTIV**: 318; **WAVI**: 222
English language: **ID**: 33, 35, 51; **PC**: 1, 9; **L**: 27, 59-60, 92; **DTI**: 61, 116, 127, 213, 234, 237, 271, 287; **DTII**: 17, 180; **DTIII**: 41, 91, 209; **DTIV**: 12, 116, 208, 210, 283, 301; **WAI**: 191, 229, 236, 283, 285, 331, 360; **WAII**: 66, 117, 135, 155, 186-87, 195, 212, 214, 256, 259, 290, 307; **WAIII**: 5, 48, 95, 114, 123, 175; **WAIV**: 119; **WAV**: 19, 66, 113, 118, 120, 124, 211, 214, 216; **WAVI**: 68-69, 80; **HC**: 60; **ML**: 27, 30, 41, 44, 63, 73, 108, 151, 156, 162; **HT**: 17, 67, 141; **RB**: 30, 54, 137; as course of study, **HT**: 114
Enid, Okla.: **WAII**: 108; **WAIV**: 239

entangling alliances: **DTI:** 138, 311-12; **WAI:** 116
entertainment: **WAV:** 159, 166; free, **RB:** 71
environment: **HT:** 93
Epinard (race horse): **WAI:** 272
Episcopal Church: **WAI:** 23; division within, **WAI:** 183
Episcopalians: **DTI:** 174; **WAIII:** 190
E Pluribus Unum: **WAVI:** 91
Epsom Downs: **ID:** 190; **WAI:** 152
Equator: **DTIII:** 222, 229; **HT:** 31
equality, of sexes: **L:** 118; **CA:** 109; **DTI:** 9, 149, 205; **DTIV:** 212
equator: **DTIII:** 116
Ericsson, Leif: *see* Leif Ericsson
Eric the Red: **DTIV:** 90
Erie, Lake: **ML:** 100
Eris: **ID:** 190; **WAI:** 152
Erlanger, Abraham L.: **WAI:** 234; **WAII:** 190; **WAIV:** 192
Erskine, Albert R.: **L:** 34; **WAII:** 175, 267; **WAIV:** 81
Escalante Desert: **DTIII:** 254; **HT:** 52
Escobar, José G.: **DTII:** 2; **WAIV:** 1, 2, 3, 6; **ML:** 60
Eskimo pies: **DTIII:** 252; **WAII:** 32; **RB:** 44
Eskimos: **BS:** 17; **DTIII:** 102; **DTIV:** 100, 346; **WAI:** 235; **WAVI:** 52, 53, 203, 220, 257, 258-59
Espinosa, Abe: **DTII:** 103
Espinosa, Al: **DTII:** 45; **WAII:** 142
espionage: in Russia, **BS:** 41, 47-48; in France, **DTIV:** 118
essayists: **HT:** 113
Estonia: **DTIV:** 214
Estrada, Genaro: **ML:** 79, 82
ethics: **DTIV:** 52, 77, 258
Ethiopia (Abyssinia): **DTIII:** 125; **DTIV:** 342; **WAVI:** 255; **RB:** 76; relations with Italy, **DTIV:** 254, 282, 288, 319, 321, 325, 327, 330, 332, 334, 337, 338, 339; **WAVI:** 238, 255; **RB:** 104-105; king of, **DTIV:** 282, 284, 330; birth control in, **ML:** 97
etiquette: **ID:** 25-27, 29, 33-36, 101; **PC:** 1-2; **DTII:** 12, 13, 15, 16, 26-27, 60, 82, 88, 156; **WAI:** 118-21, 282-86; **WAII:** 289, 290; **WAIV:** 205; **WAV:** 33; **HC:** 91; **ML:** 10, 45; **HT:** 117; **RB:** 19-20, 41
Eton College: **DTIII:** 41; **WAV:** 51
Eudoxia, princess of Bulgaria: **DTIV:** 99
Eugenie, empress of France: **DTIII:** 106; hats of, **ML:** 114
Euphrates River: **DTIII:** 119; **WAVI:** 207
Europa, S. S.: **DTIII:** 126-27
Europe: **BS:** 9, 10, 16, 21, 29, 70; **ID:** 46, 96, 99, 190-91; **PC:** 8, 19; **P:** 15; **L:** 3-4, 9, 10, 11, 12, 14, 16, 38, 42, 44, 61, 81, 84, 90, 92, 102, 107, 116, 118-19, 120; **CA:** 10, 14; **DTI:** 4, 7, 15, 16, 74, 78, 83, 87, 107, 114, 152-53, 158, 209, 232, 241, 260, 275, 276, 285, 294, 297, 311; **DTII:** 25, 201, 214, 216; **DTIII:** 33, 55, 56, 109, 120, 121, 122, 142, 178, 219, 234, 238, 240, 275, 280, 281; **DTIV:** 9, 22, 30, 39, 48, 49, 96, 103, 131, 146, 168, 184, 211, 214, 216, 219, 221, 245, 250-51, 261, 262, 268, 274, 289, 298, 300, 304, 309, 318, 327; **WAI:** 19, 42, 44, 70, 76, 86, 87, 89, 106, 116, 129, 131, 135, 153, 167, 181, 185, 186, 191, 195-96, 231, 235, 270, 271, 272, 274, 306-307, 321, 338, 343, 369; **WAII:** 18, 19, 22, 24, 36, 62, 69, 78, 79, 87, 94, 102, 107, 175, 185, 199, 202, 206, 209, 212, 213, 215, 217, 222, 231, 235, 236, 248, 253, 263, 274, 275, 283, 288; **WAIII:** 3, 4, 16, 57, 66, 70, 77, 91, 99, 111, 117, 186, 198, 223, 230; **WAIV:** 32, 40, 65, 96, 108, 136, 193, 195, 203; **WAV:** 9, 11, 19, 28, 33, 70, 79, 95, 122, 127, 135, 136, 146, 151, 154, 177, 209, 213, 225, 231, 233; **WAVI:** 2, 6, 7-8, 19, 38, 61, 65, 81, 87, 100, 120, 121, 131, 137, 199, 207, 227; **HC:** 16, 45; **ML:** 4, 9, 11, 21, 22, 24, 34, 51, 61, 80, 97, 99, 143, 145, 154, 156, 159; **HT:** 6, 7, 20-21, 77, 78, 79, 125, 126-27, 132; **RB:** 26, 52-53, 65, 67, 74; aviation in, **BS:** 18, 21-22, 38, 41, 76; **DTII:** 48; **DTIII:** 119-20, 122; **WAII:** 173, 206-208, 231-32, 247, 293; **WAIII:** 17; **ML:** 10; international rivalry in, **BS:** 38; **RB:** 3-4; financiers in, **BS:** 41; Rogers in, **L:** 16-120; **DTI:** 1-10; **DTII:** 120-29; **DTIII:** 120-26; **DTIV:** 211-19; **WAII:** 107, 185, 199, 202, 205-49, 283, 288, 311; **WAIII:** 3, 49, 71, 205; **WAV:** 28, 213; **WAVI:** 6, 38, 227, 228, 249; **ML:** 3-4, 9, 10, 11, 21, 22, 34, 95, 97, 98; **RB:** 4, 37; tourists in, **L:** 42, 51, 54, 74, 76, 102; **WAII:** 209-10, 212, 213, 215, 221, 233, 244-45, 293, 304, 310; dictators in, **L:** 104; hostility in, **L:** 108-13; political situation in, **DTI:** 153; plan for unification of, **DTII:** 73, 192; motion pictures in, **DTIII:** 246; **WAV:** 190-91; taxation in, **WAII:** 215; churches in, **WAII:** 225-26; newspapers in, **WAII:** 226; debts of, **WAIII:** 4; news from, **WAV:** 124; diplomacy in, **RB:** 103-104; gambling in, **RB:** 140

Eustis, Reed: **WAII:** 142
evangelists: **DTI:** 67, 121, 238; **DTIV:** 132; **WAII:** 92; Rogers as, **DTI:** 238
Evans, Fannie A.: **WAII:** 307, 309
Evans, George (Honey Boy): **WAVI:** 164
Evans, John G.: **DTI:** 213
Evanston, Ill.: **WAI:** 353
Everglades: **WAII:** 54, 92; **WAIII:** 1; **HT:** 29-30, 36
Evers, John J. (Johnny): **WAV:** 137
evolution: **ID:** 52, 160, 161, 209; **CA:** 99; **DTI:** 17, 48, 59, 135, 275; **DTII:** 198; **DTIV:** 180, 198; **WAI:** 72-73, 101, 123, 159, 162, 192; **WAII:** 65, 255; **WAIII:** 2, 3, 21, 85; **HT:** 146; teaching of, **WAII:** 55-60; theory of, **DTI:** 17, 48, 59; **WAIV:** 220
Ewing, Frank: **WAII:** 162; ranch of, **WAV:** 202
Ewing, Perry: **WAII:** 162; **WAVI:** 183
exclusiveness: **DTI:** 237, 240
executions: of animals, **WAII:** 39-40; in Mexico, **WAIV:** 2, 4
executive privilege: **DTII:** 177, 178, 186
exercise, physical: **ML:** 164; *see also* physical fitness
exhibitions: **DTI:** 92; of automobiles, **DTI:** 295-96, 305-306; **DTII:** 205; **DTIV:** 262;

Cumulative Index

WAIII: 244-46, 247; WAIV: 183; WAVI: 34; of airplanes, DTI: 305-306; DTII: 205; WAIV: 183; of livestock, DTII: 102-103; DTIV: 242-43
expansionism: DTIV: 321-22; ML: 22, 23; in Japan, DTIII: 127; ML: 131-36, 138
experts: DTIV: 108, 123, 172
exploitation: ML: 133; of natural resources, ML: 41
exploration, of North Pole: DTI: 232, 245; WAI: 184-85; WAII: 29-32, 37-39, 85; WAIII: 158; WAIV: 11, 13
Exterminator (race horse): DTII: 30
Eyanson, Charles: DTII: 86, 93

F

fads: DTIV: 90, 171
Fairbanks, Alaska: DTIV: 347; WAVI: 260, 261
Fairbanks, Douglas: E: 15; DTI: 39, 66, 118, 269; DTII: 197-98; DTIII: 41; WAI: 76, 171, 235, 272, 312, 338; WAII: 2; WAIII: 37, 66, 80; WAIV: 144; WAV: 16-17, 152
Fairmont, W. Va.: DTI: 204
Falconi, Tito: DTIV: 46, 48
Fall, Albert B.: ID: 140, 155; DTIII: 55; WAI: 188, 205, 208, 216, 238; WAII: 286, 305; trial of, DTII: 90
Fallen Leaf Lake: WAIV: 187
fame: RB: 42
families: WAIII: 15; value of, ML: 159
famine: DTII: 92; ML: 153
fanatics: RB: 49
Far East: DTI: 275; DTII: 85; DTIII: 107, 110, 153; DTIV: 275; WAV: 5, 85, 143, 144, 145, 152, 179, 213; WAVI: 100, 250; ML: 96, 99, 110, 137, 141, 145, 166, 167, 172; Rogers in, DTIII: 104-18; DTIV: 167-68; WAV: 101-24, 142, 143, 210, 213, 215; ML: 109-74
Farley, James A.: DTIV: 93, 94, 105, 153, 197, 199, 306, 341-42; WAVI: 16, 71, 97, 213; RB: 80, 135
Farm Board: *see* Federal Farm Board
Farm Bureau Association: WAII: 125
Farmer-Labor party: BS: 81; WAI: 170; WAIV: 164; RB: 107
Farmer, Zack: WAVI: 236-37
farmers: BS: 59, 60, 63; ID: 64, 101; L: 16, 22, 35, 105, 107; CA: 29, 36, 54-55, 101, 143, 145; DTI: 73, 98, 120, 125, 143, 163, 169, 185, 221, 225, 243, 246, 258, 283, 292; DTII: 14, 16-17, 19, 32, 50, 52, 56, 61, 80, 86, 89, 97, 100, 101, 103, 142, 160, 179, 196, 198-99, 255, 257; DTIII: 59, 135, 150, 182, 192, 241; DTIV: 24, 28, 29, 94, 178, 181, 183, 195, 294; WAI: 17, 40, 57, 90, 91, 104, 115, 132, 142, 146, 149-50, 167, 171, 179-80, 230, 322, 325, 327, 328, 335; WAII: 1, 4-5, 46, 49, 91, 125-27, 171, 198, 228, 238-39, 253, 262, 263, 274-76; WAIII: 20, 21, 37, 54-55, 93, 118, 124, 132, 141, 146, 150, 162, 196-97, 234, 254; WAIV: 77, 88, 131, 224, 225; WAV: 2, 24, 55-57, 58, 59-61, 101, 102, 132, 177, 213;
WAVI: 1, 13, 19, 59, 97, 202, 206; HC: 38, 43, 58, 61-62, 64, 65, 66, 68, 85, 86, 105, 110; ML: 35, 52-54, 55, 62, 143, 145; RB: 19, 44-45, 106, 125; governmental relief for, E: 22; BS: 1, 76; L: 20, 22, 31, 41, 43, 90; CA: 38, 96, 99, 101, 113; DTI: 18, 27, 30, 35, 36, 56, 57, 60, 65, 73, 76, 77, 78, 81, 87, 112, 118, 120, 148, 156, 174, 182, 184, 191, 206, 211, 216, 217, 224, 226, 246, 247, 252, 256, 257, 266, 272, 277, 298, 301, 310; DTII: 1, 16-17, 19, 23, 24, 27-28, 32, 36, 39, 41, 44, 45, 47-48, 52, 76, 86, 103, 108, 142, 151-52, 199, 268; DTIII: 14, 24, 53-54, 103, 107, 183, 197, 210-11; DTIV: 8, 88, 98, 181; WAII: 146, 167, 168, 276, 283-85, 310-11; WAIII: 5, 21, 54, 57-58, 68, 76, 98, 104, 118, 123, 124, 132, 139, 148, 164, 170, 196, 207-208, 215, 216, 221, 231; WAIV: 4, 7, 16, 18, 21, 27, 35, 42, 47-48, 51, 62, 85, 88, 185, 186, 190, 195, 206, 212, 222; WAVI: 2, 19, 66, 73, 137; HC: 15, 16, 24, 25, 52, 55, 58, 61, 73; ML: 14, 37, 52-53, 62, 108, 153; HT: 18-19, 43, 81, 96, 103, 123, 127; RB: 14, 19, 21, 45, 62, 164; in Russia, BS: 62-63; WAI: 132; ML: 12; RB: 100; in England, L: 22; in Spain, L: 90; DTIII: 18; in Oklahoma, DTI: 6; DTII: 76; in Nebraska, DTII: 21; mortgages of, DTI: 125-26; DTIV: 93; automobiles of, DTI: 206, 224, 256; in Texas, DTII: 76; strikes by, DTIII: 198, 208; DTIV: 82; organizing of, DTIV: 94, 96; convention of, DTIV: 99, 101; leaders of, DTIV: 99-100; efficiency of, DTIV: 178; federal loans for, WAI: 39; of wheat, WAI: 103; ML: 145; in Mexico, WAI: 104; ML: 52; in Japan, WAI: 230; as voters, WAII: 44; WAIII: 207-208, 221; in Kansas, WAII: 103; HT: 88; in Canada, WAII: 256; tenant, WAIII: 26; WAIV: 230; WAV: 2-3, 12, 56; in Minnesota, WAIV: 164; in Indiana, HT: 62; in Pennsylvania, HT: 66-67; *see also* agriculture *and other related topics*
farm machinery: DTIII: 196-97; cost of, WAV: 132
farm products, prices of: *see* prices
farms, foreclosure sales of: DTIII: 259-60
Farrar, Geraldine: WAI: 168; WAVI: 195
Farrell, John (Johnny): DTII: 103
Fascism and Fascists: L: 57; DTII: 103; DTIV: 216; WAV: 180; salute of, L: 70
fashions: ID: 19; CA: 69; DTI: 7, 97, 141; DTIV: 301; WAIII: 163-65; WAIV: 170; ML: 13; in Paris, DTI: 14; RB: 58; for women, DTI: 288; WAIII: 164-65; changes in, WAIV: 135-37; *see also* clothes
Fast Company (film): WAIV: 75
fate: WAVI: 80
Father and the Boys (play): WAV: 15
fatherhood: DTIV: 43
fathers: DTI: 9; DTIV: 238; RB: 34, 147
Father's Day: DTII: 166; DTIV: 43; RB: 90, 144
fathers-in-law: RB: 42
favorite-son candidates: CA: 74; DTI: 184, 199, 225
fear: BS: 26; DTIV: 119; WAV: 203

36

Featherstone, Charley: **WAIII:** 67
Fechet, James E.: **DTII:** 161; **RB:** 15
Federal Bureau of Investigation (F.B.I.): **RB:** 162
Federal Emergency Relief Administration (F. E. R. A.): **DTIV:** 82
Federal Farm Board: **DTII:** 44, 47, 50, 52, 76, 101, 196, 197, 199, 216; **DTIII:** 52, 59, 66; **WAIV:** 225; **WAV:** 12, 55-56, 102; **ML:** 105-106, 110
Federal Farm Loan Bank: **CA:** 29; **WAI:** 91
Federal Home Loan Bank Act of 1932: **DTIII:** 97
Federal Housing Administration: **DTIV:** 195-96
Federal Power Commission: **DTII:** 256
Federal Radio Commission: **WAIII:** 231
Federal Reserve Act of 1913: **WAV:** 227
Federal Reserve Board: **DTII:** 9, 12, 13, 23, 27, 31, 36, 61, 83, 102, 164, 181, 199; **DTIII:** 85; **WAIV:** 14, 16, 24, 65, 77; **WAVI:** 92
Federal Trade Commission: **ID:** 2; **WAII:** 301
Federation Bank and Trust Company: **HT:** 56
fedoras: **DTII:** 89
Feelin' Fine (book): **WAV:** 45, 100
"Felix, the Cat" (cartoon character): **DTIII:** 95; **WAIV:** 231
fencing: **L:** 67; **WAV:** 173, 175
Feng Yu-hsiang (Christian General): **ML:** 130
Fenton, James E.: **DTII:** 124
Fenton, Mabel: **WAVI:** 63
Ferdinand I, king of Rumania: **DTI:** 21, 28, 35; **DTIV:** 216; **WAII:** 278; **ML:** 15
Ferdinand II, king of Aragon: **WAIV:** 29
Ferdinand, Louis: **DTIV:** 111; **WAVI:** 79-80
Ferguson, James E. (Jim): **L:** 6, 8; **CA:** 111; **DTI:** 23, 59; **DTIII:** 195, 263; **DTIII:** 205, 219, 220; **DTIV:** 132, 195; **WAI:** 312; **WAII:** 121-25, 130, 161, 243; **WAIV:** 235; **WAV:** 219, 228; **WAVI:** 155; **HT:** 25
Ferguson, Miriam A. W. (Ma): **L:** 8; **DTI:** 23, 26, 34, 37; **DTII:** 195; **DTIII:** 203, 205, 219; **DTIV:** 58, 61, 79, 93, 195; **WAI:** 286, 312, 323; **WAII:** 85, 121-25, 130, 161, 243; **WAIV:** 184, 235; **WAV:** 207, 219, 228; **HT:** 25
Ferguson, Ouida: *see* Nalle, Ouida Ferguson
Ferrell, James A.: **DTII:** 222-23
fertilizer: **DTI:** 185; **WAI:** 142, 143; **WAV:** 230; **WAVI:** 253
Fess, Simeon D.: **CA:** 99, 100, 123, 126; **DTI:** 144, 222, 226; **DTII:** 27; **WAIV:** 27; **WAV:** 160; **ML:** 154
Fetchit, Stepin: *see* Perry, Lincoln T.
fiddlers: **HT:** 123; **RB:** 46
Field, Henry: **DTII:** 175
Field, Marshall: department store of, **WAV:** 48
Field, Marshall, III: **DTII:** 222
Field Museum (Chicago): **L:** 74
Fields, Lewis M.: **CA:** 39
Fields, W. C.: **WAI:** 253-54; **WAII:** 34; **WAVI:** 124, 253; **RB:** 49
Fifteenth Amendment: **WAIII:** 102
Fifth Avenue Association: **HT:** 141-42
Fifth Avenue Hotel (New York City): **HT:** 141
Fiji: **DTI:** 220; **WAV:** 152; **HT:** 58
filibusters: **WAI:** 59; **WAV:** 227; in U. S.

Senate, **DTI:** 58, 61, 66, 77, 217, 287, 295; **DTIII:** 263; **DTIV:** 321; **WAI:** 32; **HT:** 21; in U. S. Congress, **DTI:** 87; **DTII:** 213
filling stations: **DTI:** 30, 114, 230; **DTII:** 82, 175; **DTIII:** 218; **DTIV:** 68, 337; **HT:** 112, 121, 136, 152; **ML:** 71; **RB:** 11, 20, 44
financiers: **L:** 78; **DTI:** 294; **DTII:** 62, 94, 99, 102, 103; **DTIII:** 54, 251; **DTIV:** 104, 107, 114, 116, 169; **WAIV:** 82, 84, 163; **WAVI:** 4; **HC:** 80; **HT:** 84; in Europe, **BS:** 41
finesse: **ML:** 73
fingerprinting: **WAI:** 68, 83
Finland: **BS:** 65; **DTIII:** 186, 187; **DTIV:** 43, 126, 194, 214-15, 270; **WAII:** 71; **WAV:** 169, 170; **WAVI:** 88, 148, 173; **HT:** 101, 102; **RB:** 90, 98; people of, **WAV:** 169-70; **WAVI:** 173
firefighters: **DTI:** 140; **DTIV:** 189; **RB:** 91
fires: **DTI:** 5, 81; **DTII:** 116; **WAIII:** 25, 26; **WAVI:** 89; forest, **DTIV:** 87, 211; prevention of, **WAII:** 102; insurance for, **WAIV:** 24; **WAVI:** 120; **RB:** 22; cause of, **RB:** 22; in Chicago, **RB:** 92
Firestone, Harvey S.: **DTI:** 255, 307; **DTII:** 86; **DTIII:** 117; **WAIV:** 80
Firestone, Isabelle S. (Mrs. Harvey S.): **DTI:** 255
fireworks: **DTI:** 105, 230; **DTII:** 46; **DTIV:** 328-29; **WAI:** 94-95; **WAV:** 48; danger of, **DTIII:** 50
Firpo, Luis A.: **ID:** 46, 60; **WAI:** 106, 117, 128, 129, 135, 141, 159, 248, 290, 293, 295-96, 309; **WAV:** 170; **HT:** 29; "memoirs" of, **WAI:** 139
Fischer, Harry C. (Bud): **L:** 78
Fischer, Louis: **DTIV:** 212
fish: **DTI:** 127; **WAVI:** 77; **ML:** 9-10, 120; **HT:** 31-32; **RB:** 23
Fish, Hamilton: **DTIV:** 65
Fish, Hamilton, Jr.: **DTIV:** 65, 337-38; **WAIV:** 18
Fisher, Albert: **WAIV:** 81
Fisher, Carl G.: **WAII:** 91-94, 147, 152; **WAIII:** 218; **WAIV:** 130; **HT:** 23
Fisher, Harrison: **DTI:** 240
Fisher, Irving: lecture by, **HT:** 155
Fisher Body Corporation: **WAI:** 324, 325
fishing and fishermen: **L:** 105-106; **DTI:** 102, 108, 213, 219, 229, 231, 234, 242, 248, 273, 279, 304, 307, 308; **DTII:** 37, 42, 64, 77, 94, 167, 172, 193, 201; **DTIII:** 162, 187, 199, 204, 206, 228, 230, 236, 253-54, 255; **DTIV:** 94, 156, 158, 159-60, 161, 200, 202, 338; **WAII:** 147-49, 150; **WAIII:** 38, 40, 141-42, 186; **WAIV:** 85; **WAV:** 190; **WAVI:** 252, 254; **ML:** 62-63; **HT:** 32, 34, 36; **RB:** 14, 100, 105, 132, 170
Fiske, Minnie Maddern: **WAI:** 44; **WAII:** 190
Fitchburg, Mass.: **WAIV:** 194
Fitzgerald, John F. (Honey): **HT:** 132-33; daughter of, **HT:** 132
Fitzmaurice, James: **DTI:** 200-201
Fitzsimmons, Floyd: **WAIII:** 73, 74
Fitzsimmons, Robert P. (Bob): **DTIII:** 179; **WAIII:** 13; **WAIV:** 182
Fiume, Italy: **PC:** 24, 25-26, 27-28
Five Power Treaty of 1922: **HT:** 80

Cumulative Index

five-year plans: **WAV**: 85; of Russia, **DTIII**: 67; **DTIV**: 152; **WAV**: 58-59, 62; **ML**: 97, 110
flagpole sitting: **DTII**: 90; **DTIV**: 98, 314
flags: **ID**: 46; **CA**: 52; **DTI**: 105, 228; of Maryland, **CA**: 57; of California, **CA**: 125; of Rumania, **DTI**: 37; of U. S., **DTI**: 115, 135; **WAIV**: 161; **HT**: 130
"flappers": **DTII**: 45; **ML**: 114
Flatiron Building (New York City): **L**: 84
flattery: **DTIV**: 36
fleas: **ID**: 95-96; **DTII**: 133; **DTIV**: 17; **WAI**: 104; **HC**: 8, 52; **HT**: 38
Fleischmann, Max C.: **DTIII**: 2; **WAVI**: 237
Fleischmann, Sarah H. S. (Mrs. Max C.): **WAVI**: 237
Fleishhacker, Herbert: **DTIII**: 173; **WAIV**: 187
Fleishhacker, Herbert, Jr.: **WAIV**: 187
Fletcher, Arthur (Artie): **L**: 94
Fletcher, Duncan U.: **DTII**: 61; **WAIV**: 133
Fletcher, Henry P.: **L**: 10, 56, 58, 65, 91, 117; **DTI**: 172, 276; **DTII**: 43; **DTIV**: 181, 191
Fletcher-Rayburn Act: *see* Securities Exchange Act of 1934
flies: **WAIV**: 65; fruit, **DTII**: 57, 61
Flint, Helen: **WAVI**: 201
"flivvers": **BS**: 21, 87; **L**: 99; **ML**: 159; **HT**: 38, 102
floats, in parades: **WAV**: 192-93
floods: **DTI**: 81, 152; **DTIV**: 40; **WAIII**: 210; **WAVI**: 155; **ML**: 153; in Mississippi Valley, **DTI**: 81, 82-84, 85, 88, 90-91, 92, 93, 94, 95, 96, 97, 98, 109, 128, 133, 150, 151, 167, 173-74, 176; **DTIV**: 13; **WAIII**: 24-27, 28, 42, 77, 81-82, 131, 139; **HC**: 73; **RB**: 12-13; relief from, **DTI**: 176-77, 184, 204, 206, 211; **DTII**: 6, 8; **HC**: 25; **ML**: 70; in California, **DTI**: 189-90; **WAVI**: 88-89, 100; in Alabama, **DTII**: 6; in Johnstown, Pa., **DTII**: 116; **RB**: 92; in China, **DTIII**: 62, 71; in Indiana, **WAI**: 355; in Ohio, **WAI**: 355; control of, **WAV**: 230
Florence, Ala.: **WAV**: 230
Florence, S. C.: **DTIII**: 20
Florida: **ID**: 166, 197; **L**: 49, 121; **DTI**: 32, 48, 54, 66, 173, 189, 190, 205, 242, 290, 298, 299, 300, 302, 304, 309, 312; **DTII**: 57, 106, 123, 151, 175; **DTIII**: 20, 228, 243, 264; **DTIV**: 28, 156, 166, 233, 296; **WAI**: 26, 67, 77, 181, 259, 264, 265, 329, 362; **WAII**: 7, 31, 32, 53, 54, 55, 57, 81, 91-92, 93, 94, 105, 113, 121, 138-39, 144, 147-50, 152-57, 163-64, 165, 256, 310; **WAIII**: 1, 25, 56, 128, 130-31, 149, 152, 153, 158, 210, 222, 223, 232, 245, 250; **WAIV**: 6, 96, 107, 133; **WAVI**: 43, 166, 172, 174, 224; **ML**: 31; **HT**: 13, 22-24, 28-38, 114, 149, 150, 151; economic depression in, **DTI**: 14, 15, 53, 64; hurricane disaster in, **DTI**: 14, 15, 64, 256-57, 259, 261; **DTIV**: 75; **WAII**: 250, 251-53; real estate market in, **DTI**: 53, 54, 56, 173; **WAII**: 22, 60, 92, 93, 108; **HT**: 23, 28; climate of, **DTI**: 54, 55, 173, 189, 242; **DTIV**: 253; **HT**: 31, 33, 36-37; newspapers in, **DTI**: 54; **WAII**: 53, 172; **ML**: 31; disaster relief in, **DTI**: 256, 259, 261; **ML**: 9; tourists in, **WAII**: 252
Florida, U. S. S.: **DTII**: 156

Florida in the Making (book): **WAII**: 139
florists: **DTI**: 76; **DTII**: 166; **RB**: 141, 142, 143
flowers: **RB**: 143, 144
Flowers, Theodore (Tiger): **HT**: 23
flu: *see* influenza
Flying Scotchman (train): **DTII**: 40; **WAVI**: 24
Flynn, Edward J.: **DTIV**: 129
Flynn, Leo P.: **WAIII**: 74
Foch, Ferdinand: **WAIII**: 230
fog: **DTI**: 239; **DTII**: 122, 123, 173; **DTIII**: 212; **DTIV**: 307; **HT**: 48, 59-60
Fogarty, Katherine (Kate): **DTII**: 31
Follies: see *Ziegfeld Follies*
Fonck, Rene: **DTI**: 13, 14
food: **DTI**: 197; for Allies, **PC**: 18; cost of, **P**: 14-15; **WAV**: 132; in Paris, **DTI**: 13; Kosher, **DTI**: 178; at banquets, **WAV**: 22; in Mexico, **ML**: 33; in Japan, **ML**: 118, 120, 122; in China, **ML**: 163-64
foolishness: **DTI**: 160
fools: **DTI**: 80, 116; **DTII**: 38, 116; **WAIII**: 21
football: **L**: 22; **DTI**: 24, 27, 28, 30, 32, 45, 46-47, 50, 68, 85, 87, 136, 148, 150-51, 212, 264, 279, 280, 281, 282, 284, 293-94, 309; **DTII**: 32, 60, 75, 78, 90, 93, 97-98, 102, 115, 116, 167-68, 217, 220, 229, 237, 239, 241, 243-44, 247, 253, 254; **DTIII**: 11, 28, 51, 118, 248; **DTIV**: 79, 89, 98, 109, 113-14, 123, 126, 159, 181, 228, 235, 241, 242, 247, 248-49, 259, 260; **WAI**: 345; **WAII**: 70, 112, 113, 115-21, 128, 130, 132-34, 138, 140-41, 142, 191, 276, 283; **WAIII**: 17, 20, 102, 134, 138, 196, 236-37, 247, 252; **WAIV**: 51, 67-69, 94-95, 99, 101, 148-50, 207, 215-17, 219; **WAV**: 12-15, 72, 73, 91, 115, 121, 138, 222-23, 239; **WAVI**: 89, 132, 150, 163, 183-84, 187-88, 199, 234, 235; **ML**: 25, 54; **HT**: 100, 114, 115; **RB**: 11, 54, 104, 137; coaches of, **DTI**: 279; **DTII**: 102, 254; **DTIII**: 248; **HT**: 155; All-America teams, **DTI**: 284; post-season games, **DTII**: 104, 253; **DTIII**: 248, 258-59; professional, **DTIV**: 128, 259; **WAII**: 119-20; **WAVI**: 184, 199
football stadiums: **WAIV**: 68
footraces: **DTI**: 212, 215, 216, 217, 225, 252; **DTII**: 163; *see also* track and field; marathon running
Forbes, Charles: **ID**: 141; **WAI**: 208
Forbes, George W.: **DTIV**: 304
Forbes, W. Cameron: **ML**: 111-12, 122
Ford, Clara B. (Mrs. Henry): **DTI**: 255; **WAI**: 353; **RB**: 46
Ford, Edsel B.: **DTIII**: 88; **WAI**: 353; **WAII**: 223; **WAIII**: 107; **WAIV**: 80, 128; **WAVI**: 163; **RB**: 46; children of, **WAVI**: 82
Ford, Henry: **BS**: 28; **ID**: 11-12, 54, 69, 88, 95, 108; **L**: 24, 34, 66, 78, 79, 117; **CA**: 57; **DTI**: 46, 70, 73, 74, 119, 146, 148-49, 162, 200, 216, 255, 284, 307; **DTII**: 32, 33, 42, 52, 86, 88, 99, 130, 135, 143, 163, 201, 254; **DTIII**: 87-88, 117, 131, 135, 159, 270, 281; **DTIV**: 75, 96, 100, 223, 224, 225, 234, 247, 278, 321; **WAI**: 5, 8, 12, 44, 79, 96, 111, 132, 136, 142-43, 179, 184, 195, 225, 243, 269-70, 274, 293, 312, 337, 347-48, 352-53, 355, 357, 358,

38

369; **WAII:** 17, 18, 36, 68, 77, 78, 88-89, 91, 98-100, 101, 108, 128, 130, 132, 145, 175, 214, 267, 310; **WAIII:** 22, 37, 46, 60, 89, 90, 99, 102, 104, 106, 123-25, 150, 243-44; **WAIV:** 64, 79, 80-82, 96, 103, 112, 127, 145, 147, 151, 174, 182, 193-94; **WAV:** 44, 47, 135; **WAVI:** 1, 80, 163, 165, 166; **HC:** 55, 81; **ML:** 102, 106, 150; **HT:** 13, 23, 119, 121-24; **RB:** 20, 38, 43-47, 50; factory of, **ID:** 11-12; **WAVI:** 79; salesmen for, **ID:** 12; as presidential candidate, **ID:** 57, 87, 111; **WAI:** 14, 51, 78, 125, 142, 148-51, 154, 165, 169, 176-78, 186, 187; peace voyage of, **PC:** 8-9; anti-Semitism of, **DTI:** 38, 106-107; **WAI:** 249; coal mines of, **DTI:** 194; his impact on U. S., **DTII:** 56; rubber plantation of, **DTIII:** 227; humor of, **RB:** 43

Ford, John: **WAVI:** 129, 130, 131, 134, 169, 227, 228; **RB:** 152
Forde, Virginia: **WAII:** 19
Ford Motor Company: **ML:** 141; stockholders' suit against, **DTI:** 46; **WAII:** 300-302; *see also* automobiles, Ford models
Fordney, Chester L.: **DTIV:** 107
Fordyce, Samuel W., Jr.: **WAVI:** 101-102, 173
foreclosures: **DTI:** 256; **DTII:** 122; **WAI:** 113; **WAVI:** 2; **HT:** 18; of farms, **DTIII:** 259-60
forefathers: **DTI:** 145; **DTII:** 38, 157; **HT:** 87, 97
foreign aid: **DTIV:** 25-26
foreign languages: **DTIII:** 20, 30; **ML:** 42
foreign relations: *see* England, foreign relations of; nations, relations among; United States, foreign relations of; *and similar topics*
foresight: **DTI:** 120, 149; **HT:** 44
forgetfulness: **ID:** 191; **WAI:** 153-54
"forgotten man": **DTIII:** 197, 279; **DTIV:** 241
Forrest, Nathan Bedford: **WAVI:** 129
Fort Davis, Texas: **WAV:** 224
Fort Gay, W. Va.: **WAVI:** 223
Fort Lee, N. J.: **WAVI:** 252
"fortnight," definition of: **WAIV:** 209
Fort Reno, Okla.: **DTII:** 76; **WAIV:** 72
Fort Riley, Kan.: **DTI:** 74-75; **WAIII:** 18; **WAV:** 175
forts: **DTIII:** 69
Fort Sill, Okla.: **WAIV:** 238-39
Fort Smith, Ark.: **DTII:** 270, 271
Fort Worth, Texas: **ID:** 208; **L:** 109; **CA:** 142; **DTI:** 22, 225; **DTII:** 174, 208, 256, 265, 271; **DTIII:** 23, 24, 54, 178, 205, 234; **DTIV:** 31, 35, 93, 94, 131-32, 252, 269, 328; **WAI:** 100; **WAII:** 131, 159; **WAIV:** 45, 227, 228; **WAV:** 17, 23, 100, 228; **WAVI:** 20, 28, 36, 101, 155, 173, 196, 213; **RB:** 72, 111
Fort Worth Star-Telegram: **WAV:** 23
"Fountain of Youth": **HT:** 24, 28, 35
4-H clubs: **DTIV:** 242-43
Four Horsemen, of football fame: **WAV:** 72-73
The Four Horsemen of the Apocalypse (film): **L:** 72
The Four Horsemen of the Apocalypse (novel): **ID:** 6, 165; **P:** 3; **WAI:** 258
Fourteen Points: **PC:** 9, 16, 19-20; **WAV:** 9
Fourteenth Amendment: **WAIII:** 102
Fourth of July: **CA:** 17, 72, 74, 75; **DTI:** 230;

DTII: 46, 89, 111, 186, 194, 220, 254; **DTIII:** 17, 33, 50; **DTIV:** 328-29; **WAI:** 94-95, 367; **WAII:** 305; **WAV:** 48, 166, 167; **WAVI:** 36, 158, 240; **ML:** 55
Fox, William: **WAI:** 352; **WAIV:** 99
Fox Film Corporation: **DTIV:** 117, 251; **WAVI:** 19; **ML:** 146
fox hounds: **RB:** 90
fox hunting: **WAI:** 22-23
Foyil, Okla.: **ID:** 174; **WAI:** 262; **HT:** 101
franc, value of: **WAII:** 176, 177, 209-10
France: **BS:** 15, 18, 33, 38; **PC:** 3, 14, 15, 18, 23, 24; **P:** 8; **L:** 9, 14-15, 19, 21, 51, 53, 60, 62, 68, 82, 84-86, 90, 92, 93, 100, 101, 102, 105, 108, 109, 110, 111, 116, 118, 120; **CA:** 40, 120; **DTI:** 1, 2, 4, 7, 8, 72, 93, 133, 143, 158, 163, 187, 209, 219, 276; **DTII:** 12, 25, 42, 45, 47, 49, 85, 122, 124, 128, 145, 165, 169, 207-208, 225, 242, 277; **DTIII:** 36, 46, 48, 51, 56, 66, 67, 75, 83, 85, 87, 89, 98, 127, 156, 192, 211, 219, 238, 239, 261; **DTIV:** 23, 26, 43, 45, 48, 50, 66, 80, 90, 99, 105, 111, 116, 129, 138, 139, 155, 177, 184, 186, 191, 194, 217, 229, 230, 250, 261, 268, 282, 285, 289, 292, 295, 309, 317, 318; **WAI:** 2, 11, 15, 23, 116-17, 134, 140, 149, 167, 333, 336, 341, 349-51, 360, 362; **WAII:** 17, 22, 47, 49, 51, 54, 62, 67, 72-73, 79, 118, 146, 164, 197, 198, 208, 209-10, 212, 216, 221, 222, 225, 236, 244, 245, 278, 279, 296, 303, 312; **WAIII:** 4, 15, 16, 49, 50, 52, 93, 95, 201, 229, 258; **WAIV:** 9, 14, 24, 29, 31, 34, 38, 39, 40, 49, 64, 90, 114, 115, 124, 126, 134, 143, 165, 184, 185, 191, 196, 203, 208, 218; **WAV:** 9, 36, 38, 47, 62, 70, 73, 74, 85, 86, 122, 126, 129, 131, 146, 151, 170, 173, 190, 216, 234; **WAVI:** 7, 8, 9, 10, 38-39, 85, 87, 88, 91, 109, 210, 239; **HC:** 45; **ML:** 21, 22, 27, 80, 86, 88, 89, 99, 104, 127, 132, 140, 172; **HT:** 4, 9, 35, 127, 133, 143; **RB:** 3, 4, 26, 28, 73, 82, 90, 103; occupation of Ruhr by, **ID:** 45; newspaper in, **L:** 82; government of, **L:** 85; **DTII:** 207; **DTIII:** 251, 270; **WAII:** 175-78, 227-28, 229-31; **WAV:** 1; tourists in, **L:** 100; **DTIV:** 119; **WAII:** 47, 79; taxation in, **L:** 105, 115; **WAII:** 209-10, 228, 230; U. S. relations with, **DTI:** 67, 87, 137, 178, 289; **DTIV:** 12, 17, 21, 22, 53; **WAIV:** 49; German relations with, **DTI:** 13; **DTIV:** 105, 125; and Rhineland, **DTI:** 13; **DTII:** 199; navy of, **DTIV:** 132; policies in, **DTII:** 138, 140; **DTIV:** 137; premier of, **DTII:** 148, 149; and war debts, **DTIII:** 250-51, 252, 254, 256, 262, 268; espionage in, **DTIV:** 118; train accident in, **DTIV:** 119-20; Communists in, **DTIV:** 137; aviation in, **WAI:** 341; financial troubles in, **WAII:** 242; and gold standard, **WAV:** 74; railroads in, **WAV:** 116, 120; colonies of, **WAV:** 235; people of, **WAVI:** 9; **ML:** 98; aviator from, **ML:** 147
France, Joseph I.: **CA:** 127, 128; **WAV:** 160
Francis, Alec B.: **WAIII:** 171
Francis Ferdinand, archduke of Austria: **WAI:** 356; **WAVI:** 127; **ML:** 127
Frank, Glenn: **DTI:** 294; **WAIV:** 51, 94
Franklin, Benjamin: **CA:** 54; **DTIV:** 107, 243;

WAIV: 23, 24; as ambassador, WAIV: 24
fraternities: DTI: 244, 248; DTII: 69; WAII: 191; WAIII: 199, 203; WAVI: 146, 150; HT: 136, 155
fraternity pins: DTIII: 109
Frazier-Lemke Farm Bankruptcy Act of 1934: DTIV: 82, 315
Frederick, Pauline: ID: 112, 113; WAI: 187, 188, 189; WAIII: 78, 79, 80; WAVI: 246
Fredericksburg, Va.: DTII: 163
freedom: ID: 88; PC: 22; DTI: 6; DTII: 207; DTIII: 77, 251; DTIV: 205; WAIV: 210; WAV: 219; WAVI: 125; of seas, PC: 14, 28; DTI: 303; DTII: 191; of speech, CA: 28, 127; WAV: 160; of press, DTIV: 17-18; WAII: 179; political, RB: 39
free enterprise: DTIV: 315, 317
free love: DTII: 245; HC: 67
Freeport, N. Y.: WAIII: 47
free silver movement: CA: 37
free trade: WAV: 63; ML: 53; in England, DTII: 127
Frelinghuysen, Joseph S.: DTII: 173; WAI: 3, 75; HT: 11
Frelinghuysen, Peter H. B.: DTII: 222
French Guiana: DTIII: 227
French language: L: 59-60; DTIV: 12; WAII: 259; WAIII: 229; WAIV: 119; ML: 82
The French Revolution (book): WAVI: 114
French Riviera: *see* Riviera
Fresno, Calif.: DTIV: 167; HT: 15
Friars Club: ID: 93; WAI: 193; WAII: 11, 12; HT: 41
Fridays: DTI: 64
Fried, George: DTI: 301
Friedman, Benjamin: DTI: 45
Friedrich Wilhelm, crown prince of Germany: ID: 190; PC: 15; DTIII: 174; WAI: 152, 167
friends: DTIV: 130; WAII: 162, 163
friendship: L: 113; DTIII: 42
Frietas de Heredia, Sebastiao de: WAV: 176
frijoles: WAV: 38; ML: 59
Frisch, Frank F.: DTIV: 224; WAVI: 163, 198
"Frisco" Railroad: *see* Saint Louis-San Francisco Railway Company
Frohman, Charles: L: 40; WAII: 219, 220; WAIV: 192; theater of, WAI: 21
Frohman, Daniel: WAIV: 192; WAVI: 192
Frontier Nursing Service: WAV: 234-35
The Front Page (play): WAVI: 22
Frooks, Dorothy: DTIV: 237
Frost, Lucien: HT: 102
"frozen assets": DTIII: 84-85, 148
frugality: WAI: 156-58
fruit cocktail: WAI: 84
Fuad I, sultan of Egypt: WAVI: 211
Fujiyama: DTIII: 106; ML: 97, 116, 122, 131
Fukuoka, Japan: ML: 131
Fuller, Alvin T.: DTI: 116; WAIII: 29-32
Fuller, Loie: DTI: 18
Fulton, Robert: DTIV: 336; WAI: 354
Fulton Street Fish Market: HC: 45; RB: 23
funerals: L: 32; WAI: 83
fur coats: WAV: 111-12

Furgeson, _____: WAV: 121
furs: WAV: 116, 123; ML: 147, 163

G

Gable, Clark: DTIV: 143; WAVI: 44; RB: 139
Gainesville, Ga.: WAVI: 47
Gainsborough, countess of: *see* Noel, Mary D.
Galilee, Sea of: WAVI: 211
Gallagher, Michael: WAVI: 54
Gallagher and Shean (vaudeville team): ID: 119; WAI: 36-38; WAVI: 134, 200
gall bladder: E: 9, 23, 26, 27, 31; DTI: 103, 196
Gallipolis, Ohio: WAII: 103, 152; WAIII: 79; WAV: 208; WAVI: 115, 116
gallstones: E: 2, 9, 11, 14, 23, 26, 28
Gallup, N. M.: WAII: 292
Galveston, Texas: L: 55; WAII: 161; WAIII: 4; tidal wave in, RB: 92
gambling and gamblers: ID: 190; DTI: 136, 198; DTII: 39, 89, 92, 146; DTIII: 6, 100, 135; DTIV: 147, 281; WAI: 152, 250, 325-26, 354; WAII: 164, 165; WAIII: 109, 231; WAIV: 88, 89-90; WAVI: 40, 128; HT: 15, 116; RB: 136-40; at Monte Carlo, L: 86-89; WAII: 221-22; in Nevada, DTI: 68; DTII: 207; in Mexico, DTIV: 336; in Europe, RB: 140; *see also* pari-mutuel betting
Gandhi, Mohandas K. (Mahatma): DTII: 145-46, 164; DTIII: 4-5, 9, 76, 77, 78, 84, 97, 123, 215; WAIV: 212; WAV: 44, 72, 86, 144, 145, 170, 222; WAVI: 238; ML: 101, 125; RB: 74, 131
Gandil, Charles A. (Chick): WAII: 297, 298
gangsterism and gangsters: DTI: 254; DTII: 147; DTIII: 9, 13, 33, 66, 71, 87, 141; DTIV: 52, 66; WAV: 27-28, 39, 40-41, 61, 124, 160, 215; HC: 86; RB: 58; in Chicago, DTI: 168; DTII: 31, 183, 241; RB: 59-62; *see also* Capone, Alphonse
Gann, Dolly C.: DTII: 15, 26-27, 156; DTIV: 211; WAIV: 27, 35
Gans, Joseph (Joe): DTIII: 206; WAV: 186
garages: DTIV: 118
Garat, Henri: WAVI: 9
garbage: ML: 96; RB: 75
Garbo, Greta: DTII: 276; DTIII: 172, 205, 216, 228; DTIV: 5, 13, 90, 128, 138, 256; WAIII: 32; WAIV: 30; WAV: 86, 146, 147, 148-49, 152, 157, 169, 188; WAVI: 3, 14, 45, 55, 115; ML: 149; RB: 80-81, 98, 116, 131, 154, 162; home of, RB: 154
Garbutt, Frank A.: WAV: 205-206
Garden, Mary: BS: 13, 15; DTI: 21; WAII: 190, 202-203, 205, 286; WAIV: 208
Garden, Mary Joss: WAII: 190
Garden of Eden: DTIV: 3, 201; WAVI: 207
Gardiner, William H.: DTIII: 95
Gardner, Ed: HT: 101
Gardner, Joseph (Little Joe): WAII: 163
Garfias, Valentine: WAVI: 210
Garfield, Harry A.: PC: 12
Garibaldi, Guiseppe: ID: 46; PC: 13; L: 71; WAI: 106

Garland, Hamlin: **WAVI:** 65
garlic: **DTIV:** 311
Garner, Ettie R. (Mrs. John N.): **DTIV:** 133, 336; **WAV:** 100
Garner, John N.: **L:** 9; **CA:** 136, 142; **DTII:** 140, 168, 227, 257; **DTIII:** 17, 93, 94, 99, 100, 107, 128, 131, 135, 148, 151, 159, 160, 178, 182, 236; **DTIV:** 25, 93, 94, 133, 134, 266, 267, 311, 316; **WAI:** 216-17; **WAII:** 130-31, 284; **WAIV:** 154, 230; **WAV:** 92, 95, 100, 124, 126, 127-28, 139-40, 150, 155, 161, 179, 194, 228; **WAVI:** 69, 71, 104, 191; **ML:** 108; **RB:** 105-106, 107; relief plan of, **DTIII:** 172; family of, **WAV:** 92
Garner, Tully: **WAV:** 92
Garrett, Edward P. (Garet): **L:** 21
Garrett, Finis J.: **L:** 9; **WAII:** 130, 284
Gary, Elbert H.: **BS:** 59; **ID:** 12, 88-89, 191; **L:** 78; **DTI:** 17, 42; **WAI:** 6, 70, 80, 94, 153, 171, 179, 348, 360; **WAII:** 108, 171, 291
Gary, Ind.: **ID:** 208; **WAI:** 98; **WAII:** 291
Gascoyne-Cecil, Edgar A. R.: **WAI:** 64; **WAV:** 180
gasoline: **DTII:** 52, 54; **DTIV:** 60-61, 75; **RB:** 88, 118-19; price of, **ID:** 166; **WAI:** 259; **WAIV:** 225; tax on, **DTII:** 5; **DTIII:** 5, 73, 116, 143; **DTIV:** 56; **WAV:** 95-96; **RB:** 136
gasoline stations: *see* filling stations
Gast, _____: **DTI:** 199
Gatty, Elsie L. (Mrs. Harold C.): **WAV:** 52-53
Gatty, Harold C.: **DTIII:** 47-48, 49, 50, 51, 53, 56, 71; **DTIV:** 249; **WAV:** 49, 51-53, 62; **WAVI:** 52
gauchos: **DTIII:** 225
Gaul: **E:** 32; **WAII:** 246, 247
Gavussi, Peter (Iron Man): **HT:** 101
Gaynor, Janet: **DTIII:** 228; **DTIV:** 238; **WAV:** 216; **RB:** 81
Geers, Edward F. (Pop): **DTIV:** 126; **WAVI:** 202
Gehrig, Henry L. (Lou): **DTI:** 134; **DTIII:** 215
geishas: **ML:** 108, 112, 117-19, 122
Gelbert, Charles M. (Charley): **DTII:** 222
General Electric Corporation: **WAII:** 126
General Federation of Women's Clubs: **DTII:** 276; **DTIV:** 314, 318; **WAIII:** 59; **WAVI:** 233-34; **RB:** 163-64
General Motors Corporation: **DTI:** 233, 249; **DTII:** 99, 222; **DTIV:** 278; **ML:** 141; stocks, **DTI:** 188, 206, 215, 237; *see also* automobiles
generals: **ML:** 155; in Mexico, **ML:** 43-44, 59-61, 65
generosity: **DTI:** 125; **DTII:** 110; **WAVI:** 190
genetics: **DTI:** 149, 217
Geneva, Switzerland: **BS:** 15; **L:** 18, 19, 61, 62, 103, 111; **DTIII:** 32; **DTIV:** 115; **WAII:** 176, 209, 216, 245; **WAIII:** 49, 58, 93; **WAVI:** 249; **ML:** 11, 126; anti-narcotics conference at, **DTIII:** 40
Geneva Preliminary Disarmament Conference of 1926-1931: *see* Preliminary Disarmament Conference
Geneva World Disarmament Conference of 1932-1934: *see* World Disarmament Conference

Genghis Khan: *see* Jenghiz Khan
genius: **WAV:** 11
Genoa, Italy: **L:** 56; **WAII:** 223-25; **WAVI:** 212
gentlemen: **WAVI:** 141; **RB:** 43, 60, 106, 145
gentleness: **WAVI:** 171
geography: **BS:** 30; **ID:** 34; **DTI:** 273; **DTIV:** 301, 337; **WAI:** 284; **WAIV:** 69; **WAV:** 18, 171; **WAVI:** 239, 254-55; **ML:** 137, 139, 158; **RB:** 4; of Mexico, **ML:** 30
Geological Survey, U. S.: **WAII:** 88; **WAIII:** 42
geologists: **DTIV:** 327
George V, king of England: **ID:** 99; **PC:** 13; **L:** 24, 103, 115; **DTI:** 5, 55, 94, 99, 148, 285, 286, 287; **DTII:** 4, 14, 40, 43, 46, 81, 120, 121, 122, 127, 128, 176; **DTIII:** 74, 78; **DTIV:** 36, 40, 50, 77, 100, 116, 140, 171, 247, 329; **WAI:** 30, 56, 141-42, 180; **WAII:** 233-35, 255, 305; **WAIII:** 93-94, 98, 101; **WAIV:** 28, 36, 106, 118, 119-20, 134, 153, 211; **WAV:** 193; **WAVI:** 19; **ML:** 57-58; **HT:** 61, 91, 127, 132-33; **RB:** 34; speech by, **DTII:** 122; receives debutantes, **WAV:** 32
George, prince of England: **DTIV:** 245, 248
George, Walter F.: **CA:** 114; **DTI:** 169, 185, 210
Georgetown University: **WAV:** 66
George Washington, S. S.: **P:** 25; **DTII:** 119
Georgia: **L:** 115; **CA:** 63, 67, 74, 77, 103, 114; **DTI:** 56, 57, 169, 210, 291, 294, 295; **DTII:** 57, 106, 216; **DTIII:** 201, 228; **DTIV:** 277, 309; **WAI:** 43, 246, 368; **WAII:** 114, 155, 169; **WAIII:** 128, 129, 240; **ML:** 53; **HT:** 22, 24, 29, 36; **RB:** 124; convention delegates from, **CA:** 100; election in, **DTI:** 17-18; governor of, **DTIV:** 300
Georgia, Russia: **DTII:** 108
Georgia, University of: **WAIV:** 215
Georgia Warm Springs Foundation: **DTIII:** 239; *see also* Warm Springs, Ga.
Gerard, James W.: **CA:** 25; **DTII:** 86, 206; **DTIV:** 176; **WAI:** 52, 64; **WAII:** 36-37; **HT:** 26
German language: **WAII:** 259
Germany: **BS:** 60, 65; **ID:** 94, 96, 160, 190, 195; **PC:** 5, 6, 14, 16, 19, 22, 23, 24, 26, 27, 29, 30; **P:** 9; **L:** 15, 65, 68, 91, 93, 109, 110, 111, 112, 118, 119, 120; **CA:** 116; **DTI:** 6, 9, 44, 56, 132, 264; **DTII:** 25, 30, 42, 47, 62, 119-20, 122, 207, 225, 228, 236, 245, 277; **DTIII:** 1, 46, 52, 56, 57, 60, 121, 123; **DTIV:** 5, 10, 18, 30-31, 46, 70-71, 72, 76, 91, 99, 104, 105, 138, 139, 155, 186, 194, 223, 268, 283, 297, 304; **WAI:** 2, 11, 15, 23, 24, 52, 69, 71, 132, 135, 140, 149, 167, 185, 193, 195, 226, 324, 349, 350, 357; **WAII:** 17, 26, 49, 67, 79, 107, 176, 185, 216, 231, 232, 245; **WAIII:** 52, 77, 137, 138, 201, 229; **WAIV:** 9, 32, 36, 38, 49, 52, 61, 185, 193, 196, 203-204, 207; **WAV:** 47, 55, 62, 65, 70, 73, 85, 86, 129, 143, 152, 170, 173, 177, 180, 190; **WAVI:** 7, 8, 10, 79, 80, 87, 109, 239; **HC:** 45; **ML:** 57, 80, 127, 138, 140; **HT:** 9, 26, 56, 122, 131, 132; **RB:** 3, 98, 102; agriculture in, **BS:** 22; aviation in, **BS:** 22, 25; **DTII:** 48; **WAIII:** 37; currency valuation in, **ID:** 192; **WAI:** 117, 123, 154, 167; and

Cumulative Index

League of Nations, **DTI:** 13; relations with France, **DTI:** 13; **DTIV:** 105, 125; people of or from, **DTI:** 201; **DTIII:** 187; **WAV:** 66, 86, 113; **WAVI:** 129; anti-Americanism in, **DTII:** 43; economic conditions in, **DTIII:** 53, 142; elections in, **DTIII:** 142, 174, 211, 213, 237-38, 261; government bonds of, **DTIII:** 156; political disruptions in, **DTIV:** 106; purges in, **DTIV:** 190, 191; ex-royalty of, **DTIV:** 247; colonies of, **WAV:** 73; missionaries from, **ML:** 127; national debt of, **HT:** 6; taxation in, **RB:** 114
Geronimo: **DTII:** 141; **DTIV:** 339; **WAIV:** 239
Gerry, Elbridge T.: **WAVI:** 111
Gerry, Melville B.: **WAIV:** 202
Gest, Morris: **BS:** 9, 13, 14, 41; **WAI:** 29; **WAII:** 265; **WAIII:** 11
getas: **ML:** 114
Gettysburg, Battle of: **WAIV:** 73
Gettysburg, Pa.: **WAI:** 246; **WAII:** 78; **WAV:** 236
Gettysburg Address: **ID:** 88; **DTI:** 94, 218; **DTIII:** 140; **WAI:** 79, 169, 182; **WAV:** 236, 237-38; **WAVI:** 87; **HT:** 103
Giannini, Amadeo P.: **DTI:** 164; **WAIII:** 77, 78
Giannini, Attilio H.: **WAIV:** 107
Giannini, Leontine D. (Mrs. Attilio H.): **WAIV:** 107
Gibbons, Floyd P.: **CA:** 124; **DTIII:** 99-100, 101, 102, 104, 106-107, 153, 217, 222; **DTIV:** 204; **WAV:** 104-105, 106, 111-12, 113, 117, 142, 143-45, 161, 210; **ML:** 107, 108, 111, 118, 120-21, 125, 128, 143; **RB:** 60-61
Gibbons, James: **CA:** 16, 52, 53
Gibbons, Thomas (Tommy): **WAI:** 91, 95
Gibralter: **DTII:** 15; **WAVI:** 210; **HT:** 22
Gibson, Charles Dana: **L:** 28, 72; **DTII:** 86; **WAI:** 275; **HC:** 113
Gibson, Edward (Hoot): **WAIII:** 32, 33; **WAV:** 98, 192
Gibson, Hugh S.: **L:** 18; **DTII:** 126, 154; **WAIII:** 49; **WAIV:** 103; **WAVI:** 39; **ML:** 22
Gibson, Irene L. (Mrs. Charles D.): **L:** 28; **CA:** 116; **WAI:** 44-45; **HT:** 84
Gibson, Ynés R. (Mrs. Hugh S.): **DTII:** 123; **WAVI:** 119
Gifford, Walter S.: **DTIII:** 67-68, 88; **RB:** 67
gigolos: **DTIII:** 57; **DTIV:** 171; **WAV:** 62
Gilbert, John: **DTII:** 148; **WAIII:** 66, 199; **WAIV:** 30
Gillett, Christine R. (Mrs. Frederick H.): **HT:** 105
Gillett, Frederick H.: **DTII:** 70; **DTIII:** 141-42; **WAI:** 18, 70; **WAII:** 290; **WAIV:** 18, 231; **WAV:** 91-92; **HT:** 105
Gillis, Robert C.: **DTIII:** 11
Gilroy, Calif.: **DTIV:** 311
The Girl Rangers (musical): **WAVI:** 193
Gish, Dorothy: **L:** 115; **WAII:** 232, 238; **WAIII:** 34; family of, **WAII:** 232
Gish, Lillian: **WAIII:** 32; **HT:** 33
Glacier National Park: **DTII:** 201; **WAVI:** 58
gladiators: **L:** 79; **WAII:** 246; **RB:** 18
Glasgow, Scotland: **ID:** 191; **DTII:** 28; **DTIV:** 218; **WAI:** 153; **HT:** 130

Glass, Carter: **L:** 29; **CA:** 26, 29, 50, 81, 82; **DTI:** 304; **DTII:** 171; **DTIII:** 173, 262, 264, 267-68, 278; **DTIV:** 31, 215; **WAI:** 371; **WAII:** 167, 311; **WAIII:** 99, 102, 223; **WAV:** 227; banking bill sponsored by, **DTIII:** 267
Glass-Steagall Act of 1933: **DTIV:** 31
Gleason, James: **L:** 43
Gleason, William J. (Kid): **WAII:** 297
Glendale, Calif.: **WAIII:** 45, 243; **WAIV:** 228
gliders: **DTII:** 141, 144, 172
Gloucester, England: **WAVI:** 149
gloves: **RB:** 54; tax on, **HT:** 12
Glyn, Elinor: **ID:** 7; **DTII:** 99; **WAIII:** 11
goats: **L:** 55; **ML:** 33, 34
God: **DTI:** 252
Godiva, Lady: **WAIV:** 170
"God Save the King" (song): **WAV:** 180
Goebel, Arthur (Art): **DTI:** 246; **WAIII:** 197
Goff, Guy D.: **CA:** 99; **DTI:** 204, 210, 218
gold: **DTI:** 212, 225, 242; **DTIII:** 57, 78, 80, 82, 83, 111, 123, 206, 208, 238, 271; **DTIV:** 108, 110, 114, 119, 128, 168, 171, 177, 285, 326, 348; **WAII:** 64; **WAIII:** 34; **WAV:** 74, 124, 151, 194, 236; **WAVI:** 59, 72, 91-92, 100, 102, 191, 203, 231; **HC:** 54; **ML:** 70, 136, 145; **HT:** 28; **RB:** 90, 148, 175; mining of, **DTII:** 212; **DTIV:** 168, 234; **WAV:** 186; U. S. purchases of, **DTIV:** 96-97, 98, 100, 102, 116; price of, **DTIV:** 97, 102, 104; control of, **DTIV:** 99; prospecting for, **DTIV:** 116; court decisions concerning, **DTIV:** 262, 267, 272, 276, 279; U. S. reserve of, **WAI:** 70; hoarding of, **WAVI:** 92; *see also* gold standard
Goldberg, Reuben L. (Rube): **L:** 78; **CA:** 55; **WAVI:** 220
Golden, John: **WAII:** 153
Golden, Johnny: **DTII:** 103
Golden Gate Bridge: **CA:** 17; **DTI:** 267; **DTII:** 251
Golden Jubilee of Light: **DTII:** 86, 88, 89; **DTIII:** 87-88; **WAIV:** 79-82
Goldfield, Nev.: **DTIII:** 206; **WAV:** 186
goldfish: **HT:** 36
Goldman, Emma: **WAI:** 357
Gold Reserve Act of 1934: **DTIV:** 128, 129, 130, 132, 133, 134
Gold Rush (film): **HT:** 49
gold rush, in California: **DTII:** 104; **RB:** 148
gold standard: **DTIII:** 117; **DTIV:** 12, 20, 21, 23, 37, 40, 48, 50, 80, 111, 113, 211, 262, 267, 317; **WAVI:** 15, 17, 19, 38, 65, 73, 85, 91-92, 94, 102, 120-21, 205; and England, **WAV:** 74; and France, **WAV:** 74
Gold Star Mothers: **DTI:** 152, 165; **DTIV:** 32; **RB:** 26, 28
Goldwyn, Samuel: **DTI:** 103; **WAIII:** 87, 108; **WAV:** 114, 192, 215; **WAVI:** 15, 76, 124, 195, 252; **RB:** 115
golf: **E:** 18, 26-27; **BS:** 76, 79; **ID:** 40, 75, 76, 88, 101, 107, 148, 197; **PC:** 20, 27; **L:** 37; **DTI:** 32, 56, 79, 122, 123, 134, 164, 184, 190, 212, 218, 225, 245, 258, 278; **DTII:** 5, 21, 37, 45, 65-66, 69, 70, 73, 80, 102, 103, 104, 126, 159, 160, 166, 181, 185, 190, 196, 216, 226, 241; **DTIII:** 24, 66, 71, 73, 104, 169, 176, 194;

DTIV: 50, 52, 126, 163, 168, 174, 279, 314; **WAI:** 13, 26, 29, 43-44, 50, 57-58, 61, 62, 64, 73, 79, 110, 177, 211, 222, 236, 286, 289-90, 313, 338-39, 357; **WAII:** 47, 61, 68, 94, 98, 103, 107, 114, 141-44, 152, 156, 158, 170, 226, 236, 240, 309; **WAIII:** 20, 30, 33, 74-75, 76, 81, 123, 155, 157, 188, 225, 227, 240, 242; **WAIV:** 97-99, 167, 174, 228; **WAV:** 2, 4, 21, 35, 60, 87, 113, 121, 123, 201; **WAVI:** 37, 53, 159-60; **ML:** 25, 26, 71, 168; **HT:** 32, 33, 34, 37, 44, 67, 81, 83, 89, 101, 116, 117; **RB:** 13-14, 61, 163; clothing for, **DTI:** 311; **DTII:** 103; **HC:** 8, 52; **ML:** 25, 26, 60; **RB:** 45; in California, **DTII:** 66; in England, **DTIV:** 50; in Japan, **DTIV:** 208; players of, **WAIV:** 98-99; in Scotland, **ML:** 40
golf balls: **DTIII:** 71
Gömbös, Gyula von: **DTIV:** 150
Gomez, Arnulfo: **WAIV:** 2
Gomez, Juan V.: **DTIII:** 19-20
Gompers, Samuel: **L:** 70; **CA:** 68; **WAI:** 340-41
"Good-bye, John" (song): **RB:** 82
The Good Earth (novel): **DTIII:** 139; **WAV:** 161, 210, 211
"Good Gulf Show" (radio show): **RB:** 71-175
Gooding, Frank R.: **WAIII:** 150
Good Neighbor Policy: **DTIV:** 121-22, 130
Goodrich, James P.: **ML:** 12, 14
Goodrich Tire Company: **RB:** 89
good-will tours: **DTI:** 164; **RB:** 100
Goodyear, Charles: **DTI:** 196
Gore, Howard: **DTI:** 49
Gore, Thomas P.: **CA:** 116; **WAIII:** 182; **WAIV:** 184, 205; **WAVI:** 104
Gorki, Maxim: **DTIV:** 212
Gorman, George: **ML:** 147
Gormanstan, viscountess: *see* Preston, Eileen B.
Goshen, N. Y.: **DTIV:** 126
Goslin, Leon A. (Goose): **WAI:** 310
gossip: **DTIV:** 74; **WAV:** 98; **RB:** 56
Gotwals, John C.: **WAIII:** 42
Goudal, Jetta: **WAVI:** 124
goulashes: **WAI:** 27
Gould, Jay: **DTI:** 216; **WAII:** 18; will of, **WAII:** 36
government: **BS:** 58-59, 60, 81, 88; **L:** 112; **DTI:** 42, 44-45, 68; **DTII:** 146, 195; **DTIV:** 123, 198, 246, 282, 319; **WAV:** 1; economy in, **CA:** 33; **DTI:** 122, 264, 266; **DTIII:** 12, 34, 51, 147, 162, 178, 181, 186, 191-92, 246, 252; **WAII:** 16, 38, 41, 295, 296; **ML:** 21, 31, 64; **RB:** 92; honesty in, **CA:** 50, 53, 56; corruption in, **DTI:** 24, 58, 181, 186; **DTII:** 113, 147; **WAIII:** 130; inefficiency in, **DTI:** 282; and business, **DTIV:** 26, 124, 168, 169, 257, 262, 310, 319; local, **HT:** 95; *see also* England, government of; United States, government of; *and similar topics*
governors: **ID:** 11, 12; **CA:** 58, 61, 64, 66, 75, 100; **DTI:** 147, 272, 315; **DTII:** 109, 156, 195, 255; **DTIV:** 63; **WAI:** 5, 6, 76; **WAV:** 166; **WAVI:** 127, 128; **HT:** 29, 122; **RB:** 80; national conference of, **DTII:** 51; **DTIV:** 57-59, 60; **WAVI:** 41-45, 127; in Midwest, **DTIV:** 99; in Mexico, **ML:** 69

Gow, Betty: **DTIV:** 261
graduation, from college: **DTII:** 179; **RB:** 39
Graffenried, Christopher de: **WAVI:** 55
graft: **DTIV:** 11, 131; **WAI:** 160-61, 167; **WAIV:** 18, 66, 79, 112, 186; **WAV:** 35; **WAVI:** 175, 208; **ML:** 75; **HT:** 94, 115; in New York City, **DTII:** 208; in Mexico, **ML:** 78-79; *see also* corruption *and other related topics*
Graf Zeppelin (dirigible): **DTI:** 263, 264; **DTII:** 28, 57, 58, 62, 63, 66, 67, 73, 174, 183
Graham, James (duke of Montrose): **WAII:** 234
Graham, Mary D. (duchess of Montrose): **WAII:** 234
Graham, R. A.: **WAVI:** 209
grammar: **ID:** 35, 148; **PC:** 1-2; **WAI:** 211, 285; **HT:** 17
Grand Army of the Republic: **DTII:** 74; **WAIII:** 222
Grand Canyon National Park: **ID:** 53; **L:** 81; **DTI:** 52, 147, 248; **DTIII:** 28, 207; **DTIV:** 339; **WAI:** 163, 238; **WAII:** 293, 306; **WAIII:** 4, 28; **WAIV:** 44, 145; **WAV:** 28; **WAVI:** 207; **ML:** 168
Grand Central Station (New York City): **WAII:** 70, 116
Grand Hotel (film): **WAV:** 147-49, 152
Grandi, Dino: **DTII:** 125; **DTIII:** 97, 98; **ML:** 97, 101
grand juries, indictments by: **DTI:** 102
Grand National Steeplechase: **DTIV:** 293; **WAV:** 178; **RB:** 139, 140, 151
Grand Opera House (Pittsburgh, Pa.): **WAVI:** 142
Grange, Harold E. (Red): **L:** 10, 70; **WAI:** 312; **WAII:** 105, 112, 115, 118-21, 128, 130, 133-34; **WAIII:** 20, 118; **WAIV:** 149; **WAV:** 223; **HT:** 40
Grant, A. Raymond: **WAV:** 220-22
Grant, Percy Strickney: **WAI:** 20, 23, 192
Grant, Ulysses S.: **CA:** 41; **DTII:** 135, 190, 252; **WAIII:** 109; **WAIV:** 45; **WAV:** 112; **WAVI:** 16; **ML:** 149; **HT:** 119; **RB:** 44; tomb of, **CA:** 35, 41
grapefruit: **DTI:** 67; **DTII:** 48; **HT:** 24, 32, 37, 38
grapes: **DTIV:** 167; **HT:** 37
grass, growing of: **WAV:** 201-203
grasshoppers: **DTII:** 80; **DTIII:** 206; **DTIV:** 3-4; **RB:** 19; plague of, **DTIII:** 59, 60, 84
grassroots: **WAIII:** 235
Grauman, Sid: **WAV:** 147, 148; **WAVI:** 124
Grauman's Chinese Theatre (Hollywood, Calif.): **ID:** 53; **WAI:** 165; **WAV:** 147
Grau y San Martin, Ramón: **DTIV:** 82-83
Graves, Bibb: **DTII:** 6; **WAIII:** 2
Graves, William S.: **WAV:** 106; **ML:** 122-23, 139
gravy: **WAV:** 53-54
Gray, Gilda: **E:** 4; **WAII:** 54, 193
Gray, Judd: *see* Snyder, Ruth B.
Gray, William A.: **DTIII:** 156, 157
Grayson, Cary T.: **ID:** 202; **PC:** 11, 27; **CA:** 23, 108; **DTII:** 26; **DTIII:** 230; **DTIV:** 125; **WAI:** 276, 304
Grayson, Frances: **DTI:** 142

Cumulative Index

Great Britain: *see* England
Great Depression: *see* depression, economic
Great Falls, Mont.: **DTI**: 73; **WAI**: 130, 219; **WAII**: 271
Great Lakes: **DTI**: 126
Great Neck, N. Y.: **WAIII**: 45, 161
Great Pyramids: *see* pyramids, of Egypt
Great Salt Lake: **HT**: 55
Great Shrine of Our Savior: **WAVI**: 211
Great Smoky Mountains National Park: **DTI**: 187
Great Sphinx: **DTIII**: 119; **WAVI**: 207; **ML**: 98
The Great Train Robbery (film): **WAIII**: 171
Great Wall of China: *see* China, Great Wall of
Greece: **ID**: 14; **L**: 10, 69, 91, 104, 109; **DTII**: 45; **DTIII**: 120; **DTIV**: 151; **WAI**: 7, 11, 20, 22, 321; **WAII**: 106, 181; **WAIII**: 74; **WAIV**: 192, 193; **WAVI**: 211-12; **HT**: 99, 130; dictator of, **DTI**: 7; war debt of, **DTI**: 309; revolution in, **DTIV**: 283, 286; **WAI**: 8; **WAVI**: 211-12; monarchy of, **WAI**: 8; people of, **WAV**: 66, 111; **WAVI**: 49, 68
greed: **ID**: 96; **DTII**: 90
Greek language: **DTIII**: 209; **WAVI**: 149
Greeley, Horace: **ID**: 47, 191; **WAI**: 107, 153; **WAIV**: 24
Green, Fred W.: **WAIII**: 57
Green, Theodore F.: **DTIV**: 58; **WAVI**: 41, 42, 45
Green, Thomas B.: **WAII**: 214
Green, William: **DTIV**: 184-85; **WAVI**: 146
Green, William R.: **DTI**: 187
Greene, Frank L.: **WAI**: 169
Greenland: **ID**: 122; **WAI**: 38; **WAIII**: 158; **WAVI**: 203
The Green Pastures (play): **WAIV**: 158
Greenville, S. C.: **WAIV**: 143; **HT**: 21
Greenway, Isabella S.: **DTIV**: 9
Greenwich Village, N. Y.: **WAI**: 20
Gregg, Alexander W.: **WAII**: 301
Grey, Edward: **DTIV**: 76; **WAIV**: 54; memoirs of, **ML**: 127
Grey, Lita: **WAIII**: 40
Grey, Zane: **DTI**: 207; **WAII**: 155
Gridiron Club: **L**: 42; **DTII**: 12; **DTIII**: 23; **DTIV**: 23-24; **WAII**: 20, 23, 24, 25, 27, 42, 284; **WAVI**: 198; **RB**: 73
Griffith, Clark C.: **WAI**: 60
Griffith, Corinne: **WAIII**: 80
Griffith, David W.: **L**: 72; **WAII**: 3, 213; **WAV**: 98, 100; **WAVI**: 131
Grimes, Burleigh A.: **DTII**: 218; **WAV**: 81
grocery stores: **WAIV**: 66
Grossmith, George: **L**: 42
Groundhog Day: **DTII**: 111; **DTIV**: 134
grouse, hunting for: **L**: 53-54, 102, 103, 105, 115; **DTI**: 4, 7; **DTIV**: 219; **WAII**: 235-36, 243, 245-46
Grove, Robert M. (Lefty): **WAV**: 81
Grundy, Joseph R.: **DTI**: 304, 305, 306; **DTII**: 24, 77, 96, 102, 107, 115, 117, 149, 150, 152, 169, 170, 184; **WAIV**: 18, 58, 62, 63, 77-78, 86-87, 88, 89, 97, 111, 132, 133, 138, 151, 169, 176, 193; **ML**: 126, 135; **RB**: 18, 57, 58; tariff

proposed by, **DTII**: 8
grunion fish: **WAIV**: 169
Guadalupe County, N. M.: **WAIV**: 240
Guadalupe Day: **DTI**: 45, 163; **ML**: 77
Guatemala: **DTI**: 45, 163; **WAV**: 18, 19; aviation in, **WAV**: 19; **RB**: 8-9
Guatemala City, Guatemala: **DTIII**: 13; **WAV**: 19
Guest, Edgar A. (Eddie): **WAII**: 155
Guest, Raymond R.: **WAVI**: 51, 111
Guest, Winston F. C.: **WAVI**: 51, 111
Guffey-Snyder Coal Act of 1935: **DTIV**: 318
Guggenheim, Daniel: **WAII**: 54
Guggenheim Foundation: **ML**: 71
Guinan, Mary L. (Texas): **CA**: 126; **DTI**: 59; **DTII**: 6, 14, 29, 99, 113, 140, 164; **DTIII**: 36-37; **WAIV**: 14, 22, 27, 94; **HT**: 155
guinea pigs: **DTI**: 45
guitars: **ML**: 63; playing of, **ML**: 82
Gulager, Gloria: **DTII**: 172
Gulf Oil Company: **DTIV**: 329; **WAVI**: 182; **RB**: 82, 87-88, 89, 95, 97, 98, 100, 118-19, 175
Gulfport, Miss.: **HT**: 24
Gulf Stream: **HT**: 30, 31, 32, 37
gunboats, of U. S.: **DTI**: 33; **DTII**: 197; **ML**: 11, 23, 148
"Gunga Din" (poem): **DTIV**: 301; **WAI**: 107, 206; **WAV**: 220
gunpowder: **WAV**: 10
guns: **WAI**: 114; **WAII**: 80-82; **WAIV**: 129-30; *see also* armaments; automatic weapons
Gustavus V, king of Sweden: **DTIV**: 215
Guyana (British Guiana): **DTIII**: 227; **WAV**: 18
Guyot, N. E.: **WAIV**: 201, 202
gymnasiums: **WAV**: 171

H

Haas, Morris: **DTIII**: 134
habeas corpus: **DTII**: 172; **DTIII**: 87
Hackett, Francis: **WAIV**: 28
Hackett, Thomas: **WAIV**: 33
Hagen, Walter C.: **L**: 37; **DTI**: 127; **DTIII**: 57, 103, 104, 185, 190; **WAII**: 156, 240
Hagenbeck, Karl: circus of, **WAIV**: 204
Haggin, Ben Ali: **L**: 78
Hague, Frank: **WAV**: 36
The Hague, Netherlands: **BS**: 18; **WAI**: 353, 355; peace conference at, **ML**: 135
Haig, Douglas: **P**: 20
Haight, Raymond L.: **DTIV**: 233
"Hail, Hail, the Gang's All Here" (song): **CA**: 53
Haiti: **DTI**: 16, 67; **DTII**: 105; **DTIII**: 20; **WAIII**: 137; **WAVI**: 35, 46; **ML**: 26, 51; U. S. intervention in, **RB**: 5-6
Hale, Florence: **DTIII**: 48
Halifax, Canada: **WAIII**: 158
halitosis: **DTII**: 147; **WAV**: 188
Hall, Florence C.: **DTIII**: 49, 50; **WAV**: 51, 52
Hall-Mills murder trial: **DTI**: 20, 34; **WAI**: 28; **WAII**: 279, 280; **WAIII**: 27
Hallahan, William A. (Wild Bill): **DTIV**: 224,

44

225; **WAV:** 81
"Hall of Fame Hour" (radio show): **RB:** 87
Halloween: **DTII:** 111, 231; **DTIV:** 236-37
Hal Pointer (horse): **WAVI:** 202
Halsell, Ewing: **DTIV:** 194; ranch of, **DTIII:** 182
Halsell, William E.: **WAIII:** 59-60
Halsell family: **WAVI:** 138
Halsey, Edwin A.: **RB:** 78
hamburgers: **DTIV:** 75
Hamilton, Alexander: **L:** 73; **CA:** 97, 111; **DTI:** 199; **DTIII:** 151; **DTIV:** 136, 243; **WAIV:** 24, 176; **WAV:** 34; **ML:** 21
Hamilton, E. H.: **WAVI:** 12
Hamilton, Ohio: **DTI:** 194
Hamilton (Ohio) *Daily News:* **WAII:** 167
Hamilton College: **WAVI:** 224
Hamlet (play): **DTIV:** 150; **WAVI:** 8
Hammerstein, Arthur: **DTI:** 56
Hammerstein, Oscar: **WAVI:** 61; theater of, **WAVI:** 62
Hammerstein, Oscar W., I: **BS:** 10
Hammerstein, William (Willie): **WAIII:** 205; roof garden of, **WAI:** 317
Hammill, John: **WAII:** 105; **WAIII:** 57
Hammond, John Hays: **WAVI:** 212
Hammond, Mrs. O. O.: **WAIII:** 249
Hammond, Ogden H.: **L:** 91, 92, 94, 95
Hammond, Percy: **ID:** 33-36; **WAI:** 282-86
Hamon, Jake: **ID:** 147; **WAI:** 210
Hampden, viscount: *see* Brand, Thomas W.
Hampton, Va.: **WAIII:** 134
hams: **DTII:** 42; **RB:** 38
Hanan, Herbert W.: **HT:** 141
handicapped, the: **DTII:** 27; children, **DTIV:** 18
Handy Andy (film): **WAVI:** 131
Hanihara, Masanao: **WAI:** 227, 229
Hankow, China: **ML:** 129-30
Hanley, Daniel (Dan): **WAIV:** 216
Hanley, William (Bill): **WAV:** 45, 100
Hanlon, William H. (Billy): **WAVI:** 228
Hanna, Marcus A. (Mark): **L:** 88; **DTI:** 204; **WAI:** 22; **ML:** 135
Hanna, Matthew E.: **DTIII:** 14, 16, 222
Hanson, George C.: **DTIII:** 108; **DTIV:** 212; **ML:** 141-42
happiness: **WAIV:** 145, 152
Hapsburg royal family: **DTIV:** 261
Harbin, China: **DTIII:** 107, 108; **DTIV:** 211, 212; **WAV:** 116, 145; **ML:** 125, 136, 137, 138, 140-42, 143, 147
harbors: **WAVI:** 155-57
Hardee, Gary A.: **WAVI:** 43
Harden, Edward W.: **WAII:** 283
Hardin-Simmons University: **WAIV:** 236
Harding, Florence K. D. (Mrs. Warren G.): **HT:** 104
Harding, Warren G.: **ID:** 3, 12, 87, 88, 99, 107-108, 111; **L:** 5; **CA:** 22, 23, 35, 82; **DTI:** 28; **DTIV:** 334; **WAI:** 6, 9, 14, 17-18, 20, 24, 39, 43, 55, 58, 61-62, 66, 71, 78, 79, 81, 86, 97, 187, 216, 281; **WAII:** 115, 148; **WAIII:** 138, 198; **WAIV:** 38, 80; **WAV:** 42, 84, 163; **ML:** 8; **HT:** 6, 11, 14, 15, 105, 108; death of,

ID: 105-108; **WAI:** 108-12; **WAII:** 63; aunt of, **ID:** 107; memorial to, **DTIII:** 42; **WAV:** 42; cross-country tour by, **WAI:** 90-91, 93-94; and "drafting" capital, **WAI:** 97; administration of, **WAI:** 111; and Rogers, **WAI:** 111-12; presidential nomination of, **WAI:** 215
"hard times": **DTII:** 200; **DTIII:** 23; **DTIV:** 180, 257; **WAV:** 120, 162, 206, 207, 222; **WAVI:** 173, 205, 214; *see also* depression, economic
Hardy, Oliver: **DTIII:** 243; **WAV:** 87, 192; **WAVI:** 32
Hardy, Sam: **WAIV:** 28
The Harem (film): **WAII:** 20
Harkness, Edward S.: **DTIV:** 158
Harlem, N. Y.: **WAII:** 179; **HT:** 102; entertainers from, **DTIV:** 218
Harlow, Jean: **WAVI:** 45, 99
harmony, in politics: **WAV:** 7
harness racing: **DTIV:** 126; **WAVI:** 90; in Russia, **DTIV:** 213
Harreld, John W.: **WAI:** 246; **WAII:** 198
Harrigan, Edward G. (Ned): **WAIV:** 233
Harriman, Florence J. (Mrs. Jefferson B.): **WAI:** 269
Harriman, W. Averell: **DTIV:** 234; **WAVI:** 222; **HT:** 23
Harris, Stanley R. (Bucky): **WAI:** 298, 312; **WAV:** 138
Harrisburg, Pa.: **HT:** 66
Harrison, B. Patton (Pat): **ID:** 145, 148, 171, 208; **L:** 115; **CA:** 50, 52-53, 55, 59, 62, 65, 109; **DTI:** 19, 59, 84, 101; **DTII:** 70, 133; **DTIV:** 142; **WAI:** 43, 100, 170, 209, 211, 246, 260; **WAII:** 198, 236, 286; **WAIII:** 3, 223, 225, 227; **WAIV:** 62, 206; **WAV:** 91, 146, 220; **HC:** 54; **HT:** 24; **RB:** 106, 161
Harrison, Mary S. L. (Mrs. Benjamin): **DTIV:** 228
Harroun, Ray: **WAI:** 354
Hart, _____: **HT:** 129
Hart, Anthony (Tony): **WAIV:** 233
Hart, Moss: **ML:** 101
Hart, Neal: **WAVI:** 131
Hart, William S.: **E:** 15-16, 19; **DTI:** 39; **DTII:** 115; **DTIV:** 110; **WAI:** 237, 323; **WAVI:** 124
Harte, F. Brett (Bret): **DTII:** 212; **DTIV:** 168, 234; **WAIV:** 190
Hartford, Conn.: **WAIII:** 32; **WAVI:** 45; **HT:** 60
Hartley, Herbert: **L:** 16, 19, 22; **DTIV:** 138
Harvard Lampoon: **DTI:** 28
Harvard University: **BS:** 74; **P:** 4; **DTI:** 28, 30, 34, 50, 87, 151, 279, 281; **DTII:** 16, 70, 84, 180, 224, 237, 252; **DTIII:** 87, 248, 256, 259; **DTIV:** 45, 51, 165, 208, 235, 311, 323; **WAI:** 301, 339, 360; **WAII:** 115, 116, 117-18, 119, 120-21, 128, 132-33, 135, 191, 192, 193; **WAIII:** 154, 236, 247; **WAIV:** 39, 148, 149, 150, 201, 202, 203, 215; **WAV:** 115, 120; **HC:** 61; **ML:** 74, 154; **HT:** 17, 26, 80, 87, 114, 155; **RB:** 11, 54, 136-37; professors at, **DTII:** 16; **DTIV:** 135; **WAVI:** 48; English Department at, **DTI:** 237; graduates of, **DTIII:** 249-50; students from, **WAVI:** 11

Harvey, Frederick H. (Fred): **WAI:** 238, 240; **WAII:** 292; **WAIII:** 100; **WAVI:** 162; restaurants of, **BS:** 18
Harvey, George B. M.: **ID:** 99, 101, 112; **WAI:** 2, 7, 8, 12, 20, 30, 42-43, 55, 56, 57, 71, 80-81, 129, 141, 159-60, 188, 349; **WAIII:** 198; **ML:** 8
Harvey, Lilian: **RB:** 81
Harvey's Weekly (periodical): **WAI:** 81, 141
hash: **DTI:** 31, 281; **ML:** 10, 15
Haskell, Charles N.: **L:** 4
Haskell Institute: **WAV:** 178
Hastings, Lulu S. (Mrs. William W.): **WAI:** 246
Hastings, William W.: **WAI:** 246
hats: **DTI:** 176; **DTII:** 88; **ML:** 114; manufacturers of, **ID:** 19; **WAI:** 30; disuse of, **DTI:** 288; *see also* cowboy hats; derby hats; silk hats; *and other related topics*
Hauptmann, Bruno R.: **DTIV:** 261, 276
Havana, Cuba: **DTI:** 171, 175, 179; **WAIII:** 130; **HT:** 109
Hawaii: **L:** 111; **CA:** 52; **DTIII:** 159; **DTIV:** 201, 202, 203-204, 222, 249; **WAVI:** 157-60; **RB:** 3; ranching in, **DTIV:** 201-202, 203; aviation in, **DTIV:** 202, 203; roads in, **DTIV:** 202; independence for, **WAV:** 150; weather in, **WAVI:** 159-60
Hawes, Harry B.: **DTIII:** 77; **WAV:** 84; **ML:** 169, 173
Hawks, Francis M. (Frank): **DTII:** 260, 262, 265, 268, 271, 272; **DTIII:** 11, 22, 29, 51, 122, 151; **DTIV:** 86, 232, 307, 309; **WAIV:** 236-37, 238, 239, 240-41; **WAV:** 16, 65, 93, 199; **WAVI:** 51, 100, 216, 218; **ML:** 153; **RB:** 164
Hawley, Willis C.: **WAV:** 9
Hay, Bill: **RB:** 89
Hayakawa, Sessue: **WAI:** 51
Hayakawa, Tsura (Mrs. Sessue): **WAI:** 51
Hayes, Helen: **WAVI:** 45
Hayes, Patrick J.: **CA:** 52
Haynes, Elwood G.: **WAI:** 352-53
Hays, Helen L. T. (Mrs. Will): **WAVI:** 115, 116, 118
Hays, Hinkle C.: **ID:** 111-12; **WAI:** 187
Hays, William H. (Will): **E:** 12; **ID:** 107, 108, 111-12; **L:** 5; **CA:** 14, 34, 40; **DTI:** 58, 79, 98, 109-10, 186, 209, 238; **DTIII:** 47, 176, 201, 206; **DTIV:** 54, 334; **WAI:** 64, 73, 80, 81, 102, 111, 129, 141, 143, 187-89, 190, 191, 215-16, 249, 304, 312; **WAII:** 2, 23, 74, 119, 232, 293; **WAIII:** 34, 46, 138, 145; **WAIV:** 212; **WAV:** 25, 27, 184; **WAVI:** 15, 45, 53-54, 115, 116, 118, 154, 225; **HC:** 29; **ML:** 6; **HT:** 18, 53, 74, 80, 145-47; **RB:** 135, 155
Haywood, William D. (Big Bill): **BS:** 54
Headlee, Thomas J.: **WAIII:** 255-56
head winds: **DTI:** 199, 201, 202, 206, 208, 225, 240, 266, 311; **DTIII:** 226; **HT:** 52, 55, 58, 59, 60, 62, 68, 69, 70, 73
Healey, Ted: **WAVI:** 44
health faddists: **DTI:** 197
Healy, Patricio F.: **ML:** 42
Healy, Timothy M.: **WAII:** 244
Hearst, Millicent W. (Mrs. William R.): **WAI:** 264, 265
Hearst, William Randolph: **BS:** 10; **ID:** 5, 87, 99, 184, 185; **CA:** 15, 16; **DTI:** 137, 138, 156, 294; **DTII:** 66, 148, 207, 208; **DTIII:** 83; **WAI:** 56, 78, 102, 158, 179, 264, 275, 312; **WAII:** 80, 105, 124, 171, 292; **WAIII:** 54, 90, 91, 132, 153; **WAIV:** 24, 185; **WAV:** 96, 130, 188, 236; **WAVI:** 220; **HC:** 57; **ML:** 143; **HT:** 88; wagers with Rogers, **DTI:** 137-38, 148, 156, 230, 231, 248, 280, 293; contest sponsored by, **DTI:** 293; newspapers of, **DTII:** 117; **WAIII:** 89, 91; **HT:** 12; ranches of, **DTIII:** 83, 135, 136; **WAI:** 274; **WAV:** 80, 88, 130, 197; **WAVI:** 122-23; cattle of, **DTIII:** 243; *see also* Babicora Ranch; San Simeon, Calif.
Hearst, William Randolph, Jr.: **WAV:** 129, 130
Heath, Thomas (Tom): **WAI:** 72
heathens: **DTIII:** 82, 100, 109
heaven: **DTI:** 289; **DTII:** 1
Heenan, Carolyn: **WAII:** 302
Heeney, Tom: **DTI:** 207, 236, 237, 238; **HC:** 39, 42, 59
Heflin, J. Thomas (Tom): **ID:** 140, 145, 147, 148; **CA:** 99, 101; **DTI:** 58, 79, 84, 159, 169, 173, 174, 185, 186, 223, 227, 246, 305, 306, 311; **DTII:** 6, 9, 14, 20-21, 32, 68-69, 140, 232; **WAI:** 24, 208, 209, 210, 211; **WAII:** 311; **WAIII:** 2, 21, 129, 132, 222, 260; **WAIV:** 14, 18, 19, 21, 27, 28, 30, 62, 64, 155-57, 193, 227, 231-32; **HC:** 29, 59, 90, 110; **ML:** 29; **HT:** 119; speeches by, **DTII:** 116
Heflin, J. Thomas, Jr.: **DTII:** 14
heiresses: **DTIV:** 333
Helen of Troy: **ID:** 190; **WAI:** 152; **WAIV:** 121
Heller, Warren: **WAV:** 223
Hellman, Marco H.: ranch of, **DTI:** 130
Helsinki, Finland: **DTIV:** 214; **WAV:** 169
Hemenway, Ralph W.: **WAV:** 225
Hempel, Frieda: **DTI:** 85
Hempstead, N. Y.: **DTI:** 236
Henderson, Nola G.: **WAVI:** 100
Henderson, Ray: **WAVI:** 21
Henderson, U. S. S.: **WAVI:** 66
Henoch, Lewis M.: **WAVI:** 125
Henry VIII, king of England: **DTII:** 122; **WAIV:** 21, 28-29, 30-33, 36, 38, 115; **WAV:** 208; **RB:** 33
Henry, Julia L. (Mrs. Charles S.): **WAII:** 235
Henry, Patrick: **ML:** 71
Henryetta, Okla.: **DTIII:** 65
Hepburn, Katharine: **WAVI:** 246; **RB:** 169
Herbert, Mary E. W. (Mrs. Merwyn): **WAII:** 234
Herbert, Victor: **RB:** 82
Hermitage (race horse): **DTII:** 26
Hermitage Museum (Leningrad): **BS:** 69
Herndon, Hugh, Jr.: **DTIII:** 63
heroism and heroes: **L:** 52; **CA:** 40, 87; **DTI:** 91-92, 114, 151, 159, 224, 235, 261, 314; **DTII:** 207, 211, 213, 237; **DTIII:** 9, 45, 166; **DTIV:** 12, 38, 156-57, 201, 222, 321, 323; **WAI:** 366, 367; **WAII:** 67, 172, 242; **WAV:** 131, 153, 168, 180, 211, 212; **WAVI:** 235; **HC:** 99; **ML:** 130
Herrick, Manuel: **HT:** 7

Herrick, Myron T.: **L:** 85, 100, 117; **DTII:** 11; **WAIV:** 14
Herrin, Ill.: **WAII:** 184-85, 304
Herriot, Édouard: **L:** 85; **DTIV:** 22, 53; **WAII:** 229; **WAVI:** 18
Herschel Island: **DTIV:** 346; **WAVI:** 256-57, 259
Hershey, Milton S.: **L:** 121; **DTI:** 15, 94; **WAII:** 251
Hershey, Pa.: **E:** 9; **L:** 121; **DTI:** 15, 94
Hersholt, Jean: **WAV:** 147
Hertzog, James B. M.: **DTIV:** 304
Hess, W. R. Rudolf: **DTIV:** 194
Hevia, Carlos: **DTIV:** 129, 131
Hewitt, Robert P. (Bob): **WAIV:** 25
Hibben, John G.: **WAII:** 191
Hibbing, Minn.: **WAII:** 135
hiccoughs: **DTIII:** 98
Hickman, Art: musical band of, **WAII:** 152
Hickman, Horace M.: **DTIV:** 145
Hickman, Tom: **CA:** 111; **DTI:** 226
Hickman, William: **WAIII:** 116, 132, 136
Hickman murder trial: **DTI:** 174, 177, 178
hides: **DTIII:** 57
Higgins, _____: **L:** 19
Higgins, Texas: **BS:** 21; **WAII:** 162; **WAV:** 202-203; **WAVI:** 183
"high brows": **ID:** 36; **DTI:** 205; **WAI:** 166
higher education: *see* colleges and universities, education at
Highland, Arthur: **DTIV:** 206
Highlands County, Fla.: **HT:** 30
high schools: students in, **DTII:** 171-72; alcoholic consumption in, **HT:** 15; *see also* education
"high society": **DTII:** 13; **HT:** 7
highway commissions, state: **WAIV:** 112; of California, **DTII:** 278
highways: **DTII:** 153; **WAVI:** 229; **ML:** 95; in New Jersey, **ID:** 167; **WAI:** 259; in Iowa, **DTI:** 183; for military use, **DTI:** 166
Hill, Edwin C.: **WAVI:** 181
Hill, James: **DTI:** 216
Hill, Louis W.: **HT:** 23
Hill, Samuel: **DTI:** 31
hillbillies: **DTIV:** 100
Hilles, Charles D.: **ML:** 91
Hindenburg, Paul von: **L:** 6; **DTIII:** 44, 75, 142; **DTIV:** 203; **WAII:** 26-27; **WAIII:** 230; **WAV:** 180
Hindenburg Line: **WAII:** 26, 197
Hinduism and Hindus: **DTIV:** 286; **WAII:** 87-88; **WAIII:** 192
Hindus, Maurice G.: **DTIV:** 212
Hindustan, India: **HC:** 54
Hines, John L.: **WAII:** 3
Hippodrome (New York City): **BS:** 10
hippopotamus: **L:** 104
Hirota, Koki: **DTIV:** 131
historians: **L:** 71, 72; **DTIV:** 122; **WAIII:** 72; **WAIV:** 92; **WAVI:** 55; **ML:** 151
history: **L:** 72; **CA:** 117; **DTI:** 91, 104, 137; **DTIII:** 243, 259; **DTIV:** 53, 90, 238, 322; **WAII:** 53-54, 296; **WAIII:** 233, 243-44; **WAIV:** 103, 104, 112, 114, 125, 126; **WAVI:** 55, 129, 234; **ML:** 89, 135, 138, 139, 158; **HT:** 14, 152; **RB:** 43-44, 45, 55, 92, 120, 121, 122, 128; writings about, **L:** 58; of U.S., **DTIII:** 164; **WAIV:** 176-77; **ML:** 105; **RB:** 168; of automobiles, **WAI:** 351-58; study of, **WAI:** 369; **ML:** 25; ancient, **WAII:** 100; of Oklahoma, **WAIV:** 17; of China, **ML:** 135; of Korea, **ML:** 135; of Japan, **ML:** 135
Hitchcock, Francis (Frank): **WAVI:** 111-12
Hitchcock, Louise E. (Mrs. Thomas): **DTIV:** 157; **WAVI:** 51; death of, **WAVI:** 110-12
Hitchcock, Raymond (Hitchy): **DTII:** 101; **WAII:** 12
Hitchcock, Thomas, Jr.: **DTI:** 254; **DTII:** 209; **WAIV:** 200; **WAVI:** 50-51, 111
hitchhiking and hitchhikers: **DTII:** 170; **DTIII:** 130, 240; **DTIV:** 43
Hite, Mabel: **DTIII:** 146; **WAVI:** 62-63
Hitler, Adolf: **DTII:** 217, 225; **DTIII:** 142; **DTIV:** 10, 30, 32, 36, 45, 105, 139, 184, 194, 204, 221, 223, 247, 288, 289, 291, 297, 300, 313, 314, 332; **WAV:** 180; **WAVI:** 6-7, 80; **RB:** 76, 90, 102-103, 104, 114; purges of, **DTIV:** 190, 191; speech by, **DTIV:** 205
hoarding: **DTIII:** 132, 134, 136; **DTIV:** 14-15; **RB:** 71; of money, **DTIII:** 129, 132-33, 144; **WAVI:** 4; of gold, **WAVI:** 92
Hobart, Edith L.: **DTII:** 157
Hobbs, John B.: **L:** 117; **DTI:** 9
Hoboken, N. J.: **L:** 15; **DTI:** 202; **DTII:** 145; **WAII:** 224
Hobson, Richmond Pearson: **WAIII:** 60
hockey: **DTI:** 287
Hoffman House Hotel (New York City): **ID:** 171; **WAI:** 260; **HT:** 141
Hogan, Frank J.: **WAIII:** 71
Hogg, James S.: **WAIII:** 78
Hogg, William C.: **WAIII:** 78-80
Hog Island, Pa.: **CA:** 11; **DTII:** 277; **WAI:** 348; **WAII:** 37
hogs: **DTIV:** 69-70, 71, 295, 299; **WAVI:** 13-14; **RB:** 81, 125; calling of, **DTI:** 151; **DTIV:** 299
Holbein, Hans (the Younger): **WAIV:** 32
Holdenville, Okla.: **DTIV:** 224
holding companies: **DTI:** 179; **DTIII:** 36; **DTIV:** 3, 31, 260, 287, 290, 327; **WAV:** 206; **WAVI:** 208-10
Holland: *see* Netherlands
Holley, Lillian: **DTIV:** 146
Hollister, Calif.: **DTIV:** 174
Holloway, Sterling: **WAVI:** 201
Holloway, William J.: **DTII:** 7, 75; **WAIV:** 142
Hollywood, Calif.: **E:** 6, 7; **BS:** 30, 65; **ID:** 19, 111, 112; **L:** 54, 119; **CA:** 40, 51, 54, 80; **DTI:** 12, 46, 97, 108, 109, 121, 132, 202, 221, 231, 238, 249; **DTII:** 15, 17, 109, 246; **DTIII:** 5, 24, 25, 55, 76, 96, 128, 261, 274, 275, 277; **DTIV:** 31, 59, 147, 197, 256, 275, 318; **WAI:** 31, 85, 88, 92, 93, 187, 188, 191, 217, 236, 240, 241, 249, 312; **WAII:** 18, 23, 39, 54, 101, 115, 159, 165, 294; **WAIII:** 12, 40, 45, 55, 61, 66, 165, 172, 190; **WAIV:** 28, 45, 72-74, 109, 170, 227; **WAV:** 10, 16, 17, 18, 33, 39, 40, 41, 66, 69, 114, 139, 145, 146, 147-49, 157,

Cumulative Index

159, 169, 187, 188, 192, 197, 213; **WAVI:** 15, 23, 44, 56, 66-67, 88, 89, 99, 113, 131, 143, 172, 195; **HC:** 29, 94; **ML:** 82, 101, 107-108, 142, 162; **HT:** 18, 36, 48, 49, 99, 136; **RB:** 36, 55, 74, 78, 81, 87, 88, 131, 135, 144, 150, 153, 154-55, 162; marriage in, **DTI:** 103; **WAIV:** 188; **ML:** 26; **RB:** 55; divorce in, **DTIV:** 59; women from, **DTIV:** 96; tourists in, **WAI:** 143; baseball team from, **WAV:** 72
Hollywood, Fla.: **WAII:** 115
Hollywood Bowl (Los Angeles): **WAV:** 15, 16; **HT:** 136
Holmes, Oliver Wendell: **DTIV:** 285-86
Holmes, Sherlock: **DTIV:** 8; **WAII:** 99; **WAIII:** 139
Holt, Hamilton: **WAVI:** 172
Holt, Rush D.: **DTIV:** 323-24
Holy Land: **DTIII:** 119; **WAVI:** 207, 210, 236; **HT:** 55
Holy Name Society: **WAI:** 301-302
Holyoke, Mass.: **WAVI:** 48
Holy Rollers: **DTI:** 226
"Home, Sweet Home" (song): **HT:** 110
home brew: **P:** 16-18; **DTI:** 253; **RB:** 52-53; *see also* corn liquor; moonshine; *and other related topics*
home-building, conference on: **DTIII:** 77
Homer: **DTI:** 207; **DTII:** 30
homesickness: **DTIII:** 112
homesteading: **WAVI:** 59-60, 61
home towns: **WAII:** 34, 107-108, 110-11
Honduras: **ID:** 102; **DTIII:** 220; **WAI:** 58, 86; **WAV:** 18, 19
honesty: **ID:** 202, 203, 204; **DTI:** 67, 107, 209; **DTII:** 231; **WAI:** 195; **WAII:** 16; **WAVI:** 127; **ML:** 158; **HT:** 16; in politics, **BS:** 1; **CA:** 18; **DTI:** 23, 75, 120, 132, 193; **WAI:** 62, 63, 147; **WAIII:** 3, 180; in government, **CA:** 50, 53, 56; of politicians, **WAV:** 5; in China, **ML:** 158
Hong Kong: **DTIII:** 115; **DTIV:** 168; **WAII:** 50; **WAIII:** 15; **WAIV:** 69; **WAVI:** 16, 238; **ML:** 151; **RB:** 11
Honjo, Shigeru: **WAV:** 130
Honolulu, Hawaii: **ID:** 70; **DTI:** 104, 118, 119, 267; **DTII:** 151; **DTIII:** 63, 159, 163; **DTIV:** 159, 189, 197, 199, 201, 203, 205, 296, 308; **WAI:** 137, 371; **WAIV:** 22, 144; **WAV:** 49, 149, 150; **WAVI:** 147, 148, 151, 152, 156-58, 161; **RB:** 3, 98, 100
honor: **DTIV:** 89; **WAV:** 74; **ML:** 138; among nations, **WAII:** 296; **ML:** 23, 55; in politics, **HC:** 89
honorary colonels: **P:** 13; **DTIV:** 84; Rogers as, **DTI:** 196; **DTIII:** 58, 62; **DTIV:** 84; **WAIII:** 153; **WAV:** 57
honorary degrees: **DTII:** 149; **DTIV:** 187; **WAVI:** 172-73, 224-25; for Rogers, **DTI:** 57; **DTII:** 178
hoof and mouth disease: **WAI:** 230-33, 235-36, 237
hookworm disease: **DTI:** 66; **WAI:** 100
Hooper, Harry B.: **WAV:** 72
Hoover, Herbert C.: **PC:** 18; **L:** 84; **CA:** 95, 97-98, 99, 100, 101, 102, 113, 116, 120, 123, 124, 125, 126, 127, 138, 146; **DTI:** 79, 87, 119, 169, 176, 180, 183, 184, 192-93, 206, 208, 211, 213, 218, 221, 222, 224, 229, 230, 231, 234, 240, 241-42, 243-44, 245, 247, 251, 254, 255, 256, 258, 259, 260, 261, 262, 263, 264, 267, 268, 269, 271, 272, 273, 274, 276, 277, 278-79, 282, 284, 289, 290, 291, 292, 293, 294, 295, 296, 298, 299, 300, 301, 302, 304, 306, 307, 308, 309, 310, 312, 315; **DTII:** 1, 2, 3, 7, 8, 9, 10, 12, 13, 14, 16, 17, 18, 19, 20, 26, 27, 30-31, 38, 40, 41, 42, 44, 46, 51, 52, 53, 58, 61, 63, 64, 67, 71, 72, 73, 77, 78, 79, 80, 81, 82, 84, 86, 88, 89, 92, 94, 96, 98, 99, 100, 101-102, 103, 104, 105, 110-11, 112, 113, 117, 127, 137, 139, 140, 141, 142, 144, 145, 146, 148, 150, 151, 157, 159, 163, 164, 167, 169, 172, 177, 178, 179, 183, 184, 185, 188, 197, 198, 199, 201, 204, 208, 210, 217, 219, 225, 226, 228, 233, 234, 236, 238, 243, 246, 248, 252, 254, 256, 258, 259, 260, 263, 264, 266, 268, 270, 276-77; **DTIII:** 5, 6, 7, 8, 9-10, 16, 18, 21, 23, 26, 30, 34, 36, 42, 43, 44, 45, 46, 47, 50, 52, 55, 56, 60, 63, 67, 68, 72, 77, 78-79, 82, 84, 85, 89, 93, 95, 97, 98, 118, 121, 128-29, 135, 152, 153, 154, 156, 159, 162, 172, 177, 179, 183, 188, 191, 192, 194, 196, 197, 199, 201, 205, 206, 210, 211, 212, 214, 220, 229, 230-32, 233, 235, 237, 239-40, 241, 242, 252, 253-54, 255, 265, 273, 275, 276; **DTIV:** 59, 80, 156, 159, 162, 172, 177, 179, 183, 188, 191, 192, 194, 196, 197, 199, 201, 205, 206, 210, 211, 212, 214, 220, 229, 230-32, 233, 235, 237, 239-40, 241, 242, 252, 253-54, 255, 265, 273, 275, 276; **DTIV:** 59, 80, 156, 194, 291, 311, 320, 322, 334; **WAI:** 70-71; **WAII:** 104, 108; **WAIII:** 22, 26, 42, 68, 69, 70, 77, 107, 117, 118, 123, 132, 135-36, 137-39, 151-52, 153, 157-58, 163, 168, 185-86, 194, 195-97, 202, 205, 206-207, 208, 209-10, 214, 215, 216, 217, 220, 222, 223, 225, 228, 229, 231, 234, 239, 240, 245, 253, 254, 258-62; **WAIV:** 1, 3, 20, 26, 27, 32, 35, 47-48, 51, 55, 56-57, 61, 62, 65, 66-67, 76, 77, 78, 79, 80, 81, 85-86, 88, 89, 91, 93-94, 95-96, 104, 106, 108-109, 123, 124, 125, 131-32, 135, 142, 144, 145, 147, 151, 157, 168, 172, 175, 178, 184, 186, 209, 210, 219, 222, 223, 225, 233, 234, 235, 241; **WAV:** 6, 8, 10, 33, 36, 42, 43, 44, 46, 47, 50, 61, 62, 64, 65, 74, 75, 81-82, 83-84, 85, 94, 95, 100, 102, 105, 113, 115, 127, 150, 152-53, 154, 178, 182, 189, 192, 194, 195, 200, 202, 204-205, 206, 207, 213, 214, 221, 223, 224, 227-28; **WAVI:** 6, 64, 84, 215, 235-36, 243; **HC:** 28-29, 32, 34, 45, 47, 51, 53-55, 58, 60, 61-62, 64-65, 66, 67-68, 72, 73, 79, 86, 90, 93, 98, 99-100, 104, 113; **ML:** 5, 90, 91, 95-96, 98, 100, 105, 108, 109, 110, 119, 125, 148, 161, 169, 172, 173; **HT:** 44, 77-82, 90, 96, 118, 123, 128; **RB:** 10-14, 19, 21, 25, 46, 56, 61, 65-66, 67, 75-76, 104, 118, 132, 139, 152, 157, 163, 174; disaster relief work of, **DTI:** 94, 95, 150, 176-77; as food administrator, **DTI:** 150, 272; **RB:** 12; in South America, **DTI:** 275, 276, 278, 279, 280, 284, 286, 308; presidential cabinet of, **DTI:** 294, 296, 298,

299, 301, 304, 306, 310, 312, 313; **DTII:** 2; **DTIII:** 55, 191, 194, 229; **WAIII:** 248, 258, 262; **WAIV:** 79; **WAV:** 83, 100; administration of, **DTII:** 14; birthday of, **DTII:** 60; **DTIII:** 64; private secretary to, **DTII:** 111; appointees of, **DTII:** 146, 156-57; presidential retreat of, **DTII:** 202; **WAV:** 33-34; presidential commissions of, **DTII:** 212; **WAV:** 101; **ML:** 95-97, 153, 172; **RB:** 13, 14, 19; and frozen assets, **DTIII:** 84-85, 148; handwriting of, **DTIII:** 151-52; home of, **DTIII:** 172, 173; speeches by, **DTIII:** 218; **WAIV:** 213; **WAV:** 235-37; **HC:** 72, 98, 99-100; travels of, **WAV:** 10, 19-21; and Virgin Islands, **WAV:** 19-22; and foreign affairs, **WAV:** 47; and Bonus Army, **WAV:** 178-79; and "grass in streets," **WAV:** 203; education of, **RB:** 10-11; professional career of, **RB:** 11-12; recreation of, **RB:** 13-14; sense of humor of, **RB:** 57; achievements of, **RB:** 66; economic plan of, **RB:** 115, 118, 127
Hoover, Irwin H. (Ike): **ML:** 5, 15
Hoover, Lou H. (Mrs. Herbert C.): **DTI:** 289; **DTII:** 40, 60, 84; **DTIII:** 28, 151; **DTIV:** 228; **WAIII:** 259-62; **WAIV:** 35, 39, 81; **RB:** 11, 12, 28
Hoover (Boulder) Dam: **CA:** 80, 162; **DTI:** 66, 133, 141, 147, 155, 157, 174, 214-15, 217, 218, 220, 244, 282, 287, 289, 295; **DTII:** 69, 213; **DTIII:** 206, 207; **DTIV:** 67, 69, 231-32, 339; **WAIII:** 27, 81, 82-83, 92, 170, 197; **WAIV:** 58, 65; **WAV:** 75, 157, 229-30; **WAVI:** 97, 167-68; **ML:** 37, 44, 54, 70; **HT:** 48, 52, 72; **RB:** 170; Rogers at, **DTI:** 212; **WAVI:** 167-68; proposal for, **WAI:** 238
Hoovercrats: **WAIV:** 155
Hopi Indians, Snake Dance of: **DTI:** 247-48; **WAIII:** 199-201; **WAIV:** 144-45
Hopkins, Harry L.: **RB:** 124
Hopkins, James (Jim): **WAVI:** 179
Hopper, W. De Wolf: **DTIII:** 215; **WAIII:** 217
Hopping, Earle A. S.: **WAII:** 238; **WAVI:** 51
Hopson, William C. (Hoppie): **DTI:** 266; **HT:** 67-68
Horicon, Wis.: **DTIV:** 310
Horn, Cape: **DTI:** 264; **DTIII:** 220
Horn & Hardart Company: **HT:** 142
Hornsby, Rogers (Rajah): **DTI:** 189; **WAII:** 120, 154
hors d'oeuvres: **ML:** 40; **RB:** 41
horse and buggy: **DTII:** 110; **WAV:** 126
horsemanship: **ID:** 77; **DTIII:** 149, 193; **DTIV:** 157; **WAI:** 61, 81; **WAV:** 155, 175-76, 181, 193; **ML:** 124; **RB:** 35-36; of Prince of Wales, **ID:** 75, 76, 77-78, 100; of Rogers, **ID:** 100; **WAI:** 221-24
horse racing: **ID:** 189, 190, 201-204; **CA:** 78, 86; **DTI:** 47, 152, 192; **DTII:** 17, 25-26, 29, 30; **DTIII:** 7, 55, 145, 150, 151; **DTIV:** 5, 47, 93, 256, 280-81, 285, 293, 306, 318; **WAI:** 151, 275-79; **WAIV:** 50, 68; **WAV:** 90-91, 142; **WAVI:** 12, 56, 58, 89-90, 100, 202, 221-23; **HT:** 57; **RB:** 19, 139; in Kentucky, **DTI:** 147, 196; in Maryland, **DTI:** 192, 204, 205, 236; at Aguascaliente, **DTIII:** 7; in Russia, **DTIV:** 212-13; *see also* harness racing
horses: **ID:** 75, 76, 77, 78, 101, 201, 202, 203-204; **P:** 3; **L:** 50, 64; **DTI:** 47, 144, 208; **DTIII:** 23, 149-50, 199, 227, 241, 281; **DTIV:** 16-17, 28, 126, 170, 202, 346; **WAI:** 23, 57, 277, 278, 325-26; **WAIII:** 134; **WAIV:** 197, 199, 200; **WAV:** 153, 154, 156, 159, 178, 184, 193; **WAVI:** 23, 49, 56, 58-59, 72, 78, 83, 90, 208, 221-22; **ML:** 124-25; **HT:** 16, 45; **RB:** 43; cruelty to, **L:** 96; riding of, **DTI:** 215; **WAI:** 221-24, 291; training of, **DTIV:** 244; Arabian, **WAII:** 153, 154; in Olympics, **WAV:** 155, 175-76; breeding of, **WAVI:** 221-22; in Mexico, **ML:** 47; Mongolian, **ML:** 124, 149-50; wild, **HT:** 54; *see also names of horses*
horseshoes (game): **DTI:** 55; **DTII:** 61; **DTIII:** 228; **DTIV:** 314; **WAII:** 157; **HT:** 15
horse shows: **DTIII:** 150; international, **WAII:** 226
horse thieves: **L:** 107
horticulturists: **RB:** 143
Horwood, William T. F.: **WAI:** 69
Hosken, A. J.: **WAV:** 105
hospitality: **DTI:** 18, 107, 229, 286; **DTII:** 51; **WAV:** 238; in New England, **RB:** 54
hospitals: **E:** 13, 51; **DTI:** 166; **DTII:** 166; **WAIII:** 47-48; **RB:** 26; for Indians, **WAII:** 196; **ML:** 13; **RB:** 20
Hot Cha! (musical): **DTIII:** 130
hot dogs: **CA:** 69, 76, 101, 123; **DTI:** 287; **DTII:** 226; **DTIV:** 100; **WAIV:** 66
hotels: in Russia, **WAII:** 248; Japanese-owned, **ML:** 131; *see also names of hotels*
Hotevila, Ariz.: **WAIII:** 199
Hot Springs, Ark.: **ID:** 207; **DTI:** 59; **WAI:** 98; **WAIII:** 3
Hot Springs, W. Va.: **ID:** 207; **WAI:** 98
Houdini, Harry: **WAII:** 11; **HT:** 117; **RB:** 73; death of, **WAII:** 270-71
Houghton, Alanson B.: **L:** 31, 115, 117; **DTI:** 275; **WAI:** 71
hours, of work: *see* work hours
House, Edward M.: **PC:** 3, 12, 13, 18; **L:** 8; **CA:** 22; **DTI:** 23; **WAI:** 15, 93; **WAII:** 152, 156, 180, 185; **WAIII:** 246-47, 253; **HC:** 93; **ML:** 98, 135; memoirs of, **DTIV:** 76; **WAII:** 196; writings of, **ML:** 127
House, Robert E.: **WAI:** 92, 93
House of Commons, British: **L:** 10, 23-24, 25, 29, 47, 101; **DTI:** 2; **DTII:** 123, 127, 134, 148, 194; **DTIII:** 251; **WAII:** 227, 228; **WAIV:** 117, 130; **RB:** 37
House of David: **WAI:** 74, 77
House of Lords, British: **L:** 24-25, 29, 31; **DTIV:** 247; **WAII:** 227
House of Representatives: *see* United States House of Representatives
housewives: **WAI:** 94
housing, federal subsidy for: **DTIV:** 195-96
Houston, David F.: **PC:** 10
Houston, Sam: **DTIV:** 268; **WAVI:** 55; bed of, **WAII:** 161
Houston, Texas: **L:** 55; **CA:** 101, 103, 109, 113, 116, 120, 123, 124, 125, 126, 127, 138, 146;

Cumulative Index

DTI: 169-70, 179, 222, 224, 226, 227, 228, 229; **DTII:** 135, 174, 264; **DTIII:** 178; **DTIV:** 100; **WAII:** 161; **WAIII:** 78, 79, 131-32, 142, 143, 168, 175, 176, 181, 182; **WAIV:** 25, 69, 233; **WAV:** 48, 161; **WAVI:** 72, 102, 155; **HC:** 8, 14, 19, 20, 23, 34, 38, 39, 60, 68; **ML:** 92; weather in, **DTI:** 227, 228
Houston, U. S. S.: **DTIV:** 190; **WAVI:** 157
Howard, Catherine: **WAIV:** 33
Howard, Esme W.: **DTII:** 36
Howard, Roy W.: **DTII:** 214; **WAV:** 24, 208
Howard College (Alabama): **DTII:** 107
Howe, Edgar W. (Ed): **WAIII:** 153
Howe, Gene A. (Old Tack): **WAIV:** 208; **WAVI:** 139
Howell, Clark: **DTIII:** 24
Howell, Millard F. (Dixie): **DTIV:** 260; **WAVI:** 187
Howell, Robert B.: **DTII:** 77
Howland, Leonard P.: **WAI:** 248, 249
Hoyt, _____: **L:** 13
Hoyt, Charles: **DTI:** 123
Hubbard, Elbert: **ML:** 157
Hubbard, F. McKinney (Kin): **CA:** 55; **DTI:** 32, 197, 211; **DTII:** 250-51; **WAII:** 153; **WAIII:** 181; **WAIV:** 230
Hubbard, John W.: **WAII:** 286
Hubbard, Texas: **WAII:** 154
Huber's Museum (New York City): **BS:** 70
Hudson, G. Edward (Whataman): **DTIII:** 78; **WAV:** 71, 75
Hudson Bay: **WAVI:** 252
Hudson Bay Trading Company: **WAVI:** 257
Hudson River: **DTI:** 84, 273; **DTII:** 94
Huenefeld, Gunther von: **DTI:** 200-201
Huerta, Adolfo de la: **WAIV:** 5, 6
Huerta, Victoriano: **WAIV:** 5
Hughes, Antoinette C. (Mrs. Charles E.): **ML:** 9
Hughes, Charles Evans: **PC:** 6, 10; **L:** 118, 121; **CA:** 11; **DTI:** 9, 15, 140, 172, 175, 208; **DTII:** 134, 135, 156; **WAI:** 4, 9, 10, 20, 22, 229, 271, 291, 306, 330, 331, 337-38, 354; **WAII:** 119, 180, 242, 245, 249-51, 253, 284, 285, 301; **WAIII:** 90, 119, 136-37, 163; **WAIV:** 63, 103; **WAV:** 45; **WAVI:** 100, 122; **HC:** 79; **ML:** 9, 44, 82, 83; **HT:** 7, 11, 44, 81, 83; family of, **WAII:** 251
Hughes, Rupert: **DTI:** 151; **WAIII:** 87-88, 108-110; **WAV:** 215, 216; **WAVI:** 65; **HT:** 61, 119
Hugo, Victor: **ID:** 190-91; **WAI:** 153
Hulbert, Slade: **WAIV:** 46
Hull, Cordell: **CA:** 52, 53, 109; **DTIII:** 278; **DTIV:** 51, 53, 63, 71, 121, 130, 194, 195; **WAVI:** 97, 141; **RB:** 90
Hull, Rose F. (Mrs. Cordell): **WAI:** 269; **WAVI:** 141
human behavior, study of: **DTI:** 308-309
Humane Society: **DTI:** 282; **DTII:** 179; **ML:** 47, 139; **HT:** 30; **RB:** 131
human interest, stories of: **DTI:** 82-83, 91
humanists: **WAIV:** 143
humanitarianism: **DTI:** 44, 123, 194; **DTII:** 49-50, 161; **DTIV:** 30; **WAVI:** 6, 16, 24, 126, 174; **ML:** 91, 111, 133, 139, 140, 142; **HT:** 25; **RB:** 13
humanity: **DTI:** 7, 122, 231; **HT:** 26; **RB:** 33
human nature: **DTI:** 243; **DTII:** 16, 244; **DTIII:** 8, 42, 109; **DTIV:** 2, 14, 72, 289; **HT:** 114; **RB:** 41, 50
humiliation: **WAVI:** 47
humility: **DTI:** 285
humor: **ID:** 3, 6; **L:** 1; **CA:** 50, 123; **DTI:** 55, 68, 170, 171, 172, 177, 192, 210, 235; **DTII:** 26; **DTIV:** 2, 51, 138, 252, 281-82; **WAII:** 42; **WAV:** 153; **WAVI:** 46, 219; **ML:** 6, 7, 13, 17, 24, 96; **HT:** 18, 99, 112-15; **RB:** 17, 35, 92; of Rogers, **ID:** 107-108, 131, 154; **DTI:** 37, 45, 53, 64-65, 66, 69, 170, 173, 230; **DTIV:** 115; **WAI:** 111, 197, 204; **WAV:** 49, 212, 214; **WAVI:** 48, 216, 247-48; **ML:** 7, 12, 16, 42, 43-44; **HT:** 3-4, 41; **RB:** 28, 52, 62, 87; in England, **L:** 117; in newspapers, **DTI:** 215; in politics, **WAV:** 166; in Mexico, **ML:** 41, 42, 46; of foreign languages, **ML:** 42; in Ireland, **ML:** 46; in China, **ML:** 150; among Democrats, **HT:** 138; in war, **RB:** 94
humorists: **ID:** 6, 77; **PC:** 16; **DTI:** 197; **DTIV:** 39; **WAII:** 156; **WAIII:** 108, 152-53, 186-87; **WAVI:** 247-48; **HT:** 113, 114, 115; **RB:** 71-72, 92, 145-46, 152
Humphrey, William E.: **DTIV:** 315
Hungary: **DTIV:** 150, 217, 230, 261; relations with Yugoslavia, **DTIV:** 250
hunger: **DTI:** 52, 88; **DTII:** 229, 240, 254-55, 262, 272; **DTIII:** 6, 40, 45, 65-66, 67, 145, 191, 245, 246, 258, 271; **DTIV:** 57; **WAIV:** 65, 212, 214, 224-25, 231, 241; **WAV:** 24, 59, 64, 65, 82, 162; **ML:** 103, 106; **RB:** 66-67; *see also* starvation
hunger strikes: **RB:** 117
Hunt, George W. P.: **WAI:** 231
Hunt, LeRoy P.: **DTIV:** 348
Hunter, John: **DTII:** 193; **WAVI:** 116
Hunter, Kenneth: **DTII:** 193; **WAVI:** 116
hunting: **ID:** 122; **DTI:** 282, 291, 304, 308; **DTIII:** 260-61; **WAI:** 38; **WAV:** 92; **WAVI:** 251; **ML:** 73; **RB:** 37; for grouse, **L:** 53-54, 102, 103, 105, 115; **DTI:** 4, 7; **DTIV:** 219; **WAII:** 235-36, 243, 245-46; for deer, **DTI:** 115; of fox, **WAI:** 22-23; for big game, **DTII:** 85; **WAV:** 17; **WAVI:** 17
Huntington, W. Va.: **RB:** 38
Huntsville, Ala.: **WAVI:** 47
Hurley, Patrick J. (Pat): **CA:** 121, 123, 126; **DTII:** 105-106, 159; **DTIII:** 21, 77, 88, 89, 115, 128, 177, 210; **DTIV:** 245-46, 333, 334; **WAIV:** 142; **WAV:** 34, 50, 83-85, 86, 100, 201, 228; **ML:** 169-70, 174; **RB:** 56-57
Hurley, Ruth W. (Mrs. Pat): **DTIII:** 267; **RB:** 57
hurricanes: **WAIII:** 210; **WAV:** 105, 107; in Florida, **DTI:** 14, 15, 64, 256-57, 259, 261; **DTIV:** 75; **WAII:** 250, 251-53; in West Indies, **DTI:** 256-57; in Puerto Rico, **DTI:** 261; **DTIII:** 228; in Texas, **DTIV:** 75
Hurst, Fannie: **WAII:** 190
husbands: **P:** 23; **DTI:** 36, 121, 149; **DTII:** 43; **WAII:** 159, 160; **ML:** 34, 107; **HT:** 10, 90;

RB: 51
Husing, Edward B. (Ted): **DTIII:** 215
Hussey, Jimmy: **WAIII:** 74
Huston, Walter: **DTII:** 57
Hutchins, Robert M.: **WAV:** 172
Hutchinson, _____: **DTIV:** 117; **ML:** 165
Hutchinson, Ernest Kinyoun: **WAV:** 162
Hutchinson, Frances: **WAIV:** 153
Hutchinson, George: and family, **DTIII:** 209
Hutchinson, Kan.: **WAI:** 90
Hutnot, Winifred: **WAII:** 73-74
Hutson, Donald M.: **WAVI:** 187
Hutton, _____: **ML:** 164
Hutton, Barbara: **DTIV:** 42, 43, 309; **WAVI:** 39
Hutton, David: **DTIII:** 76; **WAVI:** 39-40, 58
Hutton, Edward F.: **CA:** 140; **DTII:** 222; **DTIV:** 241
Hutton, Marjorie P. (Mrs. Edward F.): **CA:** 140
Hyde Park (London): **DTIV:** 216; speeches in, **DTII:** 129-30
Hyde Park, N. Y.: **RB:** 73
Hylan, John F.: **CA:** 53, 57; **WAI:** 52, 53, 274, 275, 362, 368; **WAII:** 80, 83

I

Ibáñez: see Blasco-Ibáñez, Vicente
Ibáñez del Campo, Carlos: **DTII:** 151-52; **DTIII:** 58
ice cream: **P:** 11, 12, 16; **WAI:** 85
ice skating: **ID:** 120; **WAI:** 38
Ickes, Harold L.: **DTIV:** 299, 300; **WAVI:** 61, 97; **RB:** 124
Idaho: **L:** 37; **CA:** 11; **DTI:** 68-69; **DTII:** 113, 206; **DTIII:** 225; **DTIV:** 108; **WAI:** 9, 94; **WAIV:** 87, 241; **WAVI:** 42, 230; **ML:** 98, 101, 131; **HT:** 20
Ide, O. Z.: **WAVI:** 247
idealism and idealists: **DTIV:** 72; **WAIV:** 77, 114; **WAV:** 88
ideals: **WAV:** 46; **HT:** 79
ideas: **DTI:** 57, 145, 206; **DTIV:** 97, 105; **WAV:** 190; **HT:** 105, 121; **RB:** 128; old vs. new, **RB:** 164
Iglehardt, Philip L. B.: **WAVI:** 111
Iglehardt, Stewart B.: **WAVI:** 111
ignorance: **DTI:** 57, 266, 271; **DTII:** 23, 42, 61, 70, 146, 200; **DTIV:** 71, 90, 94; **WAV:** 2
Igoe, Michael L.: **CA:** 57-58
Ijams, Martha: **DTIV:** 292
Ileana, princess of Rumania: **DTI:** 139; **WAII:** 261
Ile de France, S. S.: **DTIV:** 219-20; **WAIV:** 113
Illinois: **ID:** 171, 208; **CA:** 57, 58, 135; **DTI:** 24, 128, 198; **DTIII:** 173; **WAI:** 98, 169, 245, 258, 261, 282, 302, 312; **WAII:** 5, 185, 250, 285; **WAIII:** 139, 216; **WAV:** 18; **WAVI:** 18, 102; political scandal in, **L:** 43; elections in, **DTI:** 181, 198; **WAIV:** 205; voters in, **DTI:** 218; convention delegates from, **CA:** 141
Illinois, University of: **WAVI:** 143
illiteracy: **ID:** 3; **WAIV:** 203; **ML:** 5; **HT:** 12; in Russia, **BS:** 73, 80; in Louisiana, **DTII:** 27;
in U. S., **DTIII:** 72
"Illiterate Digest": see Rogers, William Penn Adair (Will)
Il Progresso: **WAI:** 139
I'm Alone (boat), sinking of: **WAIV:** 9
Immigration Act of 1924: **WAII:** 66
immigration and immigrants: **DTI:** 224; **DTIII:** 41, 150; **WAI:** 144-45, 181, 229, 369; **WAIII:** 8, 93; **WAV:** 237-38; **HT:** 131; restriction of, **DTI:** 64, 183; **DTII:** 174; **WAI:** 77; **WAIII:** 215; legislation affecting, **WAII:** 66, 224
immorality: **DTI:** 56; **WAIII:** 15
impeachment: **DTII:** 79, 111, 134; **HC:** 16; in Oklahoma, **DTI:** 160, 162, 256; **DTII:** 1, 7, 105, 156, 160, 257, 266; **WAI:** 162; **WAV:** 37; **HT:** 91
Imperial Hotel (Tokyo): **DTIV:** 206; **WAV:** 117; **RB:** 98
imperialism: **DTI:** 17; **ML:** 131-34, 136, 171; and Italy, **L:** 68
Imperial Valley, Calif.: **DTI:** 230; **DTII:** 100; **WAIV:** 91-93
importation, of automobiles: **WAV:** 9
inaugurations, presidential: **DTI:** 308, 310, 315; **DTII:** 89
Inca Indians: **DTIII:** 223
income: **DTII:** 105; distribution of, **WAIV:** 152, 214, 219, 226; see also wealth, redistribution of
income tax: see taxes
independence: **ID:** 148; **WAV:** 46; **WAVI:** 224; **ML:** 23, 138; for Philippine Islands, **BS:** 5; **L:** 104; **DTI:** 6, 75; **DTIII:** 77, 89, 115-16, 150, 251, 264-65; **DTIV:** 112, 130, 168, 179, 205; **WAI:** 210, 211; **WAIV:** 212; **WAV:** 83-85, 86, 150, 227; **WAVI:** 87-88; **ML:** 11, 34-35, 169-74; for India, **DTIII:** 97; **WAV:** 86; for Hawaii, **WAV:** 150
Independence, Kan.: **WAIV:** 11
Independence Hall (Philadelphia): **WAI:** 304; reproduction of, **WAIV:** 82
India: **DTI:** 17; **DTII:** 124, 145-46, 179; **DTIII:** 9, 28, 120, 123, 153, 169; **DTIV:** 233, 264, 283, 286; **WAI:** 335; **WAII:** 49; **WAIII:** 93; **WAIV:** 210-12; **WAV:** 16, 66, 102, 144, 170, 211, 213, 231, 233; **WAVI:** 19, 96, 109, 162, 172, 193, 238; **HC:** 54; **ML:** 125, 128-29, 133, 166, 172; **HT:** 29; **RB:** 131; prosperity in, **DTI:** 193; independence movement in, **DTIII:** 164; independence for, **DTIII:** 97; **WAV:** 86; unrest in, **DTIII:** 118, 261; missionaries in, **WAIII:** 192-93; untouchables in, **RB:** 131
Indiana: **CA:** 75, 77, 78, 114; **DTI:** 32, 211; **DTII:** 57, 257; **DTIII:** 229; **DTIV:** 16, 132, 165; **WAI:** 304, 307, 321; **WAII:** 23, 41, 156; **WAIII:** 39, 152; **WAIV:** 18, 178, 215, 230; **WAV:** 180; **WAVI:** 15, 42, 110, 167; **ML:** 12; **HT:** 17-18, 23, 36, 62, 145; convention delegates from, **CA:** 100; **DTI:** 223; politics in, **DTI:** 193, 197-98; **DTIV:** 266; **ML:** 49, 109; **HT:** 62; woman sheriff from, **DTIV:** 146; flooding in, **WAI:** 355; spa in, **ML:** 49; farmers in, **HT:** 62

Cumulative Index

Indianapolis, Ind.: **DTI:** 32; **DTII:** 34, 251; **WAI:** 72, 95; **WAII:** 92, 93, 94; **WAIV:** 230; **HT:** 18; speedway at, **WAI:** 354; **WAII:** 93

Indianapolis News: **WAIV:** 230

Indians, American: **CA:** 121, 124, 136; **DTI:** 32, 127, 143, 152, 223-24; **DTII:** 193, 260; **DTIII:** 5, 10; **DTIV:** 38, 51, 182, 210, 264, 314, 347; **WAI:** 54, 185, 220, 350; **WAII:** 71, 171, 194, 263; **WAIII:** 4-5, 18-19, 128-29, 199, 233, 234, 236-37; **WAIV:** 17, 34, 67, 69, 125, 126, 129, 142, 181, 187-88; **WAV:** 46, 66, 90, 137, 197, 218, 234; **WAVI:** 66, 125-26, 233-35, 357-58; **HC:** 86; **ML:** 13-14, 34, 59, 91, 100; **HT:** 24, 67, 88, 101, 151; **RB:** 16, 17, 18, 20, 95, 114, 119-20, 150-51, 163-64; conditions of, **DTI:** 120; federal assistance for, **DTII:** 260; hospital for, **WAII:** 196; **ML:** 13; **RB:** 20; traits of, **WAV:** 100; U. S. treaties with, **RB:** 18

Indian Territory: **E:** 1, 28; **ID:** 197; **L:** 11; **DTII:** 119; **WAI:** 27, 41, 77; **WAII:** 81, 160; **WAIII:** 59, 200; **WAIV:** 11, 67; **WAV:** 188; **WAVI:** 139, 171, 179, 183, 207; **ML:** 118, 158, 165; **HT:** 87

indictments: **DTI:** 102

Indochina: **ML:** 172

Indonesia (Java): **DTIII:** 119; **ML:** 172

industry and industrialists: **DTI:** 184-85; **DTIV:** 61-62, 104, 221, 251, 255, 282, 306; **WAVI:** 73, 108; **HT:** 9

inefficiency, in government: **DTI:** 282

infantile paralysis (polio): **DTIV:** 269, 340; **WAVI:** 28, 30

infants: *see* babies

inflation: **DTIV:** 20, 21, 24-25, 29, 40, 73-74, 81, 92, 107, 108, 110, 171, 223, 247, 251, 257; **WAV:** 156, 225; **WAVI:** 15, 19-20, 85, 91, 125, 205; **RB:** 77, 157, 158-59, 171

influence: **DTI:** 235

influenza, cure for: **DTI:** 310

Ingalls, David S.: **DTII:** 92, 101, 236, 272; **DTIII:** 11, 130, 164, 233; **WAV:** 34, 69-70, 100, 127, 201; **WAVI:** 43; **ML:** 109, 110; **HT:** 155; airplane of, **DTII:** 262; **WAIV:** 236, 237

Inge, William R.: **ML:** 110

Inglewood, Calif.: **RB:** 9

Ingrid, princess of Sweden: **DTII:** 38; **DTIV:** 256; **WAIV:** 38

inheritance, tax on: *see* taxation

injustices, social: **RB:** 166, 172

In Memoriam (race horse): **ID:** 189; **WAI:** 151

In Old Kentucky (film): **WAVI:** 202, 221, 239

insane asylums: **DTIV:** 303; **WAI:** 32

insanity: **DTII:** 175; **DTIV:** 21; **WAI:** 185; **WAV:** 24; **HT:** 113

insects: **DTI:** 148

Inside Story of the Harding Tragedy (book): **WAV:** 163

installment credit: *see* credit, buying and selling on

insular possessions: **WAVI:** 159

Insull, Samuel, II: **DTIII:** 68, 256; **DTIV:** 151, 158, 159, 171; **WAII:** 286; **WAIV:** 24; **WAVI:** 120; **RB:** 60

insurance: **E:** 28-30; **L:** 13; **DTI:** 200; **WAII:** 49; **WAV:** 4-5; on life, **DTII:** 229; **DTIV:** 329; for unemployment, **DTIV:** 155; for fires, **WAIV:** 24; **WAVI:** 120; **RB:** 22

insurance agents: **BS:** 47; **WAII:** 25; **WAIV:** 14

insurance companies: **DTII:** 15, 139; **DTIV:** 26; **WAI:** 358; **WAIV:** 14

insurgency: in U. S. Senate, **WAIV:** 138; in Republican party, **ML:** 13

integrity, of businessmen: **DTIII:** 167

intellectuals: **DTI:** 249, 253; **DTIV:** 318; **WAVI:** 45; **HT:** 74, 76

intelligence: **DTI:** 118, 303; **DTII:** 57-58, 78; **DTIII:** 109; **DTIV:** 25, 151

intelligence quotient tests: **DTIV:** 325

interest: on loans, **DTI:** 142, 292; **DTII:** 61, 101, 164, 181; **DTIII:** 31, 39, 60, 245, 273; **DTIV:** 3, 5, 108, 274; **WAIII:** 162; **WAV:** 82, 102; **RB:** 122; from investments, **WAVI:** 4, 6

Interior, U. S. Department of: **DTIV:** 179; **HT:** 81

Internal Revenue Service (Bureau of Internal Revenue): **DTI:** 145; **DTIV:** 11; agents of, **WAII:** 179; **WAV:** 109

International Date Line: **DTIII:** 101, 102; **DTIV:** 204

internationalists: **DTIV:** 304; **WAVI:** 39

International Society for Crippled Children: **DTIV:** 18

interpreters: **ML:** 41-42

interstate commerce: **RB:** 167

intervention, international: *see* United States, intervention by *and other related topics*

In the Land of Bah (book): **WAV:** 163

intolerance: **DTI:** 247, 271; **DTIV:** 10; **HC:** 90; **RB:** 163-64; religious, **DTI:** 79, 247, 251, 271, 305; **DTII:** 202; racial, **DTI:** 106-107; **DTII:** 202; **DTIV:** 314

introductions, between persons: **ID:** 25

Invadis, Jerry: **WAIII:** 73, 74, 75

inventions and inventors: **DTI:** 75, 194, 306; **DTII:** 143; **WAI:** 315, 337, 340, 342; **WAIV:** 80; **WAV:** 35; **WAVI:** 93; **RB:** 45-46, 98

investigations: **DTI:** 167; **DTII:** 54; **DTIII:** 26, 27, 65, 67, 75, 95, 197, 209, 212; **DTIV:** 158, 161, 257; congressional, **ID:** 40, 125, 128, 131, 133, 137-41, 145-49; **L:** 75; **DTI:** 167, 182, 192, 193, 210, 278, 279, 303, 306; **DTII:** 3, 72, 76, 92, 96, 97, 107, 111, 143; **DTIII:** 86, 152, 153, 155, 156, 157, 160, 188, 207, 276, 277; **DTIV:** 23, 35-36, 37, 103, 105-106, 142-43, 158, 161, 167, 249-50, 257, 330, 332; **WAI:** 49, 198, 200, 206-12, 215-16, 217, 219, 225, 226, 243, 247-50, 317, 370-73; **WAII:** 250; **WAIII:** 136, 145-47, 148, 234; **WAIV:** 78, 79, 86-87, 88-89; **WAV:** 6, 146; **WAVI:** 15, 79, 104, 105, 110; **ML:** 70; **HT:** 95; **RB:** 47, 100; of steel industry, **ID:** 88; **WAI:** 80; of stock exchanges, **DTIII:** 277; **DTIV:** 33-34, 35-36; of dirigibles, **WAII:** 146

investments: **DTII:** 11, 174; **DTIII:** 11, 30; **DTIV:** 60, 236, 257, 301; of Rogers, **DTII:** 108; **DTIV:** 138; in Canada, **WAII:** 255; interest from, **WAVI:** 4, 6; foreign, **ML:** 162

"In Your Easter Bonnet" (song): **RB:** 128

Iowa: **ID:** 64, 65, 161; **L:** 54; **CA:** 58, 139; **DTI:**

221; **DTII:** 60; **DTIII:** 175, 198, 199, 224, 259; **WAI:** 76, 87, 123, 146-47; **WAII:** 104-105, 108, 164, 185, 213, 239; **WAIII:** 57, 140, 157, 174; **WAIV:** 27, 144; **WAV:** 200; **WAVI:** 174; **HC:** 65, 73; **ML:** 52; **HT:** 33, 35, 36, 54, 73; **RB:** 10; convention delegates from, **CA:** 141; emigration from, **DTI:** 75, 183; **DTII:** 60, 243; **WAV:** 37; highways in, **DTI:** 183; farmers in, **DTIII:** 198, 208; farms in, **WAI:** 102-103; state fair in, **RB:** 81
Iowa, University of: **DTII:** 32; **WAIII:** 140
Iowa City, Iowa: **WAIII:** 140; **HT:** 59, 60, 69
Iowa Farmers' Holiday Association: **DTIV:** 82
Iowa State University: **WAII:** 153, 171; **WAVI:** 172; **ML:** 50
Iran (Persia): **ID:** 126; **P:** 31; **DTIII:** 118, 119; **WAI:** 201; **WAII:** 45, 46; **WAIV:** 192, 193; **WAV:** 231; **WAVI:** 193; sultan of, **DTIII:** 118; people of, **WAIII:** 4
Iraq: **WAII:** 144-45
Ireland: **PC:** 14, 19; **P:** 9; **L:** 31, 38, 104, 107, 115; **CA:** 9, 10, 28, 29; **DTI:** 6, 107, 200, 201, 249; **DTII:** 103, 123, 124; **DTIII:** 5, 225; **DTIV:** 162, 248, 250, 256; **WAI:** 21, 68, 328, 329, 358; **WAV:** 62, 177, 180, 236; **WAVI:** 130; **ML:** 23, 46, 54, 155; **RB:** 24; tourists in, **L:** 107; peace in, **L:** 119; lakes in, **DTI:** 1; assassination in, **DTI:** 107; people of or from, **DTI:** 201; **DTIII:** 144; **WAI:** 59, 301; **WAII:** 14, 45, 100, 179-80; **WAIV:** 95, 194; **ML:** 42, 117; **HT:** 130; humor in, **ML:** 46
Ireland, William A. (Bill): **L:** 43; **WAII:** 101
Irigoyen, Hipólito: **DTII:** 151-52, 207
Irish Free State: *see* Ireland
Irish language: **WAII:** 259
Irish Sweepstakes: **RB:** 151
Iron and Steel Institute: **DTIV:** 182
iron ore: **ML:** 11
irrigation: **DTII:** 160; **DTIV:** 69; **HT:** 37; **RB:** 152; in Mexico, **DTI:** 154, 155; **ML:** 38, 44, 52, 54, 62
Irwin, Charles B. (Charlie): **WAIV:** 66; **WAV:** 107; **WAVI:** 100; **HT:** 57, 58; daughters of, **WAVI:** 112, 113; death of, **WAVI:** 112-14; family of, **HT:** 57, 58
Irwin, Etta M. (Mrs. Charlie): **WAVI:** 113; **HT:** 59
Irwin, Floyd: **WAVI:** 112, 113, 114
Irwin, Wallace: **WAI:** 331
Irwin, William H. (Will): **WAIII:** 176
Isaacs, Alice E. C. (marchioness of Reading): **WAII:** 234
Isaacs, Isaac A.: **DTIII:** 49
Isabella I, queen of Spain: **L:** 94, 99; **DTII:** 66; **DTIV:** 90; **WAII:** 224; **WAIV:** 28-29, 38; **ML:** 89
isolationism: **DTIII:** 159; **DTIV:** 139, 179, 250, 268, 274, 289, 304, 307; **ML:** 11; **HT:** 26, 78
Israel: **CA:** 113
issues, political: **DTI:** 83, 231, 259, 269, 270, 271, 273, 277; **HC:** 24, 53, 54, 113
Is Zat So? (musical): **L:** 30, 43
"It": **DTII:** 99, 110; **DTIII:** 78
Italia (dirigible): **DTI:** 232, 234
Italian language: **WAII:** 214, 259

Italy: **E:** 30; **BS:** 15, 83, 85; **ID:** 46; **PC:** 13, 18, 23-24, 25-26, 27-28, 29; **P:** 9; **L:** 10, 15, 54-73, 74-82, 100, 101, 109, 111; **DTI:** 3, 52, 72, 125, 194; **DTII:** 12, 25, 55-56, 73, 124, 128, 226; **DTIII:** 85, 192, 209, 235, 266; **DTIV:** 25-26, 66, 90, 140, 150, 181, 261, 289, 295; **WAI:** 2, 106, 354, 372; **WAII:** 47, 112, 197, 198, 212, 216, 221, 223-26; **WAIII:** 93; **WAIV:** 37, 114-15, 126, 134, 143, 154-55, 165, 196, 203, 210, 217; **WAV:** 9, 47, 56, 58, 62, 65, 129, 170, 191; **WAVI:** 7, 8, 109, 210, 211, 238, 239; **ML:** 22-23, 34, 104; **HT:** 131; **RB:** 4; unemployment in, **L:** 58; bicycles in, **L:** 60; labor strikes in, **L:** 63; merchant marine of, **L:** 63; patriotism in, **L:** 65; and imperialism, **L:** 68; emigration in, **L:** 68; foreign policy of, **L:** 68; political chaos in, **L:** 69-70; churches in, **L:** 74-75; art in, **L:** 77-79; relations with Yugoslavia, **DTI:** 71, 153; people of or from, **DTII:** 97; **WAVI:** 18, 55, 190, 212; government of, **DTIII:** 188; air armada from, **DTIV:** 53; aviation in, **DTIV:** 102; birthrate in, **DTIV:** 118; relations with Ethiopia, **DTIV:** 254, 282, 288, 319, 321, 325, 327, 330, 332, 334, 337, 338, 339; **WAVI:** 238, 255; **RB:** 104-105; royal wedding in, **WAIV:** 105-106; taxes in, **RB:** 114
Ivanhoe (novel): **WAV:** 220; **HC:** 102
Ivanov, Vsevolod V.: **BS:** 83

J

Jackson, Andrew: **CA:** 52-53, 70, 137; **DTI:** 138, 187, 227; **DTII:** 92; **DTIII:** 278; **WAII:** 55, 306; **WAIII:** 83, 109, 128-29, 177, 182, 222, 226, 233, 250; **WAIV:** 165; **WAV:** 165; **HT:** 79, 83, 88, 119; *see also* Jacksonian democracy
Jackson, Calif.: **DTII:** 212
Jackson, Dale (Red): **DTII:** 55, 56, 203
Jackson, Thomas J. (Stonewall): **DTII:** 190; **WAII:** 130, 141, 306; **WAIII:** 128, 222; **WAIV:** 176
Jackson, "Uncle": **WAII:** 306
Jackson Day: **DTI:** 167-68, 182, 227; **WAIII:** 128-30, 140, 181
Jacksonian democracy: **HT:** 79, 88
Jacksonville, Fla.: **DTI:** 173; **DTIII:** 20; **WAII:** 138; **WAIV:** 35, 133; **HT:** 22
Jacobs, Harold D.: **WAIII:** 71
Jacobs, Helen H.: **DTIV:** 329
Jacobs, Thornwell: **DTIII:** 136
Jacobs, William S.: **CA:** 113
Jahncke, Ernest L.: **CA:** 123
jails: escapes from, **DTIV:** 148, 165, 166; *see also* prisons
jamaica ginger: **ID:** 54; **P:** 12; **DTII:** 145, 150; **DTIII:** 2, 116; **WAIV:** 128, 131, 139; paralysis caused by, **WAV:** 5
James, Charles N. (Jimmy): **HT:** 48, 49, 50-51, 54, 55, 71
James, Frank: **DTI:** 27, 208; **WAI:** 41, 322; **RB:** 62
James, Jesse: **ID:** 99; **DTI:** 27, 208; **DTII:** 135;

Cumulative Index

DTIV: 142; WAI: 41, 53, 55, 80, 293, 322; WAII: 81, 172; WAIV: 215; WAV: 106, 221-22; ML: 105; RB: 62; book about, WAV: 114

Jamestown, N. Y.: WAI: 354

Japan: BS: 34; ID: 178; PC: 18, 19, 24, 26, 28, 29; L: 109, 111; CA: 84; DTI: 99, 219, 304; DTII: 52, 58, 82, 85, 109, 125, 128, 148, 153, 168, 194; DTIII: 63, 69, 78, 86, 87, 89, 95, 97, 98, 99, 100, 101, 102, 103, 104, 105, 107, 109, 112, 114, 123, 124, 125, 127, 130, 137, 144, 150, 153, 187, 195, 196, 216, 217, 261, 262, 263, 265, 272, 275, 280; DTIV: 33, 45, 91, 115, 131, 139, 150, 155, 157, 160, 164, 166, 200, 201, 202, 205-206, 210, 213, 221, 233, 248, 255, 261, 274, 286, 308, 319, 321, 322, 332, 342; WAI: 51, 67, 228-30, 245, 330, 331, 332, 351, 355, 356, 358, 371; WAII: 62, 66, 165, 178, 208, 257, 282, 296, 303; WAIII: 93; WAIV: 32, 48-49, 113, 114, 125-26, 143, 170; WAV: 62, 85, 105, 106, 108, 109, 110-12, 113, 117-19, 121, 123, 124, 129, 131, 144, 150, 161, 170, 173, 181, 199, 213, 237, 238-39; ML: 99, 104, 106, 109-25, 134-35, 136, 138-39, 145-46, 149, 159, 161, 162, 172; HT: 31, 80; RB: 3, 98; U. S. relations with, DTI: 178; DTIV: 17, 120, 127, 129, 131, 155, 170, 251; ML: 124; relations with China, DTI: 211; DTIV: 33; WAIV: 52; WAV: 73, 83-84, 116-17, 121-24, 134, 143-44, 181; ML: 107, 108, 116, 120-21, 124-31, 132-34, 136, 138, 142, 143, 146, 147, 149, 161, 162, 172-73; baseball in, DTII: 82; DTIV: 206, 208; ML: 120; navy of, DTII: 85; DTIV: 206; Rogers in, DTIII: 104, 106; DTIV: 66, 205-206, 208; WAV: 110-11, 112, 113, 115, 117-19; ML: 109, 111-25, 131; aviation in, DTIII: 106; DTIV: 86; WAI: 341; WAV: 110-11, 112; ML: 125; diplomacy in, DTIII: 104; army of, DTIII: 127; ML: 120, 146, 162; expansionism in, DTIII: 127; ML: 131-36, 138; Russian relations with, DTIV: 125, 131, 134, 150; WAIV: 52; naval officer from, DTIV: 127; minister of war of, DTIV: 131; tourists in, DTIV: 206; commerce of, DTIV: 208; golf in, DTIV: 208; ambassador from, DTIV: 251; ML: 124; earthquake in, WAI: 128-29; WAV: 117; ML: 130; farmers in, WAI: 230; national budget of, WAV: 109; politics in, WAV: 109-10; bicycles in, WAV: 110; subways in, WAV: 110; ML: 122; scientist from, WAV: 113; newspapers in, WAV: 115; ML: 131; motion pictures in, WAV: 117-18; ML: 115-17, 120, 131; automobiles in, WAV: 118-19; Olympic team from, WAV: 155, 181; people of, ML: 112, 119, 125, 128, 156, 163; actors and actresses in, ML: 112, 114, 115-17, 120; theater in, ML: 112, 114; food in, ML: 118, 120, 122; profanity in, ML: 118; art in, ML: 119; transportation in, ML: 119; U. S. embassy in, ML: 119; weather in, ML: 121; railroads in, ML: 122; emperor of, ML: 127, 128, 146; soldiers from, ML: 127-28; history of, ML: 135; unity in, ML: 146

Japan, Sea of: DTIII: 106; ML: 131

Japanese language: WAIV: 119; WAV: 118; ML: 109

Jarvis, Richard (Dick): HT: 109

Jask, Iran: DTIV: 232

Java: *see* Indonesia

Java Man: WAI: 151

javelin: WAV: 173

Jayhawker (play): DTIV: 230

jazz: ID: 48; WAI: 108; WAII: 73, 92, 101; WAV: 134

jazz bands: BS: 15; DTI: 277

jealousy: CA: 52; DTI: 14, 53, 66, 173, 272; DTII: 85; DTIII: 98; WAV: 131; WAVI: 245

Jefferson, Thomas: ID: 139, 166; L: 46, 73; CA: 53, 70, 72, 74, 110, 137, 138; DTI: 104, 138, 227, 268, 284, 312; DTII: 60, 92, 232; DTIII: 153, 278; DTIV: 309; WAI: 207, 259; WAII: 3, 131, 187, 305-306; WAIII: 109, 143, 177, 222, 225, 234, 251; WAIV: 57, 62, 65-66, 132, 176; WAV: 165, 237; HC: 49, 64, 77; ML: 71; HT: 16, 39, 43, 44, 79, 82, 83, 88; presidential administration of, ID: 131; WAI: 197; biography of, ML: 105; *see also* Jeffersonian principles

Jefferson City, Mo.: DTI: 183

Jefferson County, Ala.: WAIV: 155

Jeffersonian principles: CA: 115, 117; DTI: 268; DTII: 155; WAIII: 216, 222, 226-27; HT: 79, 88, 89; RB: 170

Jeffries, James J. (Jim): DTIII: 146; WAIV: 227

Jehol, China: WAV: 181, 239

Jenghiz Khan (Genghis Khan): WAV: 106, 111, 122; ML: 155, 156, 157; biography of, WAV: 114

Jennings, Alphonso J. (Al): L: 4; WAI: 215, 216, 226, 229; WAII: 92

Jennings, Hugh A. (Hughie): WAII: 297

Jensen, Martin: DTI: 129; HT: 51

Jeritza, Maria: WAII: 30

Jersey City, N. J.: WAIV: 22; WAV: 36

Jerusalem: DTII: 67; DTIII: 119; WAII: 22; WAIV: 145; WAV: 39; WAVI: 206, 207, 211; police chief of, WAI: 69

Jesuits: WAVI: 136

Jesus Christ: DTI: 90; DTII: 164, 250; DTIV: 295; WAVI: 11, 12, 211; RB: 126; story of, DTI: 81; WAVI: 105

Jews: E: 27; ID: 12, 14; L: 15; DTI: 38, 58, 106-107, 178, 194, 257, 274; DTII: 68, 103, 252; DTIV: 32; WAI: 6, 21, 36, 249, 302, 329; WAII: 44; WAIII: 89, 121, 138, 211; WAIV: 100; WAV: 124; HT: 112; RB: 24, 46, 90; in Russia, BS: 41, 86; votes of, DTI: 251; in New York City, DTII: 68; DTIII: 144; in Poland, WAV: 86; *see also* anti-Semitism; Judaism

"Jiggs" (cartoon character): WAII: 181; WAVI: 220

jigsaw puzzles: DTIV: 22

Jim Crow laws: DTII: 123

jitneys: ML: 67, 68

Joan of Arc: DTII: 24; WAI: 242; WAIII: 34

jobs: WAVI: 146, 186-87, 205; scarcity of, WAV: 36; promises of, HC: 8-9; *see also*

unemployment
jockeys: **ID:** 201-204; **DTI:** 224; **WAI:** 274-79
Joffre, Joseph J. C.: **DTII:** 254
Johannesburg, South Africa: **DTIV:** 20
John, Brooke: **WAI:** 255
"John Brown's Body" (song): **CA:** 53
Johnson, Agnes: *see* Dazey, Agnes Johnson
Johnson, Andrew: **WAIV:** 165; **WAVI:** 202
Johnson, Ban: **DTI:** 59
Johnson, Helen L. K. (Bobbie): **DTIV:** 197, 221, 222
Johnson, Herbert: **L:** 72
Johnson, Hiram W.: **ID:** 46, 165; **L:** 59; **CA:** 9, 10, 13, 15, 16, 17-18, 33; **DTI:** 39; **DTII:** 94, 136, 166, 177, 184, 191, 202; **DTIV:** 239; **WAI:** 40, 106, 139, 158, 172, 179, 237, 258, 281, 306, 312; **WAII:** 105, 178, 289, 311; **WAIV:** 85-86, 169-70; **WAV:** 223; **WAVI:** 104, 134; **ML:** 112, 154; **HT:** 12; **RB:** 148
Johnson, Hugh S.: **DTIV:** 46, 64, 68, 70, 71, 100, 144, 175, 197, 201, 222, 255, 261, 287, 300; **WAVI:** 73, 102, 137, 145-46, 206; **RB:** 100, 167; retirement of, **DTIV:** 221
Johnson, James (Jimmy): **WAIII:** 236
Johnson, John A. (Jack): **WAIII:** 75
Johnson, Kirk: **WAIII:** 46
Johnson, Lester Albert: **WAV:** 40
Johnson, Magnus: **ID:** 45-46; **DTI:** 76; **WAI:** 105-106, 170, 180, 186, 227, 323, 358; **WAVI:** 18
Johnson, Martin E.: **WAIV:** 11
Johnson, Minnie P.: **WAII:** 182
Johnson, Roy M.: **WAIV:** 238
Johnson, Samuel: **WAII:** 218; **WAIII:** 196
Johnson, Walter P.: **BS:** 48; **DTI:** 114; **DTIV:** 228; **WAI:** 296-99, 301, 303, 304, 312; **WAII:** 46, 69, 89-90, 107, 115, 182, 184, 284; **WAV:** 72, 137
Johnson, William A. (Will): **WAII:** 162; **WAV:** 202
Johnston, Henry S.: **CA:** 145; **DTII:** 7; **WAIII:** 116, 249
Johnston, Thomas A.: **WAV:** 202, 219; **WAVI:** 182
Johnston, William M. (Little Bill): **WAII:** 70
Johnstown, Pa.: flooding in, **DTII:** 116; **RB:** 92
Johore, sultan of: *see* Almahum abn Bakar, Ibrahim I.
joiners: **HT:** 137
jokes: **WAII:** 25, 65; **RB:** 146; *see also* humor
Joliet, Ill.: federal prison at, **WAI:** 297, 302
Jolson, Albert (Al): **BS:** 14; **WAIII:** 108, 126; **WAV:** 233; **WAVI:** 21-22
Jonah: **DTII:** 107
Jones, Charles S. (Casey): **BS:** 38; **DTI:** 83, 200; **DTII:** 260; **ML:** 11
Jones, Edgar (Pardner): **WAVI:** 131
Jones, Hilary P.: **L:** 18; **WAIII:** 49; **WAIV:** 102, 103; **ML:** 22
Jones, Howard H.: **DTIII:** 259; **WAV:** 14, 223
Jones, Jesse H.: **CA:** 101, 109, 111; **DTI:** 181, 225, 226; **DTII:** 174; **DTIII:** 123; **DTIV:** 26, 96-97, 100, 116, 117, 125, 136, 169, 190, 220, 221, 266-67; **WAIII:** 131; **WAIV:** 232-33; **WAVI:** 72, 97, 157, 197; **HC:** 23, 25; **RB:** 158-59
Jones, Jim: **WAV:** 126
Jones, Richard T.: **WAIII:** 55
Jones, Robert T. (Bobby), Jr.: **L:** 37; **DTI:** 71, 122, 123, 127; **DTII:** 45, 57, 65, 69, 166, 181, 185, 216, 237, 241; **DTIII:** 24, 71; **WAII:** 226, 240; **WAIII:** 75; **WAIV:** 64, 99; **WAV:** 121; **ML:** 168; **HT:** 117; **RB:** 61; testimonials for, **DTII:** 170
Jones, Walter: **WAVI:** 62
Jones, Wesley L.: **DTII:** 173; **WAI:** 170; **WAIV:** 10
Jonesboro, Ark.: **WAV:** 91
Jones Five and Ten Act of 1929: **DTII:** 3
Jordan River (Palestine): **DTI:** 238; **WAVI:** 207, 211
Jordan River (Utah): **HT:** 55
Josephine, empress of France: **WAII:** 246
Josephs, Cotton: **HT:** 101-102
journalists: **L:** 47; **WAI:** 3, 5; women as, **WAI:** 39; in New York City, **WAI:** 292-93; *see also* newspapermen; newspapers
Joyce, Jack: **WAII:** 19
Joyce, Peggy Hopkins: **L:** 6; **DTI:** 233, 299; **WAI:** 279, 338; **WAII:** 3, 55, 61, 111, 193; **WAIII:** 21, 23; **WAIV:** 30, 64; **WAV:** 126, 209; **HC:** 19, 92; **HT:** 23, 91, 117-18; **RB:** 82; wedding of, **HT:** 141
Juarez, Mexico: **DTI:** 62, 124; **DTII:** 3; **DTIII:** 13; **WAII:** 163; **WAIII:** 100; **WAIV:** 3; **WAV:** 18
Jubilo (film): **WAIV:** 75; **WAV:** 183
Judaism: **ID:** 119; **WAI:** 36; *see also* Jews
Judd, Lawrence M.: **WAV:** 149
Judd, W. Ruth: **WAV:** 86
Judea: **WAV:** 16, 24
Judge (magazine): **WAIII:** 187
Judge Priest (film): **WAVI:** 128, 132, 169, 171, 173, 227; **RB:** 152
judges: **DTI:** 187, 315; **DTII:** 3, 248; **WAVI:** 175; lawyers as, **DTIV:** 336
judiciary: **DTII:** 125, 160, 248; **DTIII:** 87; **DTIV:** 179, 334
Julian oil scandal: **DTI:** 105-106
Julius Caesar: *see* Caesar, Julius
Juneau, Alaska: **DTIV:** 344; **WAVI:** 17, 252, 254
Jung, Guido: **DTIV:** 26; **WAVI:** 18
Juno: **ID:** 190; **WAI:** 152
juries: **DTI:** 145; **DTII:** 90, 109; **DTIV:** 80; **ML:** 100; women on, **DTI:** 273
justice: **DTI:** 34, 116, 210, 213; **DTII:** 41, 84; **WAIII:** 231-32; **ML:** 55; in England, **DTII:** 125
Justice, U. S. Department of: **DTII:** 132; **WAI:** 284; **WAIII:** 231, 258; **HT:** 81
Justo, Augustín P.: **DTIV:** 88
juvenile court movement: **WAIII:** 61, 65

K

kabuki dancers: **ML:** 112
Kabukiza Theatre (Tokyo): **ML:** 112
Kahn, Otto H.: **DTII:** 94, 113; **WAI:** 40-41;

WAII: 36, 265; WAIII: 90-91; WAIV: 81, 86
Kalamazoo, Mich.: WAIII: 32
Kamchatka, Russia: DTIII: 103
Kang Teh: *see* Pu-yi, Henry
Kansa (Kaw) Indians: DTI: 223, 226; DTII: 7, 134; WAV: 90; ML: 100; RB: 18
Kansas: BS: 18; ID: 5, 11, 146, 209; P: 18-19, 23; L: 11; CA: 57, 102, 114; DTI: 27, 28, 38, 148, 154, 168, 207, 208, 220; DTII: 118, 136; DTIII: 40, 58, 59, 117, 224, 229; DTIV: 3-4, 18, 131, 188, 211, 292-93, 294; WAI: 5, 77, 100-101, 170, 230, 237, 241, 245, 349; WAII: 162, 170, 262-63, 267, 274, 292; WAIII: 116, 153, 157, 166-67, 168, 222; WAIV: 11, 71; WAV: 15, 90, 130, 219; WAVI: 15, 26, 122, 160; HC: 43, 68; ML: 100, 143; HT: 35, 37, 88; RB: 19, 106, 107, 120, 122; politicians in, DTII: 118; governor of, DTIV: 294; farmers in, WAII: 103; HT: 88; politics in, WAII: 171; newspapers in, WAIII: 153; WAV: 219; Chamber of Commerce of, WAIII: 166; election in, WAIV: 175
Kansas, University of: DTIV: 89
Kansas City, Mo.: ID: 208; CA: 77, 95, 103, 106, 116; DTI: 27, 29, 120, 179, 207, 211, 214, 219, 220, 221, 222, 223-24, 229, 259, 311; DTIII: 176; DTIV: 35, 243, 295; WAI: 18, 71, 90, 95, 100, 238, 245, 349; WAII: 103, 104, 258, 274-75, 292; WAIII: 28, 53, 68, 100, 117, 132, 151, 153, 168, 169, 175, 176, 182; WAIV: 51, 69; WAVI: 20, 62, 101, 162, 229; HC: 8, 14, 20, 22, 24, 32, 34, 39, 45, 60; ML: 88, 90, 92; HT: 25, 69; RB: 20, 104; war monument in, DTI: 27, 29; WAII: 103, 258, 274; newspapers in, DTI: 168; railroad depot in, WAI: 242; stockyards in, WAII: 258
Kansas City (Mo.) *Star:* WAII: 275; WAIII: 100
Kansas City (Mo.) *Times:* WAIII: 100
Karachi, Pakistan: DTIV: 232
Karolyi, Mihaly: WAII: 20, 87
Kaufman, George S.: ML: 101
Kaw Indians: *see* Kansa Indians
Kearns, Jack (John L. McKernan): DTI: 15, 111; WAI: 91, 312; WAIII: 73
Keaton, Joseph F. (Buster): HT: 53
Keeler, O. B. (Pop): WAIV: 99
Keenan, Dorothy K.: murder of, WAI: 51
Keene, N. H.: RB: 95
Keene family: HT: 14
Keijo: *see* Seoul, Korea
Keith, Benjamin F.: WAI: 29; WAII: 162, 170; WAIII: 205; theater of, WAII: 251
Keller, Helen A.: WAV: 223; WAVI: 181-82; RB: 28
Kellerman, Annette: BS: 83; ID: 71; WAI: 138
Kellogg, Carrie S. (Mrs. Will K.): WAV: 153-54
Kellogg, Clara M. C. (Mrs. Frank B.): L: 41; WAII: 277
Kellogg, Frank B.: L: 14, 31, 41, 56, 65, 95, 103; DTI: 5, 33, 43, 47, 62, 117, 134, 135-36, 218, 219, 289, 296, 297, 305; DTIII: 141-42; WAI: 181; WAII: 45, 46-49, 87-88, 164-65, 178, 180-81, 277, 280-82; WAIII: 230; ML: 79; HT: 35

Kellogg, Will K.: DTIII: 167; WAV: 153-54
Kellogg-Briand Pact of 1928: DTI: 178, 218, 219, 249, 287, 289, 295, 296, 297-98, 303, 305; DTII: 52, 54, 57; DTIII: 217
Kelly, Oakley G.: WAI: 68
Kelly, Walter C.: WAII: 189
Kelly Field, Texas: DTI: 160, 229; DTIV: 94; WAII: 85; WAIII: 18, 111; ML: 88, 90
Kelsey, Harold J.: DTIII: 12
Kemal Pasha, Mustafa: DTI: 139
Kemper Military Academy: WAII: 162, 192; WAIV: 23, 238; WAV: 202, 219; WAVI: 105, 148, 182-83; HC: 92
Kendrick, John B.: WAIV: 66, 133
Kendrick, W. Freeland: L: 94
Kennedy, ———: WAV: 96
Kennedy, Madge: WAII: 190
Kennedy, Minnie P. (Ma): DTI: 114; DTII: 203; DTIII: 55, 76; WAIV: 183-84; WAV: 71, 75
Kenny, William F.: CA: 111; DTI: 301, 302; WAII: 251; WAIII: 227
Kent, Elizabeth B.: WAIV: 153
Kent, Frank R.: DTIV: 274, 302; RB: 170
Kentucky: CA: 135; DTIII: 235-36; DTIV: 306; WAI: 172, 366; WAII: 94, 132; WAIII: 34, 153-54; WAV: 182, 234; WAVI: 10, 132, 201; honorary colonels of, P: 13; DTIV: 84; horse racing in, DTI: 147, 196; pari-mutuel wagering in, DTI: 147, 152; basketball team from, DTI: 200; electoral practices in, DTII: 233; elections in, DTIV: 102-103; WAIV: 85
Kentucky Derby: DTII: 30; DTIV: 306; WAVI: 114, 222; RB: 137, 139, 140
Kerensky, Alexander F.: WAIV: 192
Kern River: WAV: 158
Ketchikan, Alaska: DTIV: 344; WAVI: 254
Keyes, Asa: DTI: 43
Keyes, E. A.: WAV: 157
Keystone Comedy Company: WAV: 1
Key West, Fla.: DTI: 180; WAIII: 130; ML: 24
Kiaochow (Chiao-chou), China: PC: 28; ML: 127
Kid Boots (musical): L: 30
The Kid from Spain (film): WAV: 192
kidnapping and kidnappers: DTIII: 137, 139; DTIV: 35, 60, 64, 66, 84, 86, 319-20; WAV: 130-31; WAVI: 1, 125, 126, 162; RB: 162; laws against, DTIV: 60; in California, DTIV: 174-75; *see also* Lindbergh, Charles A., Jr.
Kilbane, John P. (Johnny): WAI: 82
kilts: WAII: 243
Kimberly, South Africa: HC: 54
kimonos: DTII: 155; WAV: 10, 110, 121, 123, 209; ML: 114, 116, 117-18, 135
kindergarten: DTI: 309; DTII: 163; DTIV: 301
Kindred, Herbert (Herb): DTIII: 24
King, Henrietta M. C. (Mrs. Richard): WAIII: 183
King, Henry: WAIV: 189; WAV: 98
"King Benjamin": *see* Purnell, Benjamin
King Cole Hotel (Miami Beach, Fla.): WAII: 152
Kingman, Ariz.: DTII: 78; WAIV: 201

King of Kings (film): **DTI:** 81; **WAIII:** 34, 180
King Ranch: **DTI:** 229; **DTIII:** 94; **WAIII:** 183-85, 192; **WAV:** 92, 93-94; **WAVI:** 7, 101
Kingsford-Smith, Charles E.: **DTI:** 220; **DTII:** 182; **DTIV:** 232, 236, 237, 249
Kingston, Samuel F.: **L:** 13
Kingsville, Texas: **WAIII:** 183; **WAV:** 92
Kinney, Henry W.: **ML:** 146
Kip, Leonard: **WAII:** 118
Kipling, Rudyard: **WAI:** 339; **WAIII:** 256
Kirkwood, Joseph H. (Joe): **WAII:** 142
Kiser, Earl: **WAII:** 93, 94
Kitson, Albert E. (Lord Airedale): **WAII:** 234
Kitson, Florence S. (Lady Airedale): **WAII:** 234
Kitty Hawk, N. C.: **DTIV:** 252
Kiwanis clubs: **E:** 6; **L:** 13, 36; **DTI:** 79, 91, 199, 250; **DTII:** 81; **DTIII:** 35; **WAII:** 197, 215, 240, 277; **WAIII:** 51, 172, 194; **WAIV:** 63; **ML:** 25; **HT:** 31, 99, 150, 153; national convention of, **HT:** 134, 136-38
Kiwanis Magazine: **HT:** 136
Kiwanis Singers: **HT:** 134
Klaw, Marc: **WAIV:** 192
Kleberg, Helen C. (Mrs. Bob): **WAV:** 93
Kleberg, Richard M.: **DTIII:** 99
Kleberg, Robert J.: **DTIII:** 94; family of, **DTIII:** 94; **WAIII:** 183, 192
Kleberg, Robert J. (Bob), Jr.: **WAV:** 93, 94
KleinSmid, Rufus B. von: **WAV:** 239; **WAVI:** 65
Kline, Charles H.: **WAII:** 286
KLM Airlines: **DTIV:** 232
Kloehr, John J.: **WAII:** 182, 194
Klondike District, Canada: **DTIV:** 346; **WAVI:** 139, 252
Klondike River: **WAVI:** 255
Knapp, Dorothy M.: **WAII:** 68
knee breeches: *see* breeches
knees: **ID:** 101; **WAI:** 57; **WAIV:** 136-37
Knight, Ella J.: **WAIV:** 187
Knight, Leona Curtis: **CA:** 102; **DTI:** 259; **RB:** 20
knighthood: **DTI:** 26; **DTII:** 162; **WAI:** 157
Knights of Columbus: **DTI:** 79
knitting: **ML:** 14; **RB:** 12
Knoop, ———: **HT:** 69
knowledge: **WAIV:** 145, 214; **WAV:** 44-46; of politics, **DTI:** 136, 269
Knox, Frank: **CA:** 10, 11
Knox, Henry: **CA:** 11
Knox, John C.: **WAI:** 70
Kobe, Japan: **DTIII:** 106; **ML:** 131
Koehl, Hermann: **DTI:** 200-201
Kolehmainen, Hannes (Willie): **HT:** 101
Kolenskies: **DTIII:** 108
Der Kongress Tanzt: see *Congress Dances*
Konigsberg, Germany: **BS:** 22, 25; **DTIV:** 54
Korea: **DTIII:** 106; **WAV:** 171; **WAVI:** 12; **ML:** 131-36, 172; people of, **ML:** 131; ex-royal family of, **ML:** 135; history of, **ML:** 135; national debt of, **ML:** 135-36; clothing styles in, **ML:** 136
kosher: **DTIV:** 295; food, **DTI:** 178
Kovno (Kaunas), Lithuania: **BS:** 30
Kreisler, Fritz: **ID:** 203; **L:** 30; **WAI:** 278;

WAII: 144; **WAIII:** 172
Kremer, J. Bruce: **ID:** 178, 179; **CA:** 85
Kremlin: **BS:** 41, 51
Kress, S. H.: stores of, **HT:** 141
Kreuger, Ivar: **WAV:** 135-36, 146
Krishnamurti, Jeddu: **DTI:** 17
Krupp family: **WAII:** 276
Krupp munitions works: **ML:** 57; representative of, **ML:** 57, 58
Kuhn, F. W.: **WAIV:** 155
Ku Klux Klan: **E:** 19; **ID:** 12, 14, 165, 172, 208; **L:** 24; **CA:** 35, 62, 63, 70-71; **DTI:** 32, 170, 174; **DTII:** 103; **WAI:** 3, 6, 100, 139-40, 141, 167, 171, 243, 257-58, 261, 301-302, 307, 309, 342; **WAII:** 80, 93, 179, 233, 236; **WAIII:** 2, 225; **WAIV:** 63, 95; **HC:** 90; **ML:** 26, 29; **HT:** 45, 110
Kuykendall, Edward E. (Ed): **WAVI:** 115

L

labor (workers): **CA:** 29, 68; **DTI:** 136; **DTII:** 35-36, 68, 252; **DTIII:** 23, 135, 244-45; **DTIV:** 22, 75, 91, 153, 198, 230, 315; **WAIII:** 221; **WAIV:** 76; **WAVI:** 73, 244; *see also* labor unions
Labor, U. S. Department of: **WAIII:** 232, 258; **HT:** 80
Labor Day: **DTII:** 68, 111; **DTIII:** 206; **DTIV:** 74; **WAV:** 186
Labor party, British: **L:** 26, 27; **DTII:** 35-36, 207; **DTIII:** 70; **WAII:** 220; **WAV:** 64, 69
labor relations: **WAI:** 117, 122
labor strikes: *see* strikes
labor unions: **DTIV:** 63, 71, 155, 177, 182-83, 198, 310; **WAI:** 73, 117, 143, 340-41; **WAV:** 22; **WAVI:** 108, 206; **HT:** 56, 57; *see also* labor; strikes
Lacey, Lewis: **L:** 49; **WAI:** 293; **WAIV:** 200
lacrosse: **WAVI:** 235
Laddie Boy (dog): **WAI:** 40; **ML:** 8; **HT:** 96
Ladies' Home Journal (magazine): **HT:** 114
Lady Be Good (musical): **L:** 30
Lafayette, Ala.: **WAIV:** 155-56
Lafayette, Ind.: **WAII:** 93
Lafayette, Marquis de: **CA:** 40, 41; **DTIV:** 90; **WAI:** 317, 349; **WAII:** 17, 208; **WAIII:** 243
Laffoon, Ruby: **DTIV:** 306
La Follette, Robert M.: **ID:** 140, 165, 167, 171, 172, 210; **PC:** 29; **L:** 70; **CA:** 38, 70, 77; **DTI:** 252; **WAI:** 40, 101, 102, 170, 208, 215, 250, 258, 260, 261, 266, 272, 292, 293, 299, 300, 302, 303, 306, 308, 311, 312, 315, 319-20, 324, 327; **WAII:** 32, 45, 46, 64; **WAIII:** 76, 152; **WAVI:** 79; **HT:** 12
La Follette, Robert M., Jr.: **BS:** 51; **DTI:** 223; **DTIII:** 4; **DTIV:** 109, 142, 239; **WAIII:** 176, 181, 222; **WAIV:** 49, 51; **WAVI:** 79; **HC:** 34; **HT:** 99; **RB:** 160
La Guardia, Fiorella H.: **DTIII:** 157; **DTIV:** 120, 271; **WAI:** 372-73; **WAII:** 168, 169, 195; **WAIV:** 10
La Jolla, Calif.: **WAVI:** 125, 210; **RB:** 9

Lake City, Colo.: **WAIV:** 201
Lakehurst, N. J.: **WAI:** 184
Lakewood, Maine: **WAVI:** 141-42
Lakewood, N. J.: **DTIII:** 23; **WAII:** 68
Lamb, Harold A.: books by, **WAV:** 114
Lambs Club: **WAII:** 27, 156; **WAV:** 11
lame ducks: **DTI:** 76, 188-89; **DTII:** 234; **DTIII:** 245-46, 247, 255, 260, 262, 265, 267, 268; **DTIV:** 176; **WAI:** 319, 337; **WAII:** 312; **WAV:** 227-28, 229; **ML:** 161; **HT:** 96-97; legislation affecting, **DTI:** 188; **DTII:** 275, 278; **WAV:** 4; legislative session of, **DTI:** 282
Lamont, Robert P.: **DTII:** 254
Lamont, Thomas W.: **DTII:** 89, 91, 253-54
La Montagne brothers: **WAI:** 28
Lamson, David A.: **DTIV:** 71
land: **DTI:** 137; price of, **DTI:** 286; foreign-owned, **WAII:** 164-65; scarcity of, **WAIV:** 134; redistribution of, **ML:** 69
Landau, David: **WAVI:** 169
land banks: **DTIII:** 121
Landes, Bertha Knight: **DTI:** 70
Landis, Kenesaw M.: **BS:** 54; **DTI:** 51, 59; **DTIV:** 226, 322; **WAI:** 354; **WAII:** 296-99
Landon, Alfred M. (Alf): **DTIV:** 294; **RB:** 139
landowners: **WAV:** 2-3
Landsdowne, Zachary: **WAII:** 88-89; wife of, **WAII:** 88
Lane, Anne C. W. (Mrs. Franklin K.): **WAVI:** 28, 30
Lane, Cap: **WAI:** 171
Lane, Catherine M. (Mrs. Franklin K., Jr.): **WAVI:** 28
Lane, Ethel: **WAVI:** 246
Lane, Franklin K., Jr.: **WAVI:** 28
Lane, George: **L:** 48-49; **WAI:** 129-30, 221; **RB:** 37
Lane, Maud Rogers (Mrs. Cap): **WAII:** 33-34
Langhorne sisters: **WAI:** 44
Langley, Samuel: airplane of, **DTI:** 187
Langley, U. S. S.: **DTII:** 236
language: **L:** 14, 61; **DTI:** 90; **WAII:** 210, 212; **WAVI:** 68-69, 80, 246; *see also* foreign languages
Lapham, Jack H.: **WAV:** 93; and family, **DTIII:** 94
Lapham, Lucy J. T. (Mrs. Jack H.): **WAV:** 93
Laramie, Wyo.: **WAIII:** 173
Lardner, Ringgold W. (Ring): **ID:** 6, 7; **CA:** 55; **DTI:** 84, 202; **DTIII:** 130; **DTIV:** 83; **WAII:** 155, 157, 166, 169, 291; **WAIII:** 45, 108; **WAIV:** 75; **HT:** 114
Laredo, Texas: **WAIII:** 100; **ML:** 27, 28-30; district attorney from, **DTII:** 109; mayor of, **ML:** 28, 30
La Rocque, Rod: **DTI:** 103
Lasky, Jesse L.: **DTI:** 107; **WAI:** 235; **WAIV:** 13; **HT:** 145-47
Last Supper: **DTIII:** 216; **WAIV:** 75; **WAV:** 16
Las Vegas, Nev.: **DTI:** 141; **DTII:** 213; **DTIII:** 206; **WAIII:** 172; **HT:** 51, 52, 72
Latin America: **WAV:** 21; **WAVI:** 46; **HC:** 73; Rogers in, **DTI:** 171-72; **DTIII:** 13-14, 16-19, 219-20, 222-28, 229; **WAIII:** 229; **WAV:** 197, 199, 208, 211, 213, 232; **WAVI:** 47, 249; **RB:** 94; government in, **DTI:** 215; politics in, **DTIII:** 19; revolutions in, **DTIV:** 75-76; **WAVI:** 47; U. S. relations with, **DTIV:** 130; **ML:** 23-24; advertising in, **WAV:** 25; natural resources of, **ML:** 24; trade with U. S., **ML:** 24; cartoonists in, **ML:** 41; people of, **ML:** 41; *see also* Central America; South America
Latin language: **DTIII:** 209; **WAV:** 171; **WAVI:** 149; **ML:** 75; **HT:** 136
Latvia: **BS:** 33; **L:** 108; **WAII:** 197, 224
Lauber, Martha: **CA:** 49
Lauder, Harry: **L:** 87, 115; **CA:** 33; **WAI:** 154-58, 191; **WAII:** 236; **WAIV:** 173; **WAV:** 79; **RB:** 35
Lauder, May J. (Polly): **WAIV:** 173-74
Laughing Bill Hyde (film): **DTIV:** 346; **WAV:** 215; **WAVI:** 252
laughter: **ID:** 7
Laurel, Stanley (Stan): **DTIII:** 243; **WAV:** 87, 192; **WAVI:** 32
Lausanne Conference of 1932: **DTIII:** 121, 188; **WAI:** 2-3, 11-12
Laval, Jose: **WAV:** 85
Laval, Pierre: **DTIII:** 89-90, 98; **WAV:** 85-86, 223; **ML:** 98, 101; **RB:** 73
law: **ID:** 195-96; **WAI:** 25-26, 167, 224, 315; **WAVI:** 119-20, 210; **HC:** 46; **HT:** 119; **RB:** 122, 146, 172; enforcement of, **WAII:** 16; **HC:** 14-15, 24; international, **ML:** 44; **HT:** 127
Law, Evelyn: **CA:** 49
law and order: **DTI:** 74; **DTII:** 19-20, 84; **WAI:** 93
Lawes, Lewis E.: **DTIII:** 227; **WAV:** 162
Lawler, Oscar: **DTIV:** 77; **WAV:** 129
lawmaking and lawmakers: **DTI:** 58; **WAI:** 244-245, 246; **RB:** 111, 146-47; *see also* legislatures, state; United States Congress
law schools, graduates of: **DTIII:** 42
Lawson, Roberta C. (Mrs. Robert): **DTIV:** 314; **WAVI:** 233-34; **RB:** 163-64
lawsuits: **DTI:** 111
Lawton, Okla.: **WAIV:** 238, 239
lawyers: **ID:** 1-3, 40, 125-26; **PC:** 29; **L:** 88; **DTI:** 213; **DTII:** 14, 30-31, 90, 99, 125; **DTIII:** 42; **DTIV:** 68-69, 174, 258, 272, 332-33, 341; **WAI:** 11, 50, 160, 200-201, 212-14, 247, 249, 305, 314, 335; **WAII:** 15, 23, 36, 65, 230, 279, 301; **WAIII:** 13, 20-21, 64, 77, 99, 146, 156, 223; **WAIV:** 63, 201, 202, 203; **WAV:** 9, 130, 150; **WAVI:** 54, 118, 168, 243, 244, 246-48; **HC:** 44; **ML:** 100; **HT:** 16; **RB:** 38, 164; in California, **DTI:** 67; as judges, **DTIV:** 336
Layden, Elmer F.: **DTIV:** 113, 250; **WAVI:** 191
laziness: **ML:** 47-48
Lazzeri, Anthony (Tony): **DTI:** 136
leadership and leaders: **DTIV:** 96, 99-100; **WAV:** 64; **ML:** 130; in China, **ML:** 128, 129-30
League of Nations: **BS:** 5, 15, 33; **ID:** 87, 165; **PC:** 17, 20-21, 22-23, 24-25, 27; **P:** 39; **L:** 53, 93, 104, 118, 119, 120; **CA:** 16, 29, 65; **DTI:** 6, 10, 125, 183, 297; **DTII:** 171; **DTIII:** 26, 32, 74, 78, 86, 87, 98, 105, 107, 108, 110, 111,

112, 114, 125, 127, 217, 272, 275, 280; **DTIV:** 91, 104, 105, 217, 218, 264, 330; **WAI:** 39, 63, 78, 116, 183, 258, 306, 321, 327, 330, 333, 336; **WAII:** 106, 145, 176, 185, 231, 242, 245, 281, 296; **WAIII:** 21, 22, 77, 93, 246; **WAIV:** 4, 19; **WAV:** 9, 91, 95, 140, 169, 170, 236; **WAVI:** 238; **ML:** 57, 97, 99, 123, 126, 129, 140, 146, 152; **HT:** 78, 79, 90; **RB:** 66; Germany and, **DTI:** 13; U. S. and, **DTIII:** 108, 275; **WAIV:** 64; Article Ten and, **WAI:** 64, 72; **WAII:** 51

League of Women Voters: **DTI:** 205

Leavenworth, Kan.: federal prison at, **CA:** 100; **DTIII:** 43, 136

Leblang, Joe: **DTI:** 56

Lebrun, Albert: **DTIV:** 66

lectures and lecturers: **WAI:** 181, 274; **HT:** 155

Lee, Duke R.: **WAVI:** 131

Lee, E. Hamilton: **DTIII:** 53; **HT:** 69

Lee, Lila: **WAII:** 142

Lee, Robert E.: **DTII:** 190; **DTIII:** 24; **DTIV:** 240; **WAII:** 141; **WAIII:** 143, 225; **WAIV:** 148, 176; **WAVI:** 129; **HT:** 119; **RB:** 44

Lee, Tommy: **ML:** 162, 163

Leeds, Florence L.: **WAI:** 77

Leeds, Nancy S.: **WAI:** 8

Legal Record (newspaper): **WAVI:** 246-48

legislatures (state): **DTII:** 1, 254, 263; **DTIII:** 116; **DTIV:** 9, 277, 290, 322; **WAIII:** 1-3; **RB:** 105, 111, 151; *see also under individual states*

legs, of women: **WAIV:** 135-37

Leguía y Salcedo, Augusto B.: **DTII:** 207

Lehmann, Herbert H.: **DTI:** 301; **DTIV:** 105

Lehr, Lew: **RB:** 175

Leif Ericsson: **WAIV:** 126

leisure: **DTIII:** 10

Lenglen, Suzanne: **BS:** 44; **L:** 101; **DTI:** 2; **WAII:** 226-27

Lenin, Vladimir I.: **BS:** 7, 16, 42, 52, 65, 70, 73, 87; **DTIII:** 99; **WAI:** 368; **WAIII:** 93; **ML:** 12; tomb of, **BS:** 51

Leningrad, Russia: **DTII:** 211; **DTIV:** 214; **HT:** 141; **RB:** 98

Lennon, Patrick, II: **WAII:** 307, 310

Lenroot, Irvine L.: **ID:** 137, 139, 140, 147; **WAI:** 206, 208, 210, 211-12; **WAII:** 44

Leon, Pedro: **DTIII:** 54

Leonard, Benjamin (Benny): **WAI:** 290

Leonardo da Vinci: **DTI:** 216

Leone's Restaurant (New York City): **WAVI:** 193

Leopold, Nathan: **DTI:** 175; **WAI:** 293, 295-96, 297

Lesage, Alain R.: **ID:** 7

letters: **DTI:** 211; **DTIV:** 138, 139-40, **WAIII:** 132-35; **WAVI:** 16-18, 49, 82, 93, 204, 225; **RB:** 97; open, **DTI:** 6, 80; **HT:** 40; writing of, **DTIII:** 216; confidential, **WAI:** 72-74

Leviathan, S. S.: **ID:** 101, 197; **L:** 10, 13, 15-16, 19-20, 22, 55, 120; **DTI:** 114; **DTII:** 15, 21; **DTIV:** 138; **WAI:** 27, 57, 81, 89-90; **WAII:** 249; **WAIII:** 49, 50; **WAIV:** 103; **ML:** 4

Levine, Charles A.: **DTII:** 119; **WAIII:** 54, 55, 57

Lewis, George E. (Duffy): **WAV:** 72

Lewis, Harold T. (Slim): **HT:** 69-70

Lewis, J. Hamilton (Ham): **PC:** 17; **CA:** 135, 141; **DTIII:** 173; **DTIV:** 16; **WAI:** 32, 170; **WAV:** 205; **RB:** 60

Lewis, Mary: **WAII:** 189

Lewis, Meriwether: **CA:** 59

Lewis, Sinclair: **DTIII:** 7

Lexington, Ky.: **L:** 4; **DTI:** 47; **DTIV:** 126; **WAII:** 94, 101-102; **WAIII:** 109, 153-54; **WAV:** 234; **WAVI:** 58, 222

Lexington, Mass.: **WAII:** 306; **WAIV:** 17; citizens of, **DTIV:** 164

Lexington, U. S. S.: **DTII:** 236

LFD Ranch: **DTIV:** 244

liars: **DTI:** 102; **DTII:** 5; **HT:** 28-39

Libby, Laura Jean: novels by, **WAII:** 92

liberalism: **WAVI:** 20

liberality, of Americans: **RB:** 67

Liberal party, British: **L:** 26; **WAII:** 220, 255; **WAV:** 64

liberals: **WAI:** 20, 186

Liberia: **DTIII:** 117; **WAVI:** 6

liberty: **BS:** 59, 88; **ID:** 148; **L:** 46; **CA:** 138; **DTI:** 88; **DTIV:** 328-29; **WAI:** 211; **WAIII:** 92, 94, 97, 138; **WAIV:** 205; **WAV:** 46; **ML:** 82, 107, 132, 133, 169, 170, 171, 172, 173, 174; **HT:** 87, 143; **RB:** 12; definition of, **DTIV:** 222-23; *see also* freedom

Liberty (magazine): **WAII:** 171; **HT:** 143-44

Liberty Bell: **WAIV:** 23

Liberty Bonds: **P:** 16; **DTI:** 186; **WAIII:** 151; **ML:** 51

Liberty Loans: **DTIII:** 11, 171, 178, 190

Liberty Memorial (Kansas City, Mo.): **DTI:** 27, 29; **WAII:** 103, 258, 274

Liberty party: **DTIV:** 171

libraries: **WAII:** 188

Library of Congress: **DTIV:** 44; **WAVI:** 181; **HT:** 136

Liebold, Ernest G.: **WAIII:** 106, 123

lie detectors: **DTIV:** 271; **WAI:** 191-92

lieutenant governors: **DTI:** 7; **WAV:** 201

life: **DTI:** 207; value of, **DTI:** 313

Life (magazine): **DTIII:** 46; **WAI:** 275; **HC:** 110, 113

The Life and Exploits of Jesse James (book): **WAV:** 114

Life of Queen Victoria (book): **RB:** 37

"lighthouse keepers," on lighted airways: **WAIII:** 172-74; **HT:** 29, 56, 70

Lightnin' (film): **DTII:** 210; **WAV:** 98, 157, 183

Lightnin' (play): **WAII:** 153; **WAIV:** 179

lightning: **WAIV:** 71

Lillie, Gordon W. (Pawnee Bill): **DTI:** 224; **WAII:** 263; **WAIV:** 142; **WAVI:** 131

Lillie, Mary E. M. (Mrs. Gordon W.): **WAII:** 263

Lilliendahl, A. William: **DTI:** 154

Lima, Ohio: **DTI:** 31; **WAVI:** 234

Lima, Peru: **DTII:** 254; **DTIII:** 222, 237

Limón, Gilberto R.: **WAIV:** 3; **ML:** 60

Lincoln, Abraham: **ID:** 88, 149, 166, 204; **L:** 35, 46; **CA:** 17, 39, 40-41, 53, 99, 115; **DTI:** 14, 94, 236, 243, 309; **DTII:** 60, 92, 252; **DTIII:** 233; **DTIV:** 138; **WAI:** 44, 90, 118,

150, 159, 212, 258-59, 279, 304, 306, 319, 368; **WAII:** 23, 135, 167, 187, 193, 239, 285; **WAIII:** 32, 97, 153, 169, 170, 177, 214, 233, 235, 251; **WAIV:** 4, 24, 82, 112; **WAV:** 86, 114, 165, 235; **WAVI:** 27, 143; **HC:** 24, 55, 64, 66, 77; **ML:** 71, 157, 172; **HT:** 79, 105, 118-19; **RB:** 4, 14, 19, 43; and Gettysburg Address, **ID:** 88; **DTI:** 94, 217; **DTIII:** 140; **WAI:** 79, 169, 182; **WAV:** 236, 237-38; **WAVI:** 87; **HT:** 103; presidential administration of, **DTII:** 268; tomb of, **DTIII:** 42; birthday of, **WAI:** 367; **WAIII:** 251, 252; **WAV:** 235; monument to, **WAV:** 43; biography of, **ML:** 101, 105

Lincoln-Douglas Debates: **HC:** 55
Lincoln, Neb.: **WAI:** 264, 322; **HT:** 112
Lincoln Highway: **WAI:** 355; **WAIV:** 112
Lincoln Memorial (Washington, D. C.): **WAII:** 2
Lindbergh, Anne S. Morrow (Mrs. Charles A.): **DTI:** 308, 313; **DTII:** 2, 33, 42, 43, 48, 65, 77, 141, 159, 160, 189; **DTIII:** 28, 137, 138, 166; **WAIII:** 257; **WAIV:** 33-34, 45, 120, 185; **WAV:** 62, 130-31; **WAVI:** 100; **HT:** 105-106; **RB:** 9, 28, 38, 39, 40, 42
Lindbergh, Charles A.: **E:** 13; **DTI:** 90-92, 93, 94, 95, 96, 97, 98, 99, 101-102, 104, 105, 112, 113-14, 115, 119, 120, 122, 123, 124, 129, 130, 141, 157, 158, 159-60, 162, 163, 167, 171, 172, 174-75, 180, 187, 191, 193, 215-16, 229, 232, 239, 261, 264, 280, 284, 294, 305, 306, 308, 310, 311, 312, 313-14; **DTII:** 2, 13, 30, 33-35, 36, 38, 41, 42, 43, 48, 61, 65, 77, 82, 88, 118, 119, 123, 130, 133, 141, 144, 146, 159, 180, 182, 189, 201, 215; **DTIII:** 11, 63, 69, 137, 138, 139, 166, 168; **DTIV:** 38, 86, 232, 249, 277; **WAIII:** 35-37, 40, 46, 53, 54, 57, 66, 85, 87-89, 110-11, 114, 115, 147-48, 159, 217-19, 257-58; **WAIV:** 33-34, 39, 43-45, 56, 57, 120, 124, 185; **WAV:** 62, 130-31; **WAVI:** 51, 100, 109; **HC:** 80, 92; **ML:** 71-72, 83, 85-86, 88-89; **HT:** 54, 59, 60, 109, 128; **RB:** 7-9, 28, 34, 39, 42; Latin American tour by, **DTI:** 159, 163, 164, 166, 167, 172; good-will tour by, **DTI:** 276; family of, **DTII:** 82, 180; sense of humor of, **RB:** 9
Lindbergh, Charles A., Jr.: **DTII:** 182, 189, 204; **DTIII:** 129; abduction and murder of, **DTIII:** 137-38, 139, 147, 149, 166, 167-68; **WAV:** 130-31, 134, 142, 163
Lindbergh, Evangeline: **DTI:** 92, 157, 160, 162
Lindsay, Ronald C.: **DTIII:** 268, 270
Lindsey, Benjamin B.: **DTI:** 108, 112, 176, 196; **DTII:** 245; **WAIII:** 60-61, 63-65, 94, 160; **WAIV:** 81; **HC:** 19, 53
Lindstrom, Fred C.: **WAV:** 138
linens: **ML:** 4
Linnaeus, Carolus: **ID:** 189; **WAI:** 151
Linthicum, John C.: **WAIV:** 18
The Lion and the Mouse (film): **WAIII:** 171
"Lion of Sonora": *see* Calles, Plutarco E.
lions: **WAV:** 79; **ML:** 68
Lions clubs: **L:** 13, 22; **DTI:** 250; **DTIII:** 35; **WAII:** 197, 215; **WAIII:** 51; **ML:** 25; **HT:** 31, 99, 150, 153

Lippmann, Walter: **DTIII:** 240-41; **DTIV:** 12, 274, 302; **WAV:** 213; **WAVI:** 67
lipstick: **DTI:** 140; **WAV:** 16
Lipton, Thomas J.: **DTII:** 212, 213, 214, 215, 242; **WAI:** 328; **WAII:** 237; **ML:** 28; **HT:** 14, 128-33; mother of, **HT:** 129, 130
liquor: **P:** 8, 12, 29, 36; **DTI:** 44, 85, 241, 285, 291, 311; **DTII:** 94, 106, 211; **DTIII:** 58, 60; **DTIV:** 112, 118; **WAIV:** 15, 18, 86, 163; **WAV:** 48, 135; **HT:** 91, 125-27; smuggling of, **P:** 13-14; **DTI:** 62, 297, 305; "home brew," **P:** 16-18; **RB:** 52-53; taxes on, **P:** 18; **L:** 88; **DTIV:** 56-57, 112, 127; **WAII:** 7; adulterated, **DTI:** 262, 263; **DTII:** 245; buying and selling of, **DTI:** 288, 291; "black light," **DTII:** 144-45; price of, **DTIV:** 114; in China, **WAV:** 8; in Mexico, **ML:** 30; *see also* alcoholic beverages *and other related topics*
liquor tonics: **DTII:** 69
literacy: **DTI:** 266; **DTII:** 45
literacy tests: **DTI:** 59, 289; **HT:** 114
Literary Digest (magazine): **ID:** 1-3, 35; **DTI:** 266, 268, 281; **DTIII:** 239; **WAI:** 169, 172, 285, 333; **WAII:** 250, 251; **WAIII:** 2, 137, 225, 236, 250; **WAIV:** 130; **WAV:** 210; **HT:** 79; **RB:** 50; straw poll by, **DTII:** 158, 171, 175, 243; **WAI:** 309, 310, 311; **WAV:** 202; **RB:** 88, 94
literature: **BS:** 1; **ID:** 5, 189; **DTII:** 90; **DTIV:** 83; **WAI:** 105; **WAIV:** 126; in U. S., **ID:** 45
Lithuania: **BS:** 30, 33; **L:** 109; **DTI:** 153; **ML:** 23
Little, Clarence C.: **DTI:** 45; **WAIV:** 94
Little, Richard: **ID:** 183
Little Big Horn, Battle of: **WAIII:** 18-19
Little Colorado River: **DTI:** 147
Littlejohn, George: **DTIV:** 249
Little Minister (play): **WAII:** 219
Little Rock, Ark.: **DTI:** 250; **DTII:** 262, 270. **DTIII:** 80; **DTIV:** 31; **WAIII:** 3; **WAV:** 188
Littleton, Martin W.: **WAI:** 13, 14
liver: **E:** 25-26, 27
Livermore, Jesse L.: **DTI:** 94; **DTII:** 222
Liverpool, England: **WAII:** 50, 277, 303; **WAIII:** 229; **WAIV:** 53; **WAVI:** 149
livestock, exhibitions of: **DTII:** 102-103; **DTIV:** 242-43
Livingston, Margaret: **WAV:** 158; **WAVI:** 231
Livingstone, _____: **DTI:** 206
Llano Estacado (Staked Plain): **WAV:** 72
Lloyd, Frank: **DTIII:** 41
Lloyd, Harold C.: **WAI:** 29, 250, 255; **WAII:** 2; **WAV:** 98; **WAVI:** 44, 83; **HT:** 33; family of, **WAV:** 98
Lloyd George, David: **ID:** 14, 46, 190; **L:** 6, 26, 27, 34; **DTI:** 17, 127-28; **DTIV:** 256, 283; **WAI:** 1, 3, 4, 106, 140-41, 149, 153, 167, 274, 288; **WAII:** 159; **WAIII:** 93; **WAV:** 44, 64, 69; **HT:** 7, 9; **RB:** 31; memoirs of, **ID:** 14; **DTIV:** 76, 256; **WAI:** 1, 3; **HT:** 7
Lloyds of London: **WAI:** 250
loans: **DTI:** 142, 164; **DTIII:** 31; **DTIV:** 117; **HC:** 90; **ML:** 54, 71; **RB:** 113; interest on, **DTI:** 142; **DTII:** 61, 164, 181; **DTIII:** 39, 60, 245, 273; **DTIV:** 108, 274; **WAIII:** 162;

WAV: 82, 102; RB: 122; foreclosures on, DTI: 256; DTIII: 259-60; WAI: 113; WAVI: 2; HT: 18; and debts, DTIII: 273; for farmers, WAI: 39; international, WAV: 135-36; *see also* debts; Liberty Loans; war debts and reparations

lobbying and lobbyists: P: 34; CA: 122; DTI: 122, 257, 282; DTII: 59, 78-79, 107, 110-11, 115, 143, 154, 258; DTIII: 23, 77, 136, 155, 191; DTIV: 4, 142, 144, 167, 264, 332, 336; WAI: 60; WAII: 2, 158, 196; WAIV: 58, 59, 79, 80, 86-87, 88-89, 241; WAV: 22; WAVI: 99, 101, 102-103, 127, 205; RB: 150; for petroleum industry, DTII: 141; in California, DTIV: 295

Locarno, Switzerland: WAII: 216

Locarno Pact of 1925: L: 68

Lodge, Henry Cabot: ID: 51, 100, 138-39, 148; PC: 25; CA: 14, 33, 36, 39; WAI: 9, 24, 27, 32, 51, 56, 102, 169, 207, 210-11, 227, 229, 240; WAII: 168; WAIV: 176; WAV: 9; ML: 78; HT: 12; speech by, CA: 14

Loeb, Richard: DTI: 175; WAI: 293, 295-96, 297

Loew, Arthur M.: WAV: 231, 232

Loew, Marcus: L: 20; DTI: 56, 125; WAIII: 77-78; WAV: 231; HT: 76

Loew Circuit: WAI: 90

Loewenstein, Alfred: DTI: 231

Loewenstein-Wertheim, princess: DTI: 124

log cabins: CA: 55; DTII: 64

Lomen brothers: WAVI: 259

Lomond, Loch: DTIV: 218

Lompoc, Calif.: DTIV: 310-11

Lonaconing, Md.: WAIII: 167

London, England: BS: 14, 15, 16, 22, 27, 30, 69, 83; PC: 12, 13; L: 20, 22, 23, 25, 29, 33, 42, 43, 101, 115; DTI: 2, 7, 47, 99, 134-35, 275; DTII: 38, 40, 135, 136, 138, 146, 161, 181, 195, 203, 211, 241; DTIV: 103, 167, 171, 200, 217, 218, 232, 247; WAI: 2, 167, 181, 218; WAII: 108, 206, 207, 209, 218-19, 220, 226, 231, 232, 234, 237, 244, 245, 255, 289; WAIII: 52, 77, 101; WAIV: 115, 116, 117, 121, 122, 210-12; WAV: 32, 50, 58, 144; WAVI: 6, 24, 38, 39, 228; ML: 137, 148; HT: 92, 128, 129; RB: 8, 29, 30, 31, 60; zoo in, L: 104; DTI: 7; newspapers in, DTII: 120; HT: 133; international conferences at, DTIII: 34, 55-56, 76, 122; HT: 9; fog in, WAIV: 118, 119; lord mayor of, HT: 131-32; *see also* London Five Power Naval Conference; World Monetary and Economic Conference

London Conference of 1933: *see* World Monetary and Economic Conference

London Daily Mail: L: 57; WAII: 245; ML: 11

London Express: HT: 133

London Five Power Naval Conference of 1930: DTII: 84-85, 109, 110, 117, 119, 120-28, 130, 132, 134, 136-37, 138, 145, 147, 148-49, 151, 152, 153, 154, 156, 161, 162, 168, 188, 193-94, 195, 201; DTIII: 39, 76, 77, 98; DTIV: 252; WAIV: 102-104, 108, 113-15, 118-20, 123, 126, 130, 134-35, 143-45, 167, 168, 169-70, 213; WAV: 32, 69; RB: 3, 34, 37, 42

London Gazette: HT: 133

London Main: HT: 133

London Naval Disarmament Treaty of 1930: DTII: 176, 178, 188, 190, 191-92, 193-94, 202

London Pavilion: WAII: 237

loneliness: DTIII: 92

Long, Andrew T.: L: 18; WAIV: 103

Long, G. S.: WAIII: 55

Long, Huey P.: CA: 139, 141; DTIII: 67, 77, 220, 262, 263, 264, 265, 267; DTIV: 5, 17, 69, 72, 152, 153, 204, 205, 209, 217, 235, 241, 248, 259, 265, 269, 270, 284, 285, 287, 299, 300, 308, 309, 313, 321, 323; WAV: 73-74, 220, 230; WAVI: 20, 96, 102-103, 137, 152, 159, 174, 198, 201; ML: 150; HT: 136; RB: 76-77, 106, 107-108, 118, 124, 131, 139, 145, 146, 148, 160, 161, 170, 173; speech by, DTIII: 266; debt cancellation plan of, DTIV: 242; filibuster by, WAV: 227; *see also* "Share the Wealth"

Long Beach, Calif.: ID: 64, 161; L: 73; WAI: 123, 146; WAII: 104, 293; WAIII: 140, 243; HT: 54; RB: 9

longevity: DTI: 235; DTIV: 162

Long Island, N. Y.: ID: 118, 159; L: 27; DTI: 94, 299; DTIV: 72, 73; WAI: 34, 121, 236, 280, 293, 299; WAII: 62, 94, 141, 143, 150; WAIII: 23, 82, 188, 198; WAIV: 140, 192; WAV: 36, 93; WAVI: 102, 111, 179; HT: 127; RB: 7, 34, 35, 36, 84; houses on, L: 47

longshoremen: DTIV: 230; WAVI: 251

Longview, Wash.: DTI: 70

Longworth, Alice Roosevelt (Mrs. Nicholas): BS: 48; L: 1, 9, 10, 29, 56; CA: 69, 123, 125, 139; DTI: 69, 101, 193, 198; DTII: 24, 26-27, 133, 225, 233; DTIII: 128, 177; DTIV: 132-33, 138; WAI: 22, 51, 171-72, 246, 269, 320; WAII: 3, 23, 26, 261, 284, 289; WAIV: 24, 26-27, 35; WAV: 100; WAVI: 97; HC: 20; ML: 15; HT: 19-20; RB: 28

Longworth, Nicholas: L: 1, 9, 10, 56, 65; CA: 125; DTI: 16, 32, 84, 101, 112-13, 199-200; DTIII: 17, 49, 50, 93, 94; DTIV: 316; WAI: 51, 171-72, 217, 269, 320; WAII: 3, 20, 23-24, 25, 26, 42, 130, 131, 194-95, 261, 284, 289, 312; WAIII: 2, 68, 151; WAIV: 27, 59, 230; WAV: 95; WAVI: 71; HC: 20; HT: 19-20, 22, 62

Longworth, Paulina R.: BS: 1; CA: 123; WAII: 3, 20, 23, 26, 131; HT: 20

Lookout Mountain, Tenn.: WAIV: 177

Lord's Prayer: HT: 155

Lord's Supper: WAIV: 75; WAV: 16

Lorimer, George H.: DTI: 181; DTIII: 207; DTIV: 107; WAII: 155, 185; WAIII: 46; WAIV: 24

Los Angeles, Calif.: BS: 27, 69; ID: 6, 57, 59, 106, 208; L: 55; DTI: 20, 39, 66, 101, 113, 130, 140, 144, 213, 216, 218, 240; DTII: 12, 66, 67, 74, 75, 78, 115, 117, 160, 161, 198, 215, 235, 242; DTIII: 12, 14, 31, 40, 48, 54, 65, 69, 92, 135, 172, 195, 200, 202, 213, 234, 254, 266; DTIV: 58, 78-79, 94, 97, 103, 134,

197, 231, 242, 254, 269, 281, 288, 298, 307, 309, 342; **WAI**: 19, 85, 86, 88, 92, 100, 110, 124, 127, 154, 160, 168, 171, 212, 218, 226, 232, 238, 240, 245, 333, 338, 357, 359; **WAII**: 114, 139, 164, 206, 213, 286, 293; **WAIII**: 57, 58, 81, 83, 85, 89, 91, 110, 134, 158, 172, 197, 249; **WAIV**: 23, 45, 46, 53, 54, 57, 71, 72, 131, 145, 183, 189, 228, 240; **WAV**: 6, 15, 18, 37, 38, 54, 88, 96, 129, 136, 153, 169, 205, 230; **WAVI**: 28, 34, 40, 48, 66-67, 80, 82, 94, 114, 123, 126, 141, 143, 155-57, 167, 173, 221, 243, 247, 249; **ML**: 89, 100, 102, 112; **HT**: 29, 36, 38, 46, 48, 49, 50, 54, 55, 56, 60, 61, 62, 70, 71, 72, 100, 101, 102, 128, 129, 138, 148; **RB**: 9, 15, 49, 62, 152, 156; art in, **L**: 77; newspapers in, **DTI**: 110; **DTIII**: 48, 241; **WAI**: 143, 237; airports in, **DTI**: 239; **DTIII**: 156; Chamber of Commerce in, **DTI**: 312; **WAI**: 125; census returns for, **DTII**: 171; crime in, **DTIII**: 9, 32-33; **WAV**: 34-35; mayor of, **DTIII**: 33, 34; **WAV**: 36, 38; **RB**: 82; elections in, **DTIII**: 37; murder trial in, **DTIII**: 37; festival in, **DTIII**: 76; bank robbery in, **DTIII**: 204; policemen in, **DTIV**: 173; climate of, **WAI**: 86, 88, 89; earthquake in, **WAI**: 104-105; baseball team from, **WAV**: 72; Sunset Boulevard in, **HT**: 53

Los Angeles (dirigible): **WAI**: 341-42; **WAII**: 38, 68

Los Angeles Athletic Club: **WAV**: 206
Los Angeles Automobile Show: **HT**: 51
Los Angeles Bar Association: **DTIV**: 243
Los Angeles Country Club: **WAII**: 141
Los Angeles Times: **DTIV**: 118; **RB**: 75
Los Angeles Times Building: **DTIV**: 160
"losing face": **WAV**: 179
lotteries: **DTI**: 215; **DTII**: 238; **RB**: 136-40, 144-45, 151
Louis II, prince of Monaco: **WAII**: 222, 223
Louis XVI, king of France: **WAIV**: 191, 193
Louis, Joe: **DTIV**: 325
Louisiana: **ID**: 6, 171; **L**: 81; **CA**: 74, 139, 141; **DTI**: 94; **DTII**: 168; **DTIII**: 236, 277; **DTIV**: 17, 69, 72, 152, 177, 209, 235, 242, 264, 269-70; **WAI**: 260; **WAII**: 250; **WAIV**: 132, 149; **WAV**: 73, 220, 227; **WAVI**: 159; **ML**: 150; **HT**: 35; **RB**: 148, 170; illiteracy in, **DTII**: 27; legislature of, **DTIV**: 249; capitol building in, **DTIV**: 269, 270; election in, **WAV**: 220
Louisiana Purchase Exposition of 1904: **DTI**: 51; **WAI**: 354; **WAII**: 102-103; **WAIV**: 239; **WAV**: 75
Louisiana Purchase of 1803: **DTIV**: 347; **HT**: 35-36; **RB**: 137
Louisiana State University: **DTIV**: 248-49
Louisville, Ky.: **DTI**: 126, 199; **WAIII**: 46
Louvre (Paris): **BS**: 69; **L**: 72, 74; **WAII**: 79
love: **RB**: 142
"low brows": **ID**: 207; **WAV**: 99
Lowden, Frank O.: **L**: 84, 107; **CA**: 8, 13, 17, 23, 34, 36, 99; **DTI**: 32, 49, 59, 169, 193, 222, 244; **WAI**: 281; **WAII**: 4, 146, 311; **WAIII**: 118-19, 132, 139, 216; **HT**: 18, 107

Lowdermilk, Romaine H. (Yavapai Ike): **WAII**: 203
Lowell, Abbott Lawrence: **PC**: 25; **P**: 4; **WAIV**: 94; **HT**: 119
Lower California: **HT**: 31
Lowry, Fred: **WAV**: 167
Lucey, John F.: **DTII**: 259
luck: **DTI**: 64, 70, 96; **RB**: 9
Luckett, Lasca G. L.: **WAIV**: 239
Ludlow, Louis L.: **WAIII**: 70; **WAIV**: 18
Ludlow, Vt.: **WAII**: 9, 10; **WAIV**: 41
Ludwig, Emil: **DTIV**: 90; **WAVI**: 69
luncheon clubs: **DTI**: 199, 250, 311; **DTII**: 27, 73, 158; **DTIII**: 27; **DTIV**: 6-7; **WAII**: 197; **WAIV**: 93, 165; **HC**: 8, 51; **ML**: 53, 71; **HT**: 31, 37, 121, 136-37, 150, 152, 153, 154; members of, **ID**: 82; **DTI**: 208; **WAI**: 46; *see also* commercial clubs
Lupescu, Magda: **DTI**: 142, 209-10
Lüshun, Manchuria: *see* Port Arthur
Luther, Martin: **WAIV**: 32
Luxor, Egypt: **RB**: 120
luxuries, tax on: *see* taxation
LX Ranch: **WAII**: 162
Lyceum lecture circuit: **WAI**: 132
Lyles, Aubrey: **WAII**: 115
Lynchburg, Va.: **L**: 29
lynchings: **WAVI**: 81; in San Jose, Calif., **DTIV**: 111, 179; legislation against, **WAVI**: 104
Lyon, Ben: **RB**: 55
Lyon, Harry: **DTI**: 220
Lyons, James A.: **DTIV**: 304
Lyons, Joseph A.: **WAVI**: 242
Lytton Commission: **ML**: 141

M

Mabee, John E.: **WAVI**: 140
McAdoo, Eleanor R. (Mrs. William G.): **WAI**: 266-68
McAdoo, William G.: **ID**: 47, 133, 139, 153, 165, 167, 178; **PC**: 17, 24; **P**: 32; **L**: 60; **CA**: 13, 17, 41, 49, 51, 55, 57, 58, 65, 68, 75, 78, 79-80, 81, 82, 84; **DTI**: 49, 97, 98, 129, 240, 271, 272; **DTII**: 99; **DTIII**: 160, 175, 242; **WAI**: 75-76, 86, 107, 158, 160, 172, 179, 198, 203, 207, 216, 237, 255, 257, 259, 266, 268, 272, 274, 310, 311, 312; **WAII**: 32, 146, 282, 312; **WAIII**: 8, 10, 11, 80-81; **WAV**: 155-56, 162, 195, 224; **WAVI**: 134; **HT**: 41, 44; **RB**: 152, 160; daughter of, **WAV**: 188; **WAVI**: 134
McAdoo, William G., Jr.: **WAIV**: 47
McAdoo Tunnel: **WAI**: 76
McAlester, Okla.: **DTII**: 109, 110; **WAIV**: 239
McCarthy, Neil S.: **WAVI**: 221
McClellan, John F. (Sos): **ID**: 207; **WAI**: 98
McClintock-Bunbury, Thomas K. (Lord Rathdonnell): **WAII**: 233-34
McCormack, John F.: **DTI**: 81-82, 83; **WAI**: 359-60; **WAII**: 256-58; **WAIII**: 172; **WAVI**: 182, 204
McCormic, Mary: **DTII**: 108-109; **DTIV**: 52
McCormick, Edith R.: **WAI**: 168

McCormick, Joseph M.: **ID:** 184
McCormick, Mathilde: **WAI:** 61
McCormick, Robert R.: **DTIV:** 70-71; **WAVI:** 81-82
McCormick, Ruth Hanna: **DTI:** 198, 204; **DTII:** 153-54, 155, 175, 233; **WAI:** 22; **WAIV:** 205; **RB:** 29, 60
McCoy, Arthur L.: **WAIII:** 42
McCoy, Charles (Kid): **WAI:** 279-80
McCroarty, John Steven: **DTIV:** 288
McCutcheon, John T.: **WAII:** 283; **WAVI:** 129
McDonald, Eugene F., Jr.: **WAII:** 30
MacDonald, Ishbel A.: **DTII:** 81, 82, 83; **WAIV:** 76, 89
MacDonald, J. Ramsay: **DTII:** 40, 41, 54, 60, 71, 73-74, 82, 93, 105, 117, 121, 122, 124-25, 126-27, 132, 134, 148, 178; **DTIII:** 44, 56, 69, 75; **DTIV:** 22, 26, 40, 42; **WAI:** 218, 291; **WAIV:** 49, 76, 78, 79, 119, 129, 130, 168; **WAV:** 44, 63-64, 65, 69; **WAVI:** 7, 18, 30; **ML:** 101; **RB:** 73; in U. S., **DTII:** 80, 81, 105
Macedonia: **WAIV:** 192, 193
McElroy, Mary: **DTIV:** 35
McFaddin, James A.: **WAII:** 267
McGeer, Gerald G. (Gerry): **WAVI:** 252
McGillicuddy, Cornelius: *see* Mack, Connie
McGinnity, Joseph J. (Joe): **WAIII:** 236
McGluke, Luke: **P:** 22
McGonigle, Clay: **WAII:** 163
McGraw, John J.: **DTI:** 258; **DTIII:** 146; **DTIV:** 143; **WAI:** 298, 299; **WAII:** 22, 78, 110, 120, 154, 182; **WAIII:** 236; **WAV:** 136, 138; **WAVI:** 62
McGuffey, William H.: **DTIV:** 225; **WAII:** 45; books of, **PC:** 1; **WAIV:** 69; **WAV:** 114, 221; **ML:** 158
McGuffey's Fourth Reader: **PC:** 1
McGuire, William A.: **WAVI:** 124
Machado, Gerardo: **DTIV:** 66, 77
Ma Chan-shan: **DTIII:** 108; **WAV:** 121; **ML:** 142
machines: **DTIII:** 254; **WAV:** 65
McIntyre, James (Jim): **WAI:** 72
McIntyre, Kate: **WAVI:** 115, 116, 118
McIntyre, Maybelle H. S. (Mrs. O. O.): **WAV:** 209; **WAVI:** 115, 116, 118
McIntyre, O. O.: **CA:** 113; **DTIII:** 8, 57; **DTIV:** 111; **WAII:** 103, 152; **WAIII:** 78-80; **WAV:** 187, 207-20; **WAVI:** 68, 99, 115-16, 118, 219, 220, 248-49; **HC:** 23; apartment of, **WAV:** 208; dogs of, **WAV:** 209
Mack, Charles E.: **WAIII:** 67; **WAVI:** 155
Mack, Connie (Cornelius McGillicuddy): **L:** 94; **CA:** 18; **DTII:** 83, 215, 222; **WAI:** 180; **WAII:** 22; **WAIV:** 78, 79; **WAVI:** 198
Mack, Norman E.: **ID:** 179; **CA:** 63, 72, 85, 111; **WAII:** 65; **HT:** 16-17
MacKay, Clarence H.: **DTIII:** 55
McKee, Buck: **WAII:** 233; **WAIII:** 205; **WAVI:** 62, 164, 227
McKee, Joseph V.: **DTIII:** 209, 213; **DTIV:** 83
McKee, Maudy (Mrs. Buck): **WAVI:** 227-28
McKellar, Kenneth D.: **DTII:** 192; **WAI:** 23-24; **WAIV:** 223
McKelvie, Samuel R.: **DTIII:** 67

Mackenzie River: **DTIV:** 346; **WAVI:** 259
McKernan, John L.: *see* Kearns, Jack
McKevlin, Anthony J. (Mac): **DTII:** 247
McKinley, Mount: **DTIV:** 347
McKinley, William: **CA:** 35; **WAI:** 171; **WAII:** 97; **WAV:** 84, 165; **ML:** 135
McKinley, William B.: **WAI:** 169; **WAII:** 185, 285
MacLean, Douglas: **WAIII:** 35
McLean, Edward B. (Ned): **ID:** 137-38, 140; **WAI:** 208, 246-47, 304; **WAII:** 288; **WAIV:** 26
McLean, Evalyn W. (Mrs. Ned): **DTII:** 177; **DTIII:** 241; **WAI:** 22, 304; **WAII:** 284, 288-90; **WAIV:** 26; **WAV:** 163; **ML:** 15; estate of, **ML:** 15
McLean, John R. (Jock): **WAIV:** 26
McLean, Ridley: **RB:** 56
McManus, A. E., Jr.: **WAIV:** 47
McManus, George: **DTI:** 240
McMillan, Donald B.: **WAII:** 30-31, 38, 39
Macnab, Alexander J. (Sandy): **WAIII:** 219; **ML:** 73-74, 77
McNab, John L.: **CA:** 102; **HC:** 34
McNamee, Graham: **CA:** 117; **DTI:** 237; **DTII:** 83, 115; **DTIII:** 215; **DTIV:** 130, 256; **WAIII:** 127, 169; **WAVI:** 195; **RB:** 59-60, 89
McNary, Charles: **DTI:** 77
McNary-Haugen farm relief bill: **DTI:** 57, 59, 60, 61, 77, 216, 217, 226, 246; **WAI:** 40; **WAII:** 310-11; **WAIII:** 118
MacNider, Hanford: **CA:** 121, 127
McNutt, Paul V.: **WAVI:** 42
Macon (dirigible): **DTIV:** 277
Macon, Ga.: **WAII:** 112
McPherson, Aimee Semple: **E:** 12; **L:** 6; **CA:** 125; **DTI:** 18, 19, 20, 22, 34, 43, 59, 77, 113, 114, 121, 201, 299; **DTII:** 45, 99, 203; **DTIII:** 31, 55, 76, 77, 84, 87, 158, 175, 182-83; **DTIV:** 5, 45-46, 56, 60, 242; **WAII:** 270, 280, 304; **WAIII:** 16, 34, 54, 64, 66, 104, 249; **WAIV:** 49, 64, 78, 145, 177, 183-84, 193; **WAV:** 5, 16, 62, 70, 71-72, 75, 77, 194; **WAVI:** 36, 39, 58, 106; **HC:** 94; **ML:** 135, 148; **HT:** 40, 138, 155; **RB:** 58, 76, 81-82, 85, 131; daughter of, **DTIV:** 339-40; **WAV:** 5; marriage of, **WAV:** 71; church of, **WAV:** 108; **ML:** 15
Macpherson, Jeanie: **WAIII:** 34; **HT:** 102
Macready, John A.: **WAI:** 68
MacRobertson Air Race: **DTIV:** 200, 232-33, 234, 236
McSpadden, Herbert T. (Herb): **DTIII:** 132; **WAV:** 54; **WAVI:** 140
McSpadden, J. Thomas (Tom): **WAV:** 53, 54
McSpadden, Madelyn P. (Mrs. Herb): **WAV:** 54; **WAVI:** 140
McSpadden, Maurice R.: **WAIV:** 239
McSpadden, Sallie C. Rogers (Mrs. Tom): **DTIII:** 266; **WAII:** 33; **WAIII:** 47; **WAIV:** 71, 142, 228; **WAV:** 53, 54, 130; **WAVI:** 140, 212
McSweeney, Denis (Mac): **WAII:** 257
Macy, Anne Sullivan: **WAVI:** 181, 182
Madagascar: **L:** 108; **WAVI:** 6

Cumulative Index

Madden Muscle Shoals nitrate plants bill: **DTI:** 185
Madero, Francisco I.: **WAIV:** 5
Madison, Dolly: **DTII:** 10; **WAIV:** 24
Madison, Helene: **WAV:** 173
Madison, James: **DTI:** 138; **DTIV:** 243
Madison, Wis.: **WAII:** 131
Madison Square Garden (New York City): **ID:** 131; **CA:** 49, 58, 61, 65, 71, 73, 82, 83, 87, 139; **DTII:** 253; **WAI:** 273, 300, 350, 353, 354, 368; **WAII:** 1, 18, 53, 70, 128, 162, 190, 312; **WAIII:** 143, 169, 175, 205; **WAIV:** 142; **WAV:** 77; **WAVI:** 36, 179; **HC:** 12, 57; **HT:** 29, 31; **RB:** 22, 23
Madrid, Spain: **L:** 90, 91, 92, 97, 99-100; **DTII:** 12, 128; **DTIII:** 92; **WAII:** 304
Maeterlinck, Maurice C.: **WAV:** 114, 215, 216; book by, **WAV:** 114
magazines: **DTIII:** 208; **WAIV:** 137; **WAVI:** 3, 106, 136; **HT:** 98, 111, 114; corset ads in, **ID:** 21; **WAI:** 32; for motion picture fans, **WAII:** 186; **HT:** 76; for fashions, **WAIII:** 163-65; tabloid, **HT:** 113
"Maggie" (cartoon character): **WAVI:** 220
magicians: **CA:** 15; **DTI:** 65; **DTII:** 102; **ML:** 80; **HT:** 84; **RB:** 73
Magnin, Edgar F.: **RB:** 141
Magruder, Thomas P.: **DTI:** 143, 144, 147; **WAIII:** 99
Maher, Stephen J.: **DTIV:** 104
Mah-Jongg: **ID:** 190, 207; **WAI:** 97, 152, 343; **WAVI:** 234; **HT:** 34; **RB:** 44
mahogany wood: **ML:** 36
Mahoney, Will: **WAV:** 148
mail: **DTIV:** 139-40; delivery of, **ID:** 195; **WAI:** 24; *see also* letters; postal system; *and other related topics*
Maine: **BS:** 7; **P:** 18-19, 23; **CA:** 62; **DTI:** 33, 91, 254; **DTII:** 210; **DTIII:** 33, 48, 210; **DTIV:** 196; **WAI:** 275, 307; **WAII:** 128, 132; **WAIII:** 223, 233; **WAV:** 182; **WAVI:** 123, 130, 141, 149, 249; **ML:** 53; **HT:** 37; **RB:** 145; alcoholic prohibition in, **DTI:** 91
Maine, U. S. S.: **L:** 4; **HT:** 22
Majestic, S. S.: **L:** 55
Major, John F.: **ID:** 137-39; **WAI:** 206
"The Making of the Constitution" (pageant): **DTIV:** 243
malaria: **E:** 4
Malaysia: **WAVI:** 38
Malay Straits: **ML:** 169, 172
Malibu, Calif.: **WAIV:** 184
malice: **DTI:** 170
Malolo, S. S.: **DTIV:** 199-201; **WAVI:** 157, 161
Malone, Dudley Field: **L:** 83; **WAII:** 60
Maloney, William M.: **CA:** 60-61, 64, 65
Mammoth Cave National Park: **L:** 81
Managua, Lake: **RB:** 40
Managua, Nicaragua: **DTIII:** 14, 16, 17, 21, 222; earthquake in, **DTIV:** 142; **WAV:** 15
Manchester (England) *Guardian:* **WAV:** 165
Manchukuo: *see* Manchuria
Manchuria: **L:** 109; **DTIII:** 108, 110, 111, 113, 265, 275; **DTIV:** 91, 115, 130, 150, 208, 210, 211, 255, 264; **WAIV:** 53; **WAV:** 104, 110, 111, 112, 116-17, 122-24, 129, 130, 144, 155, 213; **WAVI:** 38, 149, 161, 175, 249; **ML:** 97, 110, 116, 120, 122, 123, 125, 126, 127, 128, 132, 140, 143, 145, 146, 147, 155, 165, 166, 172; **RB:** 28, 98; war in, **DTIII:** 78, 99, 102, 103, 109, 112, 113, 114, 118, 123, 124, 125, 126, 127, 128, 130, 131, 134, 137, 153, 217; **WAV:** 73, 105, 110, 112, 116-17, 121-22, 130, 134, 142-43, 181, 199, 239; **ML:** 107, 108, 116, 120-21, 124-31, 132-34, 136, 138, 142, 143, 146, 147, 149, 161, 162; Rogers in, **DTIII:** 107-10; **DTIV:** 208-209; **ML:** 136, 137-46, 162; emperor of, **DTIV:** 145; relations with Russia, **DTIV:** 208-209; railroads in, **ML:** 138; *see also* China *and other related topics*
Manchurian Railroad: *see* Trans-Siberian Railroad
Mandan, N. D.: **WAII:** 278
mandates, territorial: **WAV:** 108
Manhattan, N. Y.: **CA:** 66; **DTIV:** 347; *see also* New York City, N. Y.
manicures and manicurists: **DTI:** 55, 225; **DTII:** 160; **DTIII:** 63; **HC:** 78
Manila, Battle of: **WAI:** 67
Manila, Philippines: **WAI:** 353; **WAII:** 283; **WAIV:** 148; **ML:** 169; newspapers in, **WAV:** 115
mankind, failures of: **WAV:** 139
Mann, Horace A.: **WAIV:** 175
Mann, J. E.: **WAVI:** 209
Mann Act of 1910: **DTI:** 142
Manning, Harry: **DTI:** 301
Manning, William T.: **DTI:** 245
Man o' War (race horse): **DTI:** 281; **DTII:** 30; **DTIV:** 334; **WAI:** 279; **WAII:** 102; **WAIV:** 52; **WAVI:** 222
Mantle, Robert Burns: **WAII:** 190
Manufacturers' Association of Pennsylvania: **WAIV:** 77; **ML:** 111
manufacturing and manufacturers: **DTI:** 35; **DTII:** 95, 149; **DTIV:** 26; **WAIV:** 77, 88, 132; of corsets, **ID:** 19-20; **WAI:** 30-31; of stockings, **DTI:** 36; governmental relief for, **DTI:** 151-52; of automobiles, **WAI:** 13, 14, 324; **WAIV:** 81; of armaments, **RB:** 84, 107; *see also* industrialists
maple syrup: **ML:** 8
Maracaibo, Venezuela: **DTIII:** 19
Maranville, Walter J. V. (Rabbit): **DTIV:** 156, 228; **WAVI:** 187, 198
marathon dancing: **DTI:** 221; **WAI:** 59
marathon running: **DTI:** 215, 252; **DTIII:** 195, 198; **DTIV:** 214; **HT:** 99-102; in Boston, **DTII:** 18
marathons: **WAV:** 178
Marc Antony: **L:** 71, 75, 80-81; **WAIII:** 243; **WAIV:** 111-12, 192
"Marching Through Georgia" (song): **CA:** 111
The March of Time (news film): **DTIV:** 274
Marconi, Guglielmo: **DTII:** 193; **WAV:** 44
Marco Polo: **WAV:** 111; biography of, **WAV:** 114
Marcosson, Isaac F.: **L:** 21-22, 58
Maria, dowager czarina of Russia: **WAII:** 261
Marie, queen consort of Rumania: **BS:** 79;

DTI: 17, 18, 19, 20-21, 22, 24, 26, 27, 28, 29, 31, 34; **DTII:** 12; **DTIV:** 216, 245; **WAII:** 259-62, 264, 270, 274-76, 278, 279-80, 283, 286; **WAIII:** 37, 58, 71; **WAV:** 33; **ML:** 8, 9, 15; **HT:** 152; daughter of, **DTI:** 139; **WAII:** 261
Marie Byrd Land, Antarctica: **WAV:** 10
Marina, princess of Greece: **DTIV:** 245, 248
marines: *see* United States Marine Corps
Marion, Ohio: **ID:** 105; **WAI:** 108; **WAV:** 42
Marion (Ohio) *Star:* **WAI:** 62; **WAII:** 168
maritime rights: **DTI:** 303; *see also* freedom, of seas
Markin's Restaurant (New York City): **HT:** 141
marksmanship: **DTI:** 52, 304; **RB:** 62; of women, **WAI:** 181-82; **WAII:** 180
Marland, Ernest W.: **DTIV:** 294; **WAII:** 170, 263; **WAIV:** 140, 239; **WAVI:** 134; **HT:** 149
Marlborough House (London): **L:** 49
Marne, Battle of the: **DTI:** 44
Marquard, Richard W. (Rube): **WAII:** 156
marriage: **ID:** 40; **P:** 37; **DTI:** 64, 108, 111, 112, 149, 176, 196, 233; **DTII:** 13, 33, 168, 204; **DTIII:** 1, 3, 63, 76; **DTIV:** 69, 238, 247; **WAI:** 45, 50, 168, 279, 333; **WAII:** 16, 26, 73, 74; **WAIII:** 56-57, 60-61, 63-69, 215, 257; **WAIV:** 39, 75, 137, 148-50, 159; **WAV:** 71; **WAVI:** 17, 33-34; **HC:** 19; **ML:** 108; **HT:** 124; **RB:** 51, 150; involving royalty, **ID:** 101-102; **DTII:** 38; **DTIV:** 244-45, 247, 248; **WAI:** 60, 71; **WAV:** 36-38, 105-106, 203-204; **WAVI:** 176-77; in Hollywood, **DTI:** 103; **WAIV:** 188; **ML:** 26; **RB:** 55; companionate, **DTI:** 108, 112, 176, 196; *see also* matrimony
marriage certificates: **RB:** 47
Mars: **DTIII:** 60
Mars, Maurice: **DTIV:** 141
Marsh, Mary W. (Mae): **WAV:** 98, 100
Marshall, Lois K. (Mrs. Thomas R.): **WAIV:** 59
Marshall, Thomas R.: **L:** 5; **CA:** 53, 75-76; **DTIII:** 110; **WAII:** 25; **WAIV:** 59-60; **HT:** 18; **RB:** 17; death of, **WAII:** 40-43
Marshall, Tully: **WAV:** 147
Martin, Albert: **ML:** 28, 30
Martin, John L. R. (Pepper): **DTIII:** 84; **DTIV:** 226; **WAV:** 81
Martin, John S.: **DTIV:** 274; **WAVI:** 136
Martin, John W.: **WAII:** 139; **HT:** 24
Martin, May Wirth: **WAV:** 107
Marx, Adolph (Harpo): **WAVI:** 84
Marx, Julius (Groucho): **WAVI:** 83-84
Marx, Karl: **BS:** 84; writings of, **BS:** 58, 84; theories of, **BS:** 63
Marx, Leonard (Chico): **WAVI:** 84
Marx Brothers: **BS:** 58
Mary I (Mary Tudor): **WAIV:** 32
Mary, princess of England: **L:** 49, 50
Mary, queen consort of England: **DTI:** 99; **DTII:** 30; **DTIV:** 218, 329; **WAII:** 233-35; **WAV:** 32, 193; **HT:** 127, 132-33
Maryland: **CA:** 57, 145; **DTI:** 36, 144, 204, 205; **DTII:** 106, 130; **DTIII:** 228; **WAI:** 328; **WAII:** 166, 167, 169, 282; **WAIII:** 222;

WAIV: 18, 47, 57; **WAV:** 90, 160, 161, 182; **HT:** 19; **RB:** 19; state flag of, **CA:** 57; horse racing in, **DTI:** 192, 204, 205, 236
Maryland Racing Association: **DTI:** 192, 236
Mashed O Ranch: **DTII:** 76; **DTIII:** 182; **DTIV:** 194-95; **WAVI:** 138
Mason, Charles: **WAIII:** 109
Mason-Dixon Line: **DTI:** 16, 286; **DTIII:** 230; **WAII:** 305; **WAV:** 182; **WAVI:** 171
Masons: *see* Shriners
Massachusetts: **ID:** 51, 148; **CA:** 39, 51, 142; **DTI:** 86, 237, 258, 281; **DTII:** 21, 153, 230; **DTIII:** 141, 158, 272; **DTIV:** 49; **WAI:** 169, 170, 171, 207, 211, 282, 356; **WAII:** 121, 311; **WAIII:** 30, 153, 222, 232; **WAIV:** 1, 18, 138, 139, 194, 195, 231; **WAV:** 10, 91-92; **WAVI:** 48; **ML:** 16, 35; **HT:** 12, 29, 81, 106, 111; **RB:** 54; politics in, **DTII:** 70; state legislature of, **WAIII:** 31
Massacre (book): **DTIII:** 10
Massie, Thomas H.: **DTIII:** 163; **WAV:** 150-51
mass production: **L:** 79; **DTI:** 239; **DTII:** 23, 27, 42, 64, 252; **DTIV:** 212, 282, 232; **WAIII:** 118, 160; **WAIV:** 18, 222; **WAV:** 133, 136; **WAVI:** 178; **ML:** 110, 153, 158; **HT:** 121; **RB:** 44, 144; in Russia, **DTIV:** 212
Matamuska Valley, Alaska: **DTIV:** 347-48
Mate (race horse): **DTIII:** 55
Mathews, Jerry A.: **WAIII:** 71
Mathewson, Christopher (Christy): **WAI:** 298; **WAIII:** 236, 237
matrimony: *see* marriage
Mattaponi River: **ID:** 196; **WAI:** 26
Matteawan (N. Y.) State Hospital: **DTII:** 39; **ML:** 96; **RB:** 24
Mattern, James J. (Jimmy): **DTIV:** 38, 50, 86; **WAVI:** 51-53
Matthews, John A.: **ID:** 167; **WAI:** 259
maturity, of children: **WAIV:** 100
"Maud Muller" (poem): **DTII:** 16
Maugham, Hilda W. (Mrs. Reginald C.): **WAII:** 234
Maverick, Samuel A.: **WAII:** 267, 268
Maxim Gorki (airplane): **DTIV:** 311-12
Maximilian, emperor of Mexico: **ML:** 34; residence of, **ML:** 75; marriage certificate of, **ML:** 79
May Day: **DTI:** 22-23; **DTIII:** 25; **WAV:** 10
Mayer, Eddie: **WAV:** 138
Mayer, Louis B.: **CA:** 123-24; **WAIII:** 87; **WAV:** 147, 192; **WAVI:** 45, 77
Mayes, Adair B. (Paddy): **WAV:** 93
Mayfair Club: **WAV:** 17
Mayflower (Pilgrims' ship): **ID:** 139; **L:** 12; **WAI:** 45, 207; **WAII:** 45, 46, 133, 246; **WAIII:** 202; **WAIV:** 126, 173; **WAVI:** 126; **HT:** 17
Mayflower (presidential yacht): **L:** 13, 18, 21, 55, 65, 117; **DTII:** 9; **WAII:** 29, 301; **WAIII:** 37, 233-34; **WAIV:** 20, 26; **ML:** 5; **HT:** 26
Mayflower Hotel (Washington, D. C.): **DTI:** 169; **WAVI:** 101
Maynard, Ken: **WAIII:** 32; **WAV:** 98
Maynard, Mose: **WAVI:** 224
Mayo, Charles H.: **DTIV:** 125; **WAIV:** 55, 165-66

Cumulative Index

Mayo, Edith G.: **WAIV:** 165
Mayo, William B.: **DTII:** 88
Mayo, William J.: **DTIV:** 125; **WAIV:** 55
Mayo Clinic: **DTII:** 48, 161
mayors: **DTI:** 54, 66, 76, 120; **DTII:** 24, 94; **DTIII:** 33-34, 36, 171; **DTIV:** 83; **WAIII:** 68-70, 94; **WAV:** 36, 70; **HC:** 7-8; **ML:** 8, 37; **HT:** 132; of New York City, **DTI:** 91; speeches of, **RB:** 84
Maysville, Ky.: **WAII:** 93
Mdivani, Alexis Z.: **DTIV:** 42, 43; **WAVI:** 39-40
Mdivani, Serge: **DTII:** 108-109; **DTIV:** 52
Meade, Donald (Don): **DTIV:** 280
Means, Gaston B.: **WAIV:** 247-50; **WAV:** 163
measles: **WAVI:** 240
mechanics, Rogers' knowledge of: **DTI:** 249
medals: **DTI:** 102; **DTII:** 49, 102; **WAI:** 64; **WAIII:** 147-48
Medes: **WAII:** 246; **WAIII:** 4
Medford, Ore.: **DTIII:** 99; **WAV:** 96-98; **WAVI:** 249; newspaper in, **WAV:** 97
medicine: **WAVI:** 235; **RB:** 158
Medicine Lodge, Kan.: **WAII:** 194, 311
Mediterranean Sea: **WAIV:** 34; **WAVI:** 206, 210; **HT:** 130
Medwick, Joseph M. (Ducky): **DTIV:** 226; **WAVI:** 163-64
Mehlhorn, William (Wild Bill): **WAII:** 142
Meighan, Thomas (Tom): **WAIII:** 32
Mejorado, Javier S.: **ML:** 44
Mei Lan-fang: **ML:** 112
Melbourne, Australia: **WAIII:** 195; **WAVI:** 222-23; centennial of, **DTIV:** 200
Melbourne Cup (horse race): **WAV:** 142; **WAVI:** 222-23
Meller, Raquel: **WAII:** 186
Mellon, Andrew W.: **BS:** 53; **L:** 10, 65, 87, 88, 100, 101, 115, 116, 117; **CA:** 96, 97-98, 100, 111, 145; **DTI:** 1, 3, 58, 68, 88, 108, 130-32, 137, 139, 140, 151, 166, 194, 211-12, 216, 221, 222, 266, 293, 296, 300, 303; **DTII:** 18-19, 21, 23, 45-46, 62, 113, 133, 181, 254, 265-66, 273, 277; **DTIII:** 27, 34, 36, 37, 39, 44, 46, 47, 48, 56, 57, 68, 69, 71, 87, 88, 126, 157, 164, 173, 188, 205, 259, 263; **WAI:** 179, 216, 217, 219, 224-25, 247-48, 333; **WAII:** 20, 27, 78, 79, 89, 136, 138, 157, 158, 222, 230, 233, 236, 242, 245, 262, 284, 300-301; **WAIII:** 27, 28-29, 43, 69, 90, 102-104, 116, 131, 145-46, 202, 216, 230, 231, 232, 254, 258; **WAIV:** 24, 97, 132, 145, 147; **WAV:** 34, 47, 109, 151, 193; **HC:** 80, 112; **ML:** 21-22, 31, 35, 44, 51, 65, 89-90, 91, 102, 119, 134, 138, 143; **HT:** 19, 26, 44, 79, 81, 91, 118; **RB:** 25, 66; tax bill of, **WAI:** 186
melons: **WAV:** 97
Melton, James: **RB:** 175
Melvill, T. P.: **L:** 49
memoirs: **DTII:** 169; **DTIV:** 255; **ML:** 125; **HT:** 7, 14
Memorial Day: *see* Decoration Day
memory: **DTI:** 75
Memphis, Tenn.: **DTI:** 19; **DTII:** 174; **WAII:** 111, 112, 302; **WAIII:** 28; **WAIV:** 177; police in, **DTI:** 185; baseball team from, **DTIII:** 93
men: **P:** 36-37; **CA:** 49; **DTI:** 149; **DTII:** 63;. **DTIV:** 26; **WAII:** 180; **WAIII:** 12; **WAVI:** 199-200; **ML:** 135; in Russia, **BS:** 37; physical strength of, **DTI:** 8; disuse of hats by, **DTI:** 288; cosmetics for, **DTII:** 22; vanity of, **DTI:** 22; clothes for, **WAIII:** 165; as athletes, **WAV:** 174; corsets for, **HC:** 73
Mencken, H. L.: **CA:** 111, 128; **DTI:** 226; **DTII:** 129-30, 204; **WAII:** 144, 179, 180; **WAV:** 160; **HC:** 29; **ML:** 157; **HT:** 114
Mendell, Loren: **DTII:** 48, 49; **WAIV:** 46
Mendelssohn-Bartholdy, J. L. Felix: **HT:** 118; musical composition by, **ID:** 41; **WAI:** 50
Menjou, Adolphe: **WAIII:** 32, 33
"Men of Yesterday" (song): **WAI:** 255, 257
Mercenary Mary (musical): **L:** 30
merchant marine: **CA:** 29; in Italy, **L:** 63
mergers: **DTII:** 50, 60, 74, 85, 111; of newspapers, **WAI:** 226-27; in business, **WAIV:** 127-28; **WAV:** 206; **HT:** 92-93; **RB:** 67
Merriam, Frank F.: **DTIV:** 197, 233; **WAVI:** 135; **RB:** 148-49
Merrimac, U. S. S.: **WAIII:** 60
Merriwell, Frank: **WAVI:** 105
"Merry Widow Waltz": **WAV:** 62
Merton of the Movies (novel): **WAI:** 83
Mesa Verde National Park: **DTIV:** 339
Mesopotamia: **DTIII:** 120; **WAV:** 231; **WAVI:** 193
Metcalfe, Edward D.: **WAI:** 291; **WAII:** 62-63
Metcalfe, Ralph: **DTIII:** 194
Methodist Centenary Celebration: **P:** 22
Methodists: **DTI:** 89, 174, 238, 251; **DTII:** 170, 178, 243; **WAII:** 32, 33; **WAIII:** 181, 190-91, 192; **WAV:** 108, 212; **WAVI:** 11, 154; **ML:** 110, 130; **RB:** 82
Methuseleh: **RB:** 51
Metoxen, Jonas: **WAIII:** 236
Metropolitan Museum of Art (New York City): **BS:** 69
Metropolitan Opera Company (New York City): **DTII:** 215; **DTIV:** 121
Metropolitan Opera House (New York City): **WAII:** 27, 189, 259; **WAIV:** 81
Metropolitan Theatre (Boston): **RB:** 54
Mexicali, Mexico: **WAII:** 164
Mexican Punitive Expedition: **WAI:** 103-104
Mexican Revolution: **ML:** 29, 67; *see also* Mexico, revolution in
Mexican War: **DTIV:** 97; **WAVI:** 72; **HT:** 35
Mexico: **ID:** 57, 58, 59-60, 100; **PC:** 15; **L:** 53, 65, 93, 111; **CA:** 8, 28, 29; **DTI:** 16, 33, 45, 130-32, 141-42, 154, 156, 157-58, 159, 160, 162, 163, 166, 172, 175, 196, 234, 235, 250, 302, 314; **DTII:** 100, 106, 110, 146, 153, 178, 181, 188, 207; **DTIII:** 7, 13, 27, 40-41, 57, 58, 62, 70, 74, 82, 83, 84, 86, 92, 180, 208, 219; **DTIV:** 10, 97, 184, 205, 287, 325, 328, 399; **WAI:** 15, 57, 62, 63, 101-104, 124, 125-28, 131, 189, 193, 195, 219, 238, 271, 340, 354, 357, 359; **WAII:** 32, 87, 147, 164-66, 178, 186, 242, 269, 302, 304, 307, 312; **WAIII:** 6-8, 16, 22, 56, 92, 93, 97, 100, 114-16, 119-22,

123, 218, 219, 248; **WAIV:** 1-4, 13, 92; **WAV:** 18-19, 21, 80-81, 86, 87-88, 90, 92, 93, 100, 131, 155, 173, 176, 197, 199, 213, 232; **WAVI:** 35, 36, 37, 46, 72, 127, 137, 199, 245, 255; **ML:** 21, 23, 24-90, 92, 104, 125, 155; **HT:** 31, 35, 104, 108, 109; **RB:** 3, 7, 40-42; U. S. relations with, **ID:** 93, 95-96, 113; **DTI:** 43, 49-50, 61, 62, 82, 134, 152, 156, 157, 158, 166, 178, 300; **DTII:** 178; **WAII:** 46-49, 181, 277, 278; **WAIII:** 6-8, 122; **WAIV:** 1; **WAV:** 90; **ML:** 26, 30, 57, 79, 80, 81, 82; **RB:** 41; navy of, **ID:** 113; government of, **L:** 70; **DTIII:** 87; **ML:** 40; **RB:** 42; earthquake in, **DTI:** 43; Bolshevism in, **DTI:** 62; Rogers in, **DTI:** 132, 154-60, 163, 175, 234, 235; **DTII:** 2, 13, 100; **DTIV:** 82-84, 91-93, 219; **WAIII:** 114-16, 119; **WAIV:** 1; **WAV:** 18-19, 80-81, 87-88, 90, 92, 93, 232; **ML:** 21-89, 104; **RB:** 7-8, 41-42; banditry in, **DTI:** 142; **ML:** 27-28, 30-31, 58, 64, 67, 82, 90; political candidates in, **DTI:** 142, 154; tourists in, **DTI:** 154; dams in, **DTI:** 155; **ML:** 38, 54-55, 58, 62; revolution in, **DTI:** 155, 158; **DTII:** 2-3, 6, 7, 8, 13, 100; **DTIII:** 13; **WAI:** 180, 183, 185; **WAII:** 47; **WAIII:** 6-8; **WAIV:** 2, 3-6; **WAV:** 18, 62; **ML:** 43, 47, 60; **RB:** 42; religion in, **DTI:** 155; **WAIII:** 120-22; **ML:** 77; time in, **DTI:** 157; **ML:** 68; baseball in, **DTI:** 160; **WAV:** 81; petroleum in, **DTI:** 174; **WAI:** 126, 248; **ML:** 25, 40-41, 51, 69; aviation in, **DTI:** 234; **WAV:** 18; **ML:** 86, 88, 90; **RB:** 8; elections in, **DTII:** 99; **WAIII:** 77; railroads in, **DTIII:** 83; **WAI:** 104; **ML:** 30, 36, 42-43, 68; army of, **DTIII:** 93; motion pictures in, **DTIII:** 93; pyramids in, **DTIII:** 119; **ML:** 75; gambling in, **DTIV:** 336; agriculture in, **WAI:** 102; **ML:** 33, 52; farmers in, **WAI:** 104; **ML:** 52; taxation in, **WAII:** 47; migrant workers from, **WAII:** 48; constitution of, **WAIII:** 7-8; **ML:** 81; military school in, **WAIV:** 2; **ML:** 42; military in, **WAIV:** 2, 3; **ML:** 43, 58-61; aviation in, **WAV:** 18; **ML:** 86, 88, 90; **RB:** 8; people of, **WAV:** 94, 121, 224; **WAVI:** 35, 36, 37, 115; **ML:** 33-34, 59, 78; **RB:** 7; geography of, **ML:** 30; liquor in, **ML:** 30; churches in, **ML:** 33, 75, 77; food in, **ML:** 33; mining in, **ML:** 34; women in, **ML:** 34, 41; irrigation projects in, **ML:** 38, 44, 52, 54, 62; humor in, **ML:** 41, 42, 46; natural resources of, **ML:** 41, 70, 71; nationalism in, **ML:** 42; generals in, **ML:** 43-44, 59-61, 65; politics in, **ML:** 43-44, 47, 49-50; schools in, **ML:** 44, 50, 62; soldiers in, **ML:** 45, 58-61; roping in, **ML:** 46, 86; horses in, **ML:** 47; peons in, **ML:** 50, 60-61, 63, 69; agricultural cooperatives in, **ML:** 52; ranching in, **ML:** 62, 63, 64, 67; orchestras in, **ML:** 64; canals in, **ML:** 69; governors in, **ML:** 69; land use in, **ML:** 69; assassinations in, **ML:** 77-78; aristocracy in, **ML:** 78; **RB:** 41; automobiles in, **ML:** 78, 82; class distinctions in, **ML:** 78; graft in, **ML:** 78-79; selling of documents in, **ML:** 78-79; capitalists in, **ML:** 81-82; confidence in, **ML:** 82; *see also* Mexican Revolution

Mexico: A Study (book): **WAV:** 90

Mexico, Gulf of: **WAVI:** 245; **RB:** 87
Mexico, Mo.: **DTIV:** 244
Mexico, National University of: **DTII:** 217; **DTIII:** 93
Mexico City, Mexico: **DTI:** 124, 156, 159, 160, 234; **DTII:** 8, 151, 171; **DTIII:** 13, 91, 92, 93; **DTIV:** 308; **WAIV:** 1, 3, 54; **WAV:** 17, 18, 19, 87, 88, 93; **WAVI:** 60, 80; **ML:** 27, 30, 35, 43, 51, 72, 74, 75, 77-78, 83, 89, 90; **RB:** 7, 8; U. S. embassy in, **ML:** 72-73, 79; church buildings in, **ML:** 75, 77
Mexico City Country Club: **DTII:** 217
Mexico Northwestern Railroad: **DTIII:** 83
Meyer, Eugene: **WAI:** 327
Meyers, John T. (Chief): **DTIII:** 146; **WAV:** 137
Meyers, Victor A. (Vic): **DTIV:** 342
Meyrick, George A.: **WAII:** 234
Meyrick, Jacintha P. (Mrs. George A.): **WAII:** 234
Miami, Fla.: **L:** 55; **DTI:** 205, 304; **DTII:** 28, 159, 174; **DTIII:** 20, 234; **WAII:** 28, 94, 110, 138, 147, 148, 149, 153, 161; **WAIII:** 24, 45, 130; **WAV:** 232; **HT:** 23, 38, 149; **RB:** 16; development of, **WAII:** 91
Miami (Fla.) *News:* **DTI:** 54
Miami Beach, Fla.: **WAII:** 152; **WAIII:** 218; **WAIV:** 130; **HT:** 23
Michael, king of Rumania: **DTI:** 111, 113; **WAIII:** 58
Michel, Georges: **DTI:** 12
Michelangelo: **ID:** 46, 82; **L:** 77-79; **WAI:** 47, 106; **WAII:** 258
Michigan: **P:** 30; **CA:** 57, 75; **DTI:** 29, 285; **DTIV:** 340; **WAI:** 158; **WAIII:** 57, 223; **WAIV:** 81; **WAV:** 182; **WAVI:** 1; **ML:** 53; **HT:** 7, 19; crime in, **DTI:** 173
Michigan, Lake: **ML:** 44
Michigan, University of: **ID:** 12; **DTI:** 44-45, 47; **DTIV:** 297; **WAI:** 270
Michigan City, Ind.: **DTIV:** 165
Mickal, Abe: **DTIV:** 241
"Mickey Mouse" (cartoon character): **DTIII:** 164; **WAVI:** 65
middle age: **DTIV:** 326
middle class: **DTII:** 223; **DTIV:** 318; **WAVI:** 79; **RB:** 147, 173
Middle East: aviation in, **DTIII:** 118, 119; oil in, **WAI:** 60
middlemen: **DTI:** 146, 291; **DTII:** 16-17, 19; **WAIII:** 160-61
Middleton, George: **WAIV:** 51
midgets: **DTIV:** 37
Midland, Texas: **WAVI:** 20
Midnight Frolic: see *Ziegfeld's Midnight Frolic*
Midway, Ky.: **WAIII:** 154
Midway Islands: **DTIV:** 308
Midwest (as region of U. S.): **BS:** 63; **ID:** 34; **L:** 35; **DTI:** 3, 45, 156; **DTII:** 60, 203; **DTIII:** 80; **DTIV:** 181, 200, 293; **WAI:** 283, 284, 285, 349; **WAIII:** 24; **WAIV:** 206; **WAV:** 182, 211, 218-19; **WAVI:** 35, 51, 141, 214; **ML:** 53; **HT:** 17; **RB:** 120-22, 154; weather in, **DTII:** 203; governors in, **DTIV:** 99

Cumulative Index

migrant workers, from Mexico: **WAII:** 48
migration: *see* emigration; immigration
Milan, Italy: **WAII:** 225-26, 259
Miles, Allie Lowe: **RB:** 175
Miles, Chester P.: **WAIII:** 240-41
Miles, David: **L:** 49
Miles, John: **L:** 49
Miles, Johnny: **DTII:** 18
milestones: **WAI:** 234
Milford, Utah: **HT:** 71
military: **DTI:** 166; in Mexico, **WAIV:** 2, 3; **ML:** 43, 58-61; in China, **ML:** 125; *see also* United States Army *and other related topics*
military aviation: **DTII:** 21; **DTIV:** 342; **WAI:** 97, 134; **WAII:** 27-28; **WAIII:** 36, 37, 42; **WAV:** 69-70, 180; **RB:** 15
military schools: **WAV:** 73; **WAVI:** 182
military strategy: **DTIV:** 339
milk, of goats: **L:** 55
milking, of cows: **DTI:** 76; **WAI:** 180, 227, 323, 358
Miller, Etta Mae: **DTI:** 285
Miller, Flournoy E.: **WAII:** 115
Miller, George L.: **WAII:** 263-65
Miller, Jessie M. (Chubbie): **DTII:** 129
Miller, Joseph C.: **WAII:** 263-65
Miller, Leslie A.: **DTIV:** 58; **WAVI:** 43
Miller, Marilyn: **WAIII:** 56-57; **WAVI:** 141
Miller, Mary E. G. (Mrs. Carroll): **WAI:** 268
Miller, Nat: **WAVI:** 123
Miller, Nathan L.: **WAI:** 42; **HC:** 54; **HT:** 11
Miller, T. Carroll (Cal): **WAV:** 32
Miller, S. D.: **WAVI:** 13
Miller, Zachary T. (Zack): **WAII:** 263-65; **WAIV:** 107, 142; **WAVI:** 179, 180
Miller brothers, ranch of: **DTI:** 20; *see also* 101 Ranch
millet: **ML:** 165
Millikan, Robert A.: **WAV:** 113; **WAVI:** 166-67; **ML:** 111
millinery: *see* hats
millinium: **HT:** 143
millionaires: **ID:** 39, 41, 53, 87, 88, 132, 174, 201, 208; **DTI:** 64, 166, 202, 231, 237, 291; **DTII:** 88, 228; **DTIII:** 57, 66, 228; **DTIV:** 62, 74, 75; **WAI:** 49, 78, 97, 100, 190, 238, 276, 292; **WAII:** 92, 94-95, 158, 170, 268; **WAIII:** 93, 174; **WAIV:** 17; **WAV:** 199; **WAVI:** 102, 120; **HT:** 31, 37, 48, 92, 124, 141; **RB:** 67, 130; economic opinions of, **DTI:** 166
Millman, Bird: **HT:** 16
Millpitas Ranch: **WAVI:** 122-23
Mills, Chester: **DTI:** 290-91
Mills, Dorothy R. F. (Mrs. Ogden L.): **WAV:** 194
Mills, James P. (Jimmy): **WAVI:** 111
Mills, Ogden L.: **CA:** 120, 123; **DTIII:** 128, 151; **DTIV:** 24, 134; **WAII:** 254; **WAV:** 150, 193-94, 201; **RB:** 73, 127, 139; economic plan of, **RB:** 118
Milo Park, N. J.: **WAIV:** 82
Milton, Abby R. (Mrs. David M.): **WAVI:** 196
Milton, David M.: **WAVI:** 196
Milwaukee, Wis.: **DTI:** 164; **WAII:** 195

Minami, Jiro: **ML:** 120-21, 123
mince meat pie: **P:** 33
mineral water: **WAV:** 28, 30; **HT:** 35, 99; *see also* radium water
Minerva: **ID:** 109; **WAI:** 152
miniature golf: **DTII:** 175, 192, 196, 198, 200-201, 202, 210, 226, 229, 246; **DTIII:** 252; **WAIV:** 177, 186; **RB:** 51
mining and miners: **DTII:** 212; **DTIII:** 208; **DTIV:** 346; **WAV:** 219; **WAVI:** 252-53; of coal, **L:** 34, 43; **DTI:** 184-85, 194, 204; **DTII:** 109; **DTIII:** 65; **DTIV:** 312; **WAIII:** 150; **WAV:** 54; **RB:** 38; of gold, **DTII:** 212; **DTIV:** 168, 234; **WAV:** 186; **HT:** 152; of nitrates, **DTIII:** 223; **DTIV:** 146; in Hungary, **DTIV:** 230; of silver, **WAV:** 186; in Mexico, **ML:** 34; of opals, **ML:** 35
mining camps: **DTIII:** 206
ministers: *see* clergymen
Minneapolis, Minn.: **ID:** 208; **L:** 73, 109; **DTII:** 38, 185; **DTIV:** 342; **WAI:** 98, 351; **WAII:** 30, 45, 46, 106; **WAIV:** 164, 165; **WAV:** 220, 222; **WAVI:** 45; **HC:** 99; **RB:** 19, 98
Minnesota: **ID:** 45, 167, 208; **CA:** 75; **DTI:** 76; **DTII:** 229; **DTIV:** 215; **WAI:** 105, 170, 249, 260, 323, 353; **WAII:** 43-46, 106; **WAIII:** 51, 65; **WAIV:** 18, 51, 164-66, 187; **HT:** 12, 35; legislature of, **DTI:** 76; farmers in, **WAIV:** 164
Minnesota, University of: **DTIV:** 242
Minnick, James (Jim): **WAII:** 161-62; ranch of, **DTII:** 77
Minotto, Idamay Swift (Mrs. Jimmy): **WAVI:** 246
Minotto, James (Jimmy): **WAVI:** 246
Minter, Mary Miles: **WAI:** 118
miracles: **DTIV:** 46
missionaries: **E:** 22; **L:** 8; **DTI:** 58; **DTII:** 50; **DTIII:** 100, 111, 115, 145; **DTIV:** 204; **WAI:** 74; **WAII:** 105, 303, 304; **WAIII:** 59, 199; **WAIV:** 203; **WAV:** 210, 212; **ML:** 119, 148, 149, 152; **HT:** 123; in China, **DTI:** 50, 51, 70, 71, 74, 89; **WAI:** 69-70; **WAIII:** 15-17, 21, 99; **WAIV:** 53; **WAVI:** 10-12; in Hawaii, **DTIV:** 203-204; in India, **WAIII:** 192-93; from Germany, **ML:** 127
Mission Inn (Riverside, Calif.): **WAVI:** 89
The Mission Play: **DTIV:** 288
missions, in California: **WAVI:** 125, 126; *see also names of missions*
Mississippi: **ID:** 171, 197, 208; **CA:** 50, 68, 69, 74, 116; **DTI:** 59, 70, 254; **DTII:** 151; **DTIII:** 187, 236; **DTIV:** 13, 242; **WAI:** 26, 43, 259, 260; **WAII:** 13; **WAIII:** 3, 223, 225, 227; **WAIV:** 63; **WAV:** 146, 220; **WAVI:** 40; **HC:** 54; **HT:** 24; **RB:** 17, 106; legislature of, **WAIII:** 3
Mississippi, U. S. S.: **DTIV:** 77
Mississippi River: **L:** 81; **DTI:** 38, 91, 183, 206; **DTII:** 222; **DTIV:** 69, 84, 151; **WAII:** 103-104; **WAV:** 220; **WAVI:** 130, 231; **ML:** 37, 44, 70; **HT:** 29, 102; **RB:** 72, 170; flooding of, **DTI:** 81, 82-84, 85, 88, 90-91, 92, 93, 94, 95, 96, 97, 98, 109, 128, 133, 150, 151, 167,

173-74, 176, 206, 305; **DTIV**: 13; **WAIII**: 24-27, 28, 42, 77, 81-82, 131, 139; **HC**: 73; **RB**: 12-13; states along, **DTI**: 305
Mississippi Valley: **DTI**: 95, 97, 109, 134, 189, 263
Missoula, Mont.: **DTI**: 72
Missouri: **ID**: 171; **CA**: 8, 68, 69, 75, 80, 81, 136; **DTI**: 27, 38, 139, 183; **DTII**: 97, 103, 257; **DTIII**: 63; **DTIV**: 29, 35, 58, 132; **WAI**: 169, 225, 260; **WAII**: 168, 254; **WAIII**: 68, 213, 216, 223; **WAIV**: 230; **WAV**: 219; **WAVI**: 42, 94, 101, 202, 224; **ML**: 169; **HT**: 35; capitol building of, **DTI**: 183; legislature of, **DTI**: 183; state prison in, **DTI**: 183; kidnapping in, **DTIV**: 60, 64
Missouri, University of: **WAVI**: 42
Missouri Pacific Railroad: **WAI**: 241
Missouri River: **DTI**: 183; **WAII**: 104
Mistinguett: **L**: 43
Mitchel, John P.: **HT**: 4
Mitchel Field (New York City): **DTI**: 200, 201; **HT**: 65
Mitchell, Charles E.: **DTII**: 11, 91, 113
Mitchell, John K. (Mr. Marshall): **WAI**: 51
Mitchell, Ralph J.: **DTIII**: 16
Mitchell, William (Billy): **BS**: 16; **DTI**: 10, 313; **WAI**: 370-73; **WAII**: 2-3, 27-29, 83, 85-86, 87, 89, 115, 204, 290; **RB**: 15-16
Mix, Thomas E. (Tom): **ID**: 33, 35-36; **DTI**: 39, 66; **DTIII**: 102; **WAI**: 283, 285-86, 323; **WAII**: 18, 19; **WAIII**: 32, 33, 87, 198-99, 205; **WAIV**: 107; **WAV**: 155, 192
Mix, Tomasina: **WAV**: 155
mobility: **DTIII**: 31; **DTIV**: 197; **WAVI**: 154; in New York City, **ID**: 14; **WAI**: 6
mobs: **DTIV**: 137
models, free lance: **DTI**: 279
modernism and modernists: **DTI**: 288; **DTII**: 45; **WAII**: 58; **HT**: 89
modesty: **ID**: 63-66; **DTI**: 114, 159; **DTII**: 44, 211; **DTIV**: 49, 190; **WAI**: 145-48; **HC**: 7; **HT**: 104
Moeur, Benjamin B.: **DTIV**: 9
Moffett, James A.: **DTIV**: 196
Moffett, William A.: **DTIV**: 13
Mojave, Calif.: **ID**: 208; **WAI**: 100
Mojave Desert: **DTI**: 140; **WAVI**: 231; **HT**: 29, 49
Mojave River: **HT**: 72
Moley, Raymond C.: **DTIV**: 64, 72; **RB**: 110
Molière, Jean Baptist P.: **ID**: 191; **WAI**: 153
Moll, Jan J.: **DTIV**: 232, 233
Monaco: **BS**: 1, 84; **L**: 86; **WAI**: 371; **WAII**: 221-23
monarchy and monarchs: **DTI**: 55, 111; **DTIV**: 261, 283; **RB**: 24; in England, **DTI**: 287
Moncada, José M.: **DTIII**: 16
Mondell, Frank W.: **CA**: 39
Monett, Mo.: **BS**: 18
money: **DTI**: 151; **DTIV**: 1, 48, 73-74, 285, 290; **WAIII**: 14; **WAIV**: 18; **WAV**: 194; **WAVI**: 5, 120, 125; **RB**: 67, 171; hoarding of, **DTIII**: 129, 132-33, 144; **WAVI**: 4; value of, **DTIV**: 303; saving of, **RB**: 112; printing of, **RB**: 157-58, 159; *see also* currency and exchange; dollar
money market: **DTIV**: 135
Mongolia: **DTIV**: 33; **ML**: 150; people of, **DTIII**: 112
monkeys: **WAII**: 55, 56, 58, 60
Mono County, Calif.: **RB**: 150
Mono Lake (Calif.): **WAIV**: 182
monopolies: **DTI**: 244, 312; **WAIV**: 127-29; **WAV**: 135; **HT**: 92-93
Monroe, James: **DTI**: 138; **DTIII**: 272; **WAI**: 88; **WAIII**: 109
Monroe Doctrine of 1824: **PC**: 20, 23; **DTI**: 298; **DTIII**: 272; **WAI**: 89; **HT**: 90; centennial celebration of, **WAI**: 88
monsoons: **WAV**: 107
Montana: **CA**: 60, 64, 141; **DTI**: 258; **DTII**: 173; **DTIV**: 2; **WAI**: 170, 219; **WAII**: 267, 271-72, 311; **WAIII**: 17-19, 82; **WAIV**: 87; **WAV**: 101; **WAVI**: 36, 43, 131, 203; **HC**: 92
Montana, Louis (Bull): **L**: 69; **CA**: 55; **DTI**: 110; **WAI**: 216, 310, 325; **WAIII**: 32
Montauk Point, N. Y.: **BS**: 76; **DTI**: 237; **WAII**: 94, 152; **WAIII**: 218
Monte Carlo, Monaco: **ID**: 57; **L**: 86-87, 88-89, 90; **DTIII**: 155; **WAI**: 125; **WAII**: 210, 221-23; **WAIII**: 33; **WAIV**: 89; gambling in, **L**: 86-89; **WAII**: 221-22
Montenegro: **WAII**: 278; **WAIV**: 64, 105
Monterey, Calif.: **ID**: 76; **DTIV**: 197; **WAI**: 223; **WAV**: 153
Monterey County, Calif.: **WAIV**: 178
Montes, Mariano: **L**: 97
Montevideo, Uruguay: **DTIII**: 225; **DTIV**: 107
Montgomery, Ala.: **DTI**: 58, 186; **WAII**: 115, 116, 141; **HT**: 24
Montgomery, David C. (Dave): **WAII**: 103
Montgomery, Peggy J. (Baby Peggy): **BS**: 1; **ID**: 174; **WAI**: 263; **WAII**: 3
Montgomery Ward Company: **DTI**: 286, 307; **DTII**: 169; **WAIV**: 127-28; **HT**: 88
Montreal, Canada: **ML**: 129
Montrose, duchess of: *see* Graham, Mary D.
Montrose, duke of: *see* Graham, James
monuments: **DTI**: 267; **WAII**: 268-69, 275, 281-82
Moody, Daniel J. (Dan), Jr.: **CA**: 109; **DTI**: 23, 37, 48, 120, 153-54, 225; **DTII**: 4, 263; **WAII**: 122, 243; **WAIII**: 78, 131; **WAIV**: 235; **ML**: 28; **HT**: 25
Moody, Helen Wills: **DTII**: 14, 29, 196, 202; **DTIV**: 63; **DTIV**: 71, 329; **WAII**: 226-27; **WAIV**: 153; **RB**: 29
Moody, Mildred P. (Mrs. Dan): **CA**: 112
Mooney, Thomas J.: **DTIII**: 101-102, 118; **DTIV**: 267; **WAV**: 126
moonshine and moonshiners: **DTI**: 65-66, 187; **DTII**: 10, 164-65; **DTIV**: 57; **WAII**: 249; **WAV**: 135, 234; *see also* corn liquor; home brew; *and other related topics*
Moore, _____: **L**: 19; **CA**: 75
Moore, Alexander P.: **CA**: 91, 94, 100; **WAI**: 71; **WAII**: 250, 289; **WAV**: 66
Moore, Arthur H.: **WAIII**: 188, 190
Moore, Colleen: **WAIII**: 34
Moore, Edward Clarence: **E**: 1, 11-12, 14, 15,

Cumulative Index

16, 18, 19, 23, 25, 26; **WAIV:** 55
Moore, John I.: **ML:** 88
Moore, John Trotwood: **WAIII:** 83
Moose Fraternal Lodge: **WAI:** 144, 274; charity fund of, **WAI:** 145
Mooseheart, Ind.: **WAI:** 274
Mooselookmeguntic, Me.: **DTI:** 210
morality: **ID:** 128; **DTI:** 43,77; **DTIII:** 186; **DTIV:** 35; **WAI:** 202, 203, 295-96, 315; **WAII:** 10, 18; **WAIII:** 22, 51, 241; **HT:** 39; **RB:** 50, 52; in motion pictures, **WAI:** 80, 85, 215
moral leadership: **DTIII:** 44
moral rights: **ML:** 55
morals: **CA:** 128; **DTII:** 9; **DTIII:** 197; **WAV:** 184, 188
"moral turpitude": **WAII:** 160, 281, 303
"moral victories": **DTI:** 273
Moran, George (Bugs): **WAIII:** 67; gang of, **RB:** 59
Moran, Pauline T. (Polly): **DTIII:** 136; **WAVI:** 44, 77
moratoriums: **DTIII:** 280; on war debts, **DTIII:** 44, 46, 50, 60, 82; **WAV:** 46-47, 48, 55, 94-95, 213; **WAVI:** 2, 17
Moreno, Antonio G. (Tony): **WAII:** 286
Moreno, Daisy C. (Mrs. Tony): **WAII:** 286-87
Morgan, J. Pierpont: **WAIV:** 40
Morgan, J. Pierpont, Jr.: **ID:** 202; **CA:** 70, 74; **DTI:** 297-98; **DTII:** 42, 89, 91, 253, 254; **DTIII:** 130, 153, 156, 173, 271; **DTIV:** 3, 4, 12, 33-34, 40, 42, 67, 106, 172, 282; **WAI:** 2, 40, 270, 313, 362; **WAII:** 134; **WAIII:** 92-93; **WAIV:** 83, 107; **WAV:** 86; **WAVI:** 24-26, 88, 102; **ML:** 27, 44; **RB:** 126, 130-31; investigation of, **DTIV:** 35-36, 37; *see also* Morgan & Company, J. P.
Morgan, R. R.: **WAVI:** 210
Morgan, Tom P.: **WAIII:** 186-87
Morgan, William M.: **DTII:** 14
Morgan & Company, J. P.: **DTI:** 142, 312; **DTIII:** 122; **DTIV:** 3, 34, 172; **ML:** 25, 26, 37, 54, 71, 80; **HT:** 16; **RB:** 38, 41
Morgenthau, Henry: **WAI:** 45; **WAVI:** 97; **RB:** 130
Morgenthau, Henry, Jr.: **DTIV:** 135, 136, 310; **WAVI:** 97, 242; **RB:** 130-31
Moriarty, George J.: **WAVI:** 164
Mormons: **ID:** 189; **WAI:** 151; **WAIII:** 61; **WAIV:** 132; **WAV:** 219
Mormon Tabernacle (Salt Lake City): **WAI:** 93, 238
Morocco: **L:** 92; **WAII:** 79, 278; **WAV:** 39; **HT:** 127; sultan of, **DTIII:** 175; war in, **WAII:** 49, 51, 62, 67, 118
morons: **ID:** 189; **DTI:** 253; **WAI:** 151
Moro Promontory: **WAII:** 281-82
morphine: **WAII:** 12
Morris, Edgar L.: **WAII:** 98
Morris, William: **WAI:** 157, 158
Morrison, Cameron A.: **CA:** 64; **DTII:** 249
Morrison, Ralph W.: **WAVI:** 72
Morrissey, Will: **WAIII:** 199
Morrow, Anne Spencer: *see* Lindbergh, Anne S. Morrow

Morrow, Dwight W.: **DTI:** 130-32, 141-42, 154, 155-56, 157, 158, 159, 160, 172, 196, 250, 297, 300, 302, 313, 314; **DTII:** 13, 106, 113, 122, 126, 178-79, 180-81, 224-25, 253; **DTIII:** 13, 20, 44-45, 62, 86, 92, 219; **DTIV:** 205; **WAII:** 87; **WAIII:** 92-93, 115-16, 120, 196, 219, 248; **WAIV:** 3, 102, 154, 195; **WAV:** 9, 18, 19, 88, 90; **WAVI:** 24, 35, 127; **HC:** 20; **ML:** 25-26, 27, 35, 36, 37-38, 40-41, 42, 44, 45, 49, 50, 51, 52, 54, 62, 63, 64, 65, 67, 68, 69, 71-72, 73, 74, 79, 80, 82, 83, 85, 90, 91, 92, 104; **HT:** 104-11; **RB:** 8, 29, 38-42, 58, 167; death of, **DTIII:** 83, 84; **WAV:** 81, 131; family of, **DTIII:** 129, 137-38; **HT:** 105-106; home of, **WAV:** 130; brother of, **RB:** 39
Morrow, Elizabeth: **DTII:** 126
Morrow, Elizabeth C. (Mrs. Dwight W.): **DTI:** 313; **DTII:** 123, 126; **DTIII:** 86-87; **WAIII:** 257; **WAIV:** 119, 120; **WAV:** 131; **ML:** 40; **HT:** 105, 109; **RB:** 8, 28-29, 42
Morse, George: **WAII:** 156
Morse, Helen (Mrs. George): **WAII:** 156
mortality rate, of babies: **DTIII:** 28
mortgages: **E:** 22; **PC:** 15, 30; **L:** 54; **DTI:** 125-26, 256; **DTII:** 76, 160, 217; **DTIII:** 22, 31, 51, 77, 127, 168, 259; **DTIV:** 26, 93, 170; **WAI:** 23, 40, 43, 91, 103; **WAII:** 1, 4, 16, 79, 108, 127, 310; **WAIII:** 39, 51, 93; **WAIV:** 93; **WAV:** 61, 184, 199; **WAVI:** 19, 53-54, 116, 137, 159, 229-30; **HT:** 80; relief for, **RB:** 164
morticians: *see* undertakers
mosaics: **L:** 77
Moscow, Russia: **BS:** 7, 15, 25, 26, 27, 37, 38, 42, 48, 66, 75, 83; **L:** 76; **DTI:** 43; **DTII:** 211; **DTIII:** 152; **DTIV:** 54, 155, 212, 214, 246, 269, 308, 311, 340; **WAII:** 207, 231; **WAIII:** 195, 212; **WAV:** 50, 52; **WAVI:** 148, 236; **HT:** 141; **RB:** 98
Moscow River: **ML:** 12
Moses: **DTI:** 70, 223, 243; **DTII:** 95; **DTIII:** 68, 76; **WAI:** 302, 339; **WAIII:** 34; **WAIV:** 188; **WAV:** 16; **WAVI:** 206; **HT:** 26, 102; **RB:** 51; birth of, **DTII:** 250
Moses, George H.: **ID:** 141, 147-48; **DTI:** 223, 242, 267, 269, 297; **DTII:** 9, 95; **DTIV:** 16; **WAI:** 170, 208, 210, 247, 249, 250; **WAIII:** 175-76, 205, 206, 227; **WAIV:** 231; **WAV:** 33, 182; **HC:** 90; **ML:** 112, 154; **RB:** 51
Moskowitz, Belle: **CA:** 54
Moslems: **DTI:** 272; **DTII:** 67, 204; **DTIV:** 286; **WAVI:** 145
mosquitoes: **ID:** 159; **DTI:** 170; **DTII:** 173; **DTIV:** 145, 206, 329; **WAI:** 121; **WAIII:** 255-57; **ML:** 9; **HT:** 38
Mosul, Iraq: **WAII:** 144-45
motherhood: **CA:** 127; **HC:** 64; **RB:** 144
mothers: **DTI:** 9, 85, 285; **DTII:** 63, 165, 166; **DTIII:** 163-64; **DTIV:** 23, 123-24, 177, 179; **WAI:** 106, 114, 191; **HT:** 89; **RB:** 26, 28-32, 141-44, 156-57; songs about, **ID:** 45, 46; **WAI:** 105, 106
mothers-in-law: **DTI:** 112; **WAVI:** 79
Mother's Day: **DTI:** 85; **DTII:** 166; **DTIII:** 28; **DTIV:** 172; **RB:** 26, 28-32, 141-44
motion pictures: **E:** 12, 28, 30; **BS:** 30; **ID:** 6,

36, 47, 107, 111, 113, 119, 120, 178, 184, 195-97; **CA:** 13, 26, 36, 84, 123; **DTI:** 58, 92, 97, 98, 107, 109-10, 118, 122, 125, 209, 221, 227, 231, 233, 287; **DTII:** 15, 99, 147, 148, 191, 204, 206, 235; **DTIII:** 1, 33, 47, 54, 70, 91, 97, 100, 122, 208, 281; **DTIV:** 158, 161, 200, 238, 245, 301, 318; **WAI:** 3, 25, 27, 29, 37, 39, 76, 88-89, 92, 102, 107, 112, 113, 114, 115, 116, 118, 129, 143, 158, 166, 168-69, 171, 189, 192, 215, 237, 285, 304, 323, 339, 363; **WAII:** 3, 17, 19, 23, 39, 57, 69, 73, 74, 112, 115, 118, 119, 193, 203-205, 212-13, 220, 232, 233, 293; **WAIII:** 33, 34, 35, 49, 56, 79, 80, 102, 174; **WAIV:** 36, 55, 75, 107, 109, 123, 128, 170, 176, 218, 231, 234; **WAV:** 5, 25, 32, 33, 36, 38, 39, 61, 66, 68-69, 72, 98, 100, 116, 121, 146, 152, 157, 158, 172, 183-85, 190-91, 197, 199, 215-16, 218; **WAVI:** 6, 8, 9, 11, 13-14, 15, 19, 21, 22, 23, 26, 32-33, 44-45, 61, 75-77, 82-83, 94-96, 113, 115-16, 118, 130-34, 143, 153-54, 156, 160, 173-74, 193, 199, 200, 204, 239-40, 242, 247, 252; **ML:** 6, 11, 26, 114, 115, 126; **HT:** 5, 18, 31, 34, 36, 37, 48, 49, 53, 74-76, 102, 114, 123, 132, 141, 145-47; **RB:** 10, 78, 80, 110-11, 115-16, 149-50, 153, 156, 162, 169; Rogers in, **E:** 5-6; **ID:** 1-2, 7, 19, 51, 69, 100, 106, 114; **CA:** 36; **DTI:** 123, 237; **DTII:** 74, 204, 209, 210, 256, 271; **DTIII:** 97, 208; **DTIV:** 80, 126, 158, 160, 186, 190, 200, 232, 238, 307, 320, 344, 346; **WAI:** 18, 56, 77, 85, 91, 110, 112, 129, 136, 139, 143, 161, 189, 216; **WAII:** 69, 74, 163, 231, 232, 233, 237; **WAIV:** 55, 69, 72-73, 75, 102, 107-108, 111, 140, 179, 190, 234; **WAV:** 1, 15, 18, 22, 25, 36, 39-40, 66, 68-69, 96, 115, 117, 141-42, 156, 157, 158, 183-84, 185, 188, 215; **WAVI:** 11, 13-14, 19, 22, 32, 33, 37, 56, 61, 76, 80-81, 82, 89-90, 92, 94, 95-96, 99-100, 124, 128, 130-34, 153-54, 160, 167, 168-69, 173, 180, 187, 189, 195, 197, 199, 200-201, 202, 221, 224, 227, 230-31, 233, 235, 237, 239, 240, 245, 247, 248, 252-53; **HT:** 49-50, 99, 145, 146; **RB:** 98, 111, 112, 149, 150, 151, 152, 156, 169; industry of, **ID:** 111, 112; **WAI:** 110, 190-91, 249; likened to legislative acts, **ID:** 195-97; **WAI:** 25-27; studios, likened to Congress, **ID:** 195; **WAI:** 25; "talkies," **CA:** 13; **DTI:** 249; **DTII:** 35, 74, 99, 147; **WAIII:** 170-72, 186, 198-99; fans of, **DTI:** 24; **WAI:** 112, 113, 115; **WAV:** 11; promoters of, **DTI:** 97; actors and actresses in, **DTI:** 103, 108, 221, 237, 249, 254; **DTIII:** 105, 116, 235; **DTIV:** 5, 39, 69, 75; **WAII:** 307, 310; **WAV:** 23; **WAVI:** 3-4, 67; **ML:** 82; **RB:** 80-82, 149, 150; salaries in, **DTI:** 107, 117; **WAI:** 313; newsreels, **DTI:** 279; titles of, **DTII:** 77; **WAV:** 25, 27-28, 184-85; technological changes in, **DTII:** 147-48; **WAIV:** 73; in Mexico, **DTIII:** 93; in Europe, **DTIII:** 246; **WAV:** 190-91; N. R. A. code for, **DTIV:** 54; labor strike affecting, **DTIV:** 59; advertisements for, **DTIV:** 161; **WAV:** 25, 27-28; sex in, **DTIV:** 161; obscenity in, **DTIV:** 318; morality in, **WAI:** 80, 85, 215; retakes in, **WAV:** 15; producers of, **WAV:** 16, 39, 158, 231; **HT:** 53, 74, 75, 76; virtue in, **WAV:** 27; directors of, **WAV:** 40, 68, 87, 98, 183, 216; **HT:** 74; in Japan, **WAV:** 117-18; **ML:** 115-17, 120, 131; premieres of, **WAV:** 141-42, 147-49, 152, 187; made on location, **WAV:** 183; writers for, **WAV:** 27, 183, 215-16; **WAVI:** 3, 4, 26; **HT:** 74; simplicity in, **WAVI:** 14; censorship of, **WAV:** 15, 142; **HT:** 18, 146; **RB:** 155; silent films, **WAVI:** 32, 204, 231, 233; westerns, **WAVI:** 56, 131, 233; costumes for, **WAVI:** 132; animals in, **WAVI:** 132-33; cinematography in, **WAVI:** 133; art director for, **WAVI:** 133, 224; in Chile, **WAVI:** 137; exhibitors of, **HT:** 74, 75, 76, 146; regulation of, **HT:** 74-76; romance in, **HT:** 75; viewers of, **HT:** 75-76, 146-47; leading men in, **RB:** 47; sex in, **RB:** 74; taxation of, **RB:** 115

motion picture theaters, owners of: **DTIV:** 161; **WAVI:** 115, 116

Moton, Robert R.: **WAIII:** 248

Mount Vernon (Virginia): **P:** 32; **WAI:** 159; **WAII:** 11, 28, 304; **RB:** 16, 137

mouthwash: **DTII:** 65, 84; **DTIII:** 145, 252; **WAV:** 135; **RB:** 65, 83

Mozart, Wolfgang A.: **WAII:** 258

Muehlebach Hotel (Kansas City, Mo.): **DTI:** 207; **HC:** 18, 32

Mukden, China: **DTIII:** 107, 109, 113, 217; **DTIV:** 208; **WAV:** 116, 122; **ML:** 125, 126, 131, 133, 137, 142, 143, 147, 162

mules: **L:** 99, 100; **DTIV:** 254, 278; **WAVI:** 42, 116, 118, 201-203, 224; **ML:** 31, 33, 53

Muleshoe, Texas: **WAVI:** 138

Mulhall, Agnes (Bossie): **WAV:** 76, 77

Mulhall, Charles (Charley): **WAV:** 76

Mulhall, Lucille (Lucy): **WAII:** 19; **WAV:** 76-78

Mulhall, Mary A. L. (Mrs. Zack): **WAV:** 76

Mulhall, Okla.: **WAIII:** 205; **WAV:** 75, 76

Mulhall, Zachary (Zack): **DTIII:** 102; **WAII:** 18-19; **WAIII:** 205; **WAIV:** 142; **WAV:** 75-78; **WAVI:** 179; death of, **WAV:** 75

Mulhall Wild West Show: **DTIII:** 102; **WAII:** 18-19; *see also* Cummings and Mulhall Wild West Show

The Mulligan Guards (stage show): **WAIV:** 233

Mullins, Laurence (Moon): **WAIV:** 216

Munich, Germany: **WAVI:** 6

municipalities: *see* cities; small towns

munitions: **ML:** 57; *see also* armaments

munitions industry, investigation of: **DTIV:** 249-50

Munn, Gurnee: **WAII:** 152

Munsey, Frank A.: **WAI:** 350; **WAII:** 124; **WAIV:** 24

murder: **BS:** 1; **ID:** 191, 208; **DTI:** 39, 42, 91, 106, 173, 174, 177, 244, 275-76, 286; **DTII:** 10, 77, 160, 176, 183; **DTIII:** 35, 37; **DTIV:** 185-86; **WAI:** 28, 39, 45, 51, 166, 181, 215, 302, 305, 335, 336, 349; **WAIII:** 23-24, 28, 30, 136, 159; **WAIV:** 40, 86; **WAV:** 23, 35, 63, 86-87; **WAVI:** 126; in Chicago, **DTI:** 30-31, 205; trials involving, **DTI:** 20, 22, 26, 34, 50, 149, 174, 177, 178, 296; **DTIII:** 37,

Cumulative Index

157; **DTIV:** 71; **WAI:** 28; **WAII:** 279, 280; **WAIII:** 27; in Hawaii, **WAV:** 149-50; *see also* Lindbergh, Charles A., Jr.; Snyder, Ruth B.
Murphy, Charles F.: **CA:** 82; **WAI:** 59; **HC:** 58
Murray, Mae: **DTI:** 227; **DTIII:** 62; **HT:** 53
Murray, William H. (Alfalfa Bill): **CA:** 135, 136, 145; **DTII:** 257, 266; **DTIII:** 19, 35, 58, 62, 74, 77, 79, 80, 84, 134, 167, 220; **DTIV:** 26, 52, 58, 61, 79, 132, 224, 319; **WAIV:** 237-38; **WAV:** 37-39, 43, 57-58, 83, 128, 219; **WAVI:** 27, 38; **ML:** 150
Muscle Shoals, Ala.: **WAI:** 312, 347-48; **WAVI:** 20; **ML:** 37; dam at, **DTI:** 185; **WAV:** 229, 230; nitrate plant at, **DTII:** 275; **WAI:** 142
museums, in Russia: **BS:** 67-70, 73, 83
music: **DTI:** 172; **DTII:** 90; **DTIV:** 121; **WAI:** 52, 105; **WAII:** 264-65; **WAVI:** 76; **RB:** 72, 88, 175; in Mexico, **ML:** 64; *see also* jazz *and other related topics*
music critics: **WAII:** 132-35
musicians: **WAII:** 264-65
Muskogee, Okla.: **ID:** 208-209; **DTII:** 172; **DTIV:** 248; **WAI:** 100; **WAII:** 171-72, 189; **WAIII:** 59, 60; **WAIV:** 239; **WAVI:** 115; **HT:** 153
Mussolini, Benito: **E:** 2, 30; **BS:** 69, 82, 83, 85; **L:** 6, 10, 50, 56-70, 71, 72, 80, 90, 91, 93, 94, 96, 100, 101, 104, 109; **DTI:** 1, 3, 7, 31, 71, 86, 125, 153, 163, 172, 194, 301, 308; **DTII:** 25, 45, 48, 55-56, 73, 103, 117, 125, 130, 149, 228; **DTIII:** 6, 18, 75, 120, 188, 235, 274; **DTIV:** 10, 26, 36, 45, 46, 48, 53, 66, 72, 101-102, 118, 139, 140, 150, 152, 180, 184, 188, 191, 209, 229, 247, 254, 261, 269, 282, 284, 288, 289, 297, 300, 303-304, 314, 321, 325, 327, 330, 332, 339; **WAI:** 167; **WAII:** 160, 179-80, 185, 193, 198, 214, 215, 216, 221, 226, 228, 236, 257, 277; **WAIII:** 3-4, 10, 71, 93, 97, 98; **WAIV:** 30, 37, 78, 105-106, 115, 154-55, 165, 196, 203, 208, 210, 217; **WAV:** 44, 62; **WAVI:** 7, 8, 19, 201, 212, 238; **HC:** 79; **ML:** 21, 22-23, 52, 97; **HT:** 45, 84; **RB:** 44, 53, 76, 90, 104-105, 114; biography of, **L:** 58; **WAIV:** 109; family of, **L:** 67; attempted assassination of, **DTII:** 269; **WAII:** 179-80
Mustafa Kemal (Kemal Ataturk): **DTII:** 45
mustard: **DTIV:** 311
"Mutt and Jeff" (cartoon feature): **BS:** 7; **CA:** 59; **DTIV:** 338; **WAII:** 181; **WAIII:** 102; **HT:** 113
Myers, Albert G.: **WAIII:** 140
My Four Years in Germany (memoirs): **CA:** 25

N

Nace, Harry: **WAII:** 203
Nagasaki, Japan: **DTIII:** 106; **ML:** 131
Nagel, Conrad: **WAV:** 216; **WAVI:** 45
Nahant, Mass.: **ID:** 148; **WAI:** 210, 229
Naishapur (race horse): **DTII:** 30
Nakaoka, Kenichi: **WAVI:** 137
Nalle, Ouida Ferguson: **WAII:** 161
Nanking, China: **DTIII:** 115; **WAV:** 119, 120, 210, 211; **WAVI:** 12; **ML:** 130, 150, 151, 155,

162, 164, 165; government of, **ML:** 134
Nantucket, Mass.: **DTI:** 39
napkins: **ID:** 82; **WAI:** 46
Naples, Bay of: **L:** 115
Naples, Italy: **L:** 54, 55; **WAII:** 213; **WAV:** 111; **WAVI:** 212
Napoleon I, emperor of France: **BS:** 83; **ID:** 190; **L:** 58, 59, 64, 65, 69; **DTIII:** 120; **DTIV:** 90; **WAI:** 152; **WAII:** 225, 246; **WAIII:** 243; **WAV:** 86; **WAVI:** 129; **HT:** 91, 118
Napoleon III, emperor of France: **ML:** 34
narcotics: **CA:** 10; **WAIII:** 60; **WAV:** 35; **ML:** 141; conference on, **DTIII:** 40; *see also* opium
Narragansett Pier: **ID:** 71; **WAI:** 138
narrow-mindedness: **DTI:** 33, 58, 79
Nashville, Tenn.: **DTI:** 17; **WAII:** 268; **WAIV:** 165; **WAVI:** 203
Nassau, Bahama Islands: **WAIII:** 165
Nation, Carry A. M.: **WAIII:** 166, 235
National Air Races: **DTI:** 250; **DTIII:** 71; **DTIV:** 45, 46-47, 48
National Air Transport Company: **HT:** 60
national anthems: **DTI:** 172; of Argentina, **DTIII:** 195; of U. S., **WAIV:** 18, 27
National Association of Manufacturers: **DTIV:** 246
National Association of Real Estate Boards, convention of: **HT:** 148-50
National Broadcasting Company (N.B.C.): **DTII:** 265; **WAVI:** 192; **RB:** 97, 100
National City Bank of New York: **ML:** 141
National Collegiate Athletic Association, track and field championships of: **DTIV:** 187
national debt: *see* England; Russia; United States; *and other similar topics*
National Editorial Association: **DTIII:** 190
National Education Association: **DTIII:** 48, 190-91
National Guard: **DTIV:** 61, 197, 269; **WAIII:** 42
national honor: **ML:** 125
nationalism: **DTI:** 132; and self-determination, **DTIII:** 251; in Mexico, **ML:** 42
national park system: **DTII:** 167, 201, 258; **WAV:** 30; appropriations for, **DTII:** 258; *see also names of parks*
National Press Club: **WAIII:** 68, 70-73
National Recovery Administration (N.R.A.): **DTIV:** 46, 64, 67, 70, 74, 77-78, 82, 88, 98, 109, 124, 144, 146, 175-76, 183, 197, 221, 222, 230, 287, 311, 317, 318; **WAVI:** 54, 73, 85, 102, 103, 108, 166, 189, 205-206, 213, 244; **RB:** 106, 125-26, 131, 164-65, 166-68, 173, 175; industrial codes of, **DTIV:** 54, 60, 67-68, 71, 89, 144; **RB:** 83-84, 150; invalidation of, **DTIV:** 315
National Resources Board: **DTIV:** 253
national security: **DTI:** 52, 99; **DTIII:** 159, 180; **DTIV:** 179; **WAIV:** 213; **RB:** 3-4
National Security League: **WAIII:** 135
National Women's Air Derby: **DTII:** 63, 64, 65, 66
National Youth Administration: **DTIV:** 325-26
nations: **ID:** 96; **DTI:** 71, 99, 145; **DTII:** 84-85; **DTIV:** 89, 99; **WAIV:** 217-19; **WAV:** 1;

72

WAVI: 238-39, 255; **ML:** 23, 96; relations among, **DTI:** 172, 219; **WAV:** 171, 212, 213, 223, 236; **ML:** 49, 111, 119, 123, 169; comparisons of, **WAV:** 152; **WAVI:** 9-10, 38; honor among, **ML:** 23, 55
Nations, Gus O.: **WAIV:** 64
native sons: **WAIII:** 151, 152
Native Sons of America: **DTIII:** 76
Natural Bridge (Virginia): **DTI:** 52; **WAII:** 304-306; **WAIII:** 4; **WAV:** 28; **ML:** 168
natural disasters: **DTIV:** 3, 7-8, 13; **HT:** 81, 82
natural resources: **HT:** 34-35, 36; exploitation of, **ML:** 41; of Mexico, **ML:** 41, 70, 71; of Latin America, **ML:** 24; of U. S., **ML:** 70
nature: **DTIV:** 246; **HT:** 34, 36; exploitation of, **RB:** 121
Nautilus, U. S. S.: **DTIII:** 74
Navajo Indians: **DTI:** 146, 150; **DTIV:** 51; **WAIII:** 99, 201; **RB:** 126; blankets made by, **ID:** 46; **DTI:** 146; **WAI:** 106; **WAIV:** 133; reservation of, **DTI:** 146-47; **WAI:** 283
Naval Academy: *see* United States Naval Academy
navies: **DTI:** 103; **DTII:** 66, 126; *see also* England, navy of; United States Navy; *and similar topics*
navigation: **DTI:** 263; in aeronautics, **DTIV:** 249
Navy, U. S. Department of: *see* United States Navy
navy beans: **WAV:** 53, 188
Navy Day: **DTIII:** 90
nazism: **DTIV:** 216
Neal, Estelle Lane: **WAVI:** 246
Neanderthal man: **ID:** 189, 190; **WAI:** 151-52
Nebraska: **ID:** 166, 171; **DTI:** 19, 210, 221; **WAI:** 259, 260, 264, 265, 324; **WAII:** 55, 56; **WAIII:** 222; **HT:** 35, 54; **RB:** 28; farmers in, **DTII:** 21; legislative plan in, **DTIV:** 277
Nebraska, University of: **HT:** 112
neckties: **DTI:** 40, 163; **DTIV:** 119; **HT:** 54
Needles, Calif.: **WAI:** 231
Neely, Henry M.: **RB:** 175
Neff, Pat M.: **DTII:** 263
negligees: **ML:** 12
negligence: **DTI:** 143
Negri, Pola: **DTI:** 97; **DTII:** 108-109; **WAI:** 39, 216, 236; **WAII:** 3, 17-18; **WAIII:** 33, 66; **WAVI:** 32, 33
"Negro Add" (horse trainer): **DTIV:** 244
Negroes: **ID:** 189; **CA:** 9, 35, 77; **DTI:** 58; **DTII:** 9-10, 27, 100; **DTIII:** 198; **DTIV:** 244, 284; **WAI:** 15, 148, 151, 191; **WAII:** 34, 72, 103, 115-18; **WAIII:** 26, 79, 102, 190, 192, 248; **WAIV:** 155, 158; **WAV:** 39-41, 74; **WAVI:** 68; **HC:** 29; **HT:** 101; as convention delegates, **CA:** 8; voting rights of, **DTI:** 65; as athletes, **DTIII:** 186-87, 193; migration of, **WAI:** 117, 129; in U. S. cavalry, **WAIII:** 7; in Washington society, **WAIV:** 38-39; at West Point, **WAIV:** 64
neighbors: **DTI:** 302; **DTIV:** 130; friendliness among, **DTI:** 72; **RB:** 126
Nelson, Horatio: **WAIV:** 118; **ML:** 125

Nelson, Oscar (Battling): **DTIII:** 206; **WAV:** 186
Nelson, Thomas P.: **DTII:** 104-105; **HT:** 65-66
Nenana, Alaska: **WAI:** 362
Neosho, Mo.: **WAV:** 219
Nero: **BS:** 59; **P:** 32; **L:** 67, 71, 74; **WAII:** 54, 128, 246; **WAIII:** 192; **WAIV:** 111
Nesbit, Evelyn: *see* Thaw, Evelyn Nesbit
Netherlands (Holland): **PC:** 9, 15; **L:** 109; **DTI:** 232, 241; **DTIII:** 275; **WAII:** 26, 245, 296; **WAIV:** 38, 126; **WAV:** 104, 155; **WAVI:** 8; **ML:** 34, 143, 172; agriculture in, **BS:** 21; colonies of, **WAV:** 235
Nevada: **DTI:** 67-68; **DTII:** 176, 207; **DTIII:** 3, 6, 115, 160, 207; **DTIV:** 2, 54, 58, 97-98, 153-54; **WAI:** 238; **WAIII:** 12-14; **WAIV:** 66, 132, 179, 182, 186, 188, 190; **WAV:** 157, 185-87, 188, 189, 219; **WAVI:** 41, 42; **HT:** 51, 54, 72; **RB:** 135; gambling in, **DTI:** 68; **DTII:** 207; legislature in, **DTI:** 68; **WAIII:** 13; divorce in, **DTI:** 212; **DTII:** 186, 204, 209, 210, 242; **DTIV:** 98; **WAIV:** 188; climate of, **HT:** 51
Neva River: **BS:** 65
Neville, _____: **HT:** 62
New, Catherine M. (Mrs. Harry S.): **WAI:** 304
New, Harry S.: **L:** 10; **DTI:** 296, 313; **WAI:** 304; **WAII:** 89
New Amsterdam Theatre (New York City): **DTII:** 189; **WAIV:** 83
Newark, N. J.: **DTI:** 178; **DTIV:** 141, 144, 148; **HC:** 85, 86
New Bern, N. C.: **WAVI:** 48-49, 54, 55-56
Newberry, Truman H.: **ID:** 11; **WAI:** 6, 13, 216; **HT:** 7
New Brunswick, N. J.: **HT:** 67
Newcomer, Edna: **DTIII:** 209
New Deal: **DTIV:** 130, 182, 192, 196, 221, 232, 238, 241, 260, 262, 314-15, 317; **WAV:** 229; **WAVI:** 84, 140; **RB:** 168; public works program of, **DTIV:** 114
New England: **L:** 43, 75; **CA:** 70; **DTI:** 115, 150, 243, 254, 258, 263; **DTII:** 117; **DTIII:** 205; **WAI:** 159, 170, 250, 334; **WAII:** 31, 46, 104, 128; **WAIII:** 209; **WAIV:** 16, 17, 154, 235; **WAV:** 218; **WAVI:** 48, 60, 114, 149; **HC:** 64; **ML:** 13-14, 139; **HT:** 17, 29, 105, 106, 110; **RB:** 28, 55, 119, 167; convention delegates from, **CA:** 35; traditions of, **DTII:** 185; Yankee from, **DTIV:** 42; newspapers in, **WAII:** 128; hospitality in, **RB:** 54
Newfoundland: **DTI:** 106
New Hampshire: **ID:** 166; **DTI:** 91, 178, 254; **WAI:** 170, 258; **WAIII:** 209, 223; **WAV:** 182; **WAVI:** 43; **ML:** 64
New Haven, Conn.: **DTI:** 280; **DTII:** 76
New Jersey: **ID:** 167; **PC:** 31; **DTI:** 213, 255, 258, 299, 307; **DTII:** 173, 278; **DTIII:** 88, 129, 203, 228, 251; **DTIV:** 81; **WAI:** 28, 53, 76, 184, 259, 307, 342; **WAII:** 11, 13, 270, 279; **WAIII:** 188, 190, 222, 255, 256, 258; **WAIV:** 195; **WAV:** 36, 130, 131; **HT:** 3, 11, 127; **RB:** 42, 116, 167; highways in, **ID:** 167; **WAI:** 259; elections in, **DTII:** 178-79, 180; **WAIV:** 154

New Jersey Exterminators' Association: **WAIII:** 255
New London, Conn.: **DTI:** 253
New Mexico: **DTI:** 39, 120; **DTII:** 35; **DTIII:** 29, 91; **DTIV:** 20, 131, 337; **WAI:** 230; **WAII:** 292; **WAIII:** 4, 5-6; **WAIV:** 71, 132, 240; **WAV:** 16, 28, 218; **WAVI:** 36, 59; legislature of, **DTI:** 61; **WAIII:** 5; voting in, **DTI:** 147
New Mexico Military Academy: **DTIII:** 28; polo team from, **WAV:** 156-57
New Orleans, La.: **BS:** 27; **ID:** 201; **DTI:** 71, 84; **DTII:** 75, 143; **DTIII:** 93; **DTIV:** 308; **WAI:** 275; **WAII:** 302; **WAIII:** 28, 40, 42, 126, 128, 131, 159; **WAVI:** 245; **HT:** 129, 152; coffee in, **L:** 41; benefit performance in, **DTI:** 93-94, 95; Red Cross in, **DTI:** 93-94; investigation in, **DTIV:** 105-106; airport in, **DTIV:** 270; French Quarter in, **HT:** 152
Newport, R. I.: **DTI:** 98, 237; **WAI:** 129; **WAIII:** 188; **WAIV:** 17; **ML:** 137
Newport News, Va.: **DTII:** 132; **WAII:** 15
New Rochelle, N. Y.: **DTI:** 37
news: **WAV:** 124, 126
newsboys: **DTI:** 307; **DTII:** 33; **WAI:** 41; **RB:** 22, 23
newspapermen: **DTI:** 82, 115, 215; **WAII:** 284; **WAIV:** 18, 43-44, 56-57, 119, 134, 189; convention of, **WAV:** 90; see also journalists; newspapers
newspapers: **BS:** 1; **ID:** 11, 34, 53, 95, 114, 185, 201; **L:** 84; **DTI:** 96, 106, 114, 166, 202, 207, 225, 231, 242, 247, 262, 298, 310, 314; **DTII:** 33, 37, 41, 108, 145, 155, 214; **DTIII:** 191, 209, 267; **DTIV:** 22, 43, 44, 129, 140, 166, 185, 198, 244, 253, 272, 274, 287, 291, 303, 323; **WAI:** 3, 39, 53, 62, 101-102, 106, 150, 163, 166, 176, 178-79, 209, 215, 263, 289, 309, 337, 362; **WAII:** 9, 14, 43, 44, 61, 81, 187-88, 222, 238; **WAIII:** 2, 23, 24, 27-28, 30, 58, 70, 91, 108, 166, 169, 201, 231; **WAIV:** 87, 113, 146, 162, 166, 206-208, 218; **WAV:** 22-24, 61-63, 80, 85, 115, 124, 126, 210, 236; **WAVI:** 106, 136, 189, 213-14, 220, 237, 256; **ML:** 16, 27, 30-31; **HT:** 3, 33, 34, 114; **RB:** 23, 66, 111; owners and editors of, **BS:** 59-60; **DTI:** 96, 246; **WAII:** 185-88; **ML:** 15, 52; communist, **BS:** 59; in Russia, **BS:** 74; in New York City, **ID:** 33; **CA:** 79; **WAI:** 138-40, 276, 282, 365; **WAIII:** 28, 206; **WAV:** 131; editorial writers for, **ID:** 45, 46, 75, 145, 146, 189; **WAI:** 151, 222; **ML:** 46-47; advertising in, **ID:** 111; **DTIV:** 15, 196; **WAV:** 23; **RB:** 111; in England, **L:** 23, 27, 53; **DTI:** 88, 134-35; **WAII:** 241, 242; **WAV:** 124; in France, **L:** 82; tabloid style, **DTI:** 51, 79, 85, 162; **WAII:** 145; in Florida, **DTI:** 54; **WAII:** 53, 172; **ML:** 31; in Los Angeles, **DTI:** 110; **DTIII:** 48, 241; **WAI:** 143, 237; in California, **DTI:** 112, 242; **DTII:** 41, 61, 64, 116, 198; **DTIII:** 57, 66; **DTIV:** 3, 62, 75, 200; **WAII:** 172; **WAIV:** 85, 168-69; **WAV:** 46, 150; **ML:** 30; in Kansas City, Mo., **DTI:** 168; humor in, **DTI:** 215; partisanship of, **DTI:** 243; **DTIV:** 15, 22; **WAV:** 221; in Beverly Hills, Calif., **DTII:** 42; **DTIII:** 243; **WAVI:** 106; contests sponsored by, **DTII:** 50; **WAIV:** 71; and journalism profession, **DTII:** 108; owned by William R. Hearst, **DTII:** 117; **WAIII:** 89, 91; **HT:** 12; in London, **DTII:** 120; correspondents for, **DTII:** 123, 278; **DTIII:** 96, 107, 113, 134, 190-91, 217; **WAV:** 116; **ML:** 42, 126-27, 128, 131, 142, 147; **RB:** 40; editorials in, **DTII:** 202, 230; **DTIV:** 101; **WAIV:** 208; **WAV:** 22; **HT:** 110; **RB:** 3, 50, 111; collegiate, **DTII:** 224; Republican oriented, **DTIII:** 1; **DTIV:** 285; **ML:** 70; **RB:** 165, 166, 170; columnists for, **DTIII:** 38, 66; **DTIV:** 5, 179; **WAIV:** 176, 208; freedom of, **DTIV:** 17-18; in Albuquerque, N. M., **DTIV:** 20; in Washington, D. C., **DTIV:** 23-24; **WAI:** 185; local, **DTIV:** 35; society editors of, **DTIV:** 163, 221; problems of, **WAI:** 63-64; mergers of, **WAI:** 226-27; in East, **WAII:** 52; in New England, **WAII:** 128; South American editors of, **WAII:** 180-81, 185-87; in Europe, **WAII:** 226; in Mexico, **WAIII:** 114; **WAIV:** 1; in Kansas, **WAIII:** 153; **WAV:** 219; in Virgin Islands, **WAV:** 19, 20; in Claremore, Okla., **WAV:** 97; pictures in, **WAV:** 23; in Medford, Ore., **WAV:** 97; in Japan, **WAV:** 115; **ML:** 131; in Manila, **WAV:** 115; writers for, **WAVI:** 67-69; see also journalists; newspapermen; *titles of newspapers; and other related topics*
Newspaper Women's Club: **WAI:** 38-39
newsreels: **DTI:** 279
"New Thought": **CA:** 37
Newton, Kan.: **E:** 9
New Year's: **ID:** 12; **DTI:** 290, 293; **DTII:** 111, 113, 114, 250, 251, 253; **DTIII:** 197, 248, 257, 258; **DTIV:** 122, 249, 259; **WAI:** 178-79, 346, 348; **WAII:** 138, 141; **WAIII:** 116; **WAIV:** 100, 102, 103, 220, 222; **HT:** 10; predictions for, **DTI:** 291-92, 293; **DTIV:** 257; **WAI:** 6; resolutions made for, **DTII:** 252; celebration of, **WAI:** 8
New York (state): **L:** 106; **CA:** 66, 135; **DTI:** 14, 17, 36, 58, 147, 237, 259, 260; **DTII:** 61, 106, 170, 278; **DTIII:** 90, 227, 279; **DTIV:** 4, 49, 105; **WAI:** 12, 17, 39, 82, 98, 172, 233, 273, 276, 320, 321, 324, 328, 354; **WAII:** 11, 12, 13, 51, 52, 165, 167, 168, 253-55, 301; **WAIII:** 36, 90, 119, 123, 142-43, 145, 176, 191, 211, 222, 223, 224; **WAIV:** 18, 48, 132, 194, 195, 211; **WAV:** 70, 72, 156, 201, 218; **HC:** 54, 61, 104, 112; **ML:** 9; **HT:** 11, 12, 16, 24, 29, 40, 43; **RB:** 21, 151; convention delegates from, **CA:** 16, 33, 65, 108, 116; **DTI:** 225; legislature of, **DTII:** 6; **WAI:** 41-42, 59, 274; **WAII:** 13, 51-52; **RB:** 23, 24; elections in, **DTII:** 230; **WAI:** 301; **WAII:** 253-54; **WAIV:** 204; divorce in, **DTII:** 242
New York American: **WAI:** 139
New York Automobile Show: **DTI:** 295
New York Aviation Show: **DTI:** 305-306
New York Central Railroad: **HT:** 142
New York City, N. Y.: **BS:** 7, 9, 27, 41, 76; **ID:** 11, 12, 14, 19, 34, 47, 75, 93, 106, 108, 117, 118, 131, 132, 149, 154, 165, 172, 174, 177,

184, 201, 202, 207, 209; **PC:** 26; **L:** 3, 5, 10, 11, 13, 15, 21, 65, 71, 82, 96, 97, 98, 103, 105; **CA:** 7, 17, 41, 49-50, 51, 53, 54, 61, 63, 64, 71, 72, 75, 79, 80, 83, 112, 113, 141, 143, 145, 147; **DTI:** 1, 5, 15, 52, 57, 80, 81, 87, 95, 126, 140, 141, 191, 200, 202, 212, 234, 240, 253, 257, 259, 262, 263, 264, 266, 269, 271, 273, 275-76, 279, 288, 292, 295, 299, 301, 305, 306, 310, 311; **DTII:** 6, 10, 14, 18, 42, 57, 68, 69, 75, 105, 119, 145, 166, 177, 185, 209, 215, 235, 242, 246; **DTIII:** 3, 13, 18, 20, 21, 22, 25, 28, 32, 49, 51, 70, 71, 75, 102, 144, 145, 155, 157, 164, 166, 168, 171, 179, 181, 186, 189, 213, 220; **DTIV:** 4, 11, 12, 24, 32, 34, 48, 77, 83, 89, 107, 113-14, 121, 135, 136, 145, 168, 178, 186, 213, 240, 251, 262, 267, 269, 271, 272, 273, 276-77, 293, 325, 342; **WAI:** 5, 6, 8, 13, 15, 17, 18, 19, 22-23, 29, 30, 33, 41, 45, 58, 59, 62, 66, 69, 70, 75, 76, 77, 82-84, 85, 86, 92, 95, 96, 98, 101, 102, 103, 107, 109, 111, 113, 115-16, 154, 168, 171, 174, 181, 186, 193, 197, 198, 202, 204, 211, 221, 226, 227, 236-37, 240, 247, 256, 257, 261, 262, 272, 273, 274, 280, 284, 285, 290, 292, 299, 300, 301, 302, 310, 313, 316, 317, 342, 345, 346, 350, 351, 357, 358-59, 362, 364, 366-67; **WAII:** 10, 11, 12, 14, 19, 27, 31, 32-33, 40, 42, 45, 49, 51, 52, 53, 63, 65, 66, 70, 71, 73, 80, 83, 91, 92, 94, 95, 96, 101, 102, 103, 107, 108, 110, 119, 122, 128, 130, 135, 139, 142, 152, 154, 162, 164, 166, 169, 172, 185, 186, 187, 188-90, 195, 210, 213, 214, 220, 244, 253, 259, 293, 296, 307, 309, 311; **WAIII:** 18, 20, 23, 27, 32, 36, 46, 50, 51, 66, 79, 82, 91, 97, 100, 110, 126, 140, 148, 150, 158, 172, 188, 190, 193, 203, 205, 206, 211, 214, 222, 223, 224-25, 227, 228, 239, 241-42, 244, 250, 256; **WAIV:** 3, 6, 9, 26, 29, 43, 50, 71, 73, 83, 94, 104, 106, 107, 108, 142, 149, 158, 165, 181, 186, 189, 192, 207, 220, 222, 230, 232, 233, 236, 240, 241; **WAV:** 11, 22, 25, 44, 53, 80, 98, 105, 121, 126, 129, 130, 147, 157, 179, 194, 207, 208, 209, 210, 211, 216, 218, 225, 228, 235-37; **WAVI:** 9, 20, 21-22, 27, 28, 34, 36, 61, 62, 68, 76, 84, 106, 114, 115, 118, 123, 133, 136, 141, 147, 148, 173, 179, 180, 191, 192, 195, 196, 197, 200, 209, 210, 213, 218, 219, 220, 225, 240, 245, 249, 252, 253, 260; **HC:** 59, 85, 86, 104; **ML:** 8, 10, 11, 15, 17, 29, 30, 38, 60, 75, 100, 105, 107, 114, 135, 137, 141, 147, 150, 155, 167; **HT:** 7, 9, 11, 14, 16, 26, 37, 40, 41, 42, 45, 46, 48, 53, 55, 60, 61, 62, 64, 65, 66, 67, 68, 72, 73, 74, 82, 83, 84, 100, 101, 106, 128, 129, 131, 141, 146; **RB:** 22, 23, 24, 31, 49, 56, 60, 71, 98, 154; police in, **BS:** 47; **WAI:** 52-53, 69; **WAII:** 35; lawyer from, **ID:** 1; subways in, **ID:** 19-20, 128; **DTI:** 283; **WAI:** 28, 31, 83, 212, 323, 349, 354, 359; **WAII:** 34-35; newspapers in, **ID:** 33; **CA:** 79; **WAI:** 138-40, 276, 282, 365; **WAIII:** 28, 206; **WAV:** 131; telephone directory for, **L:** 12; mayors of, **DTI:** 191; airmail service to, **DTI:** 192; Eighth Avenue in, **DTI:** 283; crime in, **DTI:** 286, 297; **DTII:** 28; **WAII:** 35, 40, 52-53; **WAV:** 70; **RB:** 24; taxicabs in, **DTI:** 299; "high society" in, **DTII:** 13; Jews in, **DTII:** 68; **DTIII:** 144; elections in, **DTII:** 88-89, 94; **DTIV:** 101; **WAII:** 80, 83; **WAIV:** 85; graft in, **DTII:** 208; economic relief in, **DTII:** 145; society women in, **DTIII:** 152; harbor of, **DTIV:** 77; violence in, **DTIV:** 103; cab drivers' riot in, **DTIV:** 136; climate of, **DTIV:** 143, 144; **WAIII:** 228; silver jubilee in, **WAI:** 82-83; newspaper strike in, **WAI:** 138-40, 141; physicians in, **WAI:** 289, 366; journalists in, **WAI:** 292-93; Lower East Side of, **WAII:** 13; taxation in, **WAII:** 210; columnists in, **WAV:** 187; Park Avenue in, **WAV:** 208; **ML:** 38; **HT:** 142; writers in, **WAV:** 213; political delegation from, **HC:** 23; cafes in, **HT:** 3-4; East Side of, **HT:** 45; Fifth Avenue in, **HT:** 141-42; *see also* Central Park *and other related topics*
New York Daily News: **WAI:** 139
New York Evening Telegram: **WAV:** 24
New York Giants (baseball): **DTIV:** 79, 87, 89, 143; **WAI:** 298, 299, 302, 303; **WAII:** 110, 154, 182; **WAV:** 136, 137, 138; **WAVI:** 62, 234
New York Giants (football): **WAII:** 120
New York Herald: **L:** 82; **WAI:** 139; **RB:** 170
New York Journal: **ID:** 184
New York Realty Board: **WAVI:** 197
New York Statz Zeitung: **WAI:** 139
New York Stock Exchange: **DTI:** 152, 283; **DTIII:** 135; **DTIV:** 24, 59, 63, 81, 84, 141, 159, 235, 279; **WAI:** 50, 322, 323; **WAIII:** 29, 251; **ML:** 96; *see also* stock market; Wall Street; *and other related topics*
New York Times: **BS:** 51; **P:** 32; **L:** 82; **DTI:** 181; **DTIII:** 247, 249; **DTIV:** 222-23, 296; **WAI:** 1, 3, 4, 64, 139, 323; **WAII:** 61; **WAIV:** 177; and Rogers, **DTIII:** 247, 250; correspondent for, **ML:** 166; editorial in, **HT:** 26
New York University: **DTI:** 281
New York World: **DTI:** 281; **WAI:** 139, 327; **WAIII:** 45, 91; **WAV:** 24; **WAVI:** 219; **HC:** 113; **ML:** 68
New York Yankees (baseball): **DTI:** 257, 258, 263; **WAI:** 299; **WAII:** 21-22
New Zealand: **DTIV:** 304; **WAII:** 49; **WAV:** 107
Niagara Falls: **L:** 81; **DTI:** 52, 116, 231; **DTIII:** 188; **WAI:** 214; **WAIII:** 34; **WAIV:** 206; **WAV:** 28, 231; **ML:** 166; **HT:** 16
Niblo, Fred: **WAV:** 216
Nicaragua: **E:** 22; **DTI:** 41, 93, 163, 262, 279, 280, 282-83, 290; **DTIII:** 14, 16-17, 23, 25, 111, 220, 261; **WAIII:** 295, 302, 304, 312; **WAIII:** 16, 21, 22, 27, 43, 115, 134, 137, 217; **WAIV:** 15, 16, 25, 26, 115; **WAV:** 5, 18, 86, 129, 150, 213; **WAVI:** 35, 46, 87; **HC:** 85; **ML:** 55, 56-57, 83, 92, 139; **HT:** 90, 123; U. S. intervention in, **CA:** 101; **DTI:** 33, 41, 45, 46, 48, 61, 62, 71, 74, 82, 110, 112, 136, 152, 163, 167, 171, 172, 174, 175, 178, 180, 188, 193, 199, 270-71; **DTII:** 108; **DTIII:** 18; **DTIV:** 142; **WAII:** 277-78; **WAV:** 15; **RB:** 5, 40; civil disorder in, **DTI:** 45; **WAIII:** 6, 99; canal in, **DTI:** 167; **DTIII:** 16, 58-59;

aviation in, **DTIII**: 16; earthquake in, **DTIII**: 14, 16-17, 59, 222; **DTIV**: 142; **WAV**: 15, 62; elections in, **WAII**: 293
Nice, France: **L**: 82, 90, 111; **WAII**: 190, 202, 213, 221
Nice, Harry W.: **DTIV**: 334
Nicholas I, czar of Russia: **BS**: 67
Nicholas II, czar of Russia: **BS**: 67; **PC**: 13; **WAI**: 353; execution of, **WAI**: 132
Nichols, Nellie V.: **WAVI**: 124
Nicholson, Elizabeth Berger: **WAV**: 163
Nicholson, John: **WAVI**: 210
Nielsen, Alice: **WAII**: 190
nightclubs: **DTI**: 240, 253, 303; **DTII**: 16, 99; **WAV**: 188
Nightingale, Florence: **WAI**: 242; **RB**: 26
Nile River: **WAVI**: 207, 211; **ML**: 75; **RB**: 120; valley of, **DTII**: 100
Niles, Mich.: **WAII**: 155, 291
Nine-Power Treaty of 1922: **DTIII**: 217
Nineteenth Amendment: **DTII**: 138, 225; **WAI**: 266; **WAIV**: 6, 8; **HT**: 89-90; **RB**: 165
Ninevah: **WAVI**: 211
Nippon: *see* Japan
Nishi, Takeichi: **WAV**: 181
nitrates: **DTI**: 185; **HT**: 37; mining of, **DTIII**: 223; **DTIV**: 146; in Chile, **DTIV**: 146
No! No! Nanette (musical): **L**: 30
Noah: **P**: 23-25, 26, 32; **DTII**: 116, 146; **DTIII**: 29, 207; **WAII**: 170; **WAIII**: 33, 177, 182; **WAIV**: 157, 158-59, 220; **WAVI**: 119; **RB**: 51; sons of, **WAI**: 97
Nobel Prize: **DTII**: 11, 193; **WAV**: 223-24; for peace, **DTII**: 84; **DTIII**: 45; **WAII**: 283
Nobile, Umberto: **DTI**: 234-35
nobility, in England: **L**: 23-24, 42; **DTII**: 162; **RB**: 29
"noble experiment": **DTI**: 244, 255; **DTIII**: 197; **DTIV**: 112; **RB**: 50; *see also* prohibition
Noel, Mary D. (countess of Gainsborough): **WAII**: 235
Nogales, Ariz.: **DTIV**: 9; **WAIII**: 7; **ML**: 73, 75
Nogales, Mexico: **WAIII**: 7; **ML**: 29
Nolan, Dennis E.: **L**: 18, 19
No Man's Land: **DTI**: 163; **RB**: 154
Nome, Alaska: **WAI**: 362, 363, 366, 369; **WAV**: 52; **WAVI**: 52, 252, 260; **ML**: 129
Non-Partisan League: **WAIII**: 38
Norfolk, Va.: **WAVI**: 67; **ML**: 10
"normalcy": **DTII**: 94, 106; **DTIII**: 38, 64, 174; **WAI**: 293; **WAII**: 16; **WAIII**: 95; **WAV**: 82, 139; **WAVI**: 5; **HT**: 9
Norman, Montague C.: **DTIII**: 205; **WAI**: 12
Norman, Okla.: **WAIV**: 238
Normand, Mabel: **DTII**: 139
Normandie, S. S.: **DTIV**: 317
Normandy, marchioness of: *see* Phipps, Gertrude S. F.
Normandy, marquess of: *see* Phipps, Constantine C. H.
Normans: **WAII**: 274
Norris, George W.: **DTI**: 182, 210; **DTII**: 21, 134, 179, 190, 194; **DTIV**: 176; **WAV**: 4, 230; **HT**: 84

Norris, Kathleen: **DTIV**: 313
Norris, William F.: **WAII**: 234
Norris murder trial: **DTI**: 22, 26, 50
Norsemen: **WAII**: 43-46
North (as region of U. S.): **ID**: 208; **DTI**: 57, 189, 226; **DTII**: 10, 74; **DTIII**: 67; **WAI**: 98, 117; **WAII**: 59, 60, 92; **WAIII**: 34, 139, 205, 207, 208; **WAV**: 2, 140, 167, 206; **WAVI**: 36, 215; **HC**: 29; **ML**: 53; **HT**: 16, 87, 152; **RB**: 23, 25
North America: **WAII**: 224; **WAV**: 100; **ML**: 13, 29, 104
Northampton, Mass.: **DTI**: 274; **DTII**: 1, 16, 105, 177; **DTIII**: 192; **WAIII**: 257; **WAIV**: 123, 139, 194, 241; **ML**: 25; **HT**: 106, 109-10; **RB**: 56
North Carolina: **ID**: 165, 196; **CA**: 76, 82; **DTI**: 299; **DTII**: 174; **DTIII**: 228, 240; **WAI**: 26, 258; **WAIII**: 128, 129, 131, 176, 222, 223, 225; **WAVI**: 48, 49, 55, 56; **HC**: 54; **HT**: 33; **RB**: 116; convention delegates from, **CA**: 63-64, 65; legislature of, **DTIII**: 31; prohibition repeal in, **DTIV**: 102, 103
North Carolina, University of: **DTII**: 247
North Dakota: **CA**: 33; **DTIV**: 296; **WAII**: 106; **WAIII**: 223; **HC**: 54, 66; **HT**: 35
Northern California: **DTIII**: 98; **WAVI**: 250
northern lights: *see* aurora borealis
North of 36 (film): **WAII**: 161
North Platte, Neb.: **HT**: 59, 69
North Pole: **BS**: 43; **L**: 42, 56; **DTI**: 232; **DTII**: 111; **DTIV**: 337, 339; **WAI**: 94, 354; **WAII**: 160, 256; **WAV**: 106, 230; **WAVI**: 52, 203; expedition to, **DTI**: 232; **WAI**: 184-85; **WAII**: 29-32, 37-39, 85; exploration of, **DTIV**: 107; **WAIII**: 158; **WAIV**: 11, 13
Northumberland, H. M. S.: **DTII**: 126-27
Northwest (as region of U. S.): **DTI**: 73-74; **DTIII**: 52, 59, 244; **DTIV**: 13, 320; **WAII**: 46, 269; **WAV**: 45, 182, 219, 221; **ML**: 53
Northwestern University: **WAIV**: 215; **WAV**: 231; **RB**: 104
Northwest Mounted Police: **DTIV**: 173, 346; **WAIII**: 69, 224
Northwest Territories, Canada: **WAVI**: 259
Norton, _____: **WAIII**: 18
Norton, Joshua A.: **WAVI**: 137
Norway: **L**: 109; **DTI**: 76; **DTIV**: 12-13, 215; **WAI**: 351; **WAII**: 44, 45; **WAIV**: 38; **WAVI**: 148; **RB**: 98; people of or from, **WAII**: 44-46
Norwegian Centennial Celebration: **WAII**: 43-44
noses: **WAI**: 286, 288-89
notes, diplomatic: **ML**: 79-80
Notre Dame, University of: **DTI**: 32, 33, 68, 139, 148, 282, 309; **DTII**: 60, 75, 84, 97, 101, 102, 104, 110, 115, 161, 168, 171, 220, 241, 243-44, 247, 254; **DTIII**: 11, 91, 100, 248, 259; **DTIV**: 79, 89, 113, 147, 180, 181, 250, 264; **WAII**: 70, 115, 130; **WAIII**: 250; **WAIV**: 94-95, 148, 149, 215-17; **WAV**: 12-15, 72-73, 115, 120, 126; **WAVI**: 191
Nottingham, _____: **WAVI**: 210
Nova Scotia, Canada: **WAVI**: 28
novelists: **ML**: 106; **HT**: 74

novels: **WAII:** 131
Nowata, Okla.: **ID:** 197; **WAI:** 27; **WAV:** 167
N. R. A.: *see* National Recovery Administration
nude bathers, in Russia: **BS:** 75
nudism and nudists: **DTIV:** 151, 216; **WAVI:** 94
nudity: **DTI:** 143; **WAIV:** 170; **WAV:** 80, 193
Nuevo Laredo, Mexico: **ML:** 29
Nugent, John C.: **WAVI:** 228
Nungesser, Charles: **DTI:** 88
Nurmi, Paavo: **BS:** 65; **L:** 119; **DTI:** 12, 13; **DTIII:** 186; **DTIV:** 126, 214; **WAII:** 70-71; **WAV:** 169; **HT:** 102; **RB:** 98
Nurse on Horseback (book): **WAV:** 234
nursing and nurses: **E:** 13-14, 15, 17, 18, 20, 22, 24, 27; **WAI:** 115; **WAV:** 234-35; **WAVI:** 10-11; **RB:** 26, 157
The Nut (race horse): **DTII:** 26; **WAV:** 97
Nye, Gerald P.: **RB:** 107, 108

O

Oakland, Calif.: **CA:** 26; **DTIV:** 58; **WAV:** 40, 79
Oakley, Annie: **ID:** 122; **L:** 20; **WAI:** 38, 102; **WAII:** 272
oats, price of: **WAV:** 59-60
Oberammergau, Germany: **WAIII:** 193
Oberlin, Ohio: **DTI:** 194
Oberlin College: **WAII:** 156
obis: **ML:** 117-18
obituaries: **CA:** 136; **WAII:** 270-72
Obregón, Álvaro: **DTI:** 156, 159; **WAI:** 183; **WAIII:** 121; **WAIV:** 5, 6; **ML:** 42, 43, 60-61, 73, 77, 81, 88; assassination of, **DTI:** 235
O'Brien, Morgan: **DTI:** 172
O'Brine, Forest: **DTII:** 55, 56, 203
obscenity, in motion pictures: **DTIV:** 318
observatories: **ID:** 58-59; **WAI:** 126-27
O'Callaghan, Patrick (Pat): **WAV:** 177
Occident: **ML:** 112
Occidental College: **ML:** 112
Ocean Grove, N. J.: **WAIII:** 190, 192
Oceanside, Calif.: **WAVI:** 66
Ochs, Adolph S.: **L:** 82; **DTI:** 181; **DTII:** 86; **DTIV:** 296-97; **WAI:** 139; **WAIV:** 177
O'Connell, James J. (Jimmy): **WAI:** 305
O'Connor, James F. T.: **DTIV:** 237, 277; **WAVI:** 71
O'Connor, Paul (Bucky): **WAIV:** 216
O'Connor, Thomas V.: **WAII:** 250, 251
Odessa, Russia: **DTIV:** 212, 213
O'Donnell, Charles L.: **DTIII:** 91; **DTIV:** 180, 250
O'Duffy, Eoin: **WAI:** 68-69
officeholding and officeholders: **DTI:** 118, 166, 314; **DTII:** 134, 231; **DTIV:** 179, 288, 336; **ML:** 50
office seekers: *see* candidates, for public office
"official spokesmen": **DTI:** 16; **HC:** 52; **ML:** 6, 8, 10, 11-12, 15-16
Ogburn, Charlton, Jr.: **DTIII:** 249-50, 256
Ogden, Utah: **HT:** 56
Oglethorpe University: **DTIII:** 136

O'Hara, John F.: **DTIV:** 180, 250; **WAVI:** 191
O'Hay, Irving P.: **WAIII:** 46
O'Higgins, Kevin: **DTI:** 107
Ohio: **P:** 22; **L:** 105; **CA:** 69, 74, 109, 125; **DTI:** 16, 109, 199; **DTII:** 165, 233; **DTIII:** 42, 201, 233; **DTIV:** 58, 132; **WAI:** 17, 61, 171, 321, 327; **WAII:** 131, 153, 167, 213; **WAIII:** 1, 151; **WAIV:** 27, 195; **WAV:** 127, 182, 201, 208; **WAVI:** 43; **HC:** 112; **ML:** 16, 109; **HT:** 15, 62; politics in, **DTI:** 193; **ML:** 109; legislature of, **DTII:** 166; **WAII:** 101; prisoners in, **DTII:** 166; tornado in, **DTIV:** 13; flooding in, **WAI:** 355; state capitol of, **WAII:** 101
Ohio Glee Club: **CA:** 128
Ohio River: **DTI:** 204; **DTIII:** 230; **WAVI:** 68, 130, 231; **RB:** 38, 72, 152
Ohio Society of New York: **WAI:** 15, 17-18
Ohio State University: **DTI:** 46-47; **DTIV:** 314, 320; **WAVI:** 234
oil: **BS:** 59; **ID:** 58, 65, 132, 147, 167; **L:** 72; **CA:** 25, 55, 71; **DTI:** 26, 146-47, 256; **DTII:** 52, 266; **DTIII:** 10, 19, 24, 28, 55, 62, 66, 79, 181; **WAI:** 11, 63, 69, 96, 100, 149-50, 186, 198, 210, 229, 238, 248, 259; **WAII:** 32, 48, 145, 146, 161, 184, 277, 295, 307, 310; **WAIII:** 8, 60, 80, 90, 91, 103, 129, 222; **WAIV:** 65; **WAV:** 9, 57-58, 59, 60; **WAVI:** 140, 238; **ML:** 24, 70, 110; **HT:** 34, 38, 149; scandals involving, **ID:** 125-26, 128, 131, 132-34, 149; **CA:** 69; **DTI:** 105-106, 179, 258, 267; **ML:** 47; **HT:** 105; in Mexico, **DTI:** 174; **WAI:** 126, 248; **ML:** 25, 40-41, 51, 69; discoveries of, **DTII:** 76; embargo bill on, **DTII:** 278; tax on, **DTIII:** 149; in Middle East, **WAI:** 60; in California, **WAI:** 147; overproduction of, **WAIV:** 225; importation of, **WAV:** 9; price of, **WAV:** 83; in Philippines, **ML:** 11; *see also* oil men; petroleum industry; Teapot Dome Affair
oil men: **E:** 25-26; **BS:** 68; **ID:** 41, 53, 69, 113, 125, 147, 208; **L:** 47; **DTI:** 179; **DTII:** 264; **DTIV:** 52, 68-69; **WAI:** 50-51, 136, 189, 190, 191, 210, 219; **WAII:** 304; **WAIV:** 140; **WAV:** 93; **WAVI:** 206; **HC:** 40, 86; **ML:** 24; homes of, **RB:** 36
Oil Trust: **WAI:** 360
Okeechobee, Lake: **DTI:** 309; **HT:** 30
Oklahoma: **BS:** 18, 59; **ID:** 3, 33, 34, 41, 52, 94, 96, 132, 171, 197; **P:** 13, 30, 34; **L:** 4, 11, 47, 90, 92, 112; **CA:** 25, 51, 55, 58, 66, 73, 80, 81, 100, 116, 123, 136, 143, 145; **DTI:** 19, 20, 21, 24, 60, 95, 108, 122, 135, 143, 170, 192, 207, 213, 224, 255-56, 257, 286; **DTII:** 1, 3, 26, 39, 136, 159, 219, 257; **DTIII:** 21, 47, 49, 50, 51, 58, 62, 65, 80, 84, 101, 107, 112, 154, 164, 183, 241, 250, 266; **DTIV:** 3, 25-26, 28-29, 35, 56, 57, 68, 80, 132, 200, 223, 225, 226, 232, 233, 294, 300, 319, 341; **WAI:** 17, 27, 50, 77, 135, 139, 140, 141, 162, 170, 171, 185, 194, 195, 197, 215, 226, 230, 245, 246, 260, 269, 283, 284, 342, 349, 354; **WAII:** 19, 33, 95, 103, 105, 108, 121, 128, 171-72, 198, 224, 262-63, 292; **WAIII:** 48, 53, 54, 59, 60, 109, 116, 129, 131, 153, 166, 169, 174,

Cumulative Index

208, 222, 227, 234-35, 249; **WAIV:** 56, 68, 71, 72, 96, 108, 127, 142, 158, 178, 184, 225, 228, 230, 236, 237-39; **WAV:** 5, 38-39, 43, 49, 53, 54, 57-58, 83, 90, 100, 105, 127, 128, 154, 167, 201, 219; **WAVI:** 15, 26, 27, 36, 62, 100, 104, 134, 140, 141, 147, 159, 160, 171, 179, 212, 228, 246; **HC:** 54, 86, 90, 92; **ML:** 13, 14, 15, 42, 143, 147; **HT:** 7, 23, 33-39, 66, 67, 102, 127, 143, 150-51; **RB:** 16, 19, 22, 49, 56, 95, 120, 153, 164; politics in, **L:** 106; **DTII:** 7, 75, 105, 159-60; **ML:** 49; convention delegates from, **CA:** 35; farmers in, **DTI:** 6; **DTII:** 76; impeachments in, **DTI:** 160, 162, 256; **DTII:** 1, 7, 105, 160, 257, 266; **WAI:** 162; **WAV:** 37; **HT:** 91; constitution of, **DTII:** 7, 75; elections in, **DTII:** 196; **WAIV:** 205; unemployment in, **DTII:** 257; legislature of, **DTII:** 266; **WAIV:** 237-38; relief drive in, **DTII:** 269; lawmen in, **DTIII:** 40; beer in, **DTIV:** 29, 52; prohibition repeal in, **DTIV:** 52; Texas bridge controversy, **DTIV:** 61; bank robbery in, **DTIV:** 186-87; drought in, **DTIV:** 195; outlaw from, **WAI:** 217; culture of, **WAII:** 246; history of, **WAIV:** 17; farm land in, **WAIV:** 88; emigrants from, **WAV:** 37-39; state capitol of, **WAV:** 38; chambers of commerce in, **WAV:** 43; climate of, **HT:** 37; education in, **HT:** 150
Oklahoma, University of: **DTIV:** 259; **WAIV:** 238; debate team from, **DTII:** 147
Oklahoma City, Okla.: **L:** 39; **CA:** 145; **DTII:** 76, 145, 150, 174, 266; **DTIII:** 134; **WAII:** 108; **WAIV:** 128, 237, 238; **WAV:** 48, 97, 219; **HC:** 86, 99
Oklahoma Constitutional Convention: **ID:** 132; **WAIV:** 237
Oklahoma Military Academy: **DTIV:** 294; **WAV:** 73; **WAVI:** 140
Oklahoma Society of New York: **WAI:** 17
Oklahoma State University (Oklahoma A. & M. College): **DTII:** 268; **WAIV:** 237, 239; **ML:** 50
Okmulgee, Okla.: **WAII:** 171
old age: **DTIV:** 3, 278, 288; see also senior citizens
old-age pensions: see senior citizens, pensions for
Old California Settlers' Association: **ID:** 61, 63; **WAI:** 145
"The Old Chisholm Trail" (tune): **RB:** 71
Old Faithful Geyser: **DTI:** 121
Oldfield, Berna E. (Barney): **DTIII:** 146; **WAI:** 353; **WAII:** 93
The Old Homestead (play): **WAV:** 25
Old Point Comfort, Va.: **DTI:** 294; **WAII:** 15
"Old Roads party": **RB:** 45
Olds, Ramsom E.: **WAI:** 354
"Old Sleuth" (fictional character): **DTI:** 149
"Old Tack": see Howe, Gene A.
Old Trail Drivers' Association: **WAII:** 267-69; **WAIV:** 235
Old West: **DTIII:** 43; **WAV:** 34-35
"Old Yank": **WAI:** 220
Oliver, Harry: **WAVI:** 224
Olives, Mount of: **WAVI:** 211
Olvaney, George W.: **WAII:** 14; **HT:** 41
Olwell, Lee: **RB:** 72

Olympic Games: **WAVI:** 37; **HT:** 102; of 1912, **WAVI:** 234-35; of 1924, **WAII:** 70; of 1928, **DTI:** 218, 232, 239, 240, 241, 252, 254; **DTIII:** 145; of 1932, **CA:** 127, 138; **DTIII:** 149, 179, 186, 187, 188, 192, 193-94, 195, 197-98, 216; **DTIV:** 206; **WAI:** 87-88; **WAV:** 145, 147, 151, 155, 157, 158-59, 169-71, 173-78, 181; **WAVI:** 34, 237; athletes' housing at, **WAV:** 169
Omaha, Neb.: **DTI:** 126, 182, 208, 257; **DTIV:** 67; **WAI:** 71; **WAII:** 108; **WAIII:** 51, 100, 140, 158, 207, 222; **WAIV:** 64; **WAVI:** 113; **HC:** 85-86, 98; **HT:** 54, 59, 69, 132, 148
Omar Khayyam: **P:** 31
Once in a Lifetime (play): **ML:** 101
One Glorious Day (film): **WAVI:** 56
101 Ranch: **DTI:** 20; **WAII:** 263-65; **WAVI:** 179
101 Ranch Wild West Show: **WAII:** 263-64; **WAIV:** 101, 142; **WAVI:** 131
O'Neill, Eugene G.: **WAV:** 44; **WAVI:** 114, 123, 141; **HC:** 29
onions: **WAIV:** 238; **ML:** 29
onion soup: **HT:** 7
Only Yesterday (book): **WAV:** 163
Onoe, Kikugoro, VI: **ML:** 112
Ontario, Calif.: **WAIII:** 167
Oolagah, Okla.: **E:** 1; **ID:** 197, 208; **L:** 4; **DTII:** 229; **DTIII:** 132; **DTIV:** 163, 238; **WAI:** 27, 100; **WAII:** 167; **WAIII:** 172, 200, 234-35; **WAIV:** 142; **WAV:** 54, 178, 187; **WAVI:** 101; **ML:** 65; **HT:** 46, 153
Oosterbaan, Benjamin: **DTI:** 45
opals, mining of: **ML:** 35
Open Door: **WAII:** 50, 303; **WAIV:** 52; **ML:** 173
open-mindedness: **ML:** 46
opera: **BS:** 13; **ID:** 27; **DTI:** 37; **DTIV:** 120-21, 216, 217, 272; **WAI:** 29, 121, 157, 168; **WAII:** 258, 259, 265, 286; **WAIII:** 205; **WAIV:** 16, 196, 208; **WAVI:** 76, 77, 124; **HT:** 76; **RB:** 60; patrons of, **WAI:** 342-43
opera singers: **DTII:** 215, 263
operations, surgical: **DTI:** 100, 101, 102, 103, 105
opium: **WAIII:** 15, 60; **WAIV:** 53
opportunities: **DTIV:** 12; taking advantage of, **DTI:** 231; **WAVI:** 90; **HT:** 98-99, 101, 122
optimism: **ID:** 12; **DTI:** 42, 128, 166, 283, 291-92, 293; **DTII:** 86, 111, 158, 228, 269; **DTIII:** 22, 54, 60, 66, 173; **DTIV:** 204, 257; **WAI:** 6, 179; **WAV:** 24; **HT:** 87; **RB:** 92
Orange County, Calif.: **HT:** 33
orange juice: **HT:** 34; **RB:** 110
oranges: **ID:** 64-65; **DTI:** 230; **WAI:** 147; **ML:** 29; **HT:** 32, 33, 37
oratory and orators: **ID:** 160, 165; **CA:** 127, 135; **DTI:** 27, 60, 227, 268; **DTII:** 122, 171; **DTIII:** 171, 212; **WAI:** 123, 258; **WAIII:** 177-83; **WAIV:** 69; **WAV:** 7, 165, 201; **HC:** 98; **HT:** 88; in California, **DTIII:** 208; amateur, **ML:** 71; see also speeches and speakers
orchestras: **DTIV:** 173; **WAVI:** 83; in Mexico, **ML:** 64; conductors of, **RB:** 175

Oregon: **ID:** 197; **CA:** 58; **DTI:** 36, 69; **WAI:** 26-27; **WAII:** 283; **WAIII:** 223, 233; **WAV:** 45, 97, 100; **WAVI:** 250; **HT:** 72, 97; **RB:** 145
Oregon, University of: **DTIV:** 98; **WAII:** 138
Oregon State University: **DTI:** 281
organizations: *see* clubs and organizations
Orient: *see* Far East
Orlando, Fla.: **DTIV:** 6-7
Orleans County, N. Y.: **WAII:** 46
Orleban, Augustus H.: **DTII:** 72
Ormiston, Kenneth: **DTI:** 39
orphans: **DTII:** 32; **WAI:** 145
Orpheum Circuit: **WAI:** 29, 242, 325
Osage, Iowa: **WAVI:** 172
Osage Indians: **DTIII:** 10; **DTIV:** 80; **WAII:** 170; **WAIV:** 142, 143; **WAV:** 112; **WAVI:** 179; **HT:** 151; reservation of, **WAII:** 263
Osaka, Japan: **WAV:** 106, 112; **ML:** 131
Osborne, Harry: **WAIII:** 166
"Oscar of the Waldorf": *see* Tschirky, Oscar
Oser, Max: **WAI:** 61, 102
Ossawatomie, Kan.: **WAIII:** 253
Ossining, N. Y.: **ID:** 153-55; **WAI:** 203-205; *see also* Sing Sing Penitentiary
Ostend, Belgium: **BS:** 18
osteopaths: **HT:** 124; **RB:** 47
ostriches: **DTIII:** 225
Otis, Charles A.: **DTIII:** 9; **WAI:** 327
Otoe Indians: **WAIV:** 142
Ott, Roderick: **DTI:** 186
Ottawa, Canada: **DTI:** 16; **WAII:** 256; **WAV:** 179
Ottinger, Albert: **DTI:** 257, 274; **WAIII:** 211
Otto, archduke of Austria: **DTIV:** 261
ouija boards: **WAV:** 150; **ML:** 153
Ouimet, Francis de Sales: **DTIII:** 73
Our Gang (film series): **HT:** 102
Outer Mongolia: **WAV:** 239
Outlook (magazine): **DTIII:** 208
"Out Our Way" (cartoon feature): **WAVI:** 220
overeating: **ID:** 191; **WAI:** 153
Overholt Distillery Company: **DTII:** 18-19
Overman, Lee S.: **ID:** 196; **WAI:** 26
overproduction: **DTI:** 256; **DTII:** 109, 240; **DTIII:** 8, 109, 110; **DTIV:** 69, 96; **WAIV:** 222; **WAV:** 199; **WAVI:** 126; **ML:** 153; of cotton, **DTI:** 20, 26, 57; of oil, **WAIV:** 225; of wheat, **WAV:** 56-57
Over the Hill (film): **WAV:** 98, 100; **ML:** 117
Over the Hill to the Poor House (film): **ID:** 195; **WAI:** 25
Owen, Daisy D. (Mrs. Robert L.): **WAI:** 269
Owen, Marvin J. (Marv): **DTIV:** 226; **WAVI:** 163-64
Owen, Robert L.: **ID:** 171, 197; **CA:** 25; **WAI:** 27, 171, 260
Owen, Russell: **DTII:** 112
Owen, Ruth Bryan: *see* Rohde, Ruth Bryan Owen
Owens, James C. (Jesse): **DTIV:** 314, 315, 320; **WAVI:** 234
oxen: **ML:** 31, 35, 52
Oxford University: **L:** 29; **DTI:** 123, 269; **DTIII:** 41, 47, 109; **WAII:** 228; **WAIV:** 217; **WAV:** 8, 51, 66, 73, 219; **WAVI:** 11, 177;

ML: 154
Oyster Bay, N. Y.: **ID:** 128; **WAI:** 202; **ML:** 41
Ozark Mountains: **ID:** 139; **DTI:** 60; **DTIV:** 339-40; **WAI:** 207; **WAV:** 48

P

Pacific Ocean: **ID:** 65; **DTII:** 143; **DTIII:** 2, 102-103, 127, 159, 180, 275; **DTIV:** 157, 160, 202, 203, 205, 236; **WAI:** 147; **WAIV:** 11, 203; **WAV:** 105, 106, 107, 108, 111, 232; **WAVI:** 116, 136, 141, 153, 154, 155, 157, 196, 256; **ML:** 95, 100, 101; **HT:** 31
pacifists: **L:** 18; **DTIII:** 153
Packer, Alfred E.: **DTII:** 223-24; **WAIV:** 201-203
Paddock, Charles W. (Charley): **DTI:** 218, 232, 254; **DTII:** 163
Paderewski, Ignace Jan: **L:** 31; **WAV:** 142
Paducah, Ky.: **DTIV:** 84; **WAVI:** 116, 130, 171; **RB:** 72, 152
pageants: **DTIII:** 76; **WAV:** 192-93; *see also* parades
Painesville, Ohio: **WAIII:** 166
Palace Theatre (London): **WAVI:** 228
Palestine: **L:** 15; **DTII:** 67-68; **WAVI:** 206, 211; **RB:** 24, 51
Palm Beach, Fla.: **ID:** 39, 71, 137, 138, 145; **CA:** 53; **DTI:** 56, 71, 191; **WAI:** 8, 49, 138, 206, 209, 235, 247; **WAII:** 92, 138, 150, 152, 160, 161, 189, 213; **WAIII:** 128, 164, 165; **ML:** 150; **HT:** 155
Palmer, A. Mitchell: **CA:** 23
Palmer, Margaret F. (Mrs. A. Mitchell): **WAI:** 269
Palm Springs, Calif.: **DTIII:** 27; **WAIV:** 228
Palo Alto, Calif.: **DTII:** 226; **DTIII:** 172; **WAIII:** 195; **WAV:** 174; **RB:** 75
pamphlets: **WAVI:** 74
Pan American Airways: **DTIII:** 17, 19, 93, 220, 222; **DTIV:** 300
Pan-American Conference: of 1928, **DTI:** 171-72, 175, 179, 180, 181; **WAIII:** 130, 136-37; **HT:** 109; of 1933, **DTIV:** 107, 115, 121, 195
Pan American Day: **DTIII:** 18
Pandem, _____: **WAII:** 244
Pangalos, Theodore: **DTI:** 7
Pangborn, Clyde: **DTIII:** 63; **DTIV:** 233
pantomime: **WAI:** 34; **WAVI:** 204
papacy: **DTI:** 58, 306; **WAII:** 180; **HC:** 110
paper dolls: **RB:** 154
Papyrus (race horse): **ID:** 202; **WAI:** 276
Pará, Brazil: *see* Belém
parachutes: **DTI:** 266; **DTIII:** 11-12, 50; **DTIV:** 46-47; **WAIII:** 110-12
parachutists: **DTIV:** 312; **WAVI:** 237; women as, **DTII:** 188, 193
parades: **ID:** 105, 106-107; **DTI:** 102; **DTII:** 5-6, 68, 192, 205; **DTIII:** 52, 76, 199; **DTIV:** 61; **WAI:** 83, 108, 109-10, 274; **WAIII:** 97-98; **WAV:** 192; **WAVI:** 58-59, 158; **HT:** 142; at political conventions, **CA:** 146; floats in, **WAV:** 192-93

Cumulative Index

Paraguay: **DTI:** 45, 286, 289; **DTIV:** 209, 286, 322; **WAV:** 1, 232; **WAVI:** 47, 237; **RB:** 94; army of, **DTI:** 287
parcel post: **WAVI:** 225
pardons, for criminals: **DTI:** 37, 48; **DTII:** 257; **DTIII:** 204; **DTIV:** 231, 319
parenthood: **DTII:** 39; **DTIV:** 60-61
parents: **WAIII:** 15; **WAIV:** 9; and education, **WAV:** 172
pari-mutuel betting: **DTI:** 147, 152, 215; **DTII:** 26; **DTIV:** 5, 47; **WAVI:** 69; in Kentucky, **DTI:** 147, 152
Paris (mythical figure): **ID:** 190; **WAI:** 152
Paris, France: **BS:** 1, 2, 6, 9, 10, 18; **PC:** 12, 13, 18, 24; **L:** 20, 43, 54-55, 82, 85, 100, 119; **DTI:** 83, 86, 88, 104, 130, 241, 253, 261; **DTII:** 23, 40, 133, 146; **DTIII:** 46, 70, 120, 138, 224, 262; **DTIV:** 51, 183, 308; **WAI:** 116, 167, 330, 353, 357; **WAII:** 17, 22, 70, 206, 209-10, 229, 250, 261, 263-64; **WAIII:** 35, 49, 53, 58, 66, 77, 78, 87, 88, 101, 242, 246; **WAIV:** 24; **WAV:** 145, 157, 191, 197; **WAVI:** 39, 68, 101, 134; **ML:** 72, 82, 88, 137, 146; **HT:** 54, 59; newspapers in, **DTI:** 10; food in, **DTI:** 13; fashions in, **DTI:** 14; **RB:** 58; riots in, **DTIV:** 136-37; economic conference at, **WAI:** 10, 11, 12
Paris, S. S.: **DTII:** 14; **DTIII:** 127
Paris Herald: **DTIII:** 34
Paris Peace Conference of 1919: **BS:** 30; **PC:** 2, 5, 18-31; **P:** 25; **CA:** 25; **DTIV:** 92, 283; **WAI:** 357; **ML:** 138; **RB:** 104-105; U. S. delegation to, **PC:** 9-12; see also Versailles, Treaty of
Park, Guy B.: **DTIV:** 58; **WAVI:** 42
Parker, Alton B.: **WAII:** 65
Parker, Bonnie: **DTIV:** 177
Parker, C. C. (Bud): **WAIII:** 7
Parker, Frederic C. W.: **HT:** 134
Parker, Henry T.: **WAII:** 132-35
Parker, John J.: **DTII:** 156
Parker, John M.: **WAIII:** 42
parking spaces: **RB:** 45, 50
Park of Culture and Rest (Moscow): **WAVI:** 236, 237
parks: **WAIV:** 66; in New York City, **ID:** 78; **WAI:** 224; **WAVI:** 35, 260; **RB:** 35; in Moscow, **WAVI:** 236, 237
Parks, John S.: **DTII:** 271
Parliament, British: **L:** 23, 26, 29, 47, 51, 101, 104, 117; **DTI:** 2, 8, 55, 87; **WAI:** 44; **WAII:** 87, 228, 255; **WAIV:** 118; **RB:** 31, 34; members of, **L:** 38-39; **DTI:** 7; see also House of Commons; House of Lords
Parma, Idaho: **WAIII:** 167
Parmentier, Koene D.: **DTIV:** 232, 233
Parr, Katherine: **WAIV:** 33
Parris, Dick: **WAIII:** 229
Parsons, Kan.: **DTIV:** 299
Pasadena, Calif.: **DTII:** 115, 192, 253; **DTIII:** 118; **DTIV:** 256; **WAII:** 139; **WAIV:** 94; **WAV:** 101, 113, 223; **WAVI:** 89, 166; **ML:** 111; **HT:** 48, 72
Pasadena (Calif.) Golf Club: **WAII:** 156
Pascal, Blaise: **ID:** 192; **WAI:** 154
Pasha, Kemal: **WAIV:** 63

Pasley, Fred D.: **ML:** 105
Passaic, N. J.: **HT:** 101
passive resistance, in India: **DTII:** 146, 164; **DTIII:** 123
passports: **BS:** 29, 54; **L:** 11-13, 14; **ML:** 26-27
Patagonia: **HT:** 78
Patchogue, N. Y.: **WAI:** 364
Patent Office, U. S.: **ID:** 1
patience: **ML:** 153; of Americans, **ML:** 83
Patria (film): **HT:** 5
Patricia, princess of England: **WAI:** 129
Patrick, Saint: **DTIV:** 288; see also Saint Patrick's Day
patriotism: **CA:** 60; **DTI:** 105, 123, 135, 138, 144-45, 178, 235, 281; **DTIII:** 146, 247; **DTIV:** 10, 62, 67, 77, 330; **WAI:** 46, 174, 245; **WAIII:** 94-97, 102; **WAIV:** 16-17; **ML:** 56, 127-28, 131, 133, 138, 140, 146, 156, 162, 172; **RB:** 12, 17, 20, 130, 172; in Italy, **L:** 65
patronage: **DTIV:** 74; political, **DTI:** 289, 290; **DTII:** 73, 74, 232, 236; **DTIII:** 202, 233, 236, 242, 243; **WAII:** 24; **WAIII:** 116, 128, 182, 226-27
Patterson, Eleanor M.: **DTII:** 225
Paul-Boncour, Joseph: **DTIII:** 251
Pavilion Theatre (London): **HT:** 129
Pavlovitch, Dmitri: **DTIV:** 247
Pawhuska, Okla.: **RB:** 10
"Pawnee Bill": see Lillie, Gordon W.
Payne, Andrew H. (Andy): **DTI:** 202, 212, 216, 217, 225, 252; **DTII:** 39; **HT:** 99-102; sister of, **HT:** 102
Payne, Andrew L. J. (Doc): **DTI:** 217; **HT:** 99-100
Payne, John Barton: **DTI:** 96, 259; **DTII:** 258
Payne, Will R.: **DTI:** 217
peace: **ID:** 6; **PC:** 21; **L:** 58, 66, 68, 109, 118; **CA:** 27, 40; **DTI:** 33, 52, 90, 191, 218, 249, 276, 283, 285, 295, 297, 302, 305; **DTII:** 34, 71, 80, 81, 93, 96, 121, 192, 235, 266; **DTIV:** 65, 94, 105, 133; **WAI:** 96-97, 149, 167; **WAII:** 216; **WAIII:** 6, 253; **WAIV:** 115, 213; **WAV:** 5, 83, 228; **WAV:** 47, 87; **ML:** 128-29; **HT:** 80; international commissions for, **PC:** 7; in Ireland, **L:** 119; proposals for, **WAI:** 182-83; international conferences for, **WAII:** 100-101; **HT:** 10; public demonstrations for, **RB:** 117
peaches: **HT:** 37
peanut butter: **DTI:** 145
"The Peanut Vendor" (song): **DTII:** 256; **WAV:** 23
Pearl, Jack: **WAVI:** 44, 151; **RB:** 84, 97
Pearl Harbor, Hawaii: **DTIV:** 203
pears: **WAV:** 97-98; **WAVI:** 249
Pearson, Andrew R. (Drew): **WAVI:** 137
Pearson, Paul M.: **WAVI:** 137
Peary, Robert E.: **WAI:** 354; **WAII:** 29; **WAIV:** 13; polar exploration by, **WAII:** 30
peasants, in Russia: **CA:** 53, 62-63, 81, 82
Peay, Austin: **DTI:** 49, 135; **WAIII:** 83-85
pecans: **DTIII:** 94; **WAV:** 92; **ML:** 108
Pecora, Ferdinand: **DTIV:** 36, 38, 106; **WAVI:** 102
Pecos County, Texas: **HT:** 118

80

Pecos River: **WAV:** 28
pedagogues: **DTIV:** 107; **WAVI:** 110
pedestrians: **DTI:** 299; **DTIII:** 143; **WAI:** 353, 357; **HT:** 122
Pedley, Eric: **DTIII:** 92; **DTIV:** 67; **WAI:** 272; **WAIV:** 199; **WAV:** 87, 88, 232; **WAVI:** 51; wife of, **WAV:** 88
Pegg, Vester: **WAVI:** 131
Peking, China: **DTIII:** 109, 110; **WAIII:** 258; **WAV:** 116, 119, 120, 210; **WAVI:** 12; **ML:** 129, 143, 145, 146, 147, 148, 150-51, 161-64, 165; "Forbidden City" in, **ML:** 150, 162
Peking duck: **ML:** 163
Peltzer, Otto: **DTI:** 12
pendahos: **ML:** 61
Pendleton, Ore.: **WAVI:** 36, 134
Penn, William: **DTII:** 152; **WAIV:** 23, 24; statue of, **WAIII:** 237
Penner, Joe: **RB:** 97
Pennington, Ann: **WAI:** 255-56; **WAII:** 3, 18, 54, 94, 193; **WAIV:** 73, 75, 136; **ML:** 122; knees of, **CA:** 49; **WAII:** 257; **WAII:** 190
Pennsylvania: **L:** 41-42, 43; **CA:** 10, 59, 98; **DTI:** 24, 211, 213, 299; **DTII:** 61, 106, 151, 152, 170-71, 191; **DTIII:** 56, 88, 128-29, 158; **DTIV:** 259; **WAI:** 41, 63, 169, 170, 237, 245, 268; **WAII:** 250, 251, 285; **WAIII:** 139; **WAIV:** 19, 62, 77, 81, 87, 97, 120, 129, 132, 151, 154; **WAV:** 182, 221; **WAVI:** 20, 104; **HC:** 66; **ML:** 126; **HT:** 19, 81; **RB:** 151; political scandal in, **L:** 43; convention delegates from, **CA:** 96, 97, 98, 100; elections in, **DTI:** 181; voters in, **DTI:** 218; murder trial in, **DTI:** 296; Republicans from, **DTIII:** 259; farmers in, **HT:** 66-67
Pennsylvania, University of: **WAII:** 115; **WAIV:** 205
Pennsylvania, U. S. S.: **DTI:** 164; **DTIII:** 18
Pennsylvania Dutch: **HT:** 67
Pennsylvania Hotel (New York City): **WAV:** 22
Pennsylvania Railroad: **ML:** 36; **HT:** 93
Pennsylvania State University: **DTII:** 70; **RB:** 23
Penrose, Boies: **L:** 66; **CA:** 10, 11, 12, 13, 14-18, 19, 30; **WAI:** 75; **WAIV:** 24; **ML:** 161
Penrose, Spencer: **WAII:** 170
pensions: **DTII:** 74, 205; **DTIV:** 86; for senior citizens, **DTIV:** 242, 284; **WAVI:** 135, 172, 174; **RB:** 123-24, 126
pentathlon: **WAV:** 175-76
peons, in Mexico: **ML:** 50, 60-61, 63, 69
Pepper, George W.: **L:** 41; **WAI:** 63, 170
Pepys, Samuel: **WAIV:** 227
Percy, Henry: **WAIV:** 31
Pereira e Souza, Carlos M.: **DTIV:** 205; **WAVI:** 161
Perkins, Frances: **DTIV:** 22, 70, 71, 164, 292; **WAVI:** 97
perpetual motion: **DTI:** 272; **WAIV:** 131; **HT:** 21
Perry, John H.: **WAII:** 139
Perry, Lincoln T. M. A. (Stepin Fetchit): **DTIV:** 320; **WAVI:** 171; **RB:** 155
Pershing, John J.: **ID:** 95; **CA:** 40, 41, 96; **DTI:** 44, 280; **DTIII:** 41; **DTIV:** 9, 90, 303; **WAI:** 10, 67, 103-104, 195, 275, 296, 357, 372; **WAII:** 17, 26, 27, 67, 70, 146, 159, 289; **WAIII:** 70, 230, 247; **WAIV:** 95; **ML:** 130
Persia: *see* Iran
Persian rugs: **WAII:** 145
persimmons: **HT:** 32
Peru: **L:** 115; **DTI:** 45, 287, 294; **DTII:** 64, 207, 219, 254; **DTIII:** 222, 223; **DTIV:** 121; **WAI:** 22, 171; **WAII:** 67, 146, 181, 280-82; **WAIV:** 61, 122; **WAV:** 1, 178, 232; revolution in, **DTII:** 209; U. S. recognition of, **DTII:** 214; radio in, **DTIII:** 222
Peskov, Aleksei M.: *see* Gorki, Maxim
pessimism: **DTII:** 64, 269; **DTIV:** 28
pestilence: **DTI:** 151; **DTII:** 92; **DTIV:** 40
Petaluma, Calif.: **WAIII:** 161
Peter I, czar of Russia: **BS:** 66; **WAII:** 219, 246, 247
Peter, Saint: **DTIV:** 162
Peter Pan (novel): **L:** 40
Peter Pan (play): **WAII:** 219, 220
Peterson, ___: **WAVI:** 256-57
Petrified Forest National Park: **L:** 81; **DTI:** 146; **DTIII:** 29
Petrograd, Russia: *see* Leningrad, Russia
petroleum industry: **DTI:** 58; **DTII:** 52; **DTIV:** 75, 80, 261, 268, 327; **WAI:** 190-92, 196, 198, 200-201, 202, 215, 216; **HT:** 149; in Texas, **DTI:** 26; lobbyists for, **DTII:** 141; entrepreneurs in, **DTII:** 264; "czar" for, **DTIV:** 28, 29-30; N. R. A. code for, **DTIV:** 52, 68-69; in California, **DTIV:** 79; **WAI:** 147; in Russia, **DTIV:** 213; *see also* oil; oil men
Petropavlovsk, Russia: **DTIV:** 209
Phar Lap (race horse): **DTIII:** 145, 151; **WAV:** 142
Phelan, James D.: **DTII:** 200, 202; **WAI:** 264
Philadelphia, Pa.: **PC:** 6; **L:** 54, 95; **CA:** 11, 12, 13, 17, 98; **DTI:** 144, 157; **DTII:** 28, 49, 84; **DTIV:** 107, 240, 266; **WAI:** 21, 55; **WAII:** 181, 270; **WAIII:** 100, 235, 237, 251; **WAIV:** 19, 23, 25, 78, 79, 82, 97, 129, 145; **WAV:** 81; **WAVI:** 18, 164, 209, 229; **HC:** 55; **ML:** 4, 10; **HT:** 55, 81, 145, 146; **RB:** 10, 136; sesquicentennial celebration in, **L:** 94, 95; **DTI:** 51; **WAII:** 254; **WAIII:** 58; **WAIV:** 78; **ML:** 10; tourists in, **WAIV:** 23
Philadelphia Athletics (baseball): **DTI:** 258; **DTII:** 215, 218, 220; **WAI:** 304; **WAII:** 181-82; **WAIII:** 235, 236; **WAIV:** 79; **WAV:** 72, 81; **ML:** 120
Philadelphia Phillies (baseball): **WAV:** 93; **WAVI:** 164
philanthropy: **DTI:** 94, 126; **DTII:** 37-38, 86, 116-17, 200; **DTIV:** 34, 51, 285-86, 329; **WAI:** 96, 297, 345-46; **WAIII:** 92, 250; **WAIV:** 81, 167-68; **WAVI:** 24; **HT:** 117; **RB:** 135
Philippine Islands: **ID:** 178; **CA:** 84; **DTI:** 99; **DTIII:** 67, 88, 159; **DTIV:** 65, 203, 222, 264, 321; **WAI:** 336; **WAII:** 49, 278; **WAV:** 83-85, 118; **WAVI:** 46, 159, 199, 238; **ML:** 11, 16, 25, 34-35, 99, 112, 133, 136, 160, 169-74; independence for, **BS:** 5; **ID:** 147-48; **L:** 104; **DTI:** 6, 75; **DTIII:** 77, 89, 115-16, 150, 251,

Cumulative Index

264-65; **DTIV:** 112, 130, 168, 179, 205; **WAI:** 210, 211; **WAIV:** 212; **WAV:** 83-85, 86, 150, 227; **WAVI:** 87-88; **ML:** 11, 34-35, 169-74; revolt in, **WAI:** 353; delegation from, **WAIV:** 15; oil in, **ML:** 11; banditry in, **ML:** 172
Phillips, Clara: **WAI:** 86
Phillips, Frank W.: **DTIV:** 52; ranch of, **DTII:** 76
Phillips, Percival: **L:** 57
Phillips, Waite: **DTIV:** 338; mansion of, **CA:** 109
Phillips, William: **WAII:** 250
philosophy: **DTI:** 69; **WAV:** 44-46, 220-22; **WAVI:** 245
Phipps, Constantine C. H. (marquess of Normandy): **WAII:** 234
Phipps, Elizabeth: **WAII:** 234
Phipps, Gertrude S. F. (marchioness of Normandy): **WAII:** 234
Phipps, Michael G.: **WAVI:** 51, 111
Phoenix, Ariz.: **DTIII:** 54; **DTIV:** 94, 115, 116-17, 269, 294; **WAII:** 203, 205; **WAIII:** 7; **WAIV:** 228; **WAVI:** 20; **HT:** 29, 101
Phoenix, Commercial Club of: **WAII:** 203
photography and photographers: **DTI:** 164-65, 174, 222, 235-36; **DTIII:** 38; **DTIV:** 56, 158, 159-60; **WAV:** 10; **ML:** 121
Physical Culture (magazine): **DTIV:** 118
physical fitness: **DTI:** 253; **DTII:** 9, 18, 192
physicians: **E:** 1, 11, 14, 15, 17, 18, 23, 24, 25, 27, 29, 30, 31; **BS:** 15; **CA:** 15; **DTI:** 90, 119; **DTII:** 24; **WAI:** 70, 112, 232, 233, 247, 335, 364-66; **WAII:** 199-202, 230; **WAIV:** 165, 166; **WAV:** 55, 234; **HC:** 44; **ML:** 55; **HT:** 12; **RB:** 172; specialization among, **E:** 9-10; convention of, **WAI:** 112; presidential, **WAI:** 20-21; in New York City, **WAI:** 289, 366
Piccard, Auguste: **WAVI:** 165
Piccard, F. Jean: **WAVI:** 165-67
Piccard, Jeannette R. (Mrs. F. Jean): **WAVI:** 165-67
Piccard family: **DTIV:** 234
Pickett, George E.: **WAVI:** 129
Pickett, Willie M. (Bill): **DTIII:** 154
Pickford, Jack: **WAIII:** 56-57
Pickford, Mary: **E:** 15; **ID:** 76; **CA:** 117; **DTI:** 227, 269; **DTII:** 115, 197-98; **WAI:** 76, 171, 177, 222, 235, 262, 312; **WAII:** 2, 140; **WAIII:** 32, 37, 66, 80, 87; **WAIV:** 123-24, 144; **WAV:** 17; **WAVI:** 77; **HT:** 32, 33, 48; home of, **CA:** 27; **DTI:** 98
pickpockets: **DTI:** 222; **WAI:** 43
Pickwick Papers (novel): **ID:** 7
picnics: **CA:** 128; **DTI:** 206; **DTIV:** 330; **WAIII:** 161; **WAV:** 37-38
Pierce, Abel H. (Shanghai): **WAII:** 267; **WAVI:** 203
Pierce, Bemus: **WAIII:** 236
Pierce, Josephine L.: **WAVI:** 233-34
Pierce City, Mo.: **WAIII:** 166
Piggly-Wiggly grocery stores: **ID:** 39; **WAI:** 49; **WAIV:** 177
Pikes Peak: **WAII:** 170; **WAVI:** 116
Pilgrims: **PC:** 16; **DTI:** 152; **WAI:** 170; **WAIII:** 106; **WAVI:** 126; **ML:** 13; **HT:** 55; **RB:** 18,

114, 119-20; education of, **ML:** 14
Pilgrims' Club: **ID:** 100; **WAI:** 57
The Pilgrim's Progress (novel): **WAIV:** 21
pilots: *see* aviators
Pilsudski, Joseph: **DTIII:** 99
Pima Indians: **DTII:** 142; **WAIV:** 125
Pimlico, Md.: **DTII:** 25; **WAV:** 91
Pinchot, Gifford: **ID:** 160; **L:** 41, 85; **WAI:** 122
pineapples: **WAVI:** 160; **ML:** 59
Pinehurst, N. C.: **DTI:** 192
Pinkerton, William A.: **DTIII:** 167
Pinkerton Detective Agency: **DTIV:** 173
Pino Suarez, José M.: **WAIV:** 5
pioneers: **DTI:** 24; **DTII:** 219; **DTIV:** 344, 347-48; **WAVI:** 229; **RB:** 121; women as, **WAV:** 234
The Pioneer Woman (monument): **DTII:** 159-60; **WAVI:** 140, 142-43, 239
pipe smoking, by women: **DTIII:** 152
Pipgras, George W.: **DTI:** 136
Piping Rock Club: **RB:** 34
pirates: **HT:** 127
Pittman, Key: **CA:** 65; **WAIV:** 132; **RB:** 135
Pittsburgh, Pa.: **ID:** 89; **L:** 91; **CA:** 10; **DTI:** 31, 32, 37, 112, 139, 194; **DTII:** 34, 57, 66, 115; **DTIII:** 46; **WAI:** 54, 80, 219, 225, 268; **WAII:** 154, 233, 286; **WAIV:** 19; **WAV:** 188; **WAVI:** 142, 164, 209; **HT:** 106; **RB:** 40
Pittsburgh, University of: **DTII:** 115; **DTIII:** 248, 259; **WAV:** 222
Pittsburgh Pirates (baseball): **DTI:** 134, 136, 137; **WAII:** 90
Pius XI, pope: **L:** 69, 71; **DTI:** 306, 308; **DTII:** 256; **DTIII:** 30; **WAII:** 311
plagues, of grasshoppers: **DTIII:** 59, 60, 84
planets: **ID:** 58; **WAI:** 126
plastic surgery ("face remodeling"): **WAII:** 199
platforms, political: **CA:** 24, 27-29, 33, 41-42, 50, 62-63, 77, 80, 107, 109, 115, 116, 127-28, 137, 142, 143-44; **DTI:** 80, 227, 228, 229; **DTII:** 180; **DTIV:** 239; **WAI:** 62-63; **WAII:** 243; **WAV:** 156, 200-201; **HC:** 14-15, 24-25, 28, 50, 54, 61, 66, 67; **HT:** 22, 43, 44, 79, 83, 90; of Democratic party, **DTIII:** 175, 177, 194; of Republican party, **DTIII:** 156, 194; **WAI:** 62-63; of Rogers, **HC:** 14-16, 19, 25, 29, 39, 51-52, 58, 74, 105

Plato: **ID:** 191; **DTIII:** 120; **WAI:** 154
Platt Amendment: **DTIV:** 179; **WAVI:** 46
Plattsburgh, N. Y.: **ID:** 95; **L:** 103; **DTI:** 5; **WAI:** 195
playwrights: **DTII:** 212
Plunkett, Charles P.: **WAI:** 18
The Plutocrat (novel): **WAV:** 39
Pluto Springs, Ind.: **ML:** 49
Plymouth, Mass.: **ID:** 139; **CA:** 102; **DTII:** 120; **WAI:** 207; **RB:** 114, 119, 167
Plymouth, Vt.: **DTIII:** 196; **WAIII:** 37, 251; **WAIV:** 41; **ML:** 31
Pocahontas: **DTII:** 252; **WAII:** 146, 247; **WAVI:** 55; **RB:** 95
poetry and poets: **ID:** 7, 81; **P:** 37; **WAI:** 45, 107; **WAV:** 114, 163; **HT:** 134; Rogers as, **DTI:** 19

82

Poincaré, Raymond: **BS:** 9; **L:** 85, 116; **WAIV:** 49
Poindexter, Elizabeth G. (Mrs. Miles): **DTII:** 64; **WAI:** 22; **WAIV:** 61
Point Barrow, Alaska: **DTIV:** 346; **WAVI:** 260
poison gas: **DTIII:** 193; in war, **DTI:** 44
poker: **DTI:** 123, 184; **DTIV:** 68-69; **WAI:** 43; **WAIV:** 88; **ML:** 147
Poland: **BS:** 38; **L:** 109, 111-12; **DTI:** 153; **DTIV:** 43, 217, 230, 297; **WAI:** 321; **WAII:** 17; **WAIII:** 27, 125; **WAIV:** 196; **WAV:** 85, 86, 105, 142, 155; **WAVI:** 7, 8, 109; **ML:** 23; internal difficulties in, **L:** 30; revolution in, **DTIII:** 99; people of, **WAV:** 66, 85, 86; Jews in, **WAV:** 86
Polando, John: **DTIII:** 60
polar exploration: *see* North Pole
pole vaulting: **WAV:** 173, 178
police: **L:** 70, 107; **CA:** 128; **DTI:** 185, 263; **DTII:** 24, 33; **DTIII:** 40; **WAI:** 58; **WAII:** 35-36, 81, 82, 83, 101, 121; **WAIV:** 89; **HC:** 44, 46, 85; **ML:** 38; **RB:** 157; in New York City, **BS:** 47; **DTI:** 286, 290; **WAI:** 52-53, 69; **WAII:** 35; in Washington, D. C., **L:** 24; in England, **L:** 53; **WAII:** 242; strike by, **CA:** 35; **L:** 357; in Memphis, **DTI:** 185; in Los Angeles, **DTIV:** 173; convention of, **WAI:** 68-69, 71; in Mexico City, **ML:** 75; *see also* police chiefs
police chiefs: **DTI:** 286; **DTIV:** 221; **WAII:** 35
Police Gazette (magazine): **WAI:** 227, 244, 275, 338; **RB:** 170
poligamy: **DTI:** 288, 305; **HC:** 7
polio: *see* infantile paralysis
Polish Corridor: **L:** 112; **WAV:** 85, 86
politeness: **DTI:** 172; in Congress, **RB:** 145
political buttons: **WAV:** 75, 165
political campaigns: *see* campaigns
political candidates: *see* candidates
political machines: **DTI:** 69, 153
political parties, leaders of: **HC:** 8, 51; *see also* names of political parties
political platforms: *see* platforms
political science: **WAII:** 192, 193; **WAV:** 171
politicians: **BS:** 44, 79; **ID:** 88, 102, 117, 128, 166, 209; **P:** 28, 35-36; **L:** 36, 40, 46, 81, 84, 86, 106; **CA:** 13, 33, 34, 39, 49-50, 52, 67, 68, 70, 96, 106, 116; **DTI:** 52, 69, 74, 78, 79, 97, 100, 105, 115, 118, 122, 133, 183, 185, 189, 205, 211, 216, 221, 224, 229, 244, 245, 246, 250, 276, 282, 298, 304; **DTII:** 5, 18, 19, 60, 67, 92, 118, 149-50, 154, 160, 196, 217, 224, 236, 238, 258-59; **DTIII:** 17, 35, 55, 59, 78, 80, 158, 159, 170, 173, 196, 198, 201, 203, 207, 215, 216, 230, 234, 241, 248, 252, 261, 270, 281; **DTIV:** 4, 13, 72, 86, 87, 94, 97, 160, 178, 192, 240, 283, 288, 313, 342; **WAI:** 3, 4, 5, 33, 41, 43, 54, 58, 60, 76-77, 90, 92, 101, 141, 142, 148-51, 159, 160, 169, 171, 172, 181, 202-203, 223, 234, 236, 237, 259, 268, 273, 281, 293, 296, 297, 299, 300, 304, 310, 314, 315, 316, 320, 322, 327, 367, 369, 370; **WAII:** 5, 10, 15, 37, 42, 43, 55, 66, 79, 80, 88, 90, 97, 98, 101, 104, 122, 138, 140, 161, 233, 239-40, 247, 289, 290; **WAIII:** 6, 23, 31, 42, 73, 85, 92, 102, 103, 117, 123, 132, 135, 142, 147, 151, 154-55, 161, 162, 163, 168-69, 175, 177, 203, 205, 211-12, 220, 226, 236, 250, 253; **WAIV:** 7, 76, 94, 96, 124, 127, 129, 131, 152, 175, 204, 218, 232; **WAV:** 22, 34, 42, 57, 91, 128, 133, 166, 191, 193, 197, 199, 214, 222, 225, 230; **WAVI:** 2, 4, 34, 42, 43, 48, 87, 93, 102, 119, 130, 158, 173, 241, 248; **HC:** 7, 8, 23, 34, 49, 62, 64-65, 76, 80, 90, 106; **ML:** 8, 17, 26, 38, 40, 47, 64, 69, 80, 81, 101, 109, 165; **HT:** 9, 19, 21, 44, 46, 77, 83, 94, 95, 96, 107, 115; **RB:** 13, 20, 21, 23, 41, 43, 118, 136, 157, 172; promises of, **DTI:** 240, 244, 246, 270, 271, 272, 278, 280; **DTII:** 231; **DTIII:** 174, 177, 210, 211, 214, 216, 239-40, 248; **DTIV:** 20-21; **ML:** 156; **HT:** 44; in Kansas, **DTII:** 118; as public speakers, **DTIII:** 66, 156; in South, **DTIV:** 81; honesty of, **WAV:** 5
politics: **BS:** 28, 59, 87; **ID:** 5, 11, 12, 33, 87, 99, 141, 147, 153; **P:** 8, 28; **L:** 4, 29, 36-37, 53, 66, 88, 117, 118; **CA:** 11, 33, 34, 41, 52, 54, 56, 65, 69, 107, 120, 141, 144, 147; **DTI:** 57, 59, 65, 74, 83, 87, 103, 115, 116, 119, 135, 143, 147, 189, 193, 200, 201, 202, 205, 217, 233, 240, 244, 248, 249, 251, 256, 257, 260, 261, 262, 266, 267, 268, 277, 279, 284, 286-87, 300, 312; **DTII:** 35-36, 60, 70, 114, 149, 173, 178, 210, 217, 220, 222, 223, 246; **DTIII:** 38, 46, 49, 55, 73, 74, 163, 181, 183, 184, 186, 197-98, 199, 200, 202, 205, 212, 214, 230, 232, 242, 259; **DTIV:** 17, 22, 50, 74, 182, 187, 230, 266, 320, 322; **WAI:** 5-6, 14, 22, 55, 72, 73, 76, 77, 78, 92, 95, 102, 104, 129, 158, 160, 166, 177, 197, 208, 210, 217, 244-45, 250, 273, 283, 297, 301, 304, 308, 318, 319, 327, 341; **WAII:** 10, 13, 16, 21, 44, 81, 83, 124, 136, 137, 146, 169, 238, 239-40, 243, 246, 278; **WAIII:** 5, 20, 31, 39, 80, 81, 82, 93, 102, 107, 109, 110, 116-19, 121, 135-36, 153, 154-57, 170, 177-79, 180, 196, 201-203, 207-208, 210-12, 214, 219, 221, 226, 231, 240, 253; **WAIV:** 8, 51, 58, 61, 62, 77, 124, 131, 151, 161, 178, 206, 212, 217, 219, 235; **WAV:** 5, 8, 32, 42, 43, 44, 69, 71, 92, 102, 109, 127, 143, 150, 155, 157, 159, 165-66, 181, 187, 189, 200-201, 212, 214, 219, 220; **WAVI:** 15, 42, 48, 73, 76, 79, 107, 127-28, 134, 135, 141, 186, 201, 215-16; **HC:** 8, 19, 24, 28, 47, 49, 54, 75, 93, 105, 110, 113; **ML:** 5, 6, 15, 28, 46, 47, 50, 56, 73, 90, 100, 154, 155; **HT:** 12, 15, 16, 24-25, 41, 42, 45, 46, 81, 85, 87, 88, 94, 110, 138; **RB:** 19, 23, 24, 52, 93, 104, 122, 128, 136, 139, 165-66; honesty in, **BS:** 1; **CA:** 18; **DTI:** 23, 120, 132, 147, 193; **WAI:** 62, 63; **WAIII:** 3, 180; scandals in, **L:** 43-46; knowledge about, **L:** 71; **DTI:** 136, 231-32, 269; in Oklahoma, **L:** 106; **DTI:** 127; **DTII:** 7, 75, 105, 159-60; **ML:** 49; women in, **CA:** 109, 112, 137; **DTI:** 71, 190, 204-205, 258-59; **DTII:** 153-54, 155, 225, 233; **WAI:** 266; **WAII:** 101, 123; **WAIII:** 135, 179-80, 219, 249; **WAIV:** 6-8, 205; **HT:** 90; corruption in, **DTI:** 24, 41, 181, 186, 190, 197, 206, 218, 258; **RB:** 21; shrewdness in, **DTI:** 116; in Indiana, **DTI:** 193, 197-98; **DTIV:** 266; **ML:**

Cumulative Index

49, 109; **HT**: 62; in Ohio, **DTI**: 193; **ML**: 109; speeches about, **DTI**: 244, 249, 256-57, 258-59, 261, 269; **DTII**: 66, 156, 180, 197-98, 199, 200, 201, 209, 211, 213, 229, 230, 232, 250; **WAIII**: 215, 219; **HT**: 83-84, 95-96, 118; **RB**: 84, 106, 174; in England, **DTII**: 17, 33, 35-36, 134; **DTIII**: 75; and prohibition, **DTII**: 59-60; in Massachusetts, **DTII**: 70; in Arkansas, **DTII**: 128; in France, **DTII**: 138, 140; **DTIV**: 137; in South, **DTII**: 199; in Latin America, **DTIII**: 19; patronage in, **DTII**: 73, 74, 232; **DTIII**: 202, 233, 236, 242, 243; **WAII**: 24; **WAIII**: 116, 128, 182, 226-27; in Texas, **DTIII**: 219; in Kansas, **WAII**: 171; and weather, **WAII**: 238-40, 243; harmony in, **WAV**: 7; in Japan, **WAV**: 109-10; in China, **WAV**: 119; **ML**: 155-56, 157; humor in, **WAV**: 166; sex appeal in, **HC**: 8, 39, 52, 106; honor in, **HC**: 89; in Mexico, **ML**: 43-44, 47, 49-50; competency in, **RB**: 12
Polk, James K.: **WAVI**: 202
Pollard, John G.: **WAVI**: 42, 43-44
polls, public opinion: **DTI**: 207, 266, 268, 281; **DTII**: 145, 158, 171, 175, 243; **WAI**: 309-13, 318; **WAIII**: 157-58; **WAIV**: 130, 133-34; **WAV**: 202; **HT**: 79; **RB**: 49, 50, 60-61, 88, 94-95
polo: **E**: 29; **ID**: 75-78, 120; **L**: 49-50, 97-98; **DTI**: 234; **DTII**: 86, 191, 209; **DTIII**: 2, 27, 28, 57, 78, 92, 93, 150, 225, 227; **DTIV**: 15, 66-67, 69, 157, 163, 202, 219, 220-21, 238, 294; **WAI**: 34, 37, 38, 57, 61, 188, 222-24, 272-73, 290, 291, 293, 295, 314; **WAV**: 73, 87, 93, 111, 132, 155, 156-57, 173, 188, 192, 232; **WAVI**: 49-51, 58, 83, 102, 110-12, 114, 140, 147, 173, 179, 222; **ML**: 111, 150; **HT**: 4; **RB**: 36; Rogers as player of, **ID**: 75-77, 100, 120; **DTIII**: 2; **DTIV**: 238; **WAI**: 61, 222-24, 292; **WAIV**: 3, 197-200; **WAVI**: 51, 58, 111, 114, 147, 213, 240; **HT**: 4; **RB**: 36; international competition, **DTI**: 254, 255, 259; **WAI**: 293, 294, 300; team from England, **WAII**: 153; at University of Arizona, **WAV**: 157
Polo, Marco: **ML**: 155
Polo Grounds (New York City): **WAII**: 110
polygamy: **WAII**: 170
Pomerene, Atlee: **DTI**: 22; **WAI**: 18, 213, 214; **WAII**: 290
Pomerene, Mary H. (Mrs. Atlee): **WAI**: 18
Pomona, Calif.: **WAIV**: 228; **WAV**: 8, 153
Pomona College: **WAV**: 8
Pompei: **L**: 54
Ponca City, Okla.: **DTII**: 159, 160, 268; **WAII**: 108, 170, 189, 263; **WAIV**: 140, 239
Ponca Indians: **WAVI**: 142
Ponce de Leon, Juan: **HT**: 24, 28, 35
Pontiac, Mich.: **WAIII**: 166
Pony Express: **WAII**: 85, 103, 152; **WAVI**: 101
Poole, Ernest: **WAV**: 234
poor, the: **DTI**: 81, 82, 166, 212-13, 231, 233, 245, 247, 268, 290, 292; **DTII**: 92, 113, 135, 162; **DTIV**: 264; **WAVI**: 61, 185; **HC**: 15, 52, 58; **ML**: 63, 122; **HT**: 88, 116-17, 119, 123; **RB**: 44, 66, 138-39, 140; *see also* poverty *and other related topics*

Popocatépetl: **DTI**: 157; **WAV**: 88; **ML**: 86
popularity: **DTI**: 53, 136; **RB**: 34, 37
population: of Virgin Islands, **DTIII**: 8; *see also* census returns
population control, in China: **ML**: 153
Populist party and Populists: **BS**: 81; **ID**: 111; **L**: 26; **WAI**: 187, 307; **WAII**: 240; **WAVI**: 73
pork: **HT**: 132
pork barrel projects: **DTI**: 32, 216
Port Arthur (Lüshun), Manchuria: **DTIII**: 107, 110; **WAV**: 144; **ML**: 132, 137, 146, 147
Port Arthur, Texas: **WAIV**: 236
Porter, John C.: **DTIII**: 33, 34; **WAV**: 36, 38; **RB**: 82
Portes Gil, Emilio: **DTI**: 7; **WAIV**: 6
Portland, Maine: **DTI**: 91, 112
Portland, Ore.: **ID**: 6; **DTI**: 70; **WAI**: 240; **WAV**: 40, 41, 96; **WAVI**: 250
Port of Spain, Trinidad: **WAV**: 20
Portsmouth, Treaty of (1905): **ML**: 139
Portugal: **L**: 91, 109; **DTIV**: 170; **WAII**: 50, 181, 304; **WAIV**: 37; **WAV**: 176; **WAVI**: 8; revolution in, **L**: 91; **DTIV**: 55; **WAIV**: 37-38; people of, **WAV**: 111; **WAVI**: 12
Post, Emily P.: **ID**: 25, 26, 35; **DTI**: 13; **WAI**: 285; **WAII**: 255, 289; **WAIII**: 260; **WAIV**: 15, 205; **WAV**: 33; **HC**: 91; **ML**: 10, 40, 74; **RB**: 36; and *Etiquette*, **WAI**: 118, 119, 285
Post, Fred: **WAV**: 93
Post, Mae L. (Mrs. Wiley H.): **WAV**: 52-53; **WAVI**: 250, 251
Post, Wiley H.: **DTIII**: 47-48, 49, 50, 51, 53, 56, 71; **DTIV**: 54, 56, 57, 59, 86, 200, 201, 232, 233, 248, 249, 264, 277-78, 280, 337, 338, 339, 344, 346, 347; **WAV**: 49, 51-53, 62; **WAVI**: 51, 52, 204, 249, 250-51, 253, 254, 260, 261
Post, William (Billy), II: **WAV**: 93; **WAVI**: 111
postal rates: **DTIII**: 216
postal system: **DTI**: 275; **DTIV**: 152, 197, 306; **WAI**: 24; in England, **DTIV**: 152-53; *see also* mail; Post Office, U. S. Department of; post offices; *and other related topics*
postcards: **ID**: 64-65; **L**: 5; **WAI**: 146-47, 230; **ML**: 101
postmasters: **DTI**: 42; **WAI**: 116; **WAII**: 15; **RB**: 73, 135
Post Office, U. S. Department of: **DTIII**: 34, 216; **WAVI**: 61, 225-26; **HT**: 80; deficit in, **ML**: 108
post offices: **DTI**: 24, 176, 177, 225, 229, 232, 243, 256; **DTII**: 74, 167, 232; **DTIII**: 210; **DTIV**: 74, 94; **WAI**: 308, 309, 321, 334; **WAIII**: 226-27; **WAIV**: 127-28; **WAV**: 203, 230; **WAVI**: 3, 47-49, 54, 56, 67, 69, 78, 100; **HC**: 66; **ML**: 73; **HT**: 78, 79, 85; **RB**: 93, 122, 127
potatoes, price of: **WAV**: 59
Potemkin: see *Battleship Potemkin*
Potomac River: **DTIII**: 211, 255; **DTIV**: 42; **WAV**: 160; **HT**: 95
Potsdam, Germany: **ID**: 51; **WAI**: 161
Poughkeepsie, N. Y.: **DTIV**: 323
Poultry Association: **RB**: 34
poverty: **ID**: 88; **DTI**: 244, 292; **DTII**: 100,

164; **DTIV:** 134, 146, 316; **WAI:** 79; **WAIII:** 16, 25, 64, 208, 216; **WAIV:** 65, 148, 166, 214, 224; **WAV:** 21, 70, 132, 140, 162; **ML:** 166; **HT:** 92, 116, 130; in Russia, **BS:** 60; **WAV:** 103; and wealth, **DTII:** 38, 92, 113; in cities, **WAIII:** 26; in rural areas, **WAIII:** 26; *see also* the poor
Powell, Dick: **WAV:** 188
power lines: **DTII:** 67
Power Trust: **DTI:** 182, 185, 257, 282; *see also* holding companies; public utilities
Prajadhipok, king of Siam: **DTIII:** 21; **DTIV:** 283; **WAV:** 66
prayer: **CA:** 12, 13, 14, 16, 37, 38-39, 54, 62-63, 72, 73, 80, 99, 101, 102, 109, 113, 123, 137; **DTIII:** 192; **WAIV:** 119, 144-45
Preakness Stakes: **DTII:** 25-26
precedents: **WAIII:** 260, 261
predictions: **DTI:** 16; **DTIII:** 60; **DTIV:** 81, 274; **WAVI:** 5; **ML:** 96, 106; for New Year's, **DTI:** 166; **DTII:** 291-92, 293; **DTIII:** 257-58; of prosperity, **DTII:** 113, 114, 164, 235, 253-54, 255; **DTIII:** 200; **WAV:** 207, 209; **ML:** 106
prehistoric man: **DTII:** 203; *see also* Neanderthal man
prehistoric skull: **ID:** 189; **WAI:** 152
Preliminary Disarmament Conference of 1926-1931: **BS:** 15; **L:** 19, 21, 61-62, 93, 111, 119; **DTI:** 5, 78, 99, 103, 106, 109, 115, 117; **DTII:** 25, 121, 246; **WAII:** 216, 245; **WAIII:** 48-49, 58; **WAIV:** 19-20, 103, 108, 123; **ML:** 11, 22; U. S. delegates to, **L:** 18, 103
preparedness, military: **ID:** 95; **DTI:** 5, 43-44, 52; **DTIV:** 30, 64, 133, 233, 307; **WAI:** 152; **WAII:** 8, 29, 294-96; **WAV:** 34
Presbyterians: **ID:** 113; **CA:** 113; **DTI:** 89, 174, 238; **WAI:** 189; **WAIII:** 191; **WAVI:** 11, 12, 154
Prescott, Ariz.: **DTIV:** 49; **WAVI:** 36, 37
presidency, United States: *see* United States presidency and presidents
President Taft, S. S.: **DTII:** 115
press: freedom of, **DTIV:** 17-18; **WAII:** 179; *see also* journalism; newspapers
press agents: **DTI:** 79; **DTIII:** 134; **DTIV:** 39; **WAIII:** 100, 248; **ML:** 172; **HT:** 31
Preston, Eileen B. (viscountess of Gormanston): **WAII:** 235
Preston, James D.: **L:** 24
Preston, May Wilson: **WAII:** 155-56
Preston, Roger: **HC:** 107
Prevaricators' Club of America: **HT:** 28
Priam: **ID:** 190; **WAI:** 152
prices: **DTIII:** 117; of gasoline, **ID:** 166; **WAI:** 259; **WAIV:** 225; of commodities, **DTI:** 61, 148; **DTII:** 44; **DTIII:** 80; **DTIV:** 36, 47, 294-95; **WAV:** 59-61; **RB:** 125; of land, **DTI:** 286; of wheat, **DTI:** 50, 197, 199; **DTIV:** 51, 96; **WAI:** 132; **WAII:** 4; **WAV:** 55-57, 59-61, 102, 188; **ML:** 100; **HT:** 62, 116; of gold, **DTIV:** 97, 102, 104; of liquor, **DTIV:** 114; of silver, **DTIV:** 297; of cotton, **WAII:** 111; of corn, **WAII:** 146; **HT:** 62; in Russia, **WAII:** 231; of oats, **WAV:** 59-60; of potatoes,

WAV: 59; of oil, **WAV:** 83; of food, **WAV:** 132
pride: **DTI:** 139; **DTII:** 132
priests: **DTI:** 240; **DTIV:** 103; **WAVI:** 191; *see also* clergy
primary elections: **DTI:** 212; **DTII:** 196; **WAII:** 122; direct, **WAII:** 64
prime ministers: **BS:** 53; **DTIV:** 40; **WAV:** 63, 64; **ML:** 51, 98-99; of England, **DTI:** 287; **WAI:** 337
primitivism: **DTI:** 112, 271; **DTII:** 82; **ML:** 31; in Mexico, **ML:** 85
Primo de Rivera y Orbaneja, Miguel: **L:** 90, 91-96, 100; **DTII:** 128; **WAIV:** 37, 217
Prince of Wales: *see* Edward Albert
Princess Pat Regiment of Canada: **ML:** 130
Princeton University: **DTI:** 50, 87, 281; **DTII:** 75, 237; **DTIII:** 259; **WAII:** 70, 117, 191-94; **WAIII:** 237; **WAIV:** 148, 215; **HT:** 87; **RB:** 11; faculty of, **DTI:** 68; professor at, **DTIV:** 135
Princip, Gavrilo: **WAVI:** 137
prisoners: **HT:** 95; in Ohio, **DTII:** 166; in England, **ML:** 103
prisons: **DTII:** 4-5, 107, 160, 200; **DTIII:** 122; in Atlanta, **PC:** 2; **DTII:** 4-5; in Leavenworth, Kan., **CA:** 100; **DTIII:** 43, 136; in Missouri, **DTI:** 183; and prison reform, **DTII:** 59; overcrowding in, **DTII:** 163; conditions in, **DTII:** 166; *see also* Sing Sing Penitentiary
Probasco, Scott: **WAII:** 156
producers, of motion pictures: **WAV:** 16, 39, 158, 231; **HT:** 53, 74, 75, 76
productivity: **DTIV:** 14
profanity: **CA:** 55; **DTI:** 62; **DTII:** 193; **WAIV:** 21, 22, 66; **WAV:** 27, 184-85; **WAVI:** 130; **HT:** 124; **RB:** 47; prohibition of, **P:** 22; in Japan, **ML:** 118
professionalism, in athletics: **DTI:** 236; **DTII:** 90; **WAVI:** 234-35
professors: **DTI:** 68; **DTII:** 40-41, 78, 110, 115; **DTIII:** 244; **DTIV:** 72, 73, 99, 107, 122, 135, 154, 180, 222, 302, 326, 337; **WAII:** 118, 191, 192, 193-94, 251; **WAV:** 44, 172; **WAVI:** 42, 48, 73, 121, 132; **HC:** 61; **ML:** 106, 111; **HT:** 155; **RB:** 39, 117-18, 125, 163, 170; salaries of, **L:** 22; at Harvard University, **DTII:** 16; **DTIV:** 135; **WAVI:** 48; at Princeton University, **DTIV:** 135
progress: **BS:** 88; **DTII:** 23, 69; **WAII:** 36, 174, 265, 267; **WAIII:** 14-16; **WAV:** 201; **ML:** 23, 37, 58, 135-36, 137, 159; **HT:** 152, 153; **RB:** 7; in Japan, **ML:** 119-20
Progressive party: **CA:** 26, 36, 40, 55, 77; **DTIV:** 171; **WAI:** 302, 306; national convention of, **ID:** 171; **WAI:** 261
progressivism and progressives: **DTI:** 46, 49; **DTIII:** 3, 4; **DTIV:** 84, 138; **WAV:** 8, 64; **ML:** 108, 109, 112, 155; **HT:** 84, 96; in Congress, **DTII:** 94, 117
prohibition, of alcoholic beverages: **E:** 28; **BS:** 6, 14, 81; **ID:** 12, 26, 45, 101, 131, 160, 161, 185, 196, 210; **PC:** 6, 21, 23; **P:** 3-40; **L:** 21, 26, 27, 50, 94, 101, 108, 120; **CA:** 8, 24, 27, 29, 67, 68, 106-108, 109, 113, 114, 116, 120,

Cumulative Index

122, 124, 126, 127-28, 141, 142-44; **DTI**: 3, 16, 22, 30, 42, 43, 44, 49, 52, 57, 74, 75, 77, 80-81, 97, 132, 139, 184, 192, 225, 226, 228, 229, 230, 231-32, 238, 239, 243, 244, 247, 248, 259, 292, 293, 298, 309, 311, 315; **DTII**: 3, 8, 10, 11, 15, 19, 21, 22, 36, 43, 50, 51, 59-60, 69, 77, 86, 94, 106, 113, 117, 123, 124, 137, 142-43, 144-45, 152, 153, 154, 158, 164-65, 171, 172, 173, 175, 192, 194, 207, 211, 212, 225, 233, 242, 245, 260, 263, 265, 268, 278; **DTIII**: 1, 2, 4, 7, 13, 16, 33, 34, 52, 64, 79, 80, 81, 89, 115, 142-43, 157, 158, 160, 164, 169, 174, 175, 176, 177, 178, 186, 200, 201, 218, 223, 240, 246, 247, 249; **DTIV**: 34, 146, 265; **WAI**: 6, 8, 9, 12, 14, 15, 17, 18, 19-20, 25, 26, 28, 42, 43, 54, 57, 66-68, 70, 76, 82, 83, 86, 93, 101, 105, 118, 119, 123, 124, 151, 160, 168, 178, 183, 187, 197, 246, 303, 307, 342, 346, 347, 356, 357, 360; **WAII**: 22, 42, 64, 146, 156, 164, 178-80, 187, 196, 206, 229, 238, 253-54, 263, 270, 278-79, 282-83, 304; **WAIII**: 8, 15, 20-21, 93, 123, 130, 157, 169, 176, 181, 185, 189, 208, 220, 226, 240-41, 254; **WAIV**: 64, 67, 103, 104-105, 113, 122, 133-34, 154, 157-59, 162-64, 184, 190, 194-95, 205, 206, 209-10, 220, 222, 223, 241; **WAV**: 6-7, 8, 21, 23, 84, 129, 156; **WAVI**: 8, 17-18, 31, 38; **HC**: 14-15, 16, 24, 25, 38, 43-46, 47, 49, 52, 55, 58, 61, 65, 66, 68, 73, 78, 91, 105; **ML**: 4, 30, 54, 57, 91, 96, 97, 106-107, 148, 168, 170; **HT**: 4, 6, 9, 11, 21-22, 42, 43, 44, 45, 82-83, 90, 122, 125; **RB**: 14, 19, 24-25, 31, 37, 40, 45, 49-53, 57, 60, 62, 66, 74-75, 165; jokes about, **BS**: 48; proponents of, **P**: 7, 9, 14, 15-16, 20, 21, 22, 23, 24, 25, 26, 28, 31, 39, 40; **L**: 38, 83-84; **DTI**: 42; and cities, **P**: 10; and crime, **P**: 22-23; in Turkey, **P**: 40; **DTI**: 139; enforcement of, **L**: 83-84; **CA**: 106; **DTI**: 52, 137, 153, 239, 248, 293, 297, 300, 303, 308, 313; **DTII**: 1, 3, 30-31, 42, 51, 113, 117, 132-33, 177, 184; **DTIII**: 97, 236; **WAII**: 3, 11, 36, 40, 62, 68, 124, 166-69; **WAIII**: 72, 250, 258; **WAIV**: 8-9, 10, 14; **HC**: 24, 45; **HT**: 82, 145; **RB**: 49; in South, **DTI**: 17-18, 22; in California, **DTI**: 65-66; in Maine, **DTI**: 91; as "noble experiment," **DTI**: 244, 254; **DTIII**: 198; **DTIV**: 112; **RB**: 50; and politics, **DTII**: 59-60; and Supreme Court, **DTII**: 172; enforcement director of, **DTIII**: 64; repeal of, **DTIII**: 168, 184, 247, 254, 277; **DTIV**: 5, 6, 11, 13, 14-15, 16, 29, 47, 56-57, 71, 101, 102, 103, 112-13, 114, 126; **WAVI**: 31-32, 85; **RB**: 74-75, 165; opponents of, **WAIV**: 67; *see also* bootlegging and bootleggers; Eighteenth Amendment; liquor; moonshine and moonshiners; smuggling; Volstead Act of 1919; *and other related topics*

Prohibition party: **DTIV**: 171; **WAI**: 151

proletariat: **BS**: 44, 80, 82; **DTI**: 29

prominence: **RB**: 38; people of, **DTI**: 47, 102, 166, 170, 180, 275, 280, 293, 307, 310; **DTII**: 15, 18, 34, 50, 67, 86, 113, 118, 164, 228; **DTIII**: 9, 49-50, 78, 96, 131, 135; **DTIV**: 24, 70, 86, 106, 116; **ML**: 28, 30, 95-96; **RB**: 13, 16, 46, 66

promises, political: **DTI**: 28, 240, 244, 246, 247, 259, 270, 271, 272, 275, 278, 280; **DTII**: 231; **DTIII**: 174, 177, 210, 211, 214, 216, 239-40, 248; **DTIV**: 20-21, 189; **ML**: 156; **HT**: 44

promoting and promoters: **ID**: 69-71; **DTI**: 97; **DTIII**: 49, 50, 206; **WAI**: 136-38; **WAVI**: 55

propaganda: **L**: 113; **DTII**: 79; **DTIV**: 29; **WAI**: 159; **WAII**: 233; **WAIII**: 254; **WAIV**: 104; **WAV**: 83, 115-16, 117, 191, 200; **WAVI**: 2, 236; **HC**: 77; **HT**: 7, 61, 121; **RB**: 103; in Russia, **BS**: 73-74, 82-83, 84, 86-89; **DTII**: 225; **WAIII**: 133; **WAV**: 85; **ML**: 23

property rights: **DTIV**: 97-98

prospecting, for ore: **DTIV**: 116, 127; **WAVI**: 17

prosperity: **L**: 36, 38, 52; **CA**: 101, 122, 128; **DTI**: 149, 150, 152, 153, 188, 189, 190, 212, 243, 252, 255, 264, 267, 269-70, 272, 274, 278, 281, 290-92, 293, 304; **DTII**: 1, 59, 64, 89, 96, 102, 106, 146, 160, 164, 166, 175, 186, 189, 216, 231, 235; **DTIII**: 26, 66, 67, 99, 144, 183, 258, 265-66; **DTIV**: 12, 27; **WAI**: 2, 171, 177, 179, 228, 326, 333, 348, 349; **WAII**: 5, 116, 136, 137, 138, 240, 241, 249, 270; **WAIII**: 181, 208, 216, 230, 239; **WAIV**: 73, 83, 96, 97, 132, 137, 165, 167, 241; **WAV**: 73, 226; **WAVI**: 85; **HC**: 54-55, 75, 86; **ML**: 148, 154, 156; **HT**: 34, 42, 44, 79, 83, 92, 152, 155; **RB**: 13, 14, 25, 172; in Italy, **L**: 66; in India, **DTI**: 193; predictions of, **DTII**: 113, 114, 164, 235, 253-54, 255; **DTIII**: 200; **WAIV**: 207, 209; **ML**: 106

protectionism: **DTI**: 152, 243; *see also* tariffs

Protestantism and Protestants: **ID**: 119; **DTI**: 79, 194, 257, 282; **DTII**: 115, 244; **WAI**: 36; **WAIII**: 145, 191, 210; **WAIV**: 95; **HC**: 28, 65, 72, 93; **HT**: 45; **RB**: 24

Providence, R. I.: **ID**: 128; **WAI**: 202; **WAII**: 127-28, 130

Provincetown, Mass.: **RB**: 119-20

Prudential Life Insurance Company: **DTII**: 15

prunes: **DTI**: 67; **DTIV**: 174; **HT**: 15; **RB**: 72

Pryor, Arthur: **WAII**: 103

Pryor, Isaac T. (Ike): **WAII**: 267, 268

Pryor (Pryor Creek), Okla.: **WAV**: 93

psychology: **DTIV**: 180; **WAIV**: 124; **WAVI**: 65

publicity: **DTI**: 144; **DTII**: 40; **DTIII**: 45, 147, 149, 168, 253; **DTIV**: 135; **WAI**: 1; **WAIV**: 129; **WAV**: 86-87, 131, 142; **HT**: 146; **RB**: 38, 126

public lands, of U. S.: **DTII**: 67; **WAIV**: 65-67

public opinion: **DTIII**: 191; **DTIV**: 274, 323; **WAI**: 77, 169, 171; **WAV**: 181-82, 239; **HT**: 83; *see also* polls, public opinion

public relations: *see* press agents

public servants: **DTI**: 32; **DTIII**: 152, 194; **DTIV**: 141; **ML**: 3; confidence in, **WAIV**: 130

public speaking: *see* speeches and speakers

public utilities: **DTIV**: 243; **ML**: 77; *see also* holding companies; Power Trust

Public Utility Holding Companies Act of 1935: **DTIV**: 327

public works: **DTIV**: 82, 114, 124, 131, 161-62,

196; **WAIV:** 225-26; **WAV:** 132; **WAVI:** 47; **ML:** 69; **RB:** 137; in Los Angeles, **WAV:** 6
Public Works Administration (P.W.A.): **DTIV:** 82
Puck (magazine): **WAIII:** 187
Pueblo, Colo.: **WAII:** 170
Puerto Rico: **DTII:** 217; **DTIII:** 5, 6, 7, 8, 9-10, 20; **DTIV:** 179; **WAV:** 17, 20; **WAVI:** 159; disaster relief in, **DTI:** 261; hurricane in, **DTIII:** 228
Puget Sound: **WAVI:** 250
Pulitzer Prizes: **WAVI:** 114
Pullman, George M.: **WAV:** 130
Pullman Company: **ML:** 30, 36, 37
Pullman sleeping cars: **L:** 84; **WAI:** 243, 334, 371; **WAIV:** 63; **ML:** 30; **RB:** 49
punitive expeditions: **WAI:** 103-104; **ML:** 24, 56
puns: **RB:** 83-84
Purdue University: **DTI:** 78, 198, 211; **DTII:** 70
purges, in Germany: **DTIV:** 190, 191
Purnell, Benjamin (King Benjamin): **DTI:** 29-30; **WAI:** 77
pursers, on ships: **WAVI:** 151
Putnam, Amelia Earhart: *see* Earhart, Amelia
Putnam, George P.: **WAIV:** 11; **WAVI:** 245
Pu-yi, Henry: **DTIV:** 145, 211
puzzles: **WAIV:** 71; *see also* crossword puzzles
Pyle, Charles C. (Cash and Carry): **L:** 101; **DTI:** 2; **DTII:** 39, 65; **ML:** 68; **HT:** 100
Pynchon & Company: **DTIII:** 22
pyorrhea: **DTIII:** 30, 82, 144; **WAIII:** 34; **HT:** 141
pyramids: in Egypt, **DTIII:** 119; **WAVI:** 207; **ML:** 75; in Mexico, **DTIII:** 119; **ML:** 75
pyramid stock schemes: **WAVI:** 79
Pyrenees: **DTIV:** 124

Q

quaintness: **DTI:** 147; **ML:** 34
Quaker Oats Company: **DTI:** 206
Quakers: **WAIII:** 208; **HT:** 55; **RB:** 10, 136
Quebec, Canada: **WAIII:** 57
Queen Mary, S. S.: **DTIV:** 218
Queensberry, marquess of: boxing rules of, **DTII:** 15
Queen Victoria (biography): **L:** 49
Querétaro, Mexico: **ML:** 34
Question Mark (airplane): **DTII:** 32
Quezon y Molina, Manuel L.: **DTIV:** 112; **ML:** 169
Quien Sabe Ranch: **DTIV:** 174
Quillen, Robert: **WAIV:** 143; **HT:** 21
Quinn, John R.: **WAVI:** 135
Quinn, William J.: **ID:** 167; **WAI:** 260
quintuplets: *see* Dionne quintuplets
Quisenberry, Bruce: **WAII:** 22
quotas: **DTI:** 88, 96

R

Rabelais, Francois: and *Gargantua*, **ID:** 191; **WAI:** 153
raccoon coats: **DTI:** 281, 308-309; **DTII:** 268; **WAIV:** 94
races, of people: **DTI:** 107; **WAIV:** 50-51; **ML:** 60, 140-41, 152, 154, 155, 157, 160, 172, 173
racial equality: **DTI:** 65
racial intolerance: **DTI:** 106-107; **DTII:** 202
racing: bicycle, **CA:** 58-59, 61, 69; aeronautical, **DTII:** 63, 64, 65; **DTIII:** 71; **DTIV:** 45, 48, 200, 232-33, 234, 236; **WAVI:** 34; speedboat, **DTIII:** 74-75; automotive, **DTIV:** 285; **WAII:** 93-94; **WAIII:** 53-56; **WAVI:** 56
racketeering and racketeers: **DTI:** 31, 181, 182; **DTIII:** 9, 32, 153, 186; **DTIV:** 31; **WAIV:** 83, 162; **WAV:** 20, 34; **WAVI:** 23; **RB:** 59, 60, 62
radar: **DTII:** 173
Radcliffe College: **WAIV:** 35
radicalism and radicals: **DTII:** 23; **DTIV:** 102, 138, 203
radio: **ID:** 111, 113; **L:** 22, 56, 87; **CA:** 49, 58, 99; **DTI:** 39, 61, 104, 120, 145, 233, 236, 242, 256, 261, 269, 277, 283; **DTII:** 63, 95, 118, 138, 160, 182, 218, 220, 222, 230, 241, 252; **DTIII:** 1, 30, 43, 147, 213, 215, 216, 232, 233, 248, 254; **DTIV:** 5, 7-8, 27, 126, 237, 246; **WAI:** 186, 189, 230, 250, 271, 300, 303, 324, 359; **WAII:** 30-31, 48, 52, 59, 60, 125, 126, 141, 239, 309; **WAIII:** 125-27, 171, 177, 182, 199, 206-207, 215, 239; **WAIV:** 78, 142, 157, 178, 203, 218; **WAV:** 23, 60, 73, 87, 105, 129, 140-42, 145, 163, 194, 200, 212, 235; **WAVI:** 55, 63-64, 66, 115, 181, 182, 199-200, 231, 256; **HC:** 58, 77, 98; **ML:** 41, 53, 107, 147, 154; **HT:** 18, 45, 84, 85, 95-96, 116, 142; **RB:** 21, 65, 78, 91, 96-98, 100-101, 102, 118, 128, 171; Rogers performs on, **DTI:** 170; **DTIV:** 253; **WAIII:** 125-27; **WAIV:** 127, 157; **WAV:** 92; **WAVI:** 31, 182, 192-93, 195, 223; **RB;** announcers on, **DTI:** 132; **DTII:** 66, 90, 172; **DTIII:** 156, 175, 179, 215; **DTIV:** 4, 130; **WAIV:** 81; **HT:** 123; **RB:** 83, 87, 89, 171; static on, **DTI:** 236, 237, 247, 269, 306, 311; **DTII:** 160; **DTIII:** 213; sports broadcasters on, **DTII:** 30, 222; **DTIV:** 86-87; advertising on, **DTII:** 48, 83; **WAII:** 31; **WAV:** 23; **ML:** 25; **RB:** 83, 88-89, 118-19; in Peru, **DTIII:** 222; popularity of, **DTIV:** 38; industry of, **DTIV:** 83; sporting events on, **DTIV:** 321; photographs sent by, **WAI:** 336-38; comedians on, **WAIII:** 127; **RB:** 96; and aviation, **WAV:** 16, 52; women on, **WAV:** 195; audiences for, **WAVI:** 93; **RB:** 89, 96-97, 98, 105, 116, 171; performers on, **RB:** 61; musical bands on, **RB:** 72; broadcasting code for, **RB:** 83-84
radios, credit purchases of: **RB:** 4
radium: **DTIV:** 97
radium water: **ID:** 71, 207-10; **DTI:** 52; **WAI:** 97-98, 100-101, 116, 138, 197, 240; **WAV:** 5; **ML:** 13; *see also* mineral water
raffles: **RB:** 137
railroad crossings: **DTI:** 77, 125, 144, 274, 277; **DTII:** 71; **DTIV:** 266; **RB:** 133-34
railroads: **ID:** 210; **CA:** 68; **DTI:** 76, 78, 186, 214, 254, 290; **DTII:** 98, 136, 205; **DTIII:**

211, 224, 271, 278; **DTIV**: 23, 35, 83, 86, 119-20, 134, 137, 148, 150, 178, 197, 211, 234-35, 266, 290; **WAI**: 160, 237, 238, 243, 359, 369, 373; **WAII**: 67-68, 98-100, 101, 104, 310; **WAIII**: 17, 33, 36, 50, 54, 99, 132, 158, 161, 188, 258; **WAIV**: 81; **WAV**: 116, 128; **WAVI**: 21, 24, 192, 240, 255; **ML**: 95; **HT**: 46, 50; **RB**: 80; travel by, **BS**: 28; **DTI**: 141; **WAI**: 109; **HT**: 46, 48, 52, 57, 60, 66, 67, 71-72, 73; **RB**: 49; regulation of, **DTIII**: 79; in Mexico, **DTIII**: 83; **WAI**: 104; **ML**: 30, 36, 42-43, 68; fares for, **WAI**: 52; government ownership of, **WAI**: 90, 308, 315; conditions of, **WAI**: 117; presidents of, **WAIII**: 161; **WAIV**: 181; legislation concerning, **WAIV**: 86; owners of, **WAIV**: 91; in France, **WAV**: 116, 120; in China, **WAV**: 120-21; **ML**: 165; in Canada, **ML**: 100-102; in Japan, **ML**: 122; in Manchuria, **ML**: 138; *see also* trains *and names of railroad companies*
rails, splitting of: **ML**: 71
Rain (play): **DTII**: 116
Rainey, Henry T.: **DTIV**: 25, 195
Raleigh, N. C.: **DTI**: 192; **DTIII**: 20; **WAIII**: 222
Raleigh News and Observer: **DTII**: 247
Ralston, James L.: **DTII**: 124
Ralston, Samuel M.: **CA**: 49, 58, 75, 77; **WAI**: 260
Rambai Barni, queen consort of Siam: **DTIII**: 21; **WAV**: 66
Ramses, king of Egypt: **RB**: 120
ranching and ranchers: **BS**: 37, 59; **ID**: 108; **DTI**: 144, 225; **DTII**: 192; **DTIII**: 63, 83, 150, 181, 182, 183; **DTIV**: 57, 170, 194-95, 252, 268, 341; **WAI**: 40, 111; **WAII**: 160-63, 267-69; **WAIV**: 72; **WAV**: 73, 92, 157-58, 213, 219; **WAVI**: 11, 53, 60-61, 122-23, 207-208, 229-30; dude, **DTI**: 106; **DTIII**: 52; **DTIV**: 17; **WAVI**: 123; in California, **DTIII**: 204; **DTIV**: 170, 174; **WAV**: 188; in Texas, **DTIII**: 219; in Argentina, **DTIII**: 225; in Hawaii, **DTIV**: 201-202, 203; wives of, **WAI**: 45; **WAV**: 54; open range, **WAVI**: 59-61; in Mexico, **ML**: 62, 63, 64, 67
Rand, Sally: **DTIV**: 103, 236
Rand McNalley & Company: **DTI**: 18; **WAII**: 145; **HT**: 29
Randolph Field, Texas: **DTIV**: 94
Rankin, Jeannette: **WAIII**: 59
Rankin, John G. (Tex): **WAVI**: 250
Raphael Santi: **L**: 79
Rapidan River, presidential retreat on: **DTII**: 37, 42, 61, 202; **DTIII**: 34, 52; **WAV**: 33
Rapid City, S. D.: **DTI**: 110
Raskob, John J.: **CA**: 137; **DTI**: 233, 236, 237, 249, 269, 274, 277, 302; **DTII**: 154, 232; **DTIV**: 74, 105, 241; **WAIII**: 205, 206, 222, 223, 227, 229-30, 247; **WAIV**: 156; **WAV**: 6, 7; **HC**: 52, 79-80, 81, 90, 113; **HT**: 84
Rathborne, Joseph C.: **WAVI**: 111
Rathdonnell, Lord: *see* McClintock-Bunbury, Thomas K.
rationing: **HT**: 78; during World War I, **WAIII**: 138

Raton, N. M.: **WAIV**: 72
rattlesnakes: **HT**: 136
Rawalpindi, S. S.: **DTII**: 115-16
Rawlings, Wyo.: **WAIII**: 173
Ray, Joseph: **WAIII**: 255; mathematics book of, **WAIV**: 68
Rayne, Ida J.: **WAII**: 234
reading: **WAV**: 114
Reading, marchioness of: *see* Isaacs, Alice E. C.
real estate: **ID**: 65, 81, 111, 159; **L**: 54; **DTI**: 230, 292; **WAI**: 45-46, 147-48, 154, 184; **WAII**: 110, 147, 154, 165; **WAIV**: 223; **WAVI**: 118; buying and selling of, **CA**: 51; **DTI**: 140, 307; **WAI**: 187, 236, 237, 238; **WAIII**: 1, 131, 251; in Florida, **DTI**: 53, 54, 56, 173; **WAII**: 22, 60, 92, 93, 108; **HT**: 23, 28; in California, **DTI**: 58, 67; **WAIII**: 39, 68; **WAVI**: 34; **HT**: 28, 49; **RB**: 55; taxes on, **DTIII**: 158; **DTIV**: 62; **WAV**: 61, 132-33; advertisements for, **WAV**: 38; value of, **WAV**: 188; *see also* land; real estate agents
real estate agents: **DTI**: 56, 117; **WAI**: 87, 92, 113, 121; **WAII**: 142, 149, 164; **WAIII**: 23, 66, 79; **WAIV**: 92; **WAV**: 230; **HC**: 112; **HT**: 31, 36, 38, 49, 148-49; **RB**: 10
reception committees: **ID**: 105-107, 160; **DTI**: 29; **DTII**: 28; **DTIII**: 69; **WAI**: 108-11, 123; **ML**: 8, 28
reciprocity: **DTI**: 43, 233
Reconstruction Finance Corporation (R.F.C.): **CA**: 124; **DTIII**: 121-22, 129, 135, 148, 172, 217, 271, 278, 280; **DTIV**: 26, 31, 67, 82, 98, 100, 117, 125, 136, 169, 266-67; **WAVI**: 60, 72, 73, 157, 197; **RB**: 113, 130, 159
recreation: **RB**: 13-14, 19
Red Cross: **DTI**: 64, 96, 108-109, 134, 189, 199, 231; **DTII**: 16, 109, 258; **DTIII**: 14, 16, 228; **WAI**: 11; **WAII**: 252, 253; **WAIII**: 24-27, 42, 139; **WAV**: 2, 3, 50; **HT**: 81; and Mississippi River flooding, **DTI**: 83, 85, 93-94, 96, 150; in New Orleans, **DTI**: 93-94; and tornado disaster, **DTI**: 134; and New England flooding, **DTI**: 150; and Florida hurricane, **DTI**: 256, 257, 259; drought relief by, **DTII**: 259, 262, 268, 269, 271, 272, 273, 274, 276; general relief provided by, **WAV**: 11, 12, 21; uniform of, **ML**: 59; in Canada, **RB**: 30
Redding, Calif.: **WAV**: 96
The Red Mill (musical): **DTII**: 133; **RB**: 82
Red River: **DTIII**: 62; **DTIV**: 61; **HT**: 36
"red tape": **ID**: 95; **DTI**: 44; **DTII**: 72; **WAI**: 160, 195
Reed, Adele W.: **WAIV**: 119
Reed, David A.: **DTII**: 9, 126, 140, 177, 191; **WAI**: 169; **WAII**: 250; **WAIV**: 56, 102, 169-70, 176; **WAVI**: 20, 104; **ML**: 111, 135
Reed, James A.: **BS**: 51; **ID**: 139, 141, 147, 148, 153; **L**: 9; **CA**: 23, 26, 96, 100, 111, 114, 116, 136; **DTI**: 27, 58, 70, 84, 101, 132, 139, 169, 183, 187, 258, 299, 309; **DTII**: 70; **DTIII**: 63; **WAI**: 14, 40, 69, 182-83, 203, 207, 208, 210, 215, 225, 246; **WAII**: 103, 168, 177, 197, 258, 274, 286, 292, 311; **WAIII**: 19-20, 68, 69, 76, 82, 100, 129, 130, 139, 147, 152, 163, 209, 216, 223, 258-59; **WAVI**: 101; **ML**: 78; **HT**:

25-26, 34
Reed, Jessie: **ID:** 40; **WAI:** 50
Reed, Nell Q. D. (Mrs. James A.): **WAVI:** 101
Reeves, Joseph M.: **DTIV:** 240
referees: **DTI:** 111
reforestation: **DTIII:** 90; **DTIV:** 11, 58, 87, 288; **WAVI:** 27, 125; **RB:** 121
reform and reformers: **P:** 38; **DTI:** 59; **DTII:** 206; **DTIV:** 47, 302; **WAVI:** 127; **HT:** 48; **RB:** 172-73; in Turkey, **DTII:** 45; in government, **WAIV:** 235; of business, **RB:** 127
Regional Agricultural Credit Corporation (R.A.C.C.): **WAVI:** 229-30
regulation, governmental: **DTI:** 268; **DTIV:** 93, 124; of railroads, **DTIII:** 79; of banks, **DTIII:** 262
Reichstag, German: **DTII:** 43
Reid, Elizabeth M. (Mrs. Whitelaw): **WAI:** 18
Reid, Wallace: **WAI:** 18-19
Reidt, Robert (Apostle of Doom): **WAI:** 364
Reilly, Anastasia: **ID:** 40; **WAI:** 50
Reilly, Edward J. (Big Ed): **DTIV:** 276
Reilly, Henry J.: **DTI:** 40
reindeer: **DTII:** 76; **WAVI:** 203, 259
Reinhart, Roland B. (Pete): **DTII:** 48, 49; **WAIV:** 46
Reisner, Christian F.: **WAII:** 32-33
relief, governmental: **DTI:** 93, 109, 176-77, 187, 207, 217; **DTII:** 32, 80, 110; **DTIV:** 246, 262, 271, 281, 284, 285, 286, 296, 300, 329; **WAV:** 127, 207; **WAVI:** 18, 31, 135, 188, 214-15, 223-24, 230; **ML:** 103, 122; **RB:** 112-13, 124, 133, 138, 146, 151-52; for flood victims, **DTII:** 6; **HC:** 25; **ML:** 70; for manufacturers, **DTII:** 151-52; for needy persons, **DTII:** 165; for drought victims, **DTII:** 254, 255, 257, 258-59, 264, 265, 270, 272-73; for banking industry, **DTIV:** 37; for big business, **DTIV:** 37; in Florida, **ML:** 9; *see also* farmers, governmental relief for; unemployment and unemployed, relief for
religion: **ID:** 117-19, 122; **L:** 24, 78; **CA:** 28, 65, 71, 85; **DTI:** 17, 39, 79, 174, 221-22, 226, 238, 240, 242, 251, 271, 272, 274, 296, 309; **DTII:** 142, 245, 255; **DTIV:** 27, 42, 151, 175, 230, 340; **WAI:** 20, 28, 33-34, 36, 37, 38, 72-73, 167, 168, 183, 226, 367; **WAII:** 55-57, 65, 97; **WAIII:** 14, 202, 219-20, 242-43; **WAIV:** 63, 91, 151, 183; **WAV:** 16, 72, 102, 203, 212, 220-22; **WAVI:** 11, 126, 238; **HC:** 91, 93-94, 105, 106; **ML:** 110; **HT:** 136; **RB:** 25, 49, 157; in Russia, **BS:** 86-89; in Mexico, **DTI:** 157; **WAIII:** 120-22; **ML:** 77; war in Turkey concerning, **WAIV:** 62
Rembrandt: **L:** 59; **WAII:** 258; **WAIII:** 30; artwork of, **WAI:** 218; **WAII:** 134; **WAV:** 177
"Remember the Maine!": **HT:** 22
Remington, Frederic: **ID:** 7; **WAII:** 162
remonietization: **DTIV:** 152
Remus murder trial: **DTI:** 149
Rennie, James: **WAII:** 238
Reno, Marcus A.: **WAIII:** 18
Reno, Nev.: **DTI:** 204; **DTIII:** 3, 25-26, 43, 127; **WAIII:** 12-13, 21; **WAIV:** 8, 182, 186, 188; **WAVI:** 220; divorce in, **DTI:** 212; **DTII:** 186, 204, 210, 242; **WAIV:** 188
rent, cost of: **WAV:** 132
Renwald, R. T.: **DTII:** 49
repatriation: **DTIV:** 281
Replogle, Jacob L.: **WAII:** 152
Republican National Committee: **CA:** 9; **DTII:** 189; **DTIV:** 125, 181; **RB:** 89
Republican National Convention: **DTIV:** 123; **RB:** 19; of 1920, **CA:** 7-18, 26, 35; of 1924, **CA:** 33-42, 51, 53, 60, 61, 102; **ID:** 60; **WAI:** 247, 263, 269, 281-82; **WAII:** 4; **WAIII:** 207; **ML:** 91; **HT:** 81-82, 107, 148; of 1928, **CA:** 95-103, 106, 114, 116; **DTI:** 78, 156, 168, 169, 184, 194, 205, 207, 211, 214, 219, 220, 221, 223-24, 226, 229, 230, 259; **WAIII:** 100, 117, 152, 167, 168-70, 172, 175-76, 177, 181-83, 207; **WAIV:** 69; **HC:** 14, 18-20, 24, 28, 32-34, 38, 45, 60-61; **ML:** 88, 90-92; **RB:** 20; of 1932, **CA:** 120-28, 135, 140; **DTIII:** 155-56, 170, 172, 174, 176, 177, 181, 183; **WAV:** 156, 157, 160, 161, 165-66, 204
Republican party and Republicans: **E:** 12, 28; **BS:** 5, 8, 9, 28, 44; **ID:** 87, 99, 131, 133, 138-39, 141, 147, 160, 171, 174, 189, 208; **PC:** 7, 11, 12, 15, 18, 23, 24, 29; **P:** 25; **L:** 5, 16, 18, 26, 56, 82, 103, 106; **CA:** 7, 8, 13, 14, 15, 16-17, 22, 23, 24, 28, 29, 33, 34, 37, 38, 39, 40-41, 50, 51, 52, 53, 55, 56, 57, 62, 66, 67, 69, 70, 74, 77, 96, 97, 99, 100, 101, 102, 103, 106, 107, 109, 111, 112, 113, 114-15, 117, 120, 123, 124, 125, 126, 127, 128, 136, 137, 138, 139, 141, 142, 146; **DTI:** 4, 17, 22, 24, 26, 27, 33, 34, 38, 42, 45, 48, 49, 58, 64, 65, 69, 78, 107, 109, 113, 118, 125, 131, 138, 139, 148, 152, 156, 159, 160, 168, 169, 181, 187, 190, 191, 193, 194, 196, 198, 201-202, 205, 209, 213, 219, 220, 221, 223, 224, 227, 228, 229, 230, 233, 234, 243, 244, 252, 253, 256, 257, 259, 260, 264, 266, 267, 270, 273, 274, 275, 280, 281, 282, 286, 287, 289, 291, 295, 298, 299, 304, 309, 311, 312; **DTII:** 3, 4, 6, 9-10, 14, 26, 28, 34, 46, 70, 72, 73, 77, 79, 84, 86, 88, 89, 94, 110, 111, 117, 118, 136, 137, 146, 150, 154, 159, 168, 169, 171, 174, 175, 189, 197, 198, 202, 203, 220, 222, 223, 224, 229, 230, 231, 232, 233, 235, 252, 259, 260, 272, 277, 278; **DTIII:** 3, 4, 9, 35, 42-43, 47, 49, 51, 59, 70, 75, 81, 85, 91, 93, 95, 96, 99, 102, 121, 128, 130, 152, 153, 157, 159, 160, 164, 170, 174, 181, 183, 184, 192, 193, 194, 195, 196, 201, 202, 203, 205, 207, 209, 210, 212, 214, 217, 219, 220, 223, 226, 230, 233, 235, 236, 238, 240, 241, 243, 255, 265, 268, 275; **DTIV:** 3, 8, 12, 14, 15, 16, 20, 26-27, 36, 47, 58, 64, 65, 74, 76, 90, 100, 115, 123, 124, 125, 129, 138, 153, 159, 161, 167, 171, 181, 191-92, 195, 200, 204, 228, 231, 232, 237, 238, 239, 245, 260, 261, 264, 268, 291, 293, 294, 298, 301, 314, 315, 317, 319, 333, 337, 340; **WAI:** 12, 15, 17, 39, 40, 42, 55, 75, 78, 81, 88, 90, 94, 100, 115, 122, 128, 139, 148-49, 151, 169, 170, 171, 172, 185, 192, 197, 200, 207, 208, 210, 216, 217, 221, 225, 245, 247, 249, 250, 260, 262, 264, 265, 269, 280, 281, 282, 286, 290, 293, 302, 304, 306-308,

310, 311, 315, 316, 317, 319, 320, 321, 322, 323, 324, 326, 327, 330, 348-49; **WAII:** 4, 9, 10, 13, 15, 24, 39, 43, 44, 51, 52, 58, 64, 66-67, 68, 80, 111, 122, 130, 146, 195, 236, 244, 247, 253, 254, 259, 283, 285, 286, 306; **WAIII:** 20, 59, 76, 100, 103, 109, 110, 118, 119, 123, 124, 128, 129, 130, 138, 139, 140, 142, 143, 145, 146, 151, 152, 154, 155-57, 163, 167-68, 176, 177, 181, 182, 185, 198, 202, 206, 207, 209, 211, 216, 217, 221, 222, 225, 226, 227, 228, 229, 230, 232, 236, 239, 240, 247, 248, 252; **WAIV:** 15, 31, 49, 51, 58, 60, 64, 65, 66, 77, 81, 85, 88, 111, 120, 133, 138, 140, 148, 151, 156, 175, 176, 177, 178, 179, 180, 184, 186, 194, 195, 201, 202, 205, 212, 222, 226, 230, 231, 233, 241; **WAV:** 1, 6, 8, 9, 10, 28, 37, 42, 57, 63, 66, 70, 71, 72, 73, 75, 84, 85, 90, 95, 109, 127, 128, 139, 150, 152, 156, 159, 160, 179, 182, 185, 192, 194, 195, 204-205, 206, 209, 213, 214, 219, 220, 221, 223, 225, 226, 228, 230, 235-37; **WAVI:** 5-6, 8, 15, 40, 45, 48, 54, 59, 73, 84, 87, 99, 104, 107, 134, 135, 138, 154, 157, 168, 188, 214, 215, 220-21, 222, 236, 243-44; **HC:** 8, 14, 19, 23, 25, 28, 38, 39, 45, 52, 58, 65, 66, 67, 68, 72, 73, 75, 77, 90, 93, 105, 112; **ML:** 3, 6, 7, 13, 45, 50, 53, 62, 70, 78, 83, 90, 91, 92, 102-103, 105, 109, 134, 154-55; **HT:** 6, 11, 14, 20, 22, 24, 25, 26, 40, 42, 44, 62, 79, 81, 83, 84, 85, 87, 88, 89, 90, 92, 93, 94-95, 96, 108, 119, 136, 138, 146, 152, 155; **RB:** 12, 17, 21, 39, 44, 56, 66, 73, 74, 76, 80, 91-94, 104, 106, 107, 108, 109, 110, 118, 121, 125, 127, 128, 137, 139, 149; 151, 163, 165, 166, 168, 169, 170-71, 172-73, 174; investigation of, **DTI:** 64; in Chicago, **DTI:** 223; from Indiana, **DTI:** 223; birthplace of, **DTII:** 37; national chairman of, **DTII:** 199; in Massachusetts, **DTII:** 230; platform of, **DTIII:** 156, 194; **DTIV:** 239; **WAI:** 62-63; from Pennsylvania, **DTII:** 259; insurgents among, **WAIV:** 231
Reserve Officers Training Corps (R.O.T.C.): **WAVI:** 153
resolutions: **DTI:** 30, 174, 179, 180, 223; **DTIV:** 97
Restaurationen (ship): **WAII:** 45-46
retroaction: **WAVI:** 135
The Revelers Male Quartet: **DTII:** 265; **WAIV:** 236, 238; **RB:** 71, 72, 175
Revell, Nellie M.: **WAI:** 242; **WAIII:** 45
revenue agents: **DTI:** 89; **WAII:** 179; **WAV:** 109
Revere, Paul: **DTII:** 18, 252, 254; **DTIV:** 241; **WAIV:** 16, 17, 215; **WAV:** 125-26, 234
revivals, religious: **DTIV:** 339-40; **WAV:** 70
revolutions: **BS:** 5, 76, 85, 88; **L:** 48, 112; **DTI:** 175; **DTII:** 2, 3, 6, 7, 8, 13, 100, 197, 207, 210, 213-14; **DTIII:** 5, 21, 58, 108, 220; **DTIV:** 78, 283; **WAI:** 59; **WAIV:** 207; **WAV:** 1-2, 70, 87, 126; **WAVI:** 87, 88, 97; **ML:** 30, 33, 40, 171; in Portugal, **L:** 91; **DTIV:** 55; **WAIV:** 37-38; in Rumania, **DTI:** 21, 34; in Mexico, **DTI:** 155, 158; **DTII:** 2, 3, 6, 7, 8, 13, 100; **DTIII:** 13; **WAI:** 180, 183, 185; **WAII:** 47; **WAIII:** 6-8; **WAIV:** 2, 3-6; **WAV:**

18, 62; **ML:** 43, 47, 60; **RB:** 42; in Argentina, **DTII:** 207, 209; in Brazil, **DTII:** 209; **DTIII:** 226; in Peru, **DTII:** 209, 254; in South America, **DTII:** 209; **DTIII:** 222; in Poland, **DTIII:** 99; in El Salvador, **DTIII:** 219; in Uruguay, **DTIII:** 226; in Latin America, **DTIV:** 75-76; **WAVI:** 47; in Greece, **DTIV:** 283, 286; **WAI:** 8; **WAVI:** 211-12; in Spain, **WAI:** 131; in Nicaragua, **WAIII:** 6, 99; U.S. reaction to, **WAIV:** 20; in Chile, **WAV:** 69, 70; *see also* American Revolution; Mexican Revolution; Russian Revolution
Reynoldstown (race horse): **DTIV:** 293
Rex, S. S.: **WAVI:** 210
Reza Shah Pahlevi: **DTIII:** 118
R.F.C.: *see* Reconstruction Finance Corporation
Rhineland, French occupation of: **DTI:** 13; **DTII:** 199
Rhine River: **DTIV:** 203
Rhode Island: **ID:** 63; **P:** 19; **L:** 19; **DTI:** 144; **DTIV:** 58; **WAI:** 69, 146, 321; **WAII:** 224, 263; **WAIII:** 37, 232; **WAIV:** 32, 126, 154; **WAV:** 171; **WAVI:** 41, 42, 45, 122; **HT:** 19, 29, 94; **RB:** 87; legislature of, **DTI:** 89
Rhodes Scholars: **ML:** 160
rhumba (dance): **RB:** 158
Rhyolite, Nev.: **DTIII:** 206
Riata and Spurs (book): **WAIII:** 60
Rice, Bill: **P:** 21
Rice, H. Grantland: **WAII:** 156, 157
Rice, Katherine H. (Mrs. H. Grantland): **WAII:** 155
Rice Hotel (Houston): **DTI:** 170; **DTII:** 135, 264; **HC:** 23
Rich, Irene: **WAV:** 156, 158; **WAVI:** 231; daughters of, **WAV:** 156
rich, the: **DTI:** 38, 42, 132, 139, 180, 187, 215, 231, 233, 257, 296, 297, 298, 312; **DTII:** 23, 38, 80, 92, 98, 113, 135, 162, 163, 209, 223; **DTIII:** 68, 131, 146, 148; **DTIV:** 51, 74, 117, 160, 223, 235, 251, 253, 301, 328, 333, 341, 346; **WAI:** 293, 321; **WAII:** 2, 20, 158; **WAVI:** 4, 25, 40, 43, 77, 91, 102, 186, 206; **HC:** 15, 25, 52, 80; **ML:** 38, 40, 63, 72, 86, 90, 100, 122; **HT:** 88, 92, 98, 116-17, 119, 123; **RB:** 40, 42, 44, 65, 126, 131, 138-39, 140, 147, 171; in Mexico, **RB:** 41
Richards, John: **DTI:** 57
Richards, Vincent: **WAII:** 70
Richardson, Dorsey: **L:** 18
Richberg, Donald R.: **DTIV:** 222, 255
Richey, Helen: **DTIV:** 265
Richmond, Va.: **DTIII:** 20; **WAVI:** 48
Richmond upon Thames, England: **RB:** 34
Rickard, George L. (Tex): **CA:** 72, 109; **DTI:** 111, 134, 252, 287, 294-95; **DTIII:** 206; **WAI:** 216, 248; **WAII:** 312; **WAIII:** 73; **WAV:** 186; **HC:** 39, 42, 57, 59; **HT:** 100
Rickenbacker, Edward V. (Eddie): **DTII:** 211, 236-37; **DTIV:** 148; **WAI:** 372; **WAIV:** 54
Rickenbacker, Harry: **WAIII:** 100
Ricker, Elizabeth M.: **WAVI:** 260
rickshas: **DTIII:** 104, 115; **DTIV:** 66; **WAV:** 106, 118-19, 120, 123; **ML:** 119, 143, 159
Rickson, ———: **WAVI:** 131

Riddell, _____: **WAV:** 113-15, 215
Rider, James Kane: **WAIV:** 142; **WAV:** 168
Riegels, Roy: **DTI:** 293-94
Rifs: **RB:** 53
Rigby, Hugh: **DTI:** 286
Ring, Blanche: **WAII:** 128, 130; **WAVI:** 124, 193
Ringling, John N.: **DTI:** 264; **WAII:** 154; **WAIV:** 19, 107
Ringling brothers: **WAII:** 12
Ringling Brothers Circus: **CA:** 49; **DTI:** 264; **DTII:** 7; **WAI:** 256; **HC:** 87; **HT:** 16
Rin-Tin-Tin (dog): **WAIII:** 32; **WAV:** 195
Rio de Janeiro, Brazil: **DTIII:** 226, 237; **WAI:** 358; **WAV:** 232; **WAVI:** 66
Rio Grande: **DTI:** 166; **WAV:** 18; **ML:** 29, 42, 44; valley of, **DTI:** 160; **DTIII:** 93; **ML:** 89-90
Ripley, Robert L.: **DTII:** 177; **DTIII:** 223, 243; **WAVI:** 225
Risberg, Charles A. (Swede): **WAII:** 296-99
Ritchie, Albert C.: **CA:** 57, 115, 116, 136, 145; **DTI:** 32, 36, 193, 204, 225; **DTII:** 26; **DTIII:** 178; **DTIV:** 334; **WAI:** 328; **WAII:** 282; **WAIII:** 129, 222; **WAV:** 128-29, 161; **HT:** 19
Ritz Hotel (New York City): **DTII:** 18
Rivera, Diego: **DTIV:** 29
rivers: in Southern California, **WAV:** 158; *see also names of rivers*
Riverside, Calif.: **DTII:** 155, 193; **DTIV:** 126; **WAVI:** 89
Riviera: **DTI:** 143; **WAVI:** 210
Riviera Club (Los Angeles): **WAV:** 155
Roach, Albert C.: **WAII:** 282
Roach, Hal E.: **DTIII:** 79, 92; **WAII:** 118; **WAV:** 87, 88, 98, 231, 232, 233; **WAVI:** 44, 82-84, 128; **HT:** 146; airplane of, **DTIII:** 135-36; wife of, **WAV:** 232
roads: **DTI:** 37, 166; **DTII:** 27, 138, 232, 252, 258; **DTIV:** 196; in Hawaii, **DTIV:** 202; taxes for, **WAII:** 174; builders of, **ML:** 55; *see also* highways
Roanoke, Va.: **WAII:** 305; **WAIII:** 109
robberies and robbers: **DTI:** 37, 94, 114, 142, 208, 223; **DTII:** 152, 160, 241-42; **DTIII:** 7; **DTIV:** 186; **WAV:** 35, 48, 184; **WAVI:** 79, 105; in Manchuria, **WAV:** 116-17; in China, **WAV:** 121; *see also* crime
Robbins, Warren D.: **L:** 58, 59, 60; **DTIV:** 297
Roberts, Frederick S. (Bobs): **WAVI:** 129
Roberts, Lawrence W. (Chip), Jr.: **WAVI:** 102
Roberts, Owen J.: **DTII:** 170, 174; **WAI:** 213, 214
Roberts, Theodore: **HT:** 102
Robertson, Alice M.: **DTIII:** 49; **WAIII:** 59
Robertson, Douglas: **ML:** 166
Robins, Raymond: **DTIII:** 240
Robinson, Corinne R. (Mrs. Douglas): **WAVI:** 28
Robinson, Ernestina (Mrs. Thomas A.): **ML:** 36
Robinson, Ewilda M. (Mrs. Joseph T.): **CA:** 116; **DTII:** 122, 123; **WAIV:** 119
Robinson, Joseph T.: **ID:** 139, 145, 148, 149; **CA:** 82, 109, 113, 116; **DTI:** 184, 228, 232,
250, 258, 271, 275; **DTII:** 80, 120, 121, 122, 126, 127, 128, 137, 201; **DTIV:** 25, 217, 270, 284, 324, 340; **WAI:** 169, 207, 209, 210, 211, 212, 269; **WAIII:** 152, 210; **WAIV:** 102, 123, 206, 230-31; **WAV:** 7; **WAVI:** 104; **HC:** 65, 68; **RB:** 25, 161; drought relief bill of, **DTII:** 258
Robinson, Thomas A.: **ML:** 35, 36
Robson, Mary: **WAVI:** 77
Rochester, Minn.: **DTIV:** 125; **WAII:** 298; **WAIV:** 165
Rochester, N. Y.: **DTI:** 200, 260; **WAI:** 349
Rock Creek Park (Washington, D. C.): **ML:** 51
Rockefeller, Abby G. (Mrs. John D., Jr.): **WAII:** 307
Rockefeller, John D.: **ID:** 12, 88, 174, 202; **L:** 78; **CA:** 8; **DTI:** 53, 187, 190, 193, 306; **DTII:** 56, 91, 96, 113, 163, 254; **DTIII:** 24, 150; **DTIV:** 3, 28, 51, 329; **WAI:** 6, 79, 186, 262, 338, 357; **WAII:** 108, 134, 306-307, 309-10; **WAIII:** 104, 107, 129; **WAIV:** 64, 68, 83, 107, 145, 147, 167-68, 225, 241; **WAVI:** 24, 211; **ML:** 51, 102; humor of, **DTI:** 53
Rockefeller, John D., Jr.: **ID:** 166; **L:** 78; **CA:** 120, 121, 143; **DTI:** 179, 180, 190, 211, 284; **DTII:** 2; **DTIII:** 174-75; **DTIV:** 3, 29; **WAI:** 44, 259, 360; **WAII:** 309; **WAIII:** 136; **WAIV:** 81, 96, 168; **WAVI:** 24, 196; **ML:** 110
Rockefeller, Nelson A.: **WAVI:** 196
Rockefeller family: **DTIII:** 226
Rockefeller Foundation: **DTII:** 37-38; **DTIII:** 226
Rockford, Ill.: **WAII:** 104
Rock Hill, S. C.: **HT:** 21
Rockne, Knute K.: **DTII:** 97, 102, 104, 113, 129, 161, 168, 171, 220, 237, 242, 243; **DTIII:** 10-11, 12, 91, 248; **DTIV:** 113, 181, 250; **WAI:** 312; **WAII:** 130; **WAIV:** 94-95, 215-17; **WAV:** 12-15; **WAVI:** 191, 234; **HT:** 91; death of, **WAV:** 12-15; memorial program for, **WAV:** 92
"Rock of Ages" (hymn): **ID:** 166; **WAI:** 258
Rock Springs, Wyo.: **WAIII:** 173; **HT:** 56
Rockwell, David L.: **ID:** 179; **CA:** 85
Rocky Ford, Colo.: **WAV:** 97
Rocky Mountains: **DTI:** 285
Rodeheaver, Homer A. (Rody): **WAIII:** 192
rodeos: **CA:** 109; **DTI:** 113, 116, 118, 127, 159; **DTII:** 192; **DTIV:** 170, 327-28, 341; **WAI:** 38; **WAII:** 8, 76; **WAIV:** 178; **WAV:** 76, 167-69, 192; **WAVI:** 36-37, 240; **HT:** 150-51
Rodgers, James C. (Jimmie): **DTII:** 265; **WAIV:** 236, 238
Rodriquez, Abelardo L.: **DTIII:** 219
Rogers, Ark.: **DTII:** 66, 270; **WAIII:** 186, 187; **WAV:** 37, 48, 219; **WAVI:** 62
Rogers, Betty Blake (wife): **E:** 7, 9, 11, 12-13, 14, 15-16, 17, 18, 19, 22, 23, 25, 28, 29, 30; **ID:** 25, 111, 112, 113, 133, 174; **L:** 1, 101, 115, 118, 123; **CA:** 113; **DTI:** 2, 60, 130, 141, 146, 181, 185, 228; **DTII:** 66, 129, 212, 270; **DTIII:** 27, 28, 63, 91, 122, 129, 137-38, 215, 229, 266; **DTIV:** 48, 167, 231, 293, 313; **WAI:** 52, 53, 84, 89, 187, 188, 198, 242, 266; **WAII:** 33, 139-40, 148, 156, 243, 245, 249, 258, 259,

Cumulative Index

261, 288; **WAIII:** 61, 63, 64, 71, 99, 123, 130, 163, 187, 218; **WAIV:** 13, 51, 69, 71, 72, 75, 83, 84, 90, 106, 108, 137, 189, 234, 237; **WAV:** 18, 28, 30, 37, 48, 49, 88, 91, 124, 126, 130, 136, 142, 143, 156, 161, 187, 188, 210, 211, 219, 232; **WAVI:** 9, 17, 20, 27, 28, 32, 62-63, 84, 96, 97, 118, 142, 143, 147, 148, 153, 158, 159, 167, 171, 180, 192-93, 195, 206, 210-12, 221, 228, 235, 236, 240, 245, 249; **HC:** 91; **ML:** 4, 163; **HT:** 48, 53-54, 55, 73, 109, 129; **RB:** 12, 28, 72, 97, 98, 120, 142

Rogers, Charles (Buddy): **RB:** 87

Rogers, Clement Vann (father): **ID:** 132; **L:** 13; **DTII:** 75; **DTIV:** 319; **WAI:** 240, 246; **WAIII:** 249; **WAIV:** 237; **WAV:** 54, 55; **WAVI:** 90, 129, 171; **ML:** 65; **RB:** 17

Rogers, Fred Stone (son): death of, **WAI:** 364

Rogers, James Blake (son): **ID:** 112, 113, 133; **L:** 115; **DTI:** 247; **DTII:** 230; **DTIII:** 91, 95, 138; **WAI:** 1, 45, 51, 52, 84, 86-87, 187-88, 189, 198, 200, 222, 266; **WAII:** 11, 249; **WAIII:** 10, 199, 200; **WAV:** 130, 156, 171, 187-88, 189, 218, 232; **WAVI:** 138, 142, 153, 158, 179, 180, 221, 240; **RB:** 16, 28, 98

Rogers, Mary Amelia (daughter): **ID:** 111, 112, 113, 133; **L:** 115; **DTII:** 230; **DTIII:** 41, 63, 189; **DTIV:** 293; **WAI:** 1, 45, 51, 52, 86-87, 187, 188, 189, 198, 200, 222, 266; **WAII:** 249; **WAV:** 48, 49, 88, 218, 235; **WAVI:** 20, 96, 123, 141, 159, 180, 197, 206, 210-12, 236, 249; **RB:** 98, 100, 120; birth of, **WAV:** 48

Rogers, Mary America Schrimsher (mother): **ID:** 34; **WAV:** 235; **RB:** 17, 28

Rogers, Tiana (Talihina): **WAVI:** 55

Rogers, Will (congressman): **DTIII:** 183

Rogers, William Penn Adair (Will): **DTIII:** 215, 241; **WAII:** 1-2; illness of, **E**; **DTI:** 100, 101, 102, 103-104, 105, 107, 196; **WAIII:** 43-48, 67; **WAV:** 53, 55; boyhood of, **E:** 1-2; **DTII:** 119; **DTIV:** 99; **WAI:** 240; **WAII:** 162, 163, 267; **WAIV:** 100-101; **WAV:** 39; **WAVI:** 139, 179, 183, 207, 231; **ML:** 165; **RB:** 3; in motion pictures, **E:** 5-6; **ID:** 1-2, 7, 19, 51, 69, 100, 106, 114; **CA:** 36; **DTI:** 123, 237; **DTII:** 74, 204, 209, 210, 256, 271; **DTIII:** 97, 208; **DTIV:** 80, 126, 158, 160, 186, 190, 200, 232, 238, 307, 320, 338, 344, 346; **WAI:** 18, 56, 77, 85, 91, 110, 112, 129, 136, 139, 143, 161, 189, 216; **WAII:** 69, 74, 163, 231, 232, 233, 237; **WAIV:** 55, 69, 72-73, 75, 102, 107-108, 111, 140, 179, 190, 234; **WAV:** 1, 15, 18, 22, 25, 36, 39-40, 66, 68-69, 96, 115, 117, 141-42, 156, 157, 158, 183-84, 185, 188, 215; **WAVI:** 11, 13-14, 19, 22, 32, 33, 37, 56, 61, 76, 80-81, 82, 89-90, 92, 94, 95-96, 99-100, 124, 128, 130-34, 153-54, 160, 167, 168-69, 173, 180, 187, 189, 195, 197, 199, 200-201, 202, 221, 224, 227, 230-31, 233, 235, 237, 239, 240, 245, 247, 248, 252-53; **HT:** 49-50, 99, 145, 146; **RB:** 98, 111, 112, 149, 150, 151, 152, 156, 169; on lecture tour, **E:** 6; **BS:** 13; **DTI:** 16-39, 43-97, 150, 170, 181-208; **WAI:** 240; **WAII:** 90-91, 94-98, 100-104, 105-106, 107-11, 115, 127, 130, 131-35, 138, 152-55, 156, 161-63, 165, 169-72, 181, 185, 188-90, 202-203, 205,

233, 254, 256, 263, 274, 279, 307; **WAIII:** 1-5, 8, 10, 12, 17, 85, 139-40, 149, 151, 152, '53-54, 157-58, 159, 188, 190, 191, 216; WAIV: 167; **WAV:** 12-13, 134-35, 162; W IVI: 173; **ML:** 62, 70; **HT:** 13-27, 42, 112, 5, 144, 149, 152; home of, **E:** 6-7, 15; **DTII:** 66; **WAII:** 139-40, 142; **WAIII:** 58-59, 125-26; **HT:** 134, 136; niece of, **E:** 7; in show business, **E:** 13; **DTI:** 206; children of, **E:** 20; **ID:** 15, 41, 132; **DTI:** 138; **WAIV:** 69, 71, 75; **WAVI:** 105, 180; in *Ziegfeld Follies*, **E:** 22; **ID:** 3, 11, 20, 39-41, 52-53, 69, 101, 154, 184; **CA:** 22; **DTI:** 176; **DTII:** 108; **WAI:** 5, 10, 12, 29, 32, 48-49, 50-51, 52, 57, 62, 75, 80-81, 83-84, 136, 162-63, 237, 238, 244, 254-57, 272, 273, 274, 280, 291, 298-99, 327-29; **WAII:** 3-4, 11, 19-21, 33, 34, 63, 95, 102, 103, 110, 133, 134, 202, 249; **WAIII:** 153, 198, 203; **WAIV:** 28, 75, 89, 136; **WAV:** 78, 208, 215, 236; **WAVI:** 111, 180, 193, 197, 200, 252; **ML:** 114; **HT:** 4, 144; **RB:** 3, 22, 31, 35, 36, 39, 43, 49, 88; as writer, **BS:** 1, 6; **ID:** 1-3, 5, 7-8, 14-15, 58, 69, 189; **PC:** 1, 2; **P:** 1-3; **L:** 2, 3; **CA:** 7, 12, 25, 37, 39, 78, 83, 87, 142-43; **DTI:** 205, 310; **DTIII:** 73, 141, 240-41, 243; **WAI:** 1, 3-4, 5, 125-26, 136, 139, 151, 165-66, 225, 275, 283; **WAII:** 90; **WAIII:** 107; **WAIV:** 58; **WAV:** 98, 187-89; **WAVI:** 68-69, 87, 99, 219, 220-21, 247; **HT:** 60, 98-99, 102, 111, 116; **RB:** 108; as air traveler, **BS:** 16-18, 21-22, 25-27, 29, 30, 33-34, 38, 42, 43; **DTI:** 12, 55, 68, 70, 72, 75, 83, 84, 95, 96-97, 104, 130, 140-41, 149, 157, 159, 160, 182, 186, 192, 199, 202, 206, 207-208, 209, 220, 226, 229, 230, 234, 237, 238-39, 240, 241, 266, 277; **DTII:** 25-26, 34-35, 74, 78, 86, 89, 91, 100, 105, 119, 129, 135, 136, 141, 159, 160, 176, 186, 211-12, 256, 257, 260, 261, 264, 268, 271-72; **DTIII:** 12-14, 16-21, 24-25, 53, 79, 98-99, 106-107, 118, 119, 124, 130, 134, 135-36, 138, 176, 178, 217, 220, 222, 223, 224, 225, 226, 227, 228, 229, 233, 234, 237, 254, 266; **DTIV:** 18, 20, 23, 28, 31, 34, 35, 54, 57, 58, 67, 93, 94, 115, 131, 132, 134, 138, 141, 142, 143, 145, 197, 200, 213, 214, 215, 217, 265, 266, 267, 269, 270, 272, 280, 292, 294, 328, 337, 338, 339, 343, 344, 347; **WAII:** 27-29, 38-39, 83-85, 205, 231-32, 245, 247; **WAIII:** 17-19, 92, 110-12, 114, 123, 133, 140, 158, 172-74, 187-88, 190; **WAIV:** 71, 72, 80, 106-107, 124, 140, 227-28, 236-41; **WAV:** 15-16, 18, 19, 20, 25, 49, 50, 51, 53, 93, 96, 104, 112, 119-20, 127, 130, 185, 199, 211, 231, 232, 235; **WAVI:** 15, 17, 20, 22, 93-94, 96, 113, 138, 140-41, 148, 190-91, 193, 196-97, 207, 210, 211, 212, 213, 219, 240-41, 249-50, 253, 254, 260; **ML:** 10-11, 17, 85, 88, 89, 90, 100, 102, 131, 150, 169; **HT:** 46, 48-62, 64-73; **RB:** 8-9, 15-16, 49, 97, 98; in England, **BS:** 16-17; **L:** 22-53, 100-105, 117-19; **DTI:** 1-10; **DTII:** 120-29, 211-12; **DTIII:** 120-22; **DTIV:** 216-19; **WAIV:** 106, 115-22, 134, 170; **WAVI:** 145; **ML:** 11, 13; **HT:** 128, 129; **RB:** 8, 29-30; as sea traveler, **BS:** 16; **L:** 16, 18; **DTII:** 119-20, 128-30; **DTIII:** 100, 101, 102, 103, 110, 119, 127;

DTIV: 199, 204, 205, 219; WAII: 72, 73, 245; WAIV: 113; WAV: 49, 105, 106, 107-108, 233; WAVI: 149-55, 160-62, 231; ML: 95, 103, 105, 106, 110, 111, 146-47; "Illiterate Digest" of, ID: 1-3, 7, 14-15, 111, 125, 126, 131, 153; WAI: 310-11, 312-13, 314, 315, 318, 322, 326, 333, 335, 348, 351; WAII: 1, 3, 6, 7, 8, 9, 22, 26, 39, 43, 44, 48, 52, 53, 57, 61-62, 67, 73, 89, 105, 144, 179; WAIII: 157; WAIV: 33; HT: 143; RB: 60-61; full name of, ID: 8; as part Cherokee, ID: 15, 197; L: 11-12; CA: 25; DTI: 187, 223, 226; DTII: 133; WAI: 27, 185, 329; DTIV: 80; WAII: 1, 33, 172, 224; WAIII: 235; WAIV: 24, 67, 143; WAVI: 55, 234; ML: 13-14, 91; HT: 87; RB: 17, 95, 119, 164; memoirs of, ID: 15; as public speaker, ID: 19, 20, 63, 99, 100, 154, 209; DTI: 129, 146, 206; DTII: 213; DTIII: 22, 88; DTIV: 133, 167-68; WAI: 13, 14, 15, 17-19, 21, 30-31, 38, 55-56, 61, 63, 68, 71, 84, 85, 86, 101, 112, 113, 145-48, 174, 271, 274, 291-92; WAII: 12-13, 20, 23, 24, 32-33, 41, 62, 171, 185-86, 214, 254; WAIV: 178; WAV: 22, 24, 37-39, 43, 51, 143; WAVI: 65, 76-77, 197-98, 243; ML: 79, 80-82, 110; HT: 3-5, 11, 85, 134, 136-38; RB: 20, 34-35, 156; etiquette of, ID: 25-27, 29, 33-36, 101; newspaper articles of, ID: 33, 34, 72, 174; DTI: 18, 29, 214; DTIV: 186; WAI: 261-62; WAV: 97, 220, 223, 232; income of, ID: 41; DTI: 181; WAI: 51; as promoter, ID: 69-71; WAI: 136-38; WAII: 203-205; as polo player, ID: 75-77, 100, 120; DTIII: 2; DTIV: 238; WAI: 61, 222-24, 292; WAIV: 3, 197-200; WAVI: 51, 58, 111, 114, 147, 213, 240; HT: 4; RB: 36; in vaudeville, ID: 93-96; PC: 6; DTIII: 2; WAI: 162, 193-96, 242, 317; WAII: 232-33, 270-71; WAIII: 63, 205; WAIV: 36, 170; WAV: 48-49, 137; WAVI: 62, 124-25, 164, 193, 197, 227-28, 250; HT: 3; as roper, ID: 95, 113; L: 97; CA: 61, 73; DTIV: 174, 238; WAI: 37-38, 57, 95, 195, 256; WAII: 103, 121, 190; WAIV: 181; WAV: 49, 75, 77, 94, 167-69, 187; WAVI: 42, 62, 63, 138, 139, 164, 179, 180, 193, 213, 227, 228, 236; ML: 114, 143; HT: 4; as horseman, ID: 100; DTI: 91; WAI: 221-24; humor of, ID: 107-108, 131, 154; DTI: 37, 45, 53, 64-65, 66, 69, 170, 173, 230; DTIV: 115; WAI: 111, 197, 204; WAV: 49, 212, 214; WAVI: 48, 216, 247-48; ML: 7, 12, 16, 42, 43-44; HT: 3-4, 41, RB: 28, 52, 62, 87; "Weekly Exposure" of, ID: 111; WAI: 176, 178, 181, 182, 183, 184-85, 186, 190, 200, 201, 203, 212, 226-27, 236; in court, ID: 119; education of, ID: 119; PC: 1; DTI: 109; DTIII: 41; DTIV: 123; WAII: 192; WAIII: 59-60, 216; WAIV: 67-69, 239; WAV: 202, 219, 221; WAVI: 105, 148, 182-83; HC: 92; ML: 158; HT: 17, 155; RB: 39-40; in Midnight Frolics, ID: 131, 132; WAI: 102; WAV: 80; WAVI: 200; as presidential candidate, ID: 133, 171, 174; CA: 53, 76-77, 78, 87, 97, 144-46, 147; DTI: 156, 177, 220, 221, 251, 262, 272-73; DTIII: 46-47, 180, 183; WAI: 262, 268, 273, 312, 314; WAII: 1, 21; WAIII: 132, 134; HC; product endorsements by, ID: 207; DTI: 18; WAI: 97-98; birthplace of, ID: 208; DTI: 208; WAI: 100; WAII: 182; WAVI: 140; drinking habits of, P: 7; as diplomat, L: 4, 5, 7, 14, 16, 22, 57, 115, 117; DTI: 196, 219; WAI: 55-58; parents of, L: 11, 13; DTI: 272; in Europe, L; DTI: 1-10, 12-14; DTII: 120-29; DTIII: 120-26; DTIV: 211-19; WAII: 107, 185, 199, 202, 205-49, 283, 288, 311; WAIII: 3, 49, 71, 205; WAV: 28, 213; WAVI: 6, 38, 227, 228, 249; ML: 3-4, 9, 10, 11, 21, 22, 34, 95, 97, 98; RB: 4, 37; as vice presidential candidate, CA: 54-55, 57, 61, 65; DTI: 226; benefit performances by, DTI: 15, 81-82, 83-84, 93-94, 95, 96, 191; DTIV: 115, 266; WAI: 204-205, 366; WAII: 244, 249-51, 253; WAIII: 8, 10, 11-12, 40; WAV: 236; WAVI: 15, 109; ML: 9; as poet, DTI: 19; Oklahoma ranch of, DTI: 21, 127, 207-208, 286; DTIII: 132; WAII: 108, 110; WAV: 54-55; WAVI: 100-101; ML: 9; HT: 99; RB: 49; as mayor of Beverly Hills, DTI: 39, 40, 41, 42, 43, 45, 46, 52, 54, 58, 61, 62, 64, 66, 101, 112, 116, 118-19, 120, 125, 191; DTIII: 171; WAII: 293, 297, 299, 312; WAIII: 8, 22, 23, 36, 37, 40, 45, 65-67, 68-69, 70-72, 73; HC: 7; HT: 41; family of, DTI: 54, 234, 266; DTIII: 80, 281; WAII: 179; WAIV: 69, 71-72, 228; WAV: 78; HC: 54; ML: 42; as farmer, DTI: 56, 60, 61; WAV: 101; HC: 62; on stage, DTI: 56, 190; WAII: 237; WAIV: 19; WAVI: 84, 193; HT: 128, 129; RB: 3, 31, 37, 86, 87, 98; honorary degrees for, DTI: 57; DTII: 178; WAVI: 172-73, 224-25; and flood relief, DTI: 81, 83, 84, 88, 92, 93-94, 95, 96, 150; as singer, DTI: 82; DTIV: 123; WAV: 188; WAVI: 83-84, 124; travels by train, DTI: 86, 97; DTIV: 197, 211, 266; WAII: 291-93; WAIV: 107; WAVI: 253; ML: 42, 43, 50, 69, 147, 150, 164; HT: 67; favorite foods of, DTI: 89; WAV: 53, 188; at disarmament conference, DTI: 99; DTII: 120-28; DTIII: 125-26, 150, 179, 251; WAIV: 118-20, 123, 134; WAV: 32, 69; as comedian, DTI: 102, 277, 314; DTIV: 31, 68; WAIV: 145; WAVI: 209; HC: 54; as baseball fan, DTI: 104; WAV: 62; birthday of, DTI: 105, 146, 272; DTII: 232; DTIV: 238; WAIV: 205; WAVI: 2, 171-72; ML: 26-27; sponsors automobile race, DTI: 105-106, 108, 109, 119; WAIII: 53-56, 67; as congressman at large, DTI: 122, 123, 124, 125, 126, 127; WAIII: 68, 70-73, 134; in Mexico, DTI: 132, 154-60, 163, 175, 234, 235; DTII: 2, 100; DTIII: 13; DTIV: 82-84, 91-93, 219; WAIII: 114-16, 119; WAIV: 1; WAV: 18-19, 80-81, 87-88, 90, 92, 93, 232; ML: 21-89, 104; HT: 104; RB: 7-8, 41-42; automobiles of, DTI: 135, 249; DTII: 63; wagers made by, DTI: 136-38, 148, 156, 230, 231, 248, 280, 293; criticism of, DTI: 144, 170, 280; DTIII: 140-41, 241-42, 249-50; DTIV: 222-23; WAV: 212-14; WAVI: 246-48; and first Model A, DTI: 146, 162; WAIII: 107; as tourist, DTI: 154; WAV: 28, 30, 31, 143; attends bullfight, DTI: 155, 157,

Cumulative Index

160; **WAIV**: 1; aboard *Pennsylvania*, **DTI**: 164; imitates Calvin Coolidge, **DTI**: 170; **WAV**: 147; on radio, **DTI**: 170; **DTIV**: 253; **WAIII**: 125-27; **WAIV**: 127, 157; **WAV**: 92; **WAVI**: 31, 182, 192-93, 195, 223; **RB**; in Latin America, **DTI**: 171-72; **DTIII**: 13-14, 16-19, 25, 219-20, 222-28, 229, 236-37; **DTIV**: 142; **WAII**: 186; **WAIII**: 229; **WAIV**: 200; **WAV**: 197, 199, 208, 211, 213, 232; **WAVI**: 47, 249; **RB**: 94; as businessman, **DTI**: 184-85; as honorary colonel, **DTI**: 196, 197, 199, 200; **DTII**: 75; **DTIII**: 58, 62; **DTIV**: 84; **WAIII**: 153; **WAV**: 57; buys paint for town names, **DTI**: 208, 209, 210, 214; **WAIII**: 166-68; religion of, **DTI**: 226, 238, 272; **WAII**: 33; as evangelist, **DTI**: 238; mechanical ability of, **DTI**: 249; in *Three Cheers*, **DTI**: 264, 280; **WAIII**: 203, 217-18, 229, 246; **WAVI**: 200, 212-13; at national air races, **DTII**: 63, 64; California ranch of, **DTII**: 101; **DTIII**: 141, 149, 198; **WAIII**: 188; **WAIV**: 179; **WAV**: 8, 51, 73, 98, 129, 143, 154, 157; **WAVI**: 53, 116, 118, 168, 245; **RB**: 38, 110; investments of, **DTII**: 108; **DTIV**: 138; **WAV**: 187; **WAVI**: 210; his affection for small towns, **DTII**: 157-58; at Hoover Dam, **DTII**: 212; **WAVI**: 167-68; drought relief tour of, **DTII**: 258, 260, 262-71, 272, 276; **WAIV**: 228, 234-41; **WAV**: 3, 16, 65; **RB**: 72, 164; family dog of, **DTIII**: 8; **DTIV**: 111; **WAII**: 249; **WAV**: 187; **HT**: 129; miscellaneous travels of, **DTIII**: 13-20, 83-84, 91-93, 99-127, 143, 153, 217, 219-28, 229, 236-37; **WAIV**: 13, 179, 181-82, 189; **WAV**: 49, 101-24, 143; **HT**: 6; **RB**: 86, 98, 100; at Carlsbad Caverns, **DTIII**: 28; **WAV**: 28, 30, 31; as actor, **DTIII**: 94, 141, 203; **WAIII**: 107; **RB**: 23; around-the-world trips of, **DTIII**: 99-127; **DTIV**: 199-220, 229, 232, 261, 262, 272, 283, 297; **WAVI**: 142, 147-62, 175; in wild west show, **DTIII**: 102; **WAII**: 18-19; **WAIII**: 205; **WAV**: 75-77, 155, 163; **RB**: 85; in Far East, **DTIII**: 104-18; **DTIV**: 66, 167-68, 205-206, 207-209; **WAV**: 101-24, 142, 143, 161, 210, 213, 215; **WAVI**: 10, 12, 18, 38, 211, 249; **ML**: 109-74; anti-hoarding campaign of, **DTIII**: 132-33; in South Africa, **DTIII**: 143; **DTIV**: 20; **WAV**: 163; **WAVI**: 212; **ML**: 59; **RB**: 86; boyhood home of, **DTIII**: 164; banker of, **DTIII**: 227; and *New York Times*, **DTIII**: 247, 250; at Chicago World's Fair, **DTIII**: 28; ideas of, **DTIV**: 73; rumors about, **DTIV**: 83; as "college student," **DTIV**: 123; in Virgin Islands, **DTIV**: 194; **WAV**: 20, 21-22; economic plans of, **DTIV**: 281; **RB**: 115, 116, 117-18, 123, 124-28, 129, 134, 137-40, 143, 144-45, 147, 156, 159-61, 163, 175; as inflationist, **DTIV**: 251; in Alaska, **DTIV**: 344, 346-48; **WAVI**: 250-53; and Warren Harding, **WAI**: 111-12; sisters of, **WAI**: 241; purchases horse, **WAI**: 300; at St. Louis World's Fair, **WAI**: 354; **WAII**: 102-103; **WAIV**: 239; death of son, **WAI**: 364; in *Congressional Record*, **WAII**: 8-9; and polar exploration, **WAII**: 30-32, 38-39; **WAIV**: 11-14; working abroad, **WAII**: 49; as violinist, **WAII**: 128; in *Wall Street Girl*, **WAII**: 128; **WAVI**: 124; tax plan of, **WAII**: 137-38; as fisherman, **WAII**: 148-49, 150; as sea cow "rancher," **WAII**: 149-50; relatives of, **WAII**: 172; "Bull's Eye" column of, **WAII**: 179; foreign policy of, **WAIII**: 71; and "America Only Society," **WAIII**: 94-97; as book reviewer, **WAIII**: 108-10; horses of, **WAIII**: 205; **WAIV**: 68; **WAV**: 167; **WAVI**: 62, 80, 114, 179-80, 208, 222, 227, 228, 245; reading habits of, **WAIV**: 21-22, 28; **WAV**: 106, 161-63, 216-17; **WAVI**: 105-106, 213-14; his *Ether and Me*, **WAIV**: 33; as Shriner, **WAIV**: 34, 239; as football player, **WAIV**: 68; **WAVI**: 183; as investor, **WAIV**: 83-85, 223-24; at dedication of Pioneer Woman, **WAIV**: 140, 142-43; his *Cowboy Philosopher on the Peace Conference*, **WAIV**: 157; his *Cowboy Philosopher on Prohibition*, **WAIV**: 157; at Yosemite National Park, **WAIV**: 179-80; economic background of, **WAV**: 3; and Charlie Chaplin, **WAV**: 11; and Spanish language, **WAV**: 18; **ML**: 43, 63, 65, 173-74; as student of geography, **WAV**: 18; letters to, **WAV**: 43-44, 45; **WAVI**: 10-12, 13, 17, 49, 55, 56, 82, 93, 100, 172, 181-83, 189, 202, 209, 213-14, 223; his lack of advanced planning, **WAV**: 51; and Oxford University, **WAV**: 66, 73, 219; as sportsman, **WAV**: 73; at Madison Square Garden, **WAV**: 77; in Poland, **WAV**: 105, 142; in Australia, **WAV**: 107, 142, 238; **WAVI**: 222-23; controversies involving, **WAV**: 147-49, 152; as convention delegate, **WAV**: 161; as letter writer, **WAV**: 162; **RB**: 97; his "Letters of a Self-Made Diplomat," **WAV**: 225; as politician, **WAVI**: 2; **HC**: 28; biographers of, **WAVI**: 26-27; dialect of, **WAVI**: 27; in *Ah! Wilderness*, **WAVI**: 114, 121, 123, 201; as southerner, **WAVI**: 171; as runner, **WAVI**: 183; serving on committees, **WAVI**: 183; as commuter, **WAVI**: 195-96; lack of free time of, **WAVI**: 207, 213-14; "political platform" of, **HC**: 14-16, 19, 25, 29, 39, 51-52, 58, 74, 105; called a Puritan, **HC**: 7; accepts "presidential nomination," **HC**: 7-9, 91; campaign funds of, **HC**: 8, 51; political promises of, **HC**: 8-9, 14, 16; endorsed for president, **HC**: 42; "presidential cabinet" of, **HC**: 19, 69, 79-81, 88; "presidential campaign" of, **HC**: 14-16, 18-20, 49, 74, 86-87, 89, 91, 100, 105-106, 109-10, 112-13; as White House guest, **ML**: 4-17; income tax of, **ML**: 4; as non-smoker, **ML**: 11; passport of, **ML**: 26-27; renounces candidacy, **ML**: 35; as ex-mayor, **ML**: 37; as bullfighter, **ML**: 64-65; sleeping habits of, **ML**: 97; in Canada, **ML**: 99-107; as dancer, **ML**: 122; political affiliation of, **HT**: 14; wedding of, **HT**: 16; cowardice of, **HT**: 58; as "manager" of Democratic party, **HT**: 85, 87-97; Democratic heritage of, **HT**: 87-88; as favorite son of Claremore, Okla., **HT**: 99; at Kiwanis convention, **HT**: 134, 136-38; and chewing gum, **RB**: 3; as "vice president," **RB**: 20; magazine article of, **RB**: 25; clothes of, **RB**: 56-57; as humorist, **RB:** 71, 145-46; use of alarm clock, **RB:** 78, 85, 128; dependability of, **RB:** 86-87; theatrical career of, **RB:** 86; as columnist, **RB:** 88; hobby of, **RB:** 105

Rogers, William Vann (son): **ID:** 112, 113, 133, 177-79; **L:** 13, 22, 46, 92, 98; **CA:** 83-85; **DTI:** 247; **DTII:** 230; **DTIII:** 91, 95, 172, 189; **WAI:** 1, 45, 51, 52, 84, 86-87, 187-88, 198, 200, 222, 266; **WAII:** 11, 22, 206-208, 209, 213, 221, 224-25; **WAIII:** 10, 76-77, 133-34, 199, 200; **WAIV:** 142, 227, 228; **WAV:** 8, 88, 130, 162, 187, 218; **WAVI:** 142, 153, 158, 180, 235-36, 240, 245, 249; **HT:** 62; **RB:** 16, 28, 36, 98, 104; graduation of, **RB:** 163

Rogers County, Okla.: **BS:** 26; **L:** 72, 106; **DTIII:** 181; **WAI:** 116; **WAIV:** 93, 178; **WAVI:** 140; **RB:** 10

Rohde, Ruth Bryan Owen: **DTI:** 205; **DTII:** 175; **DTIII:** 242, 247; **DTIV:** 12-13, 205

Rollins College: **WAVI:** 172

Rolph, James, Jr.: **CA:** 125; **DTI:** 143, 206, 233, 278; **DTIII:** 31, 63, 160, 167; **DTIV:** 89, 111, 179; **WAV:** 39, 153; **WAVI:** 41, 42; **RB:** 80; death of, **WAVI:** 127

Roma, S. S.: **L:** 63

romance: **DTI:** 26, 104, 308; **DTIV:** 126; in motion pictures, **HT:** 75

Roman Empire: **BS:** 59; *see also* Rome, Italy: ancient

Rome, Ga.: **L:** 55; **WAII:** 212

Rome, Italy: **BS:** 69; **L:** 10, 55, 58, 59, 62, 70, 71-73, 74-81, 91; **DTI:** 172, 276, 311; **DTII:** 43, 48, 117; **DTIII:** 120, 199, 209; **DTIV:** 150, 232, 269; **WAI:** 167; **WAII:** 54, 154, 1/9, 212, 214-15, 233, 311; **WAIII:** 260; **WAIV:** 21, 29, 31, 32; **WAV:** 79, 111; **WAVI:** 39, 212; **HC:** 93; ancient, **L:** 55; **DTI:** 160; **WAIV:** 109, 111-13; **HT:** 118; **RB:** 18; churches in, **L:** 71, 77; culture of, **L:** 73; art in, **L:** 76; walls of, **L:** 76-77; earthquake in, **DTI:** 163; public baths in ancient, **WAI:** 48

Romeo: **WAIII:** 33

Romeo and Juliet (play): **DTIV:** 150; **WAIV:** 75

Rome Protocols of 1934: **DTIV:** 150

Romney, George: **WAIII:** 30

Romolo (film): **WAII:** 225

Romph, Edward C.: **WAII:** 153; **WAIII:** 45; **HT:** 23

Roosevelt, Anna: **RB:** 139

Roosevelt, Archibald B.: **WAI:** 216

Roosevelt, Belle W. W. (Mrs. Kermit): **DTIII:** 28; **WAVI:** 11, 13

Roosevelt, Betsey C. (Mrs. James): **WAV:** 150

Roosevelt, Curtis (Buzzy): **RB:** 139

Roosevelt, Edith K. C. (Mrs. Theodore, Jr.): **DTIII:** 28; **DTIV:** 228

Roosevelt, Eleanor R. (Mrs. Franklin D.): **DTIV:** 16-17, 38-39, 166, 292, 308, 312; **WAVI:** 28, 73, 214, 216; **RB:** 127, 139; birthday of, **DTIV:** 228

Roosevelt, Elliott: **WAVI:** 28

Roosevelt, Franklin D.: **CA:** 56, 114-15, 135, 136, 141, 144, 146, 147; **DTI:** 260, 278; **DTII:** 6, 47, 230, 233; **DTIII:** 43, 47, 90, 117-18, 158, 159, 180, 181, 182, 186, 194, 196, 201, 203, 210, 211, 212, 214, 218, 219, 220, 227, 230-32, 233, 236, 239-40, 241, 242, 248, 252, 257, 265, 268, 270, 274, 278; **DTIV:** 1, 2, 6, 12, 13, 14, 15, 22, 23, 24, 25, 26-27, 28, 29, 30, 31, 32, 35, 36, 38, 39, 42, 43, 46, 49, 50, 52, 54, 57, 59, 60, 61, 63, 64, 65, 70, 71, 75, 79, 82, 86, 87, 88, 89, 91, 96, 101, 106, 107, 108, 114, 116, 123-24, 125, 127, 130, 131, 133, 138, 139, 141, 143, 147, 148, 150, 153, 155, 156, 158, 159, 161, 162, 165, 166, 169-70, 172, 175, 176, 179, 181, 182, 184, 185, 187, 188, 189, 190, 192, 194, 196, 197, 200, 201, 202, 204, 205, 210, 218, 221, 223, 229, 233, 234, 235, 237, 239, 240, 243, 245, 246, 247, 248, 252, 254, 257, 261, 262, 264, 266, 267, 268, 271, 276, 280, 287, 288-89, 290, 294, 301, 303, 306, 309, 312-13, 316, 318, 320, 322, 326, 327, 337, 340, 342, 344; **WAII:** 254; **WAIII:** 211, 226; **WAIV:** 204, 206; **WAV:** 36, 75, 128, 150, 152, 155, 160, 161, 182, 189, 191-92, 200, 206, 213, 220, 227, 228; **WAVI:** 5, 6, 15, 16, 17, 20, 22, 28, 30, 31, 35, 38, 39, 40, 46, 58, 64, 72, 73, 84-86, 87, 88, 91, 95, 96, 99-100, 106, 107, 108, 109, 110, 113, 127-28, 137, 157, 173, 188, 189, 190, 191, 201, 208, 210, 215, 223, 241, 243, 252; **HC:** 75-76; **ML:** 98; **HT:** 77, 84; **RB:** 71-77, 89, 93, 95, 98, 100, 105, 110, 111-12, 118, 121, 125, 127, 129, 131, 132, 133, 139, 147, 151, 157, 161, 166, 169-70, 172-73, 174; son of, **CA:** 140; and "forgotten man," **DTIII:** 197; presidential cabinet of, **DTIII:** 249, 278-79; **WAVI:** 192; **RB:** 162; attempted assassination of, **DTIII:** 276; popularity of, **DTIV:** 32; Latin American policy of, **DTIV:** 121, 130; birthday of, **DTIV:** 132, 133, 269; **RB:** 72-73; humor of, **DTIV:** 165; health of, **DTIV:** 254-55; fireside chats of, **WAV:** 203; inauguration of, **WAVI:** 1, 3, 85; and polio, **WAVI:** 28, 30; economic plan of, **RB:** 115

Roosevelt, James: **WAV:** 150

Roosevelt, John: **WAVI:** 158

Roosevelt, Kermit: **WAI:** 312; **WAII:** 190; **WAIV:** 13

Roosevelt, Theodore: **CA:** 100; **L:** 4-5, 8, 70; **DTI:** 91, 108; **DTII:** 92, 185; **DTIII:** 219; **DTIV:** 53; **WAI:** 150, 218, 301, 319, 320, 369; **WAII:** 64, 117, 145, 148, 172, 190; **WAIII:** 21, 42, 64-65, 177, 233; **WAIV:** 4, 131; **WAV:** 11, 49, 84; **WAVI:** 28; **HC:** 77; **ML:** 15, 71, 82-83, 132, 139; **HT:** 20, 26, 105, 108; **RB:** 21; and Rough Riders, **L:** 4; **WAII:** 172; compared to Benito Mussolini, **L:** 56; inauguration of, **WAII:** 2; death of, **WAII:** 63; presidential administration of, **WAII:** 89

Roosevelt, Theodore, Jr.: **ID:** 128; **DTII:** 211; **DTIII:** 8, 20; **WAI:** 202, 216, 301; **WAII:** 190; **WAIV:** 13; **WAV:** 194; **RB:** 127, 139

Roosevelt Dam: **WAIII:** 81

Roosevelt family: **CA:** 146; **DTI:** 260; **DTIII:** 236, 267; **WAI:** 22; **HC:** 75; **ML:** 41; **RB:** 74

Roosevelt Field, N. Y.: **HT:** 67; **RB:** 40

roosters: **WAIII:** 65

Root, Elihu: **BS:** 44; **PC:** 10; **DTII:** 71; **WAIV:** 63, 64

Roper, Daniel C.: **DTIV:** 316-17; **WAVI:** 97; **RB:** 162
roping and ropers: **ID:** 3, 33, 69, 120; **DTII:** 265; **DTIV:** 54, 174, 201, 328, 341; **WAI:** 37-38; **WAII:** 19, 163, 203, 205, 261, 268, 270; **WAIII:** 7; **WAV:** 93-94, 167-69, 171, 173, 187, 197, 224; **WAVI:** 36-37, 42, 113, 134; **HT:** 4, 151; Rogers as, **ID:** 95, 113; **L:** 97; **CA:** 61, 73; **DTIV:** 174, 238; **WAI:** 37-38, 57, 95, 195, 256; **WAII:** 103, 121, 190; **WAIV:** 181; **WAV:** 49, 75, 77, 94, 167-69, 187; **WAVI:** 42, 62, 63, 138, 139, 164, 179, 180, 193, 213, 227, 228, 236; **ML:** 114, 143; **HT:** 4; in Mexico, **ML:** 46, 86
The Roping Fool (film): **WAVI:** 180
Rork, Sam E.: **WAV:** 158
Rose Bowl: **DTI:** 293-94; **DTII:** 115, 253; **DTIII:** 118, 248, 258-59; **DTIV:** 109, 113-14, 121, 123, 235, 242, 259; **WAIV:** 94; **WAV:** 222-23; **WAVI:** 89, 187-88; *see also* Tournament of Roses Parade
Rosendahl, Charles E.: **WAV:** 152
Rosenwald, Julius: **DTII:** 86, 117; **WAIV:** 81, 128
Roseville, Calif.: **WAVI:** 227, 228
Rosh ha-Shanah: **WAIV:** 100
Ross, Betsy: **DTI:** 305
Ross, C. Ben: **WAVI:** 42
Ross, Charles J.: **WAVI:** 63
Ross, Nellie T.: **WAIII:** 182
Rossi, Angelo J.: **WAVI:** 145
Rossi, Maurice: **DTIV:** 177-78
Rosson, Harold G.: **WAVI:** 99
Roswell, N. M.: **DTIII:** 28, 79; **WAV:** 73, 156, 232
Rotary clubs: **E:** 6; **ID:** 149, 153-54; **L:** 13, 15, 36, 47, 64; **DTI:** 113, 151, 172, 199, 250; **DTII:** 182-83, 220; **DTIII:** 35; **DTIV:** 167, 168; **WAI:** 85, 203-204, 211, 217, 233; **WAII:** 87, 102, 178, 215, 240, 277; **WAIII:** 20, 51, 193, 243; **WAIV:** 126; **HC:** 60, 67; **ML:** 24, 28; **HT:** 31, 99, 150, 153; public speakers at, **ML:** 117
Rothschild family: **WAV:** 144
Rothstein, _____: **BS:** 51-52
Rothstein, Arnold: **WAIV:** 26; murder of, **DTI:** 275-76; **DTII:** 10
Rouen, France: **DTIII:** 33
Rough Riders: **L:** 4; **DTIV:** 65; **WAII:** 172
The Roundup (stage show): **WAVI:** 193
Rowe, Lynwood T. (Schoolboy): **DTIV:** 224, 225
Rowell, Chester H.: **WAV:** 237, 238
rowing: **DTIV:** 51, 323
Rowland, John R.: **WAVI:** 173
Royal Gorge: **WAII:** 170
Royal Hawaiian Hotel (Honolulu): **WAVI:** 158, 159
Royal Horse Guard: **DTII:** 4
royalty: **ID:** 77, 190, 191; **PC:** 17; **P:** 27; **L:** 92, 99; **DTIII:** 22; **DTIV:** 41, 99, 283, 309; **WAI:** 8-9, 10, 24, 58, 152, 153, 167, 180, 224, 291, 293; **WAII:** 17-18, 197, 238, 260, 262, 275, 279; **WAIII:** 58; **WAIV:** 121, 211; **WAV:** 1, 2, 21, 32-33, 66, 68-69; **WAVI:** 176-77; **ML:** 5; **RB:** 33-35; of Russia, **BS:** 1-2, 5-6, 48, 67-68; marriages involving, **ID:** 101-102; **DTII:** 38, 117, 204; **DTIV:** 244-45, 247, 248; **WAI:** 60, 71; **WAIV:** 36-38, 105-106, 203-204; **WAVI:** 176-77; of Spain, **L:** 97; of England, **DTIV:** 99; **WAIV:** 37; of Germany, **DTIV:** 247; of Korea, **ML:** 135
rubber: **DTIII:** 117, 227; synthetic, **DTI:** 307
rubber boots: **DTI:** 307
"rubes": **DTII:** 90, 158; **DTIII:** 104; **DTIV:** 28
Rublee, George: **ML:** 63-64
rubles: **BS:** 33, 61
rugs: **WAI:** 53-54
Ruhr Valley, French occupation of: **WAI:** 15, 23, 105; **WAII:** 67
"Rule Britannia" (tune): **DTI:** 113
rum: **WAV:** 20, 21, 22
Rumania: **PC:** 7; **L:** 109; **DTI:** 17, 18, 20, 28, 34, 111, 142, 152, 153, 209-10; **DTII:** 176, 203; **DTIV:** 99, 216; **WAI:** 135; **WAII:** 270; **WAIII:** 37, 58; **WAIV:** 196; **WAV:** 66; **WAVI:** 7, 109; **ML:** 15; **RB:** 53; revolution in, **DTI:** 21, 33; flag of, **DTI:** 37
rumors: **ID:** 154-55; **DTI:** 156; **DTIII:** 72; **DTIV:** 67, 83, 96, 256; **WAI:** 205
rumrunning and rumrunners: **DTII:** 8-9; **WAI:** 66-68; **WAII:** 40, 224, 277-79; **WAIII:** 42; **WAIV:** 9; **HT:** 118; *see also* smuggling
Rumsey, Mary H.: **WAI:** 300; **WAVI:** 102
running: *see* Bunion Derby; footraces; marathon running; track and field
Runyon, A. Damon: **WAII:** 142, 143
rural life: **DTI:** 47; **DTII:** 22; **DTIV:** 278; in England, **DTI:** 47
Rushmore, Mount: **WAIV:** 176-77
Russell, Charles M.: **L:** 77; **DTI:** 73; **WAI:** 129-30, 218-21; **WAIII:** 46; death of, **WAII:** 271-72
Russell, James I.: **ID:** 202; **WAI:** 277
Russell, Mattie E. S. (Mrs. Richard R.): **WAII:** 267
Russell, Nancy C. (Mrs. Charles M.): **WAI:** 220; **WAII:** 272
Russell, Richard R.: **WAII:** 267
Russia: **BS**; **PC:** 10, 20, 30; **P:** 38, 39; **L:** 22, 35, 61, 68, 109, 115, 118; **CA:** 116; **DTI:** 47, 62, 99, 142, 305; **DTII:** 54-55, 57, 140, 142, 164, 194, 195, 203, 207, 211-12, 216, 225, 228, 239-40, 241, 244, 252, 265; **DTIII:** 23, 32, 34, 56, 62, 70, 78, 89, 99, 107, 108, 144, 152, 153, 217, 261, 275; **DTIV:** 18, 45, 99, 100, 139, 152, 160, 168, 208, 210-13, 219, 221, 251, 255, 272, 274, 286, 291-92, 297, 319; **WAI:** 29, 43, 64, 85, 108, 131-32, 170, 229, 357, 366; **WAII:** 79, 87, 171, 185, 239, 247-49, 307; **WAIII:** 27, 36, 93; **WAIV:** 36, 37, 48, 52, 53, 69, 154, 191, 192, 193, 194, 195, 196, 197, 207, 219, 222; **WAV:** 49-50, 52, 56, 58-59, 66, 68-69, 82, 101, 102-103, 112, 117, 129, 144, 191, 237, 238-39; **WAVI:** 6, 51-53, 77-78, 161, 176, 201, 204, 218-19, 236, 254, 255; **ML:** 5, 12, 17, 21, 22, 23, 34, 35, 54, 97, 98, 104, 110, 132, 137, 138, 146, 147; **RB:** 34, 98, 100, 103, 128, 135, 163, 171; writings on, **BS:** 1, 6-7; czars of, **BS:**

1-2, 5-6, 48, 60, 65, 67, 70, 81, 82, 87; **DTIV:** 213; **WAV:** 52, 69; **ML:** 140; size of, **BS:** 7-8; aviation in, **BS:** 25-27, 29-30, 33-34, 38, 43, 75-76, 79; **DTIV:** 86, 213, 311-12, 336-37; **WAV:** 50, 144; **WAVI:** 218; army of, **BS:** 33, 53, 79-80; **DTII:** 55; men in, **BS:** 37; women in, **BS:** 37; **DTIV:** 212; espionage in, **BS:** 41, 47-48; Jews in, **BS:** 41, 86; Soviet Council of, **BS:** 44, 53, 82; government of, **BS:** 52, 59, 60-61, 62, 64, 87, 88; **DTI:** 99; conservatism in, **BS:** 53-54; peasants in, **BS:** 53, 62-63, 81, 82; poverty in, **BS:** 60; **WAV:** 103; standard of living of, **BS:** 60-61; automobiles in, **BS:** 61; **WAII:** 247-48; taxation in, **BS:** 61, 81; **RB:** 114; trade balance of, **BS:** 61; unemployment in, **BS:** 61; currency of, **BS:** 62; farmers in, **BS:** 62-63; **WAI:** 132; **ML:** 12; **RB:** 100; museums in, **BS:** 67-70, 73, 83; art in, **BS:** 69, 73-74; Decembrists in, **BS:** 70; illiteracy in, **BS:** 73, 80; propaganda of, **BS:** 73-74, 82-83, 84, 86-89; **DTII:** 225; **WAIII:** 133; **WAV:** 85; **ML:** 23; newspapers in, **BS:** 74; nude bathing in, **BS:** 75; **ML:** 12, 35; culture of, **BS:** 80; national debt of, **BS:** 83-84; adversity in, **BS:** 86; religion in, **BS:** 86-89; liquor consumption in, **P:** 9; war debts of, **DTI:** 9; British recognition of, **DTII:** 49; relations with China, **DTII:** 49, 50, 51, 52, 54-55, 60-61, 64, 85; **WAIV:** 52, 53; women in army of, **DTII:** 151; U. S. recognition of, **DTII:** 214; **DTIV:** 106, 155, 253, 275; **WAI:** 117, 185; **WAVI:** 77-78, 80, 85; five-year plans of, **DTIII:** 67; **DTIV:** 152; **WAV:** 58-59, 62; **ML:** 97, 110; czarists in, **DTIII:** 107; **ML:** 139; relations with Japan, **DTIV:** 125, 131, 134, 150; **WAIV:** 52; **ML:** 138, 139, 142, 146; Manchurian relations with, **DTIV:** 208-209; horse racing in, **DTIV:** 212-13; writers in, **DTIV:** 212; petroleum industry in, **DTIV:** 213; executions in, **DTIV:** 250; crown jewels of, **WAI:** 30; wheat crop in, **WAI:** 280, 325; exiled royalty of, **WAI:** 342-43; prices in, **WAII:** 231; hotels in, **WAII:** 248; Cossacks from, **WAII:** 263-65; economic system of, **WAV:** 50; people of, **WAV:** 66, 68-69, 86, 135; **WAVI:** 78, 218, 237, 241, 258; **ML:** 137; White Russians of, **WAV:** 111; **WAVI:** 53; **ML:** 136-42, 167; Red Russians of, **ML:** 138-41

Russian Art Players: **WAI:** 29
Russian language: **BS:** 42; **PC:** 30; **DTIV:** 210, 212; **ML:** 107
Russian Orthodox Church: **BS:** 86-87
Russian Revolution: **BS:** 2, 6, 62, 66-67, 70, 73, 82, 88; **ML:** 140
Russo-Japanese War of 1904-1905: **DTII:** 194; **DTIII:** 107; **WAI:** 354; **WAV:** 117; **ML:** 138, 139, 142, 146
Ruth, George H. (Babe): **ID:** 149; **L:** 70, 117; **CA:** 10; **DTI:** 9, 114, 134, 135, 136, 251, 253, 262-63, 310; **DTII:** 8, 14, 17, 20, 21, 93, 108; **DTIII:** 215; **DTIV:** 156, 181, 299, 314; **WAI:** 117, 169, 211, 270; **WAII:** 21-22, 78, 105, 121, 257, 307; **WAIII:** 23, 32, 100, 213-14; **WAIV:** 19, 36, 200; **WAVI:** 39, 62, 198; **ML:** 130; **HT:** 40, 91; salary of, **DTII:** 117

Rutland, Vt.: **WAIV:** 194
Ryan, Elizabeth B. (Bunny): **WAII:** 226
Ryolite, Nev.: **WAV:** 187
Ryti, Risto H.: **WAVI:** 173

S

Saar Territory: **DTIV:** 264, 283
Saavedra, Miguel de Cervantes: **ID:** 7
Sabin, Pauline: **CA:** 143
Sac and Fox Indians: **WAVI:** 235
Sacco, Nicola: **DTI:** 88, 116, 286; **WAIII:** 29-32
Sacramento, Calif.: **DTII:** 156; **DTIII:** 62, 266; **WAI:** 232; **WAII:** 103; **WAIV:** 189; **WAVI:** 42, 227-28, 230, 233, 249; **RB:** 148, 156
Sacramento River: **WAVI:** 227, 231; **RB:** 152
sacrifice: **DTIV:** 303-304
safety, in aviation: **DTI:** 125, 188, 207, 234, 262, 277, 285, 295, 313-14; **DTII:** 42, 43, 71, 91, 97, 136, 176; **DTIII:** 11-12; **DTIV:** 13; **WAII:** 173-74; **WAV:** 15; **HT:** 69
safety pins: **DTIV:** 336
Sahara Desert: **DTI:** 198; **WAI:** 336
sailfish: **HT:** 32
sailors: **DTI:** 237; **WAV:** 151, 152; **WAVI:** 149-50; **ML:** 50, 167, 168; jokes about, **L:** 29
Saint Augustine, Fla.: **WAIII:** 4
Saint Francis Hotel (San Francisco): **WAVI:** 250
Saint John's, Newfoundland: **HT:** 100
Saint Joseph, Mo.: **L:** 99; **WAII:** 103, 152; **WAVI:** 90
Saint Lawrence Development Treaty: **DTIV:** 134, 151
Saint Louis, Mo.: **BS:** 18, 65; **ID:** 51, 208; **L:** 106; **DTI:** 51, 262; **DTII:** 34, 35, 55, 118, 215; **DTIII:** 79, 139; **DTIV:** 267; **WAI:** 90, 95, 98, 184, 219; **WAII:** 71, 102, 104, 154, 302; **WAIII:** 5, 28, 53, 55, 68, 158, 213; **WAIV:** 34, 230; **WAV:** 81; **WAVI:** 17, 20, 101, 173; **ML:** 72, 151; **HT:** 100; tornado disaster in, **DTI:** 134; weather in, **DTII:** 55; annual fair at, **WAV:** 75-77
Saint Louis Cardinals (baseball): **DTI:** 258, 262-63; **DTII:** 215, 218, 219, 220, 222; **DTIV:** 223-26, 228; **WAIII:** 213; **WAV:** 72; **WAVI:** 184; **ML:** 120
Saint Louis Globe-Democrat: **WAIII:** 214
Saint Louis Post-Dispatch: **DTI:** 284; **DTII:** 278; **WAIII:** 232-33
Saint Louis Republic: **WAIII:** 214
Saint Louis-San Francisco Railway Company: **WAI:** 241, 243
Saint Louis World's Fair: *see* Louisiana Purchase Exposition of 1904
Saint Mary's College (Calif.): **DTII:** 104
Saint Mary's College (Ind.): **WAIV:** 148
Saint Patrick's Day: **DTII:** 5, 6; **DTIII:** 5; **DTIV:** 288
Saint Paul, Minn.: **ID:** 167, 208; **L:** 109; **WAI:** 98, 260, 350; **WAII:** 46, 105-106; **WAIV:** 164
Saint Petersburg, Fla.: **DTI:** 55; **WAII:** 154-55, 157; **WAVI:** 169
Saint Petersburg, Russia: *see* Leningrad
Saint Peter's Church (Rome): **BS:** 14

Cumulative Index

Saint Thomas, Virgin Islands: **WAV:** 19, 20, 21
Saint Thomas (V. I.) *Mail:* **WAV:** 19, 20-21
Saint Vitus' Day: **WAVI:** 137
Saito, Hirosi: **DTIV:** 120, 251
Sakhalin Island: **WAI:** 229
saki: **ML:** 118
Saklatvala, Shapurji: **WAII:** 87
salaries: **DTI:** 107; **DTIV:** 13, 93; of professors, **L:** 22; congressional, **DTI:** 35; **DTII:** 32; **DTIII:** 173, 178; **DTIV:** 144; of actors, **DTI:** 107; **WAI:** 313; **WAVI:** 3-4; presidential, **DTI:** 115; **DTIII:** 116; **WAII:** 6-7; of aviators, **DTIII:** 158-59; of government workers, **DTIII:** 173; of comedians, **DTIV:** 5; reductions in, **DTIV:** 5
Sale, Charles P. (Chic): **DTIII:** 17, 73; **WAV:** 17, 141, 158; **WAVI:** 124, 142-43; family of, **WAV:** 100
Sale, Marie B. (Mrs. Chic): **WAVI:** 143
Salem, Mass.: **WAIV:** 231; **RB:** 55
sales tax: *see* taxes
Salinas, Calif.: **DTIV:** 57, 170; **WAIV:** 178; rodeo at, **DTII:** 192
salmon: **WAVI:** 254
Salm von Hoogstraeten, Ludwig: **DTI:** 36; **WAII:** 159, 286
Salm von Hoogstraeten, Millicent R. (Mrs. Ludwig): **WAII:** 152, 159
Salo, John: **HT:** 101
saloons: **P:** 27, 28; **DTII:** 211; **WAI:** 83
Salt Fork River: **HT:** 36
Salt Lake City, Utah: **DTI:** 68, 140, 208, 220; **DTIII:** 127, 254; **DTIV:** 67, 134, 141, 145; **WAI:** 71, 93, 305, 353; **WAII:** 169-70; **WAIII:** 110, 173; **WAV:** 90; **WAVI:** 20, 35, 226; **HT:** 48, 50, 52, 54, 55, 56, 60, 69, 70, 71, 72, 101
Salton Sea: **WAIV:** 92
Salt Sea: *see* Dead Sea
salvation: **DTI:** 17, 58, 221-22, 272; **DTII:** 76, 127; **DTIV:** 132
Salvation Army: **ID:** 117; **CA:** 122, 137; **DTI:** 191, 290; **DTIV:** 253; **WAI:** 33
Sampson, Flemon D. (Flem): **DTI:** 196, 199; **WAIII:** 153, 154
Samuel, Fanny E. B. (viscountess of Bearsted): **WAII:** 235
Samuel, Harry S.: **WAII:** 234
Samuel, Marcus (viscount of Bearsted): **WAII:** 235
Samuel, Rose B. (Mrs. Harry S.): **WAII:** 234
San Angelo, Texas: **DTI:** 24, 155; **DTII:** 264; **WAIV:** 236; **WAV:** 156
San Antonio, Texas: **DTII:** 143, 174, 263; **DTIII:** 93, 99; **DTIV:** 94; **WAII:** 163, 265, 267-69; **WAIII:** 18, 36, 37, 114; **WAIV:** 235; **WAV:** 92, 93, 163, 224; **WAVI:** 71; **ML:** 27, 30, 72, 75, 88; **HT:** 152, 154
San Bernardino, Calif.: **WAIII:** 188; **WAV:** 15
San Blas Indians: **DTIII:** 19
Sandburg, Carl: **WAVI:** 27; writings of, **WAV:** 114; **ML:** 101
Sande, Earl: **ID:** 201-204; **DTI:** 26; **WAI:** 274-79
Sanders, Everett: **DTIII:** 192, 210; **WAII:** 4, 23, 24; **ML:** 4, 5, 15, 52-53; **HT:** 110
sand fleas: **HC:** 8, 52
Sandford, Stephen (Laddie): **WAIV:** 200
San Diego, Calif.: **ID:** 57; **L:** 55; **DTI:** 129, 130, 166; **DTIII:** 149; **DTIV:** 178; **WAI:** 125, 168, 365; **WAII:** 68, 165; **WAIII:** 85, 87, 88; **WAV:** 151; **WAVI:** 66; **ML:** 88, 167; *see also* California Pacific International Exposition of 1935-1936
Sandino, Augusto C.: **DTI:** 188, 299; **DTIII:** 21, 25; **DTIV:** 142; **WAIV:** 26; **WAV:** 34, 86; **WAVI:** 87; **HC:** 68; **ML:** 56, 59
Sandmeier, Emil: **WAVI:** 146, 148, 236
Sandow, Eugene: **WAV:** 79-80
Sandy Hook, N. J.: **L:** 14; **DTI:** 14; **WAIII:** 188
San Fernando, Calif.: **WAIII:** 167
San Fernando Valley: **WAIII:** 167; **WAV:** 15
Sanford, Texas: **WAVI:** 240
San Francisco, Calif.: **BS:** 27; **ID:** 57, 107, 159, 171, 183, 184; **L:** 55; **CA:** 17, 22, 26, 27, 28, 30; **DTI:** 62, 126, 169, 242; **DTII:** 143, 202, 205, 215; **DTIII:** 76, 93, 172; **DTIV:** 58, 167, 168, 171, 174, 197, 199, 202, 342; **WAI:** 71, 104, 110, 121, 124-25, 143, 232, 260, 364; **WAII:** 51, 54, 128, 169, 252-53; **WAIII:** 24, 100, 126, 158, 193, 194; **WAIV:** 22, 107, 182, 183, 187, 191; **WAV:** 39, 79, 96, 104, 130, 192; **WAVI:** 42, 47, 48, 66, 67, 95, 114, 121, 122, 123, 127, 137, 148, 156, 249, 250; **ML:** 162; **HT:** 55, 56, 62, 77, 137, 152; general strike in, **DTIV:** 196, 198, 199; **WAVI:** 145-46, 156; longshoremen in, **DTIV:** 230; earthquake in, **WAIII:** 24; *see also* Panama-Pacific Exposition of 1915
San Francisco Bay: **DTIV:** 174, 199
San Francisco Chronicle: **WAV:** 237
San Francisco-Oakland Bay Bridge: **DTIV:** 199, 342
San Geronimo, Mexico: **WAV:** 19
sanitation: **E:** 28; **WAIV:** 172; **WAVI:** 11
sanity: **DTI:** 64, 78, 174, 177, 178, 288; **ML:** 49; at political conventions, **CA:** 56
San Jose, Calif.: **DTI:** 67; lynching at, **DTIV:** 111, 179
San Juan, Puerto Rico: **DTIII:** 20, 228
San Juan Capistrano, Calif.: **WAV:** 126; mission at, **DTIV:** 178; **WAVI:** 126
Sankey, Verne: **DTIV:** 135, 137
San Luis Obispo, Calif.: **WAVI:** 172
San Marchiel, Alaska: **WAVI:** 256
San Pedro, Calif.: **WAVI:** 155
San Quentin State Penitentiary: **DTIV:** 174
San Salvador: *see* El Salvador
San Simeon, Calif.: **DTI:** 144; **DTIII:** 135, 136; **WAV:** 197; **WAVI:** 122
Santa Ana, Calif.: **WAIII:** 45
Santa Anita Handicap: **WAVI:** 222; **RB:** 140
Santa Anita Racetrack: **DTIV:** 256, 307
Santa Barbara, Calif.: **ID:** 76, 189; **DTI:** 234; **DTII:** 62; **DTIII:** 2, 52, 199, 220; **DTIV:** 158; **WAI:** 151, 223; **WAII:** 52, 53, 253; **WAIII:** 46; **WAV:** 197; **WAVI:** 237; annual festival at, **DTI:** 117, 240; **DTII:** 62; **DTIV:** 62

98

Santa Catalina: *see* Catalina Island
Santa Claus: **DTI:** 80, 163, 254, 289; **DTII:** 111; **DTIV:** 319; **WAI:** 346, 347; **WAIII:** 239; **WAIV:** 100-101, 102; **WAVI:** 59, 186, 187; **RB:** 124, 154
Santa Fe, N. M.: **DTI:** 61, 147; **DTII:** 57; **WAIII:** 4, 5; tourists in, **DTI:** 147
Santa Fe Railroad: *see* Atchison, Topeka & Santa Fe
Santa Fe Trail: **WAIII:** 5
Santa Maria, Calif.: **DTIV:** 310-11
Santa Monica, Calif.: **DTI:** 239; **DTII:** 63, 65; **DTIII:** 53; **DTIV:** 310; **WAII:** 293; **WAIII:** 188; **WAIV:** 227; **WAV:** 18, 51, 155; **WAVI:** 153, 155, 156, 168, 236, 237; **RB:** 110; Rogers' ranch at, **DTII:** 101; **DTIII:** 141, 149, 198; **WAIII:** 188; **WAIV:** 179; **WAV:** 8, 51, 73, 98, 129, 143, 154, 157; **WAVI:** 53, 116, 118, 168, 245; **RB:** 38, 110
Santa Monica Mountains: **WAVI:** 74
Santiago, Chile: **DTIII:** 237; **WAV:** 232
Santo Domingo: *see* Dominican Republic
Sapiro, Aaron: **WAIII:** 22
Saracho, Arturo de: **ML:** 37
Sarah Lawrence College: **WAVI:** 20
Sarajevo, Yugoslavia: **WAVI:** 137
Sarasota, Fla.: **WAII:** 154
Saratoga, U. S. S.: **DTII:** 236; **WAIII:** 166
Saratoga Springs, N. Y.: **ID:** 201, 207; **WAI:** 98, 276
Sarazen, Eugene (Gene): **DTII:** 103, 190
Sarfatti, Margherita G.: **L:** 58; **WAIV:** 190
Sargent, John G.: **L:** 76, 82-83, 88; **WAII:** 9-10, 20, 25; **ML:** 31
Sassoon, Victor: **DTIII:** 153; **WAV:** 144; **ML:** 166
Saturday Evening Post (magazine): **L:** 21; **CA:** 142; **DTI:** 181; **DTIII:** 83, 147, 211, 246; **DTIV:** 107, 255; **WAII:** 155, 156, 185; **WAIII:** 46, 133; **WAIV:** 23, 24, 75, 217; **WAVI:** 129, 136; **HT:** 61, 143; **RB:** 25; editor of, **ML:** 4
Saugatuck, Conn.: **ML:** 151
Saulsbury, Willard: **ID:** 178; **CA:** 69, 75, 78, 84
Saunders, Clarence: **WAIV:** 177
Saunders, George W.: **WAII:** 267, 268; **WAV:** 163
Saunders, Russell (Russ): **DTII:** 115
Savannah, Ga.: **DTIII:** 20; **DTIV:** 162; **WAI:** 24; **WAII:** 155
savings: **DTI:** 152, 266; **DTII:** 92, 188-89, 239; **WAIV:** 166-67; **WAV:** 82; **HT:** 107-108; **RB:** 112
savings banks: **WAIII:** 162-63
Savoldi, Joseph A. (Jumpin' Joe): **WAV:** 13
Sawtelle, Calif.: **DTI:** 101; **DTII:** 173-74; **DTIII:** 32; **WAI:** 88; **WAV:** 5
saxophones: **BS:** 42; **DTI:** 248; **DTIV:** 126; **WAI:** 166, 230; **WAIII:** 200, 239; **WAIV:** 101; **ML:** 117, 147
scandals: **ID:** 111, 113, 126, 128; **PC:** 11; **L:** 75; **CA:** 69, 71, 121; **DTI:** 26, 39, 40, 151; **WAI:** 166, 169, 178, 189, 202, 203, 215, 219, 221, 236, 338, 342; **WAII:** 61, 78, 90, 92, 124, 159-60, 165, 238, 300; **WAIII:** 116, 167, 223; **WAIV:** 85, 86; **WAV:** 5, 6, 16, 189; **HC:** 89,

90, 93, 105; **ML:** 143; **HT:** 39, 81; **RB:** 56; in politics, **L:** 43-46; in Pompei, **L:** 54; in baseball, **DTI:** 40, 44, 51; **WAI:** 304-305; **WAII:** 296-99; in Hollywood, **WAI:** 187; electoral, **WAIII:** 139; in state government, **HT:** 122; *see also* oil, scandals involving; Teapot Dome Affair
Scandinavia: **DTIV:** 214-15; **WAVI:** 149, 256; people of or from, **DTI:** 76; **DTIV:** 256
scars: **DTI:** 100, 102, 103, 104
scenery: **DTI:** 107
Schaffer, John C.: **HT:** 129, 133; wife of, **HT:** 129
Schall, Thomas D.: **DTI:** 76; **DTIV:** 166
Schecter Poultry Corporation v. *U. S.:* **RB:** 166-68
schemes: **WAV:** 190
Schirru, Michele: **DTII:** 269
Schlee, Edward: **DTI:** 122
Schlesinger, Arthur M.: **DTII:** 252
Schmeling, Maximilian S. (Max): **DTIII:** 179; **DTIV:** 39, 325; **WAIV:** 52, 159-61; **RB:** 58
scholarship and scholars: **DTI:** 47; **WAV:** 38
Scholfield Barracks, Hawaii: **DTIV:** 203
schools: **WAV:** 171, 172; free lunches in, **DTIII:** 40; in Mexico, **ML:** 44, 50, 62; *see also* education
Schumann-Heink, Ernestine R.: **DTI:** 222; **DTIV:** 72; **WAII:** 202; **WAVI:** 44
Schuschnigg, Kurt von: **DTIV:** 209
Schuyler, Karl C.: **DTIII:** 260
Schwab, Charles M.: **ID:** 12, 89; **L:** 34, 78; **DTI:** 280; **DTII:** 86, 113, 250, 253; **DTIII:** 22, 156; **WAI:** 6, 41, 69-70, 80, 179; **WAII:** 25, 108; **WAIII:** 150; **WAIV:** 81, 241; **WAV:** 23-24; **HT:** 98; home of, **WAIII:** 150
science and scientists: **ID:** 52, 57, 58, 59, 183; **DTI:** 17, 77, 135, 232, 234; **DTII:** 78, 144; **DTIII:** 252; **WAI:** 124, 125, 126, 127, 162, 181-83, 184, 186, 340, 359; **WAII:** 53; **WAIII:** 26, 242-43; **WAIV:** 144, 213; **WAV:** 113; **WAVI:** 23, 165-67, 235; **HT:** 76, 126, 145, 146; **RB:** 52; in England, **DTIII:** 160; medical, **DTIV:** 21, 104; aeronautical, **DTIV:** 107; from Japan, **WAV:** 113
Science with a Smile (book): **WAV:** 162-63
Scopes, John T.: trial of, **DTI:** 47-48, 135; **WAII:** 55-60, 65; **HT:** 146
scopolamin (truth serum): **WAI:** 92-93
Scotland: **P:** 9; **L:** 31, 38, 53-54, 103, 105, 115; **DTI:** 5, 7; **DTII:** 203; **DTIV:** 126, 218-19; **WAI:** 156, 157, 270; **WAII:** 235-36, 242-43, 246; **WAIII:** 67; **WAVI:** 24, 238; **HC:** 45; **ML:** 128; **HT:** 130; people of, **DTI:** 202; **RB:** 30; golf in, **ML:** 40
Scotland Yard: **WAI:** 69
Scott, Charles W. A.: **DTIV:** 233
Scott, Joseph L.: **CA:** 127, 128
Scott, Walter (Death Valley Scotty): **DTII:** 220; **DTIII:** 206, 266; castle of, **WAV:** 187
Scott, "Windy": **WAII:** 267
Scotti, Antonio: **DTIII:** 266
Scouting on Two Continents (book): **DTIII:** 143
Scranton, Pa.: **WAII:** 54
screenwriters: **WAV:** 27, 183, 215-16; **WAVI:** 3, 4, 26; **HT:** 74

Cumulative Index

scrip: **DTIV:** 1, 2
Scripps, Robert P.: **WAV:** 24
Seaboard Airlines: **DTIV:** 57
Seabury, Samuel: **DTIII:** 197
sea cows: **WAII:** 149-50
Sea Girt, N. J.: **WAIII:** 190
Seamon, _____: **L:** 65
seaplanes: **DTI:** 126; **DTIV:** 53
Sears, Eleonora R.: **WAII:** 127-28, 130, 132
Sears, Roebuck & Company: **WAIV:** 128; **ML:** 40
seasickness: **ML:** 106, 111
Seattle, Wash.: **BS:** 27; **ID:** 105; **DTI:** 70; **DTII:** 52, 57, 98, 205; **DTIII:** 98; **DTIV:** 342, 344, 347; **WAI:** 108, 240, 242; **WAIII:** 100, 148, 158; **WAIV:** 13, 35; **WAV:** 96, 104; **WAVI:** 67, 100, 204, 249, 250, 254; **HC:** 54; **ML:** 102, 150; **HT:** 60, 133
Sebring, Fla.: **WAVI:** 253
secretaries, for congressmen: **WAII:** 194-95
Secret Service, U. S.: **WAIV:** 148; **HT:** 20, 109; **RB:** 56
secret societies: **P:** 38; *see also* Ku Klux Klan
Securities Exchange Act of 1934: **DTIV:** 147, 154, 155, 172-73
security: *see* national security
Sedalia, Mo.: **L:** 99; **DTI:** 264; **WAIII:** 216
Seely, Evelyn I. N. (Mrs. John E. B.): **WAII:** 235
Seely, John E. B.: **WAII:** 235
self-determination, national: **BS:** 33; **L:** 108; **DTI:** 70, 75; **DTIII:** 251; **DTIV:** 264, 283; **WAI:** 336; **ML:** 172
selfishness: **DTIV:** 285-86
self-made wealth: **DTI:** 307; **DTIII:** 89; **WAI:** 144; **WAII:** 92; **HT:** 98; **RB:** 11
self-pity: **DTI:** 100
self-preservation: **DTI:** 52; **DTIV:** 104
Selfridge, Harry G.: **L:** 43
Seligman, Ariz.: **DTIV:** 272, 274; **WAVI:** 207
Selwyn, Edgar: **DTI:** 56
Seminole Indians: **WAIII:** 59, 128; **HT:** 24
Semitism: **RB:** 24; *see also* Jews; Judaism
Semple, Roberta Star: *see* Smyth, Roberta S. Semple
Senate: *see* United States Senate and senators
Senator Hotel (Sacramento): **WAVI:** 228
senior citizens: **WAVI:** 231; **RB:** 53; governmental pensions for, **DTIV:** 242, 284; **WAVI:** 135, 172, 174; **RB:** 123-24, 126
Sennett, Michael (Mack): **WAII:** 213; **WAIV:** 27
sensationalism, in journalism: **DTI:** 82, 91, 144, 154, 159, 164-65, 173, 174; **DTIV:** 71
Seoul, Korea: **ML:** 131
Seppala, Leonhard: **WAVI:** 260-61
"September Morn": **DTIV:** 286
Serbia: **PC:** 7; **HT:** 130
sermons: **ID:** 117, 118-19, 161; **DTI:** 248, 271; **DTII:** 111; **DTIV:** 230; **WAI:** 33, 34, 36, 123
Serov, Valentin A.: **BS:** 83
Serra, Junipero: **WAVI:** 126
Serrano, Francisco R.: **WAIV:** 2
servants: **ID:** 27, 29; **P:** 26; **WAI:** 121; **ML:** 40; **HT:** 90

Service, Robert W.: **WAIII:** 167
Settle, Thomas G. W.: **DTIV:** 107
Seventh Day Adventists: **WAI:** 365
Seven Wonders of the World: **DTI:** 52; **ML:** 166, 168
Seward, William H.: **DTIV:** 347; **WAVI:** 254-55
sex: **WAIII:** 61, 63; **WAV:** 215; in motion pictures, **DTIV:** 161; **RB:** 74
sex appeal: **WAV:** 25; in politics, **HC:** 8, 39, 52, 106
sexual equality: **L:** 118; **CA:** 109; **DTI:** 9, 149, 205; **DTIV:** 212
Seymour, Jane: **WAIV:** 32
Shady Oaks Farm: **DTI:** 226; **DTIII:** 54; **WAV:** 55, 159
Shafer, Arthur J. (Tillie): **WAV:** 138
Shakespeare, William: **P:** 32; **L:** 75; **DTI:** 80, 205, 207, 260; **DTII:** 30; **DTIII:** 170, 254; **DTIV:** 150, 250; **WAII:** 187, 196, 219; **WAIII:** 46, 222, 256; **WAIV:** 22, 28, 158, 170, 209; **WAV:** 113, 216, 236; **WAVI:** 8, 42, 105, 123; **ML:** 125; **HT:** 117, 118; literary works of, **ID:** 47; **DTI:** 213, 252, 253; **WAI:** 107
Shanghai, China: **ID:** 190; **DTI:** 70, 104; **DTIII:** 100, 112, 115, 128, 130, 134, 137, 144; **WAI:** 152; **WAIV:** 53; **WAV:** 116, 119, 143, 144, 145, 181, 210; **ML:** 140, 147, 151, 161, 165; bar in, **ML:** 98, 166, 167-68
Shank, S. Lewis (Lew): **HT:** 18
"Share the Wealth": **DTIV:** 323, 324; **RB:** 108, 115, 124, 126, 135
Sharkey, Joseph P. (Jack): **DTI:** 26, 59, 111, 113, 304, 310; **DTIII:** 179; **WAIII:** 73; **WAIV:** 159-61; **RB:** 58; family of, **WAIV:** 160, 161
shark fin soup: **ML:** 163
Shasta, Mount: **WAV:** 97; **WAVI:** 249, 250
Shasta (race horse): **WAV:** 97
Shasta Daisy (race horse): **WAV:** 97
Shaver, Catherine U. N. (Mrs. Clem): **DTI:** 232; **HC:** 47
Shaver, Clement L. (Clem): **CA:** 110; **DTI:** 204; **WAIII:** 109
Shaw, George Bernard: **E:** 1; **L:** 101; **DTI:** 2; **DTII:** 31, 108, 125, 228, 230, 277; **DTIII:** 7, 56, 62, 66, 89, 261; **DTIV:** 8-9, 16; **WAII:** 219; **WAIII:** 10; **WAIV:** 34, 203, 208; **WAV:** 44, 58, 62, 66; **WAVI:** 8-9, 10, 27; **RB:** 31, 44; birthday of, **DTII:** 195
Shaw, Lillian: **WAVI:** 193
Shawnee, Okla.: **WAIV:** 239
Shawnee Indians: **WAVI:** 234
Shean, Alfred (Al): *see* Gallagher and Shean
Shearer, William B.: **DTII:** 78-79, 80; **WAIV:** 78, 79
She Done Him Wrong (film): **WAVI:** 14
Sheehan, Winfield R. (Winnie): **WAIV:** 107; **WAV:** 188, 215; **WAVI:** 9
sheep: **WAVI:** 229-30; **RB:** 80; producers of, **DTIV:** 295
Shelbourne Hotel (Dublin): **DTI:** 12
Shelby, Mont.: **WAI:** 95, 96, 103
Shelton, Sarah S. K.: **WAV:** 93

Shenandoah (dirigible): **WAI:** 342; **WAII:** 38, 68; crash of, **WAII:** 88-89
Shenandoah Valley: **DTI:** 83
Shen-yang, China: *see* Mukden
Shepard, Helen Gould: **HT:** 23
Sheppard, Morris: **P:** 39; **DTII:** 173
Sherdel, William H. (Bill): **WAIII:** 213
Sheridan, Philip H.: **DTII:** 190
Sheridan, Wyo.: **WAIII:** 19; **WAIV:** 132
sheriffs: **WAI:** 114
Sherman, Lowell: **WAVI:** 124
Sherman House (Chicago): **DTIV:** 279; **WAV:** 159; **WAVI:** 124
Sherwood, Robert E.: **HC:** 113
She Stoops to Conquer (film): **WAIV:** 75
Shimonoseki, Treaty of (1895): **ML:** 138-39
shipbuilding: **DTI:** 76; in Europe, **L:** 63; at Hog Island, **CA:** 11; during World War I, **WAI:** 173
shipping: subsidy for, **ID:** 101; **WAI:** 18, 19, 39, 57; *see also* merchant marine
ships: **DTII:** 119-20; **DTIV:** 138, 205; **WAVI:** 149-50, 151-52; *see also* names of ships
Shipstead, Henrik: **DTIII:** 229; **WAI:** 170; **WAIV:** 164; **RB:** 107, 108
shoes: **DTI:** 283; **DTIV:** 89; manufacturers of, **ID:** 19; in Japan, **ML:** 114
shoguns: **ML:** 134-35
"The Shooting of Dan McGrew" (ballad): **WAI:** 363
Shortridge, Samuel M.: **DTI:** 39; **DTII:** 79, 80, 140; **WAIII:** 81
short-sightedness: **DTI:** 91
Shoulder Arms (film): **WAII:** 232
"Should Old Acquaintance Be Forgot" (song): **ID:** 166; **WAI:** 259
Shouse, Jouett: **CA:** 139; **WAV:** 160
Show Boat (musical): **WAVI:** 193
show business: **ID:** 119-20; **DTII:** 189; **WAI:** 36; **WAV:** 77; **WAVI:** 21-22, 62; Rogers in, **E:** 13; **DTI:** 206; women in, **WAI:** 49
The Show Girl (musical): **DTII:** 59
Shreveport, La.: **WAVI:** 20
shrewdness: **DTIV:** 255; in politics, **DTI:** 116
Shriners: **WAIV:** 34; **WAV:** 193; **HC:** 23; **HT:** 148; convention of, **ID:** 128; **DTII:** 35, 37, 75, 205; **WAI:** 203; **WAV:** 192; Rogers as, **WAIV:** 34, 239
Shubert, Jacob J.: **WAII:** 258
Shubert, Lee: **L:** 20; **DTI:** 56; **WAIII:** 77
shuffleboard: **WAII:** 157
Shuler, Nelle R. (Mrs. Bob): **WAV:** 195
Shuler, Robert P. (Bob): **WAV:** 195; **ML:** 110; **HT:** 138
Siam: *see* Thailand
Siamese twins: **DTIII:** 21
Siberia: **BS:** 7, 26, 53, 82; **ID:** 34, 47, 202; **PC:** 26; **DTI:** 104, 171; **DTII:** 57, 181, 207, 208; **DTIII:** 103, 107, 150; **DTIV:** 210-11, 337; **WAI:** 108, 277, 284, 321; **WAII:** 85, 106, 160, 170; **WAIII:** 93, 240, 260; **WAIV:** 13; **WAV:** 49, 106, 111, 144, 232; **WAVI:** 51, 53, 148, 152, 204, 218; **ML:** 82, 123, 137, 139; **HT:** 29, 78; **RB:** 11, 98
Sicily: **L:** 54; **WAIV:** 111

Sierra Blanca, Texas: **WAII:** 163
Sierra Madre: **DTIV:** 288
Sierra Nevada: **DTIII:** 206, 266; **WAIV:** 183; **WAV:** 184; **WAVI:** 133
sightseeing: **DTIV:** 339, 346; **WAV:** 28, 185, 187; by automobile, **WAVI:** 207-208
silent films: *see* motion pictures
silk hats: **DTIV:** 35, 130, 134
silk stockings, manufacturers of: **WAI:** 55
silk worms: **DTI:** 304
Sills, Milton: **WAII:** 115
silver: **DTIII:** 57, 81, 82, 111, 206, 267; **DTIV:** 21, 23, 48, 116, 117, 119, 171, 208; **WAVI:** 19, 108-109, 120, 205; **ML:** 70; **RB:** 90, 135; price of, **DTIV:** 297; as campaign issue, **WAI:** 306; coinage of, **WAII:** 64; mining of, **WAV:** 186; demonietization of, **RB:** 66
Silver Dollar Saloon (Montana): **WAI:** 220
Silver Purchase Act of 1934: **DTIV:** 151
silver standard: **WAVI:** 102
Silzer, George S.: **ID:** 167; **WAI:** 259; **WAII:** 11, 12, 13
simplicity, in motion pictures: **WAVI:** 14
Sims, William S.: **CA:** 16
sin: **DTIV:** 230
Sinclair, Harry F.: **ID:** 113, 132-33, 140, 149, 155, 167, 202, 208; **DTI:** 186; **DTII:** 14; **WAI:** 185, 188, 197-98, 205, 208, 213, 215, 216, 229, 259, 277; **WAII:** 184; **WAIII:** 8, 129, 146; **HT:** 149; race horses of, **DTI:** 192, 204, 205, 236; oil leases involving, **WAI:** 211
Sinclair, Upton B.: **DTIV:** 212, 232, 233, 242, 316; **WAVI:** 135, 165, 174, 189; **RB:** 139, 149
Singapore: **DTIII:** 116; **DTIV:** 167, 168, 200, 232; **WAV:** 211, 233; **WAVI:** 147, 162; **ML:** 169
Singer's Midgets: **ID:** 59; **CA:** 64; **WAI:** 126; **WAVI:** 233; **HT:** 57
Singh, Genga: **WAIV:** 211
Singh, Maharajah Hari: **WAI:** 335
singing and singers: **L:** 55; **CA:** 110-11, 137-38; **DTI:** 82; **WAII:** 202, 203-205, 256-59; **RB:** 72, 78, 96, 175; female torch, **DTII:** 57; operatic, **DTII:** 215, 263; tenor, **DTIV:** 123; *see also* crooning
Sing Sing Penitentiary: **BS:** 42; **ID:** 153-55; **PC:** 1; **L:** 76; **DTIII:** 227; **WAI:** 156, 204, 205, 217; **WAII:** 39; **WAIII:** 6; **WAIV:** 209; **WAV:** 162
Sioux City, Iowa: **WAIII:** 140
Sioux Indians: **DTI:** 116; **DTIII:** 10; **WAIII:** 19; **WAV:** 212
Sir Anthony (horse): **WAV:** 176
Siringo, Charles A. (Charlie): **WAIII:** 60
Sisler, George H.: **DTI:** 189
Skagway, Alaska: **DTIV:** 344
skating: **WAII:** 256
Skelly, William G.: **CA:** 123
Skiatook, Okla.: **DTIV:** 256; **WAI:** 116; **WAV:** 178
skiing, snow: **WAIV:** 215; **WAVI:** 234
Skilling, J. Leon: **DTIV:** 249
Skipworth, Alison: **WAVI:** 201
skyscrapers: **WAI:** 236; **ML:** 160; **HT:** 153
slang: **L:** 10

Cumulative Index

Slattery, James S. (Jimmy): **WAII:** 213
Slaughter, Christopher C.: **WAII:** 267
Slaughter, George W.: **WAII:** 267
slavery: **WAIII:** 190-91, 203; **HC:** 29; **ML:** 53; **HT:** 19, 97, 119; **RB:** 39, 44
sleep: **WAV:** 49, 52; **ML:** 97
sleeping bags: **WAVI:** 251
sleeve holders: **HT:** 90
Slemp, C. Bascom: **ID:** 202; **DTI:** 192-93; **WAI:** 277, 362; **WAII:** 23; **WAIII:** 151
slide rules: **ML:** 153
Sloan, Alfred P., Jr.: **DTII:** 222, 253
Sloan, James F. (Tod): **DTIII:** 146
Sloane, Elsie N. (Mrs. John): **DTIII:** 28
slogans: **WAII:** 15-17, 99-100, 174; **ML:** 137; **RB:** 12, 124-25; political, **HC:** 8, 9, 16, 51
slot machines, operators of: **DTIV:** 279
Smackover, Ark.: **DTIV:** 224
Small, Lennington (Len): **DTI:** 37; **WAII:** 126, 285, 286
small towns: **WAII:** 134, 188; Rogers' affection for, **DTII:** 157-58; women in, **WAVI:** 7
smell, sense of: **WAV:** 154
Smiddy, Timothy A.: **DTII:** 124
Smith, Alfred E. (Al): **BS:** 51; **ID:** 165, 167, 178; **L:** 10, 37, 105, 119; **CA:** 49, 51, 55, 56, 57, 58, 68, 69, 75, 78, 80, 81, 82, 84, 98, 99, 101, 107-109, 114, 115, 116, 136, 141, 142-43, 145, 147; **DTI:** 12, 14, 16, 17, 22, 39, 49, 58, 78-79, 84, 95, 98, 140, 147, 148, 153, 168, 169, 170, 174, 181, 192, 193, 201, 208, 209, 219, 222, 223, 225, 227, 228, 229, 230, 231, 232, 235, 236, 237, 239, 240, 241, 242, 244, 246, 247, 251, 254, 255, 256, 257, 258, 259, 260, 261, 263, 264, 267, 268, 269, 270, 271, 272, 273, 274, 275, 277, 278, 281, 292, 298, 302, 304; **DTII:** 6, 7, 15, 20, 21, 69, 104, 117, 179, 201, 225, 233, 260; **DTIII:** 23, 75, 90, 117-18, 127, 130, 158, 159, 181, 208, 211, 218, 278, 281; **DTIV:** 30, 45, 70, 101, 105, 108, 109, 269; **WAI:** 12, 39, 41-42, 76, 82, 255, 257, 259, 260, 267, 268, 272, 273, 301, 310, 312, 328; **WAII:** 11, 12, 13, 14, 32, 51-52, 80, 92, 146, 238, 240, 254, 259, 282, 304, 312; **WAIII:** 3, 81, 90, 119-22, 123, 124, 129, 132, 143, 145, 152, 157, 158, 163, 175, 181, 185, 189, 195, 197, 202, 205, 206-207, 208-10, 211, 214, 215, 216, 217, 220, 222-24, 225-26, 227, 228, 239, 254; **WAIV:** 20, 53, 157, 232, 233-34; **WAV:** 6, 7, 36, 75, 106, 128, 150, 152, 155-56, 161, 169; **WAVI:** 55, 93, 110; **HC:** 24-25, 28, 38, 42-46, 47, 51, 53, 54, 55, 57-59, 60, 61-62, 64, 65-66, 67, 68, 72-74, 79, 85-86, 89, 90, 92, 93, 98-100, 104, 105, 112, 113; **ML:** 9, 91, 92, 98, 148-49, 150; **HT:** 23, 29, 40-45, 77, 82-84, 118, 155; **RB:** 21-25, 74; children of, **CA:** 56; **HT:** 84; derby hat of, **DTI:** 253, 271, 274; **WAIII:** 163, 205, 209, 222, 223; **ML:** 168; described as "Happy Warrior," **DTIII:** 183; religion of, **WAI:** 238; family of, **WAIV:** 234; and Empire State Building, **WAV:** 28; speeches of, **HC:** 72-73, 90, 98-100
Smith, Buzzy: **WAVI:** 111
Smith, Catherine A. D. (Mrs. Al): **CA:** 56-57, 112, 116, 139-40; **DTI:** 271; **WAI:** 267, 268; **RB:** 24
Smith, Cecil: **WAVI:** 50-51, 58
Smith, Cyrus R.: **WAVI:** 28
Smith, Elinor: **DTII:** 20
Smith, Frank L.: **DTI:** 27, 37, 42, 48, 156; **WAII:** 270, 285, 293, 306
Smith, Gipsy R.: **DTIV:** 132
Smith, Hoke: **WAIV:** 153
Smith, Horton: **DTII:** 21, 103, 185
Smith, John: **WAII:** 247; **WAIII:** 247
Smith, Joseph: **WAIII:** 54; **WAIV:** 66
Smith, Kathryn E. (Kate): **DTIV:** 321; **RB:** 83
Smith, Moe: **CA:** 55
Smith, Thomas: **DTII:** 20
Smith College: **DTI:** 87; **DTII:** 178; **WAIII:** 257; **WAV:** 156; **ML:** 25
Smithers, James: **ML:** 41, 45, 79
Smithers brothers: **ML:** 42
Smithsonian Institution: **L:** 73, 74; **DTI:** 187; **DTIV:** 180; **WAII:** 148; **WAVI:** 218
Smolensk, Russia: **BS:** 26, 37
Smoot, Reed: **CA:** 101; **DTI:** 304, 305; **DTII:** 41, 48, 58, 68, 70, 77, 140, 185; **WAI:** 93-94; **WAII:** 167, 168, 169; **WAIV:** 27, 28, 55, 56, 58, 63, 65, 66, 132; **WAV:** 9, 84; **ML:** 172
smuggling and smugglers: **BS:** 17; **DTI:** 62, 122-23, 305; **DTIV:** 66; **WAV:** 224; **ML:** 30; **HT:** 6, 16, 125-27; of liquor, **P:** 13-14; **DTI:** 62, 297, 305; *see also* rumrunning
Smyth, Roberta S. Semple: **DTIV:** 339-40; **WAV:** 5
snakes: **DTI:** 247; **DTII:** 42
Snell, Bertrand H.: **CA:** 125, 127; **DTIV:** 337-38
snipe shooting: **DTI:** 255
Snodgrass, Fred C.: **WAV:** 138
snow: **HT:** 48-49; in Southern California, **DTIII:** 152, 270-71; in New York City, **WAI:** 27-28
Snowden, Philip S.: **DTII:** 66, 73; **WAIV:** 61
Snyder, Charles: **WAI:** 18
Snyder, Ruth B.: murder case involving, **DTI:** 79, 82-83, 85, 208; **WAIII:** 22, 23-24, 27, 34
"soak the rich": **DTIII:** 163; **DTIV:** 323, 324, 341
soap-box orators: **DTIV:** 72; **RB:** 157
Soapsuds (horse): **WAVI:** 208, 245
"Sober Sue": **WAI:** 317
sobriety: **ID:** 11-12; **DTI:** 6, 227; **WAV:** 24
soccer: **DTII:** 254; **WAIII:** 114; in Uruguay, **DTIII:** 226
social classes: **DTII:** 12; **DTIV:** 222; **ML:** 38, 40; struggles between, **RB:** 147
"social climbers": **WAII:** 128
social hygiene: **WAII:** 159
socialism and socialists: **BS:** 58; **DTIV:** 153; **WAV:** 11, 33; in Argentina, **DTI:** 286
Socialist party: **BS:** 54; **DTI:** 272-73; **DTIV:** 171; **WAI:** 170; **WAII:** 195, 229; **WAVI:** 135; **HT:** 88
Social Register (book): **WAIV:** 173-74; **ML:** 40
Social Security Act of 1935: **RB:** 123-24
society: **DTI:** 94, 143, 174; **DTII:** 13; **DTIII:** 78; **DTIV:** 69, 211, 244, 245, 286, 318;

WAIV: 173-74; **WAV:** 32, 33; *see also* "high society"
Society for Political Education: **WAII:** 307
sociology: **WAV:** 171; **ML:** 106; **HT:** 92, 146-47
Socrates: **ID:** 191; **WAI:** 154
Sodom and Gomorrah: **DTI:** 17; **WAIV:** 220
soft drinks: **P:** 10-11, 18; **WAIV:** 66
Sogan, Frank: **WAII:** 244
solar eclipse: *see* eclipse
Soldier Field (Chicago): **DTII:** 102; **WAIII:** 106; **WAVI:** 36
soldiers: **ID:** 190, 195; **DTI:** 309; **DTII:** 34; **DTIV:** 302-303; **WAI:** 14-15, 23, 24, 172-75, 216, 321; **ML:** 80, 130, 150; **HT:** 91; desertions of, **DTI:** 40; in Mexico, **ML:** 45, 58-61; in Japan, **ML:** 127-28; *see also* United States Army
Solomon: **L:** 36; **DTII:** 146; **WAII:** 239; **WAIII:** 220-21
Solomon, Alaska: **WAV:** 52
Song of Songs (film): **WAVI:** 32, 33
songs: **ID:** 45-48; **DTI:** 113; writers of, **ID:** 45-48; **DTII:** 35; **WAI:** 105-108; about mothers, **ID:** 45-47; **WAI:** 105, 106; about bananas, **ID:** 45-48; **L:** 43; **DTII:** 130; **WAI:** 105-108, 169, 243, 331; about violets, **ID:** 46; **WAI:** 106; western, **WAVI:** 63-64; *see also* national anthems *and titles of songs*
Sonora, Calif.: **DTIV:** 233; **WAIV:** 190; **WAVI:** 167
Sonora, Mexico: **WAIV:** 5; **ML:** 50, 73, 82
Sons (novel): **WAV:** 211
Soong, Ai-ling: **WAVI:** 18
Soong, Ch'ing-ling: **WAVI:** 18
Soong, Mei-ling: **WAVI:** 18
Soong, T. V.: **WAVI:** 18
sophistication: **WAV:** 27; **WAVI:** 125
sororities: **DTIV:** 237
So This Is London (film): **DTII:** 146
Soul of Honor (race horse): **DTII:** 26
soup: eating of, **ID:** 33-36; **WAI:** 282-86; *see also* consommé
Sousa, John Philip: **DTII:** 49; **WAI:** 52; **WAIII:** 148; musical band of, **ID:** 146; **WAI:** 209; death of, **DTIII:** 140
South (as region of U. S.): **BS:** 10; **ID:** 208; **CA:** 9, 109; **DTI:** 22, 26, 57, 65, 126, 176, 187, 192, 201, 206, 226, 258, 273, 278, 281, 283; **DTII:** 8, 9-10, 73, 74, 168-69, 199, 264; **DTIV:** 47, 58, 151, 248; **WAI:** 100, 115, 120, 134, 307; **WAII:** 21, 34, 104, 122, 155, 306; **WAIII:** 2, 13, 34, 77, 102, 131, 139, 143, 145, 149-50, 205, 207, 208, 211, 222, 223; **WAIV:** 53, 175, 206, 241; **WAV:** 2, 39, 56, 74, 140, 182, 206; **WAVI:** 36, 55, 169, 171, 215; **HC:** 29, 65, 66, 86, 98, 99, 105; **ML:** 53; **HT:** 22, 26, 29, 44, 119, 152; **RB:** 23, 24, 25, 72, 116; prohibition in, **DTI:** 17-18, 22; airmail service to, **DTI:** 192; Republican party in, **DTII:** 9-10; and political patronage, **DTII:** 73; and Civil War, **DTII:** 74; equal representation for, **DTII:** 168-69; immigration into, **DTII:** 174; politics in, **DTII:** 199; politicians in, **DTIV:** 81; democracy in, **WAIV:** 155-57; drought in,

WAV: 2; people of, **WAVI:** 169, 171; whites in, **RB:** 44
South Africa: **BS:** 26; **DTIII:** 143; **WAI:** 279, 353; **WAII:** 49, 68; **WAIV:** 200; **WAV:** 163, 170, 180; **WAVI:** 46, 109, 212, 238; **HC:** 54; **ML:** 54, 59; Rogers in, **DTIII:** 143; **DTIV:** 20; **WAV:** 163; **WAVI:** 212; **ML:** 59; **RB:** 86
South America: **L:** 50; **CA:** 116; **DTI:** 131, 159, 171, 275, 276, 277, 278, 279, 280, 284, 286, 308; **DTIII:** 220, 226, 234, 236; **DTIV:** 121, 195, 309; **WAI:** 22, 134-35; **WAII:** 67, 146, 147, 224, 278; **WAIII:** 90, 115, 136, 228-29; **WAIV:** 197; **WAV:** 19, 100, 129, 178, 197, 208, 211, 231, 232; **WAVI:** 87, 91, 97, 138, 173, 216, 249; **ML:** 55, 104; **HT:** 31; **RB:** 11; revolutions in, **DTII:** 209; **DTIII:** 222; aviation in, **DTIII:** 222, 223, 224; **WAV:** 17; Rogers in, **DTIII:** 236-37; war in, **DTIV:** 115; U. S. trade with, **DTIV:** 175; elections in, **WAII:** 301
Southampton, England: **L:** 22
South Bend, Ind.: **DTI:** 33, 148; **WAII:** 130; **WAIV:** 94, 95, 216; **WAV:** 12; **WAVI:** 191; **HT:** 62
South Carolina: **ID:** 172; **DTI:** 57, 213; **DTII:** 174; **DTIII:** 228; **DTIV:** 103, 240; **WAI:** 261, 268, 275; **WAII:** 168; **WAIII:** 140, 222-23; **WAVI:** 42, 54, 55, 67; **HT:** 21; **RB:** 19, 116; governor of, **DTI:** 57; legislature of, **WAIII:** 1-2
South Dakota: **ID:** 201; **DTI:** 125, 182; **DTII:** 231; **DTIV:** 147, 296; **WAIII:** 37-40, 140-42, 223; **WAIV:** 176; **WAVI:** 13; **ML:** 53, 62; **HT:** 35; election in, **WAIV:** 205-206
Southern California: **ID:** 65; **DTI:** 75; **DTIII:** 7, 270, 271; **WAI:** 147; **WAII:** 104; **WAV:** 158; **WAVI:** 95; **HT:** 134
Southern California, University of: **DTI:** 282; **DTII:** 229, 243; **DTIII:** 248, 259; **WAV:** 13-14, 126, 223, 239; **WAVI:** 65, 132
Southern Cross (airplane): **DTIV:** 236, 237; **WAIV:** 21
Southern Methodist Conference: **DTIII:** 48
South Manchurian Railroad: **ML:** 126-27, 145-46
South Pole: **DTII:** 102, 111; **DTIV:** 16; **WAI:** 354; **WAV:** 230; exploration of, **DTII:** 112; **WAIV:** 11; expedition to, **WAII:** 29, 39
South Seas: *see* Pacific Ocean
Southwest (as region of U. S.): **DTII:** 78; **DTIII:** 94; **DTIV:** 116, 338; **WAII:** 269; **WAV:** 76, 216, 228; climate of, **WAV:** 218
souvenirs: **DTI:** 158; **ML:** 37, 85; **RB:** 7
Soviet Council, of Russia: **BS:** 44, 53, 82
Soviet Union: *see* Russia
soy beans: **ML:** 143, 145, 147
Spain: **BS:** 15; **L:** 15, 90-100, 109, 118; **DTI:** 10; **DTII:** 40, 48, 203, 225, 273; **DTIII:** 18, 19, 22, 29; **DTIV:** 64, 66, 90, 170; **WAI:** 71, 134, 353; **WAII:** 49, 51, 62, 185, 221, 224, 245, 250, 278, 289; **WAIII:** 33, 93, 158, 229; **WAIV:** 1, 28, 29, 31, 37, 106, 126, 217; **WAV:** 62, 66, 84, 129, 155; **WAVI:** 8, 46; **ML:** 34, 97; **HT:** 28, 35, 127; **RB:** 53; farmers in, **L:** 90; **DTIII:** 18; republicans in, **DTIII:**

Cumulative Index

18; **WAV:** 1; revolution in, **WAI:** 131; navy of, **WAIV:** 126; people of, **WAV:** 135; **WAVI:** 55; colonies of, **WAV:** 235
Spalding, Albert: **L:** 74
Spalding, Silsby: **WAIII:** 67, 80
Spalding's Sporting Goods Company: **HT:** 141
Spanish-American War of 1898: **L:** 4; **DTI:** 304-305; **DTIV:** 64; **WAI:** 171, 353, 354; **WAII:** 25, 278; **WAIII:** 60; **WAV:** 21; **ML:** 171
Spanish Armada: **DTII:** 194
Spanish language: **L:** 92; **DTI:** 61, 155; **WAII:** 186-88; **WAIII:** 5, 100, 219, 229; **ML:** 27, 30, 43, 63, 82; Rogers and, **WAV:** 18; **ML:** 43, 63, 65, 173-74
The Sparrow (play): **WAVI:** 141
Sparta: **ID:** 190; **WAI:** 152
Spartanburg, S. C.: **DTI:** 18
speakeasies: **DTI:** 263; **DTII:** 67, 137, 260; **WAIII:** 214, 250; **WAIV:** 118; **WAV:** 109; **HC:** 44; **ML:** 167; *see also* saloons
Speaker, Tristram E. (Tris): **DTI:** 40, 51; **DTII:** 93; **DTIV:** 228; **WAII:** 154, 297; **WAV:** 72, 137
Spearmint (horse): **WAVI:** 222
The Specialist (book): **WAVI:** 142
speculation: **DTII:** 31, 216, 238; **DTIII:** 135; in grain, **DTIII:** 63; *see also* stocks and bonds
speeches and speakers: **PC:** 19; **L:** 75; **CA:** 37, 38, 41, 101, 111, 117; **DTI:** 94, 102, 105, 184, 213, 229; **DTII:** 95, 111, 118, 122, 136, 220, 228; **DTIII:** 80, 261; **DTIV:** 4, 34, 94, 107, 114, 168, 328; **WAI:** 84, 86, 300, 316, 329; **WAIII:** 98, 104, 152, 155, 177-83, 208, 252; **WAV:** 43, 194, 195, 236-37; **WAVI:** 69, 97, 130; **ML:** 16, 89; **HT:** 103, 119, 121, 134, 136; **RB:** 46, 53, 84, 96, 157, 171, 175; Rogers as, **ID:** 19, 20, 63, 99, 100, 154, 209; **DTI:** 129, 146, 206; **DTII:** 213; **DTIII:** 22, 88; **DTIV:** 133, 167-68; **WAI:** 13, 14, 15, 17-19, 21, 30-31, 38, 55-56, 61, 63, 68, 71, 84, 86, 101, 112, 113, 145-48, 174, 271, 274, 291-92; **WAII:** 12-13, 20, 23, 24, 32-33, 41, 62, 171, 185-86, 214, 254; **WAIV:** 178; **WAV:** 22, 24, 37-39, 43, 51, 143; **WAVI:** 65, 76-77, 197-98, 243; **ML:** 79, 80-82, 110; **HT:** 3-5, 11, 85, 134, 136-38; **RB:** 20, 34-35, 156; after dinner, **ID:** 47, 63; **DTI:** 39, 243, 276; **DTII:** 66; **WAI:** 40, 70, 107, 129; **WAIII:** 45, 187, 214; **WAIII:** 11-12; **WAV:** 13, 82, 136; **HT:** 129, 143; **RB:** 67; at political conventions, **CA:** 56-58, 59-61, 69-71, 99, 102, 111, 112, 114-15, 116, 122-24, 125, 127, 135, 138, 144, 145, 146; **DTI:** 221, 222, 226, 227, 228, 230, 243; **HC:** 32-34; political, **DTI:** 20, 244, 249, 256-57, 258-59, 261, 269; **DTIII:** 66, 156, 180, 197-98, 199, 200, 201, 209, 211, 213, 229, 230, 232, 250; **DTIV:** 231; **WAIII:** 215, 219; **HT:** 83-84, 95-96, 118; **RB:** 84, 106, 174; in Hyde Park, **DTII:** 129-30; extemporaneous, **DTII:** 171-72; **HT:** 3-5; campaign, **DTII:** 241; on Decoration Day, **WAI:** 78, 79; three-minute, **RB:** 34; mayoral, **RB:** 84; *see also* oratory and orators
speed: **DTIV:** 23, 150

speedboat racing: **DTIII:** 74-75
speed records: aeronautical, **DTII:** 63, 72; **DTIII:** 145; automotive, **DTII:** 268-69; **DTIII:** 75, 145
spelling: **WAIV:** 227
spending: **DTII:** 105, 188, 239; **DTIV:** 284; U. S. governmental, **DTI:** 208; **DTIV:** 84; **WAV:** 133; **RB:** 108-109, 111, 112-13, 114-15, 116, 123, 124, 126-27, 129, 132-33
Sper, Norman L.: **WAVI:** 124
Sphinx: *see* Great Sphinx
Spirit of St. Louis (airplane): **DTI:** 130; **WAIII:** 55
Spirit of 1776 (painting): **WAVI:** 125
spiritualism and spiritualists: **DTII:** 186; **WAVI:** 56
Spitzbergen, Norway: **WAIV:** 13
The Spoilers (novel): **WAV:** 215; **WAVI:** 252
Spokane, Wash.: **DTI:** 71; **DTIV:** 342; **WAI:** 240
spokesmen: *see* "official spokesmen"
sports: **DTI:** 212; **DTIV:** 123; **WAII:** 69; **WAV:** 138, 173; professional versus amateur, **WAII:** 118-21; *see also* athletics
sports broadcasters: **DTII:** 30, 222; **DTIV:** 86-87, 321
sportsmanship: **L:** 103; **DTI:** 5; **DTIV:** 98, 157, 218, 329; **WAI:** 32-33; **WAII:** 69-72; **WAVI:** 235; **HT:** 14, 85, 128, 133
sportsmen: **DTI:** 114, 192; **DTII:** 213; **WAVI:** 50; Rogers as, **WAV:** 73
sportswriters: **DTI:** 110-11, 212; **DTIV:** 321, 329; **WAV:** 138; **WAVI:** 197-98, 213; **HT:** 100, 101; **RB:** 98
Sprague, Oliver M. W.: **DTIV:** 108
Spreckles, Claus: **DTI:** 215
spring (season): **DTIV:** 28; **WAI:** 45
Springfield, Mass.: **WAII:** 132; **HT:** 106
Springfield, Ohio: **WAII:** 98-99, 101
Springs, Lena J. (Mrs. Leroy): **WAI:** 268
"Spring Song" (musical composition): **ID:** 41; **WAI:** 50
Sproul, William C.: **CA:** 10, 11, 12, 15, 18
squab: **WAIII:** 10-11
"Square Deal": **DTI:** 170, 172
Stagg, A. Alonzo: **DTIV:** 297
Staked Plain (Llano Estacado): **WAIV:** 72
stalactites and stalagmites: **WAV:** 30
Stalin, Joseph: **BS:** 53, 85; **DTII:** 240, 241, 244; **DTIV:** 247, 269, 288, 332; **WAIII:** 93; **WAV:** 44, 102-103; **WAVI:** 6
Stamford, Texas: **DTIV:** 327
stamps, postage: **DTIII:** 216; rare, **DTIV:** 108; sale of, **RB:** 135
standardization: **DTI:** 69, 294; **DTIII:** 93
standard of living: **DTI:** 35, 145; **WAI:** 70-71; **WAIII:** 16; **ML:** 71, 73; in Russia, **BS:** 60-61
Standard Oil Corporation: **DTI:** 312; **DTIII:** 62; **DTIV:** 322, 329; **WAI:** 265, 354, 356; **WAIV:** 127, 128-29; **ML:** 141; dissolution of, **ML:** 110
Standard Oil Corporation of New Jersey: **ML:** 110
Stanford, A. Leland: **WAIII:** 195
Stanford University: **CA:** 123; **DTI:** 34, 282;

DTII: 229; **DTIII:** 172, 186; **DTIV:** 109, 123, 242, 259, 314; **WAIII:** 67, 140, 195-96; **WAIV:** 187; **WAVI:** 89, 153, 187-88, 235, 245; **RB:** 10-11, 104, 163
Stanislavsky, Constantin S.: **WAI:** 29
Starr, Charles C. (Charley): **WAIII:** 45
stars, of motion pictures: **DTI:** 103, 108, 221, 254; **DTII:** 235; **DTIV:** 69, 75; **WAII:** 307, 310; **WAV:** 23; **ML:** 82; **RB:** 32; **WAVI:** 67; salaries of, **WAVI:** 3-4; *see also* actors and actresses
"Stars and Stripes Forever" (song): **DTIII:** 140
"Star Spangled Banner": **CA:** 110, 137; **WAIII:** 33; *see also* United States, national anthem of
starvation: **DTI:** 96, 272; **DTII:** 111, 191; **RB:** 66, 113, 151; in China, **ML:** 164; *see also* hunger
State, U. S. Department of: **WAII:** 165, 250, 281; **ML:** 71, 72, 73, 104, 122
State Fair (film): **WAV:** 188; **WAVI:** 13, 160
Staten Island, N. Y.: **WAIII:** 188; **WAVI:** 201
"State of the Union": **DTI:** 283; **DTII:** 104; **DTIV:** 260
states: **DTI:** 91; **DTII:** 67; rivalries between, **DTI:** 190, 299, 300, 312
statesmanship: **DTII:** 232; **DTIII:** 259; **WAII:** 181; **WAV:** 165, 214; **HT:** 111
statesmen: **L:** 58, 106; **DTI:** 33, 116, 166, 184, 300; **DTII:** 66, 71, 153, 156; **DTIII:** 171, 281; **DTIV:** 53, 104, 132, 187, 192, 243, 326; **WAI:** 227, 334; **WAIII:** 221; **WAIV:** 218; **WAVI:** 2; **ML:** 15; **RB:** 31, 46; in England, **L:** 41
states' rights: **DTI:** 204; **DTII:** 263; **DTIII:** 167; **DTIV:** 287, 300, 319, 332; **WAV:** 128, 129; **HT:** 19
statistics: **DTI:** 188, 232, 258; **DTII:** 118; **DTIV:** 146, 175, 212, 262, 296; **WAI:** 167; **WAIII:** 254-55; **WAVI:** 23, 185; **HC:** 49, 113; **ML:** 152-53; **RB:** 18, 75
Statler, Ellsworth M.: **WAII:** 213
Statue of Liberty: **DTII:** 30; **WAI:** 366; **WAII:** 77; **WAIII:** 244; **WAIV:** 21; **WAV:** 151; **HT:** 143
statues: **DTII:** 118; **DTIV:** 157; **WAV:** 43
Staunton, Va.: **WAIII:** 234
Steamboat 'Round the Bend (film): **RB:** 152
steamboats: **WAVI:** 230, 233
Stearns, Frank W.: **L:** 3, 7, 8; **CA:** 36; **DTI:** 121; **DTII:** 17, 23; **WAI:** 250; **WAII:** 24, 44, 62, 152; **WAIV:** 11, 123
steel: **DTI:** 306-307; **WAI:** 357; **WAII:** 291
steel industry: **DTIV:** 155; conditions in, **ID:** 88-89; **WAI:** 80; investigation of, **ID:** 88; **WAI:** 80; workers in, **ID:** 89; **WAI:** 70, 80, 94; strike in, **DTIV:** 182-83, 184-85
Steel Trust: **WAI:** 94, 171, 179, 348, 360
Stefansson, Vilhjalmur: **WAIV:** 11, 13
"Stein Song": **DTIII:** 33
stenographers: **DTII:** 40-41
Sterling, Buddy: **WAVI:** 114, 118
Sterling, Ross S.: **DTII:** 263; **DTIII:** 203; **WAIV:** 184, 235; **WAV:** 95
Stevens, Ashton: **BS:** 10, 14; **ID:** 183-85; **WAIII:** 45

Stevens, Florence K. K. (Mrs. Ashton): **WAIII:** 45
Stevens, Willie: **WAII:** 279
Stevenson, Malcolm: **WAVI:** 173
stewardesses: **WAV:** 96-97
Stewart, Robert W.: **DTII:** 2
Stillman, Anne U. P. (Fifi): **DTI:** 112; **WAII:** 159
Stillman, James A.: **WAI:** 77; **WAII:** 159
Stillman, James A. (Bud), Jr.: **DTI:** 112; **WAIII:** 57
Stillwater, Okla.: **WAIV:** 237, 239
Stimson, Henry L.: **CA:** 122; **DTII:** 8, 12, 13, 109, 122, 124, 126, 129; **DTIII:** 23, 39, 57, 118, 130, 150, 196, 240; **WAIV:** 15; **WAV:** 83; **ML:** 108, 125
Stimson, Mabel W. W. (Mrs. Henry L.): **DTII:** 123, 126; **WAIV:** 119
stimulants: **RB:** 52
Stinson, Roxy: **WAI:** 215, 229
Stockbridge, Frank D.: **WAII:** 139
stockbrokers: **DTIII:** 66, 68, 157; **DTIV:** 63
stock exchanges: investigation of, **DTIII:** 277; **DTIV:** 33-34, 35-36; *see also* New York Stock Exchange; stock market
stockholders: **DTIV:** 82; **WAVI:** 210
stockings, manufacturers of: **DTI:** 36
stock market: **DTI:** 215, 283, 306-307; **DTII:** 9, 27, 91, 98, 174, 184, 191, 193, 210, 264, 276; **DTIII:** 200, 201; **DTIV:** 24, 50, 54, 56, 59, 78, 96; **WAIV:** 16, 82-85, 113, 184; **WAV:** 46, 82, 102, 179; **WAVI:** 21, 40; **HT:** 85, 92; **RB:** 94, 136; seats on, **DTI:** 152, 254, 301; collapse of, in 1929, **DTII:** 89-90, 91-92, 94, 96, 99, 113, 118, 164, 191; **DTIII:** 28, 30, 188, 196; **WAIV:** 87-88, 89-91, 94, 169, 223-24; **WAV:** 163; **ML:** 154; **RB:** 13, 133; investigation of, **DTIV:** 33-34, 35-36; *see also* New York Stock Exchange; stocks and bonds; Wall Street
stocks and bonds, buying and selling of: **ID:** 69, 125-26; **DTI:** 152, 188, 198, 206, 213, 220, 237, 283, 294, 301, 306-307; **DTII:** 11, 31, 52, 78, 89-90, 92, 94, 96, 99, 101, 118, 170, 197, 251; **DTIII:** 11, 36, 38, 135, 150, 156, 182, 188, 190, 192, 196, 210, 213; **DTIV:** 61, 96, 108, 117, 135, 147, 173, 178, 220, 223, 271, 297, 315, 334; **WAI:** 44, 50, 69, 136, 322-26; **WAIV:** 82-85, 127, 135, 215, 218, 223; **WAV:** 140, 199, 207, 225, 233; **WAVI:** 4, 5, 21, 79, 210; **ML:** 26, 90, 97; **HT:** 116, 117; on margin, **DTI:** 311; **DTII:** 31, 99, 170; **DTIII:** 11; **DTIV:** 173; **WAIV:** 87, 94; taxes on, **DTIII:** 160, 163; **DTIV:** 81, 84; swindles involving, **DTIV:** 103-104, 106; *see also* New York Stock Exchange; stock market; tax-exempt bonds; Wall Street
Stockton, Calif.: **WAVI:** 233
Stoddard, Louis E.: **WAVI:** 51
Stoeckl, Edouard de: **WAVI:** 254
Stone, Allene C. (Mrs. Fred A.): **ID:** 118; **DTI:** 241; **DTII:** 133; **WAI:** 34, 251-52; **WAVI:** 252
Stone, Carol: **ID:** 118; **WAI:** 34, 52, 251-52; **WAVI:** 141, 246

Stone, Dorothy: **ID:** 118; **DTI:** 264; **DTII:** 59, 133; **WAI:** 34, 52, 251-52; **WAIII:** 203, 217; **WAVI:** 84, 141, 200, 212-13; **RB:** 82
Stone, Fred A.: **ID:** 117-20, 122; **DTI:** 202, 234, 241, 253, 264; **DTII:** 59, 63, 64, 76, 133-34, 202; **DTIII:** 73, 277; **DTIV:** 170, 230; **WAI:** 33-34, 36-38, 251-52; **WAII:** 103, 272; **WAIII:** 126, 188; **WAIV:** 179, 180, 182; **WAVI:** 109, 113, 122, 124, 125, 141, 173, 179, 201, 203, 204, 207, 213, 246; **HT:** 5; **RB:** 78, 80-85, 169; parents of, **ID:** 117; **WAI:** 34; home of, **ID:** 118; **WAI:** 34; performance by, **DTII:** 20, 34, 76; family of, **DTII:** 133; **WAVI:** 124, 179, 195
Stone, Paula: **ID:** 118; **DTII:** 133; **WAI:** 34, 52, 251-52; **WAVI:** 141, 246
Stone, William J.: **CA:** 83
Stone Mountain, Ga.: **DTII:** 190; **DTIII:** 24; **WAII:** 194, 268; **WAIV:** 176
stooges: **WAVI:** 44, 109-10
stop lights: *see* traffic lights
The Story of Civilization (book series): **WAVI:** 245
The Story of My Life (book): **WAVI:** 182
The Story of Philosophy (book): **WAVI:** 204
storytelling: **P:** 11
Stotesbury, Edward T.: **DTIV:** 120; **WAIV:** 153
Stotesbury, Eva R. (Mrs. Edward T.): **DTI:** 56
stowaways: **DTI:** 271; **DTII:** 39, 40, 41, 57, 85; Rogers as, **DTII:** 42; **DTIV:** 232
Strachey, Evelyn John: **WAVI:** 204
"straight men" (comedy): **DTI:** 261-62
Straton, John Roach: **DTI:** 114, 148, 242, 246, 251, 257; **WAIII:** 197; **WAIV:** 30; **HC:** 72; **HT:** 23
stratosphere, flights into: **DTII:** 156; **WAVI:** 93-94
Straus, Jesse I.: **DTIV:** 105
Strawn, Silas H.: **CA:** 123; **DTIV:** 169
straw polls: *see* polls, public opinion
street cars: **WAIV:** 209; **ML:** 31
Stresa Conference of 1935: **DTIV:** 297, 298
Stribling, William L. (Young): **DTI:** 300, 304, 310; **WAII:** 111-14, 155; parents of, **WAII:** 111-14; brother of, **WAII:** 113-14
strikes: **BS:** 85; **DTI:** 82, 91, 153, 155, 177, 182-83, 184-85, 220, 245; **WAVI:** 108, 145-46, 156; **HT:** 15; by coal workers, **ID:** 160; **DTI:** 152; **DTII:** 109; **WAI:** 15, 122; in England, **L:** 20, 21, 22-23, 25, 26, 29, 30, 31-34, 38, 40, 42, 43, 48, 50; **DTIV:** 198; **WAII:** 218, 220, 226, 228-29; **WAIII:** 77, 78; **WAVI:** 145; **RB:** 37; in Italy, **L:** 63; by farmers, **DTIII:** 198, 208; **DTIV:** 82; in motion picture industry, **DTIV:** 59; prohibition of, **DTIV:** 63; in San Francisco, **DTIV:** 196, 198, 199; **WAVI:** 145-46, 156; in New York City, **WAI:** 138-40, 141
Strong, Benjamin: **L:** 65
Strong, George V.: **L:** 18, 19
Strong, Philip D.: **WAV:** 188
strongmen: **WAV:** 79
Strutt, Margaret C. (Lady Belper): **WAII:** 234
Strutters, Lem: **WAI:** 181
Stuart, _____: **ID:** 166; **WAI:** 258-59

Stuart y Falco, Jacobo F. (Duke of Alba): **L:** 97, 98
Student Prince (musical): **L:** 30
students: **WAV:** 120, 121; in colleges, **DTI:** 30, 45, 294, 308-309; **DTIV:** 248; **WAV:** 10; **WAVI:** 117-79; **HC:** 36; **ML:** 40, 54, 165; **HT:** 102, 112; **RB:** 163; suicides by, **DTI:** 84; life of, **DTI:** 279; in high schools, **DTII:** 171-72; radicalism of, **WAV:** 10; abroad, **WAVI:** 11; protests by, **RB:** 117
studio audiences, on radio: **RB:** 96-97, 98
studios, motion picture: **ID:** 195; **WAI:** 25
"stuffed shirts": **L:** 10
Stuhldreher, Harry: **WAV:** 13
The Stump Farm (novel): **WAV:** 189
stuntmen: **DTIII:** 54
submarines: **DTI:** 167; **DTII:** 71, 85, 110, 132, 228; **DTIII:** 73; **DTIV:** 304; **WAIV:** 91, 113, 114; **ML:** 129; **HT:** 3, 4; polar exploration by, **WAIV:** 11, 13
subsidies: for shipping, **ID:** 101; **WAI:** 18, 19, 39, 57; for aviation, **DTI:** 77; **ML:** 102; for agriculture, **DTII:** 39; for housing, **DTIV:** 195-96
subtlety: **WAV:** 27
suburbs: **DTI:** 292; **HT:** 153
subways: **ID:** 39; **DTII:** 71, 97; **DTIV:** 212; **WAI:** 49; **WAII:** 80, 94; **HC:** 99; **HT:** 26; in New York City, **ID:** 19-20, 128; **DTI:** 283; **WAI:** 28, 31, 83, 212, 323, 349, 354, 359; **WAII:** 34-35; in Japan, **WAV:** 110; **ML:** 122
success: **DTI:** 294; **WAII:** 107-108, 110-11; **HT:** 51; stories about, **HT:** 98, 116
succotash: **HT:** 38, 43
Suchowfu, China: **WAVI:** 11
Sudan: **WAI:** 335-36
Suetsugu, Nobumasa: **DTIV:** 127
Suez, Egypt: **DTIII:** 112; **WAV:** 115
suffrage: for women, **P:** 34; **DTII:** 138, 205; **WAI:** 181; **RB:** 165; for children, **DTII:** 205; **RB:** 166
sugar: **DTIII:** 150; **DTIV:** 65, 112, 142-43, 201; **WAIV:** 66; **WAV:** 84; **WAVI:** 159, 160; **ML:** 171-72; tariff on, **DTI:** 304-305; **DTII:** 41, 58, 70, 77, 102, 111, 141, 143; **WAIV:** 65, 132; from Cuba, **DTII:** 111; **DTIV:** 78, 80; **WAIV:** 55
Sugar Bowl: **DTIV:** 249, 259
sugar cane: **ML:** 33, 59
suicide: **DTI:** 132; **DTII:** 183; **DTIII:** 209; **DTIV:** 137, 190; **WAII:** 52, 242; **WAIV:** 206; **WAV:** 134; **ML:** 109, 141; by college students, **DTI:** 84
suits, for men: **WAVI:** 147-48
Sullivan, Anne: *see* Macy, Anne Sullivan
Sullivan, Edward A.: **WAVI:** 255
Sullivan, Ind.: **ID:** 111; **WAI:** 187; **WAIII:** 46; **WAVI:** 54
Sullivan, John L.: **WAII:** 70; **WAIII:** 76
Sullivan, Mark: **DTII:** 23; **WAIV:** 57; **RB:** 170
Sullivan, Roger: **CA:** 83
Sullivan, Timothy D. (Big Tim): **WAVI:** 228
Sulphur Springs, Md.: **DTIV:** 255
Sultan, David I.: **DTIII:** 58-59
Summerall, Charles P.: **DTI:** 147; **WAIII:** 99

sun, eclipse of: **ID:** 57-60; **DTIII:** 205; **WAI:** 124-28, 358-60, 368; **WAIV:** 144
sunbathing clubs: **WAI:** 136-38
Sunday, William A. (Billy):   **ID:** 159, 161-62; **PC:** 15; **P:** 22-23, 31; **L:** 11; **CA:** 35; **DTI:** 77, 108, 121, 238; **WAI:** 121-24; **WAIII:** 21, 192; mother of, **DTI:** 121
Sundays: **DTI:** 228; **DTII:** 37; **DTIII:** 50; **DTIV:** 175, 230, 260-61, 301
Sunday School: **ID:** 83; **DTI:** 251; **WAI:** 47
Sunflower River: **ID:** 197; **WAI:** 26
Sunny (musical):   **WAIII:** 57
sunrises: **ID:** 7
Sun Yat-sen: **ML:** 156
supply and demand: **DTIII:** 39, 210; **WAIV:** 225; **WAVI:** 92
Supreme Court: *see* United States Supreme Court
surfboarding: **DTIII:** 63, 159; **DTIV:** 342; **WAVI:** 157, 158, 159
surgical operations: **E;** **DTI:** 100, 101, 102, 103, 105
Surrey, H. M. S.:   **DTII:** 126-27
surveyors: **WAII:** 304; **RB:** 43
Sutter, John A.:   **WAIV:** 189-90
Svasti, prince of Siam: **WAV:** 66, 68; family of, **WAV:** 66, 68
Swanson, Claude A.:   **DTIII:** 279; **DTIV:** 76; **WAVI:** 97
Swanson, Gloria: **L:** 22; **WAI:** 323, 362; **WAII:** 3, 17-18, 54, 153, 191, 213; **WAIII:** 66; **HT:** 53; husband of, **WAII:** 24
sweat shops: **DTIV:** 315
Sweden: **L:** 109-10; **DTI:** 76; **DTIII:** 216; **DTIV:** 12-13, 90, 215; **WAI:** 351; **WAII:** 44; **WAIV:** 38, 164; **WAV:** 170, 188; **WAVI:** 148, 234, 235; **ML:** 143; **RB:** 98, 162; people of or from, **DTI:** 114; **DTIII:** 187; **WAI:** 98; **WAII:** 44; **WAV:** 135; king of, **DTIV:** 215; princess of, **DTIV:** 256
Swedish language: **WAI:** 170
Swedish Lutheran Hospital (Los Angeles):   **E:** 13; **DTI:** 100, 101, 102
Sweet, William E.:   **WAI:** 264
Swim, Ore.:   **WAIII:** 167
swimming: **ID:** 75; **DTI:** 48, 196; **DTIV:** 126, 206, 286; **WAI:** 222; **WAII:** 69, 72-73; **WAV:** 173, 175, 231; the English Channel, **BS:** 1, 16-18, 37; **L:** 37, 101, 102, 104, 117-18, 119; **DTI:** 2, 3-4, 8, 9, 10, 12, 13, 14, 123, 139, 231, 271; **DTII:** 196, 226; **WAII:** 69, 72-73, 206, 232, 240, 242; **WAIII:** 33, 98, 242; **WAIV:** 121, 153; **WAV:** 70; **ML:** 38; women as, **DTI:** 8; and diving, **DTIII:** 195, 196, 216
swimming clubs: **ID:** 69-71; **WAI:** 136-38
swimming pools: **DTI:** 119; **RB:** 81
swindles: **DTIII:** 65; **DTIV:** 327; involving stocks and bonds, **DTIV:** 103-104, 106
Swinnerton, James (Jimmy):   **DTI:** 240
Switzerland: **BS:** 15; **L:** 18, 67, 81, 107, 120; **DTI:** 13, 73; **DTII:** 157; **DTIV:** 51, 66, 104, 253, 268; **WAI:** 332, 371; **WAII:** 50, 170, 216-18, 221, 224, 296; **WAIII:** 3; **WAIV:** 49, 103, 218; **WAV:** 122; **WAVI:** 8, 165; **HC:** 14; **ML:** 34; lakes in, **DTIII:** 219; people of,

WAVI: 55, 147
Swope, Gerard: **DTIV:** 101
Swope, Herbert Bayard: **DTI:** 280; **WAI:** 327-28; **WAIII:** 45
Sydney, Australia: **WAIV:** 22; **WAVI:** 66
symposia: **WAV:** 237-39
Syracuse, N. Y.:   **ID:** 167; **WAI:** 260
Syracuse University: **DTIII:** 37; **WAII:** 70
Sze, Sao-ke Alfred: **ML:** 146

T

Tacna-Arica: **L:** 114, 115; **DTI:** 33, 61; **DTIII:** 223; **WAII:** 66, 145-47, 280-82, 289; **WAIII:** 16
Tacoma, Wash.:   **DTI:** 70; **DTII:** 52; **WAVI:** 115, 250
Taff, Jeff: **DTIII:** 266
Taft, Helen H. (Mrs. William H.):   **DTIV:** 228
Taft, William Howard: **ID:** 88; **PC:** 17, 22; **L:** 5; **DTII:** 7, 9, 41, 92, 140-41; **WAI:** 79, 102, 218-19, 371; **WAII:** 118; **WAIII:** 233; **WAIV:** 15, 42, 137; **WAV:** 84; **HC:** 8; **HT:** 79, 105, 108
Taggart, Thomas (Tom):   **ID:** 179; **CA:** 63, 71, 75, 77, 78, 79, 85, 114; **ML:** 49; **HT:** 18
Tagore, Rabindranath: **WAV:** 44
Tahoe, Lake: **DTII:** 204; **DTIV:** 58; **WAIV:** 179, 182, 183, 186, 189; **WAV:** 183; **WAVI:** 42
Tait, Samuel: **WAVI:** 229
Takamatsu: **DTIII:** 31
Takarabe, Takeshi: **DTII:** 128, 153
Talala, Okla.:   **BS:** 27
talent: **WAVI:** 33
Ta-lien, China: *see* Dairen
"talkies":   *see* motion pictures
Tallahassee, Fla.:   **HT:** 24
Talley, Marion: **DTI:** 37; **DTII:** 16, 17; **WAII:** 189, 258-59; **WAIV:** 16; mother of, **WAII:** 258, 259
Talmadge, Eugene: **DTIV:** 300, 309; **RB:** 124
tamales: **ML:** 44, 46, 68
Tammany Hall: **BS:** 9; **CA:** 24, 29, 52, 66, 108, 109, 113, 147; **L:** 107; **DTI:** 1, 49, 52, 84, 191, 231, 233, 246, 247, 272, 274; **DTII:** 6, 20, 94, 230-31; **DTIII:** 9, 170, 181, 201-202, 209; **DTIV:** 11, 22, 81, 84, 96, 102, 129, 188; **WAI:** 59, 237, 273, 316; **WAII:** 13-14, 64-65, 66, 83, 253, 254, 259; **WAIII:** 142-43, 145, 155, 175, 208; **WAIV:** 6, 7, 11, 131, 204; **WAV:** 70, 72, 128, 161, 200; **WAVI:** 9, 16, 110; **ML:** 61, 62, 93, 112; **HT:** 41, 83, 90, 94; **RB:** 25
Tampa, Fla.:   **L:** 55
Tampico, Mexico: **DTI:** 160; **WAV:** 17; **WAVI:** 245; **ML:** 72, 88, 90
tango (dance):   **WAV:** 62
Tardieu, Andre P.:   **DTII:** 124
tariffs: **PC:** 15; **L:** 36, 89; **DTI:** 137, 152, 174, 243, 272, 304, 305; **DTII:** 24, 27-28, 32, 41, 44, 48, 58, 63, 68-69, 70, 73, 79, 80-81, 93, 100, 112, 117, 137, 149, 150, 151, 152, 169, 172, 177, 179, 181, 184, 199; **DTIV:** 44, 177;

Cumulative Index

WAI: 94; WAII: 127, 239; WAIII: 38, 118, 123, 137, 155, 156, 208, 221; WAIV: 18, 24, 27, 28, 35, 40, 57, 58, 62, 64, 66, 76-78, 79, 81, 86-87, 88, 105, 122, 124, 131-33, 151, 152, 163, 178, 225; WAV: 9, 63, 206; WAVI: 39, 126; HC: 55, 73, 105; ML: 53, 96, 111; HT: 90-91, 94, 152; RB: 18, 28, 45, 58; on automobiles, L: 48; in Ireland, DTI: 200; on sugar, DTI: 304-305; DTII: 41, 70, 77, 102, 111, 141, 143; WAIV: 65, 132; in England, DTII: 127; speech on, ML: 66
Tarkington, Booth: DTI: 211; WAIV: 10; WAV: 39
tarpon: HT: 32, 34
Tarrytown, N. Y.: WAI: 275
Tasmania: DTIV: 79; ML: 103
tax "dodgers": WAIV: 66
taxes: L: 13, 89; CA: 27, 66, 143; DTI: 7, 40, 97, 152, 187, 192, 216, 247; DTII: 45-46, 71, 82, 97, 105, 118, 137, 161, 163, 210, 229, 235; DTIII: 6-7, 44, 60, 71, 73, 75, 81, 103, 126, 129, 136, 155, 166-67, 172, 178, 186, 197, 210-11, 265-66; DTIV: 17, 37, 48, 97, 134, 162, 247, 256, 262, 264, 266, 289, 310, 334; WAI: 1, 26, 167, 177, 186, 216-17, 227, 290, 307, 308, 314, 315, 318, 320, 325, 342; WAII: 8, 17, 24, 118, 131, 136-38, 146, 175; WAIII: 95, 103-104, 139, 232, 253; WAIV: 15, 17, 24, 51, 76, 89, 145, 176, 211, 214, 220, 241; WAV: 12, 74-75, 95-96, 109, 127, 134, 140, 150, 153, 154, 184, 230; WAVI: 31, 42, 73, 88, 100, 103, 119-20, 126, 174, 186, 199, 230, 248; HC: 25, 61, 62, 68, 112; ML: 37, 122, 143, 145, 156, 158; HT: 17, 19; RB: 45, 50, 62, 92-93, 113-14, 149, 150, 155, 173; on income, E: 22; ID: 39-41, 141, 196; PC: 21; DTI: 89, 166, 269, 311; DTII: 5, 199, 251, 255, 277, 278; DTIII: 5, 87, 96, 144, 146, 148, 158, 255; DTIV: 7, 11, 62, 135, 159, 267, 293, 341; WAI: 48, 49-51, 73, 171, 205, 208, 313, 345; WAII: 20, 21, 64, 78, 88, 134, 158, 166; WAIII: 104, 118, 135, 147; WAIV: 152, 176, 226; WAV: 48, 61, 71, 75, 133; WAVI: 3-4, 83, 172, 185, 214; ML: 4, 172; HT: 4, 29, 37, 117; RB: 114, 149, 160; in Russia, BS: 61, 81; RB: 114; on alcoholic beverages, P: 18; L: 88; DTIV: 56-57, 112, 127; WAII: 7; in France, L: 105, 115; WAII: 209-10, 228, 230; on war profits, DTI: 28; on inheritance, DTI: 187; DTIII: 73, 146; DTIV: 323; WAII: 153, 158; WAV: 71; WAVI: 119; relief from, DTI: 211, 216; reduction in, DTI: 247; WAII: 157-59; WAIII: 230-31; WAIV: 97; on gasoline, DTII: 5; DTIII: 5, 73, 116, 143; DTIV: 56; WAV: 95-96, 145; RB: 136; on sales, DTII: 5; DTIII: 73, 96, 116, 143, 146-47, 148-49, 171-72, 173, 187, 245, 255; DTIV: 32, 34, 56, 57; WAI: 313-14, 367; WAV: 71, 95, 133, 140, 145, 150, 220; WAVI: 40, 42; RB: 136; in England, DTII: 17; DTIII: 75; DTIV: 247, 301; WAV: 71, 74; RB: 127; on beer, DTIII: 60; in Canada, DTIII: 98, 143; in Chicago, DTIII: 131; on chewing gum, DTIII: 148; on malt, DTIII: 148; on matches, DTIII: 148, 149; on candy, DTIII: 149; on crude oil, DTIII: 149; on property, DTIII: 158; DTIV: 62; WAV: 61, 132-33; on stock transfers, DTIII: 160, 163; DTIV: 81, 84; refunds of, DTIII: 255, 263; moratoriums on, DTIII: 280; on wheat, DTIV: 51; in California, DTIV: 62, 63; on manufacturers' sales, DTIV: 135; experts on, WAI: 313, 314; on luxuries, WAI: 313-14; WAII: 158, 212; WAV: 145; WAVI: 172; in Mexico, WAII: 47; on cattle, WAII: 80; for roads, WAII: 174; in New York City, WAII: 210; in Europe, WAII: 215; on automobiles, WAIII: 103-104; WAV: 145; corporate, WAVI: 124; women and, WAV: 12; on gloves, HT: 12; in Germany, RB: 114; in Italy, RB: 114; on motion pictures, RB: 115; on estates, RB: 130-31; *see also* taxpayers
tax-exempt bonds: DTIV: 7, 37, 324; WAI: 174-75, 206; HC: 25
taxicabs: drivers of, L: 29; in New York City, DTI: 299; DTIV: 136; in Russia, WAII: 247-48
taxpayers: DTI: 35, 40, 122, 272, 289; DTII: 79, 116, 169; DTIII: 12, 25, 38, 79, 122, 159, 168, 172, 181, 263; DTIV: 32, 84, 117, 161-62, 164, 172, 260, 290; WAI: 4, 89, 116, 149, 184; WAII: 86, 89, 90, 97, 126; WAIII: 64, 66, 104, 162; WAIV: 150, 211, 225-26; WAV: 55, 95, 230; WAVI: 55, 99, 174, 225; HC: 8, 51; ML: 3, 5, 70, 102, 119; HT: 46, 96, 144; RB: 113, 114
Taylor, Estelle: DTIII: 70
Taylor, Kent: WAVI: 99
Taylor, Laurette C.: WAI: 44
Taylor, Marion S.: DTI: 176
Taylor, Patrick G. (Bill): DTIV: 89, 249
Taylor, Robert L. (Bob): WAIII: 85
Taylor, Sam: WAV: 66
tea: DTI: 168; DTII: 4, 11; WAI: 190; WAV: 110, 112, 118; RB: 89, 167; in Russia, BS: 38; in England, L: 103; DTI: 5; DTII: 17; DTIV: 89
teachers: DTIV: 99, 103, 301; ML: 50; HT: 122; in Chicago, DTIV: 16, 28
Teapot Dome Affair: ID: 113, 125-26, 128, 131, 132-34, 149; DTI: 258, 267; DTIII: 55; WAI: 188, 190-92, 196, 197-98, 200, 206-16, 217, 304, 320, 327; WAII: 286; WAIII: 145-47, 148-49, 150, 167, 222
technocracy and technocrats: DTIII: 252, 253, 254, 258, 268; DTIV: 8, 25, 325
Teddy (horse): WAVI: 62, 227, 228
teeth: WAIV: 171-72; gold, DTI: 177
teetotalers: WAVI: 10
telegrams for congressmen: RB: 146, 161
telephone companies: DTI: 290
telephones: PC: 17; DTI: 134; DTII: 10, 122, 151-52, 161-62, 171; DTIII: 68; DTIV: 291; WAI: 270-71; WAV: 129-30; convenience of, DTII: 122
television ("telephonic photography"): DTI: 75, 242
Temple, Shirley: DTIV: 251; RB: 174
Temple, Texas: WAII: 161
temples: WAV: 113

108

Templetown, viscountess: *see* Upton, Evelyn G.
Temple University: **DTIV:** 259
tenant farmers: **DTI:** 81; **DTII:** 262; **WAIII:** 26; **WAIV:** 230; **WAV:** 2-3, 12, 56
Ten Commandments: **ID:** 14; **DTII:** 157; **DTIV:** 320; **WAI:** 6; **WAIV:** 225; **WAV:** 16, 25; **WAVI:** 206; **RB:** 126
The Ten Commandments (film): **WAI:** 235, 302; **WAII:** 2
Tennessee: **CA:** 109; **DTI:** 47-48, 49, 59, 97, 135; **DTIII:** 278; **DTIV:** 235; **WAII:** 55, 57, 58, 60, 130, 155, 156, 284; **WAIII:** 22, 83-85, 181; **WAIV:** 165, 223; **WAV:** 202; **HC:** 98; **HT:** 129, 146; prohibition repeal in, **DTIV:** 57
Tennessee River: **WAI:** 142; **WAVI:** 130, 231
Tennessee Valley: **WAVI:** 1
tennis: **DTI:** 236, 238, 254; **DTII:** 14, 30, 195-96; **DTIII:** 63, 228; **DTIV:** 50, 71, 215, 329; **WAII:** 70, 142, 226-27; **WAIII:** 114, 233; **WAIV:** 26; **WAV:** 87; **ML:** 112; **RB:** 29, 163
tenor singers: **WAIV:** 174
Tenth Cavalry: *see* United States Tenth Cavalry
tequila: **DTIII:** 58; **ML:** 30, 82
Terrazas, Luís: **WAV:** 18
Terry, Alfred H.: **WAIII:** 18
Terry, William H. (Bill): **DTIV:** 89; **WAV:** 138; **WAVI:** 198
testimony, public: **WAIII:** 146-47, 149, 150
Tevis, Will S. (Willie), Jr.: **DTIV:** 167
Texarkana, Texas: **DTII:** 271; **WAIV:** 240
Texas: **P:** 39; **L:** 73, 92, 112; **CA:** 78, 100, 111, 112, 115, 142, 145, 147; **DTI:** 58, 59, 65, 153-54, 170, 226, 229, 246, 286; **DTII:** 3-4, 32, 35, 85, 136, 151, 173, 195, 196, 257, 262; **DTIII:** 24, 54, 58, 62, 77, 93, 99, 110, 159, 178, 180, 182, 183, 203, 212, 218-19; **DTIV:** 5, 25, 61, 93, 131, 132, 213, 252, 260, 266, 267, 268, 277, 328; **WAI:** 84, 93, 129, 230, 245, 286, 323, 325-26, 349; **WAII:** 85, 104, 121-25, 130, 160-63, 168, 243, 253, 268, 269, 284, 297, 311; **WAIII:** 38, 39, 60, 78, 79, 80, 111, 131, 167, 170, 176, 222, 223, 225, 232, 246; **WAIV:** 71, 72, 154, 184, 228, 234-37; **WAV:** 45, 57, 73, 95, 100, 156, 167, 173, 202, 207, 219, 228; **WAVI:** 7, 18, 26, 36, 58, 69, 72, 101, 103, 138, 139, 140, 141, 203, 240; **HC:** 54, 66; **ML:** 28, 89-90, 110, 143; **HT:** 25; **RB:** 22, 37, 87, 120, 122, 151, 161; convention delegates from, **CA:** 62; **WAV:** 159; petroleum industry in, **DTI:** 26; farmers in, **DTII:** 76; elections in, **DTII:** 196; **DTIII:** 99, 100; polo players from, **DTII:** 209; legislature of, **DTII:** 263; **WAII:** 123; **WAIV:** 234-35; **WAV:** 73, 74; size of, **DTII:** 264; earthquake in, **DTIII:** 66; politics in, **DTIII:** 219; ranching in, **DTIII:** 219; prohibition repeal in, **DTIV:** 71; hurricane in, **DTIV:** 75; history of, **DTIV:** 267; capitol of, **WAII:** 161; governor's mansion in, **WAII:** 161; *see also* West Texas
Texas, U. S. S.: **DTI:** 171; **WAI:** 330; **HT:** 109
Texas A. & M. University: **DTI:** 37
Texas Jack's Wild West Show: **RB:** 86
Texas Oil Company: **ML:** 141; **RB:** 87-88
Texas Rangers: **DTI:** 226; **DTIV:** 173; **WAII:** 3; **WAIV:** 235; **ML:** 28
A Texas Steer (play): **DTI:** 123
Texas Transport Mail Line: **DTI:** 226
Thaden, Louise M.: **DTII:** 66
Thailand: **DTII:** 21, 22; **WAV:** 66, 68, 86; embassy of, **DTII:** 11; king of, **DTIV:** 283; **WAV:** 66
Thalberg, Irving: **WAIII:** 87
Thames River: **DTI:** 8; **RB:** 30
thankfulness: **DTI:** 152, 284; **DTII:** 101, 241; **DTIV:** 236
Thanksgiving: **DTI:** 31, 152, 280, 281, 284; **DTII:** 100, 101, 111, 220, 240, 241; **DTIII:** 99, 101, 242, 244; **DTIV:** 110, 246; **WAII:** 122, 277; **WAIII:** 240; **WAIV:** 89, 102; **ML:** 154; **HT:** 16
Thaw, Evelyn Nesbit: **L:** 119; **DTI:** 10
Thaw, Harry K.: **L:** 119; **DTI:** 10; **WAI:** 13
theater, the: **DTI:** 118, 202, 241, 290, 292, 299; **WAI:** 58, 250-54, 316, 359-60, 365; **WAII:** 219-20; **WAVI:** 21-22, 33, 193, 195, 200-201, 240; **RB:** 22, 83; profession of, **ID:** 96; **DTI:** 291, 292; productions in, **WAII:** 10-11, 12; in Japan, **ML:** 112, 114
theater buildings: **WAI:** 233-35, 236; *see also names of theaters*
theatrical contracts: **BS:** 58
theories: **DTIV:** 72, 302; in Russia, **BS:** 84-85; of Albert Einstein, **L:** 45; **DTII:** 16, 260
Thermopylae: **HT:** 99
They Had to See Paris (film): **DTII:** 74, 146; **WAV:** 157
They Had to See Paris (novel): **DTIV:** 110; **WAVI:** 219
This Much Is Mine (book): **WAVI:** 100
Thomas, Augustus: **CA:** 74; **WAII:** 11-12, 13
Thomas, J. W. Elmer: **DTII:** 260
Thomas, Norman M.: **DTI:** 272-73
Thomond II (race horse): **DTIV:** 293
Thompson, Carmi A.: **DTI:** 79; **WAII:** 278; **ML:** 11
Thompson, Charley: **WAII:** 147-50
Thompson, Thomas W. (Tommy): **WAV:** 156
Thompson, William H.: **CA:** 58; **DTI:** 74-75, 76, 128, 144-45, 148, 168, 184, 238; **DTII:** 127, 238; **WAIII:** 93-94, 98, 159, 160; **WAIV:** 24; **HC:** 57-58; **HT:** 61, 91; **RB:** 60
Thoreau, Henry David: **WAV:** 114, 115
Thorpe, James F. (Jim): **DTII:** 98; **DTIV:** 320; **WAIII:** 237; **WAVI:** 234-35
Three Cheers (musical): Rogers in, **DTI:** 264, 271, 280, 288, 313; **DTII:** 20, 34, 76; **WAIII:** 203, 217-18, 229, 246; **WAVI:** 200, 212-13
Three D Ranch: **DTIV:** 252
Three Little Pigs (film): **WAVI:** 65
Three Men on a Horse (play): **DTIV:** 293
"three-minute" speakers: **ML:** 126
Three Musketeers: **DTI:** 292
Three Rivers, N. M.: **WAI:** 213
Three Weeks (novel): **ID:** 7
Tibbett, Lawrence M.: **WAV:** 111
Tiber River: **L:** 76
Tibet: **WAV:** 111
ticker tape: **DTI:** 158
tidal waves: **RB:** 92

Tientsin, China: **WAV:** 116; **ML:** 130, 140, 146, 149; **RB:** 11
Tiffany & Company: **HT:** 141
tiger skins: **ID:** 7
Tigris River: **DTIII:** 119; **WAVI:** 207
Tijuana, Mexico: **ID:** 57, 58, 60; **DTI:** 130; **DTIV:** 336; **WAI:** 124, 125, 127-28, 168, 359; **WAII:** 164, 165; **WAVI:** 100, 113; **ML:** 137, 167; **HT:** 57
Tilden, Samuel J.: **DTI:** 227
Tilden, William T. (Bill), Jr.: **DTI:** 236, 238, 254; **WAII:** 70, 120
Tilson, John Q.: **CA:** 124; **DTIII:** 50-51, 100, 230; **WAIV:** 230; **WAV:** 95
timber: **WAVI:** 254; price of, **ML:** 100
time: **DTII:** 162; **WAIII:** 36; in Mexico, **DTI:** 157; **ML:** 68
Time (magazine): **DTIV:** 336; **WAIV:** 150-51; **WAV:** 47, 210; **WAVI:** 136, 174, 236; **RB:** 88
Tincher, Jasper N.: **WAII:** 194, 311
Tinkham, George H.: **WAII:** 169
Tinney, Frank: **WAI:** 38, 194
"Tipperary" (song): **CA:** 53
tires: **DTI:** 194, 200; **DTII:** 56, 227; **RB:** 89
Tisdall, Robert M. N. (Bob): **WAV:** 177
Tishomingo, Okla.: **ML:** 150
Titanic, S. S.: sinking of, **WAI:** 355
titles, of motion pictures: **DTII:** 77; **WAV:** 25, 27-28, 184-85
toads: **ID:** 183
tobacco: **CA:** 100; **WAI:** 178; **HT:** 33, 38; use of, **WAIV:** 76
toes: **DTI:** 178; **WAIV:** 172
Togo (dog): **WAVI:** 260
Togo, Heihachiro: **WAI:** 331
Tokyo, Japan: **DTII:** 52, 66; **DTIII:** 134; **DTIV:** 164, 205, 211, 308; **WAIII:** 258; **WAV:** 110, 111, 112, 117-18; **WAVI:** 141; **ML:** 115, 120, 122, 125, 131; **RB:** 98; subways in, **ML:** 122
Tokyo Advertiser: **DTIII:** 109
Tolan, Eddie: **DTIII:** 194
Toledo, Ohio: **CA:** 51; **DTI:** 126; **WAII:** 100, 291; **WAIII:** 46
Tolstoy, Leo: **ID:** 7
Tombes, Andrew (Andy): **WAIV:** 75; **WAVI:** 200-201
Tombigbee River: **ID:** 197; **WAI:** 26, 27
Tombstone, Ariz.: **WAVI:** 228
Tomlinson, Olin: **WAVI:** 210
Tonopah, Nev.: **DTIII:** 206; **WAV:** 185-86
tonsils: **E:** 31; **DTIII:** 70
Tony (horse): **WAV:** 155
toothpaste: **DTII:** 172; **DTIII:** 30, 116, 190; **WAIV:** 68, 171; **WAV:** 23, 46, 87, 129; **RB:** 74, 89, 118
toothpicks: **E:** 31
Topeka, Kan.: **DTI:** 120, 207; **WAIII:** 166-67, 186; **RB:** 19
Toplitsky, Joe: **DTI:** 130; **WAIV:** 64
The Torch Bearers (play): **WAVI:** 200
"torch" singers: **DTII:** 57
tornadoes: **DTI:** 242; **DTIV:** 3; **WAIII:** 24, 25; **HT:** 81, 151; relief from, **DTI:** 134; in Ohio, **DTIV:** 13; in Oklahoma, **WAV:** 43

Toronto, Canada: **P:** 20; **L:** 48; **WAII:** 20; **ML:** 100
Torrance, Ernest: **WAVI:** 56
Torreón, Mexico: **WAV:** 88
tortillas: **WAV:** 199; **ML:** 59
torture, in China: **WAV:** 144
toupees: **DTII:** 79; **WAI:** 340; **HC:** 34
tourists: **ID:** 51; **L:** 15, 41, 74, 78, 81, 99, 113, 119, 120; **DTI:** 31, 187, 241; **DTIII:** 98, 202, 228; **DTIV:** 100, 346; **WAI:** 161, 181, 220; **WAII:** 22, 165; **WAIII:** 1, 4, 25, 40, 51, 83, 149, 200, 234; **WAIV:** 13, 66, 121, 144, 177; **WAV:** 16, 62, 208-209, 216; **WAVI:** 93, 241; **ML:** 3-4, 31, 34, 86, 121, 150; **HT:** 33, 34, 38, 131; in Europe, **L:** 42, 51, 54, 74, 76, 102; **WAII:** 209-10, 212, 213, 215, 221, 233, 244-45, 293, 304, 310; in France, **L:** 100; **DTII:** 11; **DTIV:** 119; **WAII:** 47, 79; in Ireland, **L:** 107; Americans abroad, **DTI:** 1, 2, 4, 8, 13, 15, 107, 241; **DTII:** 11, 17, 146; **DTIII:** 57; **DTIV:** 103, 317; **WAVI:** 35; in Washington, D. C., **DTI:** 122; in Santa Fe, N. M., **DTI:** 147; in Arizona, **DTI:** 147; in Mexico, **DTI:** 154; in Japan, **DTIV:** 206; in Hollywood, Calif., **WAI:** 143; in California, **WAII:** 104; in Florida, **WAII:** 252; in Philadelphia, **WAVI:** 23
Tournament of Roses Parade (Pasadena, Calif.): **DTII:** 192, 253; **DTIV:** 123; **WAV:** 223; *see also* Rose Bowl
Tours, Frank E.: **RB:** 175
Tower of Babel: **WAVI:** 246
Tower of London: **L:** 27, 35, 51; **WAI:** 291; **HT:** 131; **RB:** 37
Townsend, Francis E.: **DTIV:** 278; **WAVI:** 210; **RB:** 123-24, 139; pension plan of, **DTIV:** 284; **WAVI:** 205; **RB:** 115, 123
Townsend, W. H. P.: **WAVI:** 210
track and field: **L:** 119; **DTI:** 232; **DTIII:** 193-94, 197; **DTIV:** 187, 214, 314, 320; **WAII:** 70-71; **WAV:** 173, 174, 176-77; **WAVI:** 234-35; *see also* javelin; Olympic Games
tractors: **WAI:** 357; **WAV:** 101; **WAVI:** 58
trade: **DTI:** 275; **DTIII:** 280; **DTIV:** 66, 91, 332; **WAVI:** 56, 257; **ML:** 110, 115, 173
trade winds: **HT:** 31, 37
tradition: **ML:** 53-54, 158, 159; **HT:** 87, 88, 89, 152; in China, **ML:** 157
traffic, vehicular: **DTI:** 268, 299; **DTII:** 5-6, 66, 110; **WAI:** 177; **HT:** 6, 122, 142; in England, **L:** 30
traffic lights: **DTI:** 108, 296, 311
The Trail Drivers of Texas (book): **WAII:** 268; **WAV:** 163
trail driving: **WAII:** 267-69
The Trail of Destiny (book): **WAVI:** 255
The Trail of the Lonesome Pine (film): **WAVI:** 193
Trainer, Leonard: **WAVI:** 228
trains: **E:** 22; **DTI:** 312; **DTIII:** 14; **DTIV:** 35; **WAVI:** 92-93; **RB:** 134; accidents involving, **DTI:** 125, 144; **DTII:** 71; **DTIV:** 119-20; *see also* railroads
Trammell, Park: **WAIV:** 133
transient camps, federal: **DTIV:** 116-17, 348

Transcontinental Air Transport Line: **DTII:** 34-35, 91
transoceanic flight: **DTI:** 86, 87-88, 90-91, 93, 98, 103, 104, 114-15, 118, 119-20, 124, 125, 126, 139, 142, 149, 200-201, 220, 225; **DTII:** 39, 40, 41, 48, 208; **DTIII:** 209; **DTIV:** 53, 177-78, 236, 237, 249, 300; *see also* aviation
transportation: **ID:** 190; **DTI:** 98; **DTII:** 91; **DTIV:** 150, 178; **WAI:** 90, 152-53; **RB:** 38, 44; in Japan, **ML:** 119; *see also* aviation; railroads; subways; *and other related topics*
Trans-Siberian Railroad: **BS:** 47; **WAIV:** 53; **WAV:** 111, 116, 120-21, 144; **ML:** 137, 146; **RB:** 98
Trapp, Martin E.: **L:** 106
trapping, of animals: **WAVI:** 257
travel: **DTI:** 83, 86; **DTII:** 74; **DTIII:** 29; **WAIV:** 230; **WAVI:** 240-41, 246; curtailment of, **WAV:** 105-106
"Travel, Travel, Little Star" (song): **RB:** 85
Traylor, Melvin: **CA:** 142
treason: **P:** 21; **DTII:** 156
Treasury, U. S. Department of: **L:** 87; **CA:** 120; **DTI:** 61, 208; **DTII:** 132; **DTIII:** 63, 263; **DTIV:** 6, 61, 108, 182, 317; **WAII:** 104, 157, 198; **WAIII:** 161-63, 232; **WAIV:** 24, 58, 61, 66; **WAV:** 127; **WAVI:** 155, 201, 242; **ML:** 21, 65; **HT:** 118; *see also* United States, treasury surplus of; United States, treasury deficit of
treaties: **L:** 69; **DTI:** 295; **DTIII:** 217; **WAIV:** 168, 169-70; **WAV:** 9; with Indian tribes, **RB:** 18; *see also titles of treaties*
trees: **ML:** 70
tree sitting: **DTII:** 196, 200, 202
Trenton, N. J.: **WAI:** 103
trials, juridical: **WAIII:** 98-99; *see also* murder, trials involving
"trickle-down" economic theory: **WAV:** 47, 55, 207; **RB:** 173
Trinidad: **DTIII:** 20, 227; **WAV:** 20
Trinidad, Colo.: **DTIV:** 339
Trinity Church (New York City): **DTII:** 98
Trojan War: **ID:** 190; **WAI:** 152
trolleys: **RB:** 45
Trotsky, Leon: **BS:** 7, 16, 42, 51-53; **DTIV:** 213; **WAI:** 40; **WAII:** 193, 264; **WAIII:** 93, 240; **WAV:** 44; **ML:** 12
Trotter, Gerald F.: **L:** 46, 47; **RB:** 36
Troy: **ID:** 190; **WAI:** 152
Troy, Ala.: **WAIV:** 155
Troy, John W.: **DTIV:** 344
Troy, N. Y.: **DTI:** 49; **WAI:** 274
Troyanovsky, Alexander A.: **DTIV:** 106, 134; **WAVI:** 141
Truckee, Calif.: **WAVI:** 42
Trumbull, Florence: **DTII:** 76-77
trusts, monopolistic: **DTI:** 244; **DTIV:** 31; **ML:** 71, 77; **HT:** 93; *see also* Oil Trust *and similar topics*
truth: **ID:** 11, 128, 141, 145, 154-55; **L:** 104; **DTI:** 6, 156, 179, 309; **DTII:** 60, 164, 245; **DTIII:** 77; **DTIV:** 111, 221; **WAI:** 93, 176, 184, 203, 208; **WAVI:** 16, 73, 209; **HT:** 118; **RB:** 39, 44; women and, **ML:** 9

truth serum: *see* scopolamin
Tryon, William: **WAVI:** 55
Tsang Hsih-Yi: **DTIII:** 97
Tschirky, Oscar (Oscar of the Waldorf): **WAI:** 343; **WAII:** 214
Tsitsihar (Ch'i-ch'i'ha'erh), Manchuria: **WAV:** 121; **ML:** 128, 142
tuberculosis, cure for: **DTIV:** 104
Tucker, Sophie: **DTIV:** 171; **HC:** 8
Tuckwell, E. H.: **WAII:** 235
Tucson, Ariz.: **DTIII:** 27, 54; **DTIV:** 9, 94, 156, 269; **WAIII:** 7; **WAIV:** 216, 228; **WAVI:** 20, 115
Tugboat Annie (film): **WAVI:** 45
Tugwell, Rexford G.: **DTIV:** 165, 183, 209, 302; **RB:** 100, 106, 110
Tulane University: **DTIV:** 248, 259
Tully, Jim: **HC:** 29
Tulsa, Okla.: **BS:** 59; **ID:** 132, 208; **CA:** 109; **DTI:** 21; **DTII:** 75, 136, 174, 176, 269; **DTIII:** 53, 93; **DTIV:** 28, 132, 328; **WAI:** 95-96, 100, 197-98; **WAII:** 103, 108, 110, 111, 238; **WAIII:** 55; **WAIV:** 23, 34, 72, 228; **WAV:** 39, 51, 97, 219; **WAVI:** 140, 233, 246; **ML:** 75, 150; **HT:** 148-50, 153; **RB:** 10
Tulsa, U. S. S.: **ML:** 148, 149
Tulsa World: **WAI:** 347
Tumulty, Joseph P.: **CA:** 23, 62-63; **WAI:** 40; **WAII:** 41
tuna: **HT:** 32, 34
Tunney, James J. (Gene): **L:** 70; **CA:** 106; **DTI:** 20, 26, 41, 111, 114, 124, 126-27, 128, 129, 130, 132, 133-34, 172, 176, 205, 207, 213, 237, 249, 252, 253, 260; **DTII:** 12, 31, 102, 108; **WAI:** 271; **WAII:** 153, 295, 304; **WAIII:** 23, 34, 73, 74, 75, 81, 135; **WAIV:** 34, 173-74; **HC:** 39, 42, 59; **ML:** 11; **HT:** 101, 117; **RB:** 58
Tupelo, Miss.: **DTIV:** 243
Turgenev, Ivan S.: **ID:** 7
Turkey: **ID:** 102; **P:** 9; **L:** 91, 109; **DTI:** 139; **DTII:** 45, 67-68; **DTIII:** 60, 125; **DTIV:** 147, 158, 213; **WAI:** 2-3, 6, 11, 13, 42, 45, 58, 60, 135, 321, 354, 369; **WAII:** 22, 106, 145; **WAIV:** 26, 196; **HT:** 127; **RB:** 53, 130; war involving, **ID:** 12; **WAII:** 144; peace delegation from, **PC:** 14; alcohol prohibition in, **P:** 40; **DTII:** 139; reforms in, **DTII:** 45; people of, **HC:** 105
turkeys: **WAV:** 100
Turner, Roscoe: **DTIV:** 58, 83, 86, 115, 232, 233; **WAVI:** 51, 100, 193
Turner, Sallie: **CA:** 69
Turn to the Right (play): **WAII:** 153
turpentine: **WAII:** 91-92, 108
Turpin, Ben: **CA:** 55; **DTI:** 39, 110, 299; **WAI:** 255, 323; **WAII:** 3, 92; **WAIII:** 170; **HT:** 23, 33, 44
Turpin, Dick: **WAIII:** 94
Tuscaloosa, Ala.: **DTIV:** 260
Tuskegee, Ala.: **WAIII:** 168
Tuskegee Institute: **DTI:** 186; **WAII:** 115, 116-17, 140-41; **WAIII:** 247-48
Tussaud, Marie G.: **BS:** 70
Tutankhamen, king of Egypt: **ID:** 84; **DTII:**

100; **WAI:** 30, 41, 48, 226; **RB:** 120; tomb of, **DTIV:** 330; **WAII:** 22; **WAVI:** 211
Tuttle, Charles H.: **DTIII:** 230
tuxedoes: **DTIV:** 246, 272; **WAII:** 152; **ML:** 137
Twain, Mark: **DTI:** 68; **DTII:** 212, 251; **DTIV:** 168, 234; **WAIII:** 13, 14, 33; **WAIV:** 182, 190; **HT:** 113; **RB:** 71-72
Twenty Grand (race horse): **DTIII:** 55; **DTIV:** 256
Twenty-seventh New York Division: **DTI:** 18
Two Black Crows (vaudeville team): **DTI:** 280; **DTIII:** 184, 203; **WAVI:** 155
Two Wagons, Both Covered (film): **WAI:** 139
Tydings, Millard E.: **DTIII:** 268-70; **WAII:** 169
Tynan, Brandon: **WAI:** 81; **WAII:** 34, 190, 244; **WAIII:** 198; **RB:** 49
typhoons: **DTIII:** 101; **WAV:** 105, 107; *see also* hurricanes
Tzu Hsi, dowager empress of China: **ML:** 160, 162

U

Udet, Ernst: **DTIV:** 45, 46, 48
"Ukelele Ike": *see* Edwards, Cliff
ukeleles: **DTI:** 245; **DTIII:** 63; **DTIV:** 342; **WAII:** 143; **WAVI:** 157, 159
Ukraine, Russia: **DTIV:** 213
Ulan-Ude (Verkhneudinsk), Russia: **DTIV:** 209
Ulm, Battle of: **ID:** 190; **WAI:** 152
Ulm, Charles T. P.: **DTI:** 220; **DTIV:** 249
Ulyanov, Vladimir I.: *see* Lenin, Vladimir I.
Uncle Tom's Cabin (play): **HT:** 118
undertakers: **DTI:** 76, 188, 256, 263; **DTII:** 24; **WAII:** 17; **HT:** 122
underwear, advertisements for: **WAV:** 25
Underwood, Oscar W.: **ID:** 178; **CA:** 49, 72, 73, 76, 77, 78, 80, 81, 82, 84; **DTI:** 172; **DTII:** 253; **WAI:** 158, 246, 255, 266, 312; **WAII:** 116, 284; **HT:** 24
underworld: **ML:** 71; *see also* crime; gangsterism; *and other related topics*
unemployment and unemployed: **DTI:** 291; **DTII:** 17, 150, 186, 192, 195, 205, 207, 228, 229, 232, 234, 237-38, 255, 257, 271; **DTIII:** 10, 12, 26, 41, 45, 67-68, 72, 93, 96, 103, 147, 214, 224, 243, 257, 258, 271, 282; **DTIV:** 1, 54, 57, 82, 88, 115, 119, 164, 176, 250, 260, 276-77, 316, 320; **WAIV:** 214, 226, 234; **WAV:** 21, 36, 61, 64, 65, 74, 94, 127, 129, 132, 168, 199, 206; **WAVI:** 32, 85, 182, 185, 186, 201, 205, 208, 241, 251; **ML:** 69, 70, 152; **HT:** 38, 80; **RB:** 5, 65-67, 73, 97, 137, 173; in Russia, **BS:** 61; in Italy, **L:** 58; relief for, **DTI:** 248-49; **DTIII:** 67, 68, 128-29, 173, 174, 184, 276; **DTIV:** 8, 11, 56, 115, 271, 276-77, 280, 281, 284, 285, 287, 296; in Oklahoma, **DTIII:** 257; in England, **DTIV:** 115; insurance for, **DTIV:** 155
uniforms: **HT:** 90; of Mexican soldiers, **ML:** 60
unionism: **WAII:** 185; *see also* labor unions
Union League Club: **PC:** 6

Union of South Africa: *see* South Africa
Union of Soviet Socialist Republics: *see* Russia
Union party, British: **L:** 26
unions: *see* labor unions
Union Square Theatre (New York City): **WAII:** 162; **WAIII:** 205
United Airlines: **DTIV:** 141
United Cigar Stores: **DTII:** 36, 65
United Daughters of the Confederacy: **WAVI:** 173
United Press International: **PC:** 11
United States: **E:** 22; **L:** 19; **DTI:** 178, 283; **DTII:** 134-35, 195; **DTIII:** 225; **DTIV:** 23, 151, 251; **WAII:** 249; **WAIV:** 197; **WAV:** 32, 102, 129, 170; **WAVI:** 204; **ML:** 71; **HT:** 13, 28, 34; writings on, **BS:** 7; Communists in, **BS:** 16; foreign relations of, **BS:** 18; **ID:** 58; **L:** 9; **CA:** 68; **DTI:** 33, 94, 117, 137, 178, 179; **DTIII:** 18, 219, 280-81; **WAII:** 46-50, 51, 62, 66, 87, 88, 145-47, 164-65, 178, 180-81, 277-78, 280-82, 302-304; **WAIV:** 63; **WAVI:** 7, 8, 87-88; **ML:** 23-24, 25, 98-99, 133; **RB:** 4-6, 40, 100, 103; government of, **BS:** 81; **ID:** 11, 39, 87, 88, 101, 125, 131, 209; **P:** 16; **L:** 44, 46; **CA:** 111; **DTI:** 24, 44, 68, 76, 87, 92, 93, 94-95, 107, 123, 227, 248, 270, 273, 309, 311; **DTII:** 46, 57, 61, 67, 213-14, 245; **DTIII:** 28, 42, 43, 50, 59, 71, 82, 90, 96, 104, 139, 156, 162, 217, 231, 240, 241, 251, 254, 259, 260; **DTIV:** 11, 77-78, 91, 96, 102, 114, 119, 136, 152, 153, 160, 189, 258, 307, 309; **WAI:** 5, 14, 22, 32, 60, 101, 225, 232, 233, 235, 296, 304, 307, 313, 314, 315, 336, 347-48, 354, 364, 369; **WAII:** 7, 127, 158, 174, 175, 194, 246, 287, 288, 292, 293-94, 301, 310-11; **WAIII:** 28, 42, 43, 50, 59, 71, 82, 90, 96, 104, 139, 156, 162, 217, 231, 240, 241, 251, 254, 259, 260; **WAIV:** 76, 79, 218, 224, 231; **WAV:** 2, 12, 30, 33, 36, 48, 57, 139, 140, 153, 207, 214, 230; **WAVI:** 31, 59-60, 67, 72, 155, 185, 203, 208, 215, 221, 223, 226, 229-30; **ML:** 3, 26, 38, 40, 56, 82, 108; **HT:** 79, 85, 89, 110, 125, 127; **RB:** 13, 18, 20, 26, 31, 41, 44, 45, 111, 114, 162, 167; degeneration of, **ID:** 45; **WAI:** 105; national anthem of, **ID:** 46; **CA:** 37, 53, 100, 110, 137; **WAI:** 106; **WAIII:** 33; **WAIV:** 18, 27; national debt of, **ID:** 82; **CA:** 101, 108; **DTI:** 89, 151, 284; **DTIII:** 45-46; **DTIII:** 36, 63, 69, 87, 103, 116, 144, 147, 151, 168, 232, 264, 279; **DTIV:** 75, 253, 262; **WAI:** 47, 349; **WAII:** 8, 136-37, 175; **WAIII:** 116, 232; **WAIV:** 58; **WAVI:** 174, 187, 188; **HT:** 125, 143; **ML:** 136; **RB:** 75, 171; relations with Mexico, **ID:** 93, 95-96, 113; **DTI:** 43, 49-50, 61, 62, 82, 134, 152, 156, 157, 158, 166, 178, 300; **DTII:** 178; **WAII:** 46-49, 181, 277, 278; **WAIII:** 6-8, 122; **WAIV:** 1; **WAV:** 90; **ML:** 26, 30, 57, 79, 80, 81, 82; **RB:** 41; embassies of, **L:** 91-92; **ML:** 72-73, 79; foreign image of, **L:** 108, 113-14; **DTI:** 152; **DTIV:** 113; intervention by, **CA:** 28, 101; **DTI:** 33, 41, 45, 46, 48, 54, 55, 61, 62, 67, 71, 72, 74, 76, 78, 82, 89, 90, 110, 112, 136, 152, 162, 163, 167, 171, 172, 174, 175, 178, 180, 188, 193, 199, 211, 270-71, 275, 288; **DTII:** 108, 197,

209-10; **DTIII:** 14, 16, 18, 20, 222; **DTIV:** 64-65, 76-77, 78, 80, 83, 121-22, 142; **WAI:** 15; **WAII:** 51, 277-78; **WAV:** 15, 20, 106; **WAVI:** 35, 46-47, 87-88; **HC:** 73; **ML:** 11, 23-24, 25, 55-57, 59, 74, 92, 133, 139, 148-49, 150-51; **RB:** 5-6, 40; national budget of, **CA:** 123; **DTI:** 302-303, 309; **DTII:** 254-55, 265, 266, 272; **DTIII:** 27, 34, 36, 144, 151, 158, 172, 265, 279, 281; **DTIV:** 25, 32, 40, 261, 302, 320, 330; **WAV:** 109; **WAVI:** 189, 242; **RB:** 66, 129; treasury surplus of, **DTI:** 36, 41, 137, 151, 166, 176, 216; **DTII:** 45-46; **WAIII:** 43, 92, 102-104, 116, 131; **WAV:** 34; **ML:** 21-22, 31, 35, 44; other nations' dislike of, **DTI:** 42; **RB:** 4; relations with France, **DTI:** 67, 87, 137, 178, 289; **DTIV:** 12, 17, 21, 22, 53; **WAIV:** 49; physical beauty of, **DTI:** 73; **DTII:** 201; **WAV:** 218; flag of, **DTI:** 115, 135; **WAIV:** 161; **HT:** 130; relations with England, **DTI:** 115-16, 178; **DTIV:** 22; **WAIV:** 8-9; governmental spending in, **DTI:** 143, 208, 216, 264, 266; **DTIV:** 84; **WAV:** 133; **RB:** 108-109, 111, 112-13, 114-15, 116, 123, 124, 126-27, 129, 132-33; criticism of, **DTI:** 144; economic conditions in, **DTI:** 150, 152, 251-52; **DTII:** 17, 183, 219, 227; **DTIII:** 9, 13, 23, 25, 26, 28, 51, 64, 70, 72, 74, 127, 128, 194, 229, 245; **DTIV:** 1, 2, 5, 7, 12, 14, 37-38, 54, 87-88, 146, 170-71, 220, 293; **WAI:** 1-2; **WAIV:** 93, 109, 220-26; **WAV:** 4, 6, 7, 21, 24, 46, 50, 55, 69, 70, 129, 132-34, 190; **WAVI:** 1, 5, 64, 73, 84-86, 100, 185-87, 205, 214-15, 240-41; **RB:** 75-76, 92-94, 102, 105, 111-12, 146-47, 172-74, 175; relations with Japan, **DTI:** 178; **DTIV:** 17, 120, 127, 129, 131, 155, 170, 251; **ML:** 124; relations with Latin America, **DTI:** 278; **DTIV:** 130; **ML:** 23-24; federal employees of, **DTI:** 311; **DTIII:** 152, 194; **DTIV:** 141; **ML:** 3; relations with Canada, **DTII:** 124; **WAII:** 255; **ML:** 99-100; diplomatic recognition by, **DTII:** 213-14; George Bernard Shaw's comments on, **DTII:** 228; budgetary deficit of, **DTIII:** 36, 63, 69, 87, 103, 144, 147, 151, 168, 264, 279; **DTIV:** 125; **WAV:** 129; government bonds of, **DTIII:** 39, 71; **DTIV:** 61, 108; illiteracy in, **DTIII:** 72; security of, **DTIII:** 159; **WAIV:** 213; **RB:** 3-4; history of, **DTIII:** 164; **WAIV:** 176-77; **ML:** 105; **RB:** 168; peace commission from, **DTIII:** 223; and League of Nations, **DTIII:** 275; **WAIV:** 64; bank "holiday" in, **DTIV:** 1, 2-3, 12, 52; **RB:** 73; moral responsibility of, **DTIV:** 45, 60; foreign intervention in, **DTIV:** 77; recognition of Russia by, **DTIV:** 106; relations with Cuba, **DTIV:** 130, 179; sightseeing in, **DTIV:** 339; **WAII:** 209; relations with China, **WAIV:** 52; public lands of, **WAIV:** 65-67; wealth of, **WAV:** 21; **ML:** 3; **RB:** 66, 67; industrial production in, **WAV:** 59; and gold standard, **WAV:** 74; compared to other countries, **WAVI:** 2; people of, **WAVI:** 39, 78; **ML:** 28, 29, 36, 37, 104, 105, 106-107; governmental waste in, **WAVI:** 174-75; public buildings in, **ML:** 3; diplomats of, **ML:** 6; isolation of, **ML:** 11; trade with Latin America, **ML:** 24; natural resources of, **ML:** 70; standard of living in, **ML:** 71, 73; consular service of, **ML:** 73; other nations' envy of, **RB:** 4; location of, **RB:** 4; its success at international conferences, **RB:** 4-5; its success in war, **RB:** 4-5; growth of, **RB:** 50; preservation of, **RB:** 170

United States Army: **BS:** 16, 28; **ID:** 95; **PC:** 16, 21; **L:** 18; **DTI:** 28, 41, 66, 71, 143; **DTII:** 161, 167-68, 210; **DTIII:** 12, 21, 26, 193; **DTIV:** 48, 52, 179, 300, 308, 339; **WAI:** 21, 67, 68, 103-104, 195, 370, 371, 372, 373; **WAII:** 24, 27, 29, 81, 85, 86, 89, 115, 278, 281, 290, 293-95; **WAIII:** 42, 99, 111-12, 138, 219, 229, 230, 232, 253; **WAIV:** 148-50, 235; **WAV:** 34, 100, 175, 228, 231; **WAVI:** 66, 67, 97, 104, 157, 250; **ML:** 59, 73, 123; **HT:** 33, 56; **RB:** 170; polo team of, **ID:** 76; **WAI:** 223; **WAIV:** 72; desertions from, **DTI:** 40; cavalry of, **DTI:** 74; training camps of, **DTII:** 34; horsemen in, **DTIII:** 149; horses of, **DTIII:** 193; **WAIV:** 72; and airmail service, **DTIV:** 137, 140-41, 145, 147-48, 150, 152, 203; **WAVI:** 101, 108, 226; in Hawaii, **DTIV:** 203; installations of, **WAV:** 36; in China, **ML:** 149

United States Army Air Service: **DTII:** 161; **DTIV:** 308; **WAII:** 293-95; **WAV:** 69-70; **ML:** 10, 90; **RB:** 15, 16, fliers of, **ID:** 190; **WAV:** 62; **HT:** 59, 67

United States Capitol: **ID:** 140, 195; **PC:** 17; **P:** 33; **L:** 7; **CA:** 80; **DTI:** 122, 303; **DTII:** 152; **WAI:** 25, 33, 60, 186, 208, 302, 370; **WAII:** 7, 20, 90, 124, 130, 169, 194, 197, 290, 296, 312; **WAIII:** 228, 251; **WAIV:** 85, 230; **ML:** 31; **HT:** 21, 22, 118; **RB:** 94, 122

United States Chamber of Commerce: **DTI:** 137; **DTIV:** 26, 37, 106, 107, 169-70, 245, 306; **WAIII:** 130; **RB:** 138; national convention of, **DTIII:** 163; **WAI:** 70-71

United States Coast Guard: **DTIII:** 8-9; **WAIII:** 42; **WAIV:** 9, 104

United States Congress and congressmen: **E:** 1; **BS:** 1, 5, 7, 8, 9, 44, 48, 76; **ID:** 14, 82, 105, 117, 146, 190, 195-97; **PC:** 8, 9, 11, 14, 15, 16, 17, 18; **P:** 4, 7-8, 28, 33, 34, 39, 40; **L:** 7, 10, 13, 16, 26, 31, 53, 61, 65-66, 86, 87, 89; **CA:** 8, 18, 37, 40, 55, 98, 100, 120, 127; **DTI:** 30, 34-35, 36, 41, 53, 61, 64-65, 76, 77, 109, 118, 122, 123, 128, 144, 151, 153, 156, 162, 166, 167, 173-74, 176, 188, 191, 193, 198, 201, 205, 211, 214, 216, 217, 240, 246, 262, 268, 272, 279, 281, 282, 294, 299, 305, 309, 310, 315; **DTII:** 3, 9, 10, 11, 12, 14, 16, 17, 19, 25, 26, 35, 36, 38, 39, 41, 44, 45-46, 57, 63, 68, 77, 79, 80, 96, 101, 102, 103, 104, 108, 116, 139, 149, 150, 158, 162, 163, 175, 184, 185, 186, 194, 216, 218, 227, 228, 234, 243, 244, 249, 258, 259, 260, 261, 274, 275, 277; **DTIII:** 1, 12, 17, 34, 45, 48, 49, 50, 51, 66, 67, 83, 93, 98, 99, 103, 116, 118, 121, 125, 128, 135, 136, 142, 144, 146, 148, 149, 150, 151, 152, 156, 157, 158, 162, 168, 170, 173, 174, 178, 182, 183, 187, 188, 190, 232, 245-46, 247, 250, 251, 255, 256, 258, 261, 262, 263, 267, 268, 274, 276, 279; **DTIV:** 1, 4, 5-6, 13,

113

Cumulative Index

14, 16, 17, 25, 26-27, 30, 32, 38, 39, 40, 42, 44, 48, 62, 68, 72, 82, 93, 94, 100, 101, 123-24, 127, 129, 133, 134, 144, 145, 156, 158, 160, 162-63, 164, 166, 169, 172, 175, 181, 185, 186, 187, 188-89, 194, 196, 201, 202, 223, 235, 238, 242, 247-48, 254, 260, 261, 264, 266, 268, 274, 284, 288, 302-303, 306, 314, 315, 324, 326, 327, 328, 330, 334, 336, 346; **WAI:** 6, 10, 14, 18, 20, 23, 24, 25, 27, 33, 40, 42, 43, 46, 59, 62, 70, 71, 77, 90, 97, 108-109, 118, 131, 141, 153, 167, 169, 177, 185, 216, 229, 244, 245, 246, 249, 290, 297, 302, 303, 307, 308, 315, 316-17, 319, 333, 334, 337, 341, 342, 347, 356, 362, 363, 369, 370, 372; **WAII:** 6, 7, 8, 15, 20, 24, 28, 32, 42, 68, 89, 90, 104, 118, 121, 125, 131, 157, 158, 159, 168-69, 174, 178, 179, 194-96, 228, 230, 231, 242, 254, 283-85, 288, 289, 292, 293, 310, 312; **WAIII:** 1, 2, 28, 37, 38, 43, 59, 76, 77, 81-82, 92, 102, 103, 116, 124, 131, 137, 139, 146, 148, 162, 197, 217, 220, 221, 228, 230, 231, 233, 234, 250, 251, 252, 253-54, 259, 261, 262; **WAIV:** 7, 8, 16, 18, 21, 28, 35, 38, 39, 40, 41-42, 47, 56, 57, 77, 79, 88, 93, 94, 95, 104, 105, 108-109, 113, 122, 124, 131, 133, 138, 149, 174, 176, 213, 223, 231, 235, 236; **WAV:** 4, 63, 75, 94-96, 100, 109, 115, 126, 139-40, 145, 150, 153, 157, 182, 194, 219, 229, 230; **WAVI:** 4, 5, 6, 17-18, 19, 20, 34, 44, 47, 49, 55, 71, 84-85, 88, 107, 109, 119, 120, 125, 141, 155, 175, 188, 204, 208, 256; **HC:** 113; **ML:** 17, 21, 22, 23, 31, 35, 38, 44, 51, 54, 65, 71, 73, 75, 90, 102-103, 108, 119, 122, 126, 136, 154, 158, 161, 166, 170, 171, 173; **HT:** 20, 22, 25, 72, 84, 90, 92, 96, 112, 124, 125, 136, 146; **RB:** 13, 15, 19, 20, 21, 45, 49, 54, 76, 81, 90, 94, 98, 111, 123, 124, 126, 128, 133, 142, 145-46, 147, 161, 166; investigations by, **ID:** 40; **DTIV:** 158, 161, 167, 249-50, 257, 330, 332; **WAI:** 49, 243, 370-73; **WAV:** 6, 146; **ML:** 70; salaries of, **DTI:** 35; **DTII:** 32; **DTIII:** 178; **WAII:** 6-8, 9, 16-17; comedy in, **DTI:** 64-65; **ML:** 108; filibusters in, **DTI:** 87; **DTII:** 213; women in, **DTI:** 193; pages in, **DTI:** 279; progressives in, **DTII:** 94, 117; wives of, **DTII:** 139-40; **DTIII:** 151-52; franking privileges of, **DTIII:** 34; appropriations by, **DTIII:** 128, 129, 156, 162-63, 187, 268-70, 279; **WAV:** 3-4; adjournment of, **DTIII:** 256; **WAV:** 2, 3-4, 5, 6; junkets abroad by, **WAI:** 131-32, 134-35; **WAV:** 6; "lame-duck" session of, **WAIII:** 228; alcoholic consumption in, **WAIV:** 9-10

United States Constitution: **ID:** 14, 48, 147; **L:** 45, 46, 66; **DTI:** 132, 174, 272, 293; **DTII:** 25, 50, 113; **DTIII:** 174, 264; **WAI:** 6, 20, 108, 210; **WAII:** 12, 56, 57, 78, 142, 202, 306; **WAIII:** 42, 71, 95, 96, 109; **WAIV:** 23, 109; **WAVI:** 190, 215, 241; **HC:** 43, 64; **HT:** 39, 42, 45, 88, 93; **RB:** 52, 78, 165-67, 172; amendments to, **WAI:** 341; *see also specific amendments*

United States House of Representatives and representatives: **ID:** 195; **CA:** 34, 121; **DTI:** 57, 199; **DTII:** 27, 32, 198, 227, 255, 258; **DTIII:** 12, 94, 116, 146, 230, 236, 265, 267, 272, 274; **DTIV:** 8, 24, 130, 142, 152, 195, 316; **WAI:** 9, 23-24, 25, 171, 216, 245, 246, 310, 339; **WAII:** 23, 157-58, 161, 166, 175, 194, 195, 197, 311-12; **WAIV:** 18, 77, 131-32, 151, 194, 230, 231; **WAV:** 4, 224, 227; **WAVI:** 48, 66-67, 71, 105, 120, 188, 244; **HC:** 110; **ML:** 3, 70; **HT:** 20, 22, 96; **RB:** 145; Ways and Means Committee of, **DTI:** 187; speaker of, **DTI:** 199; **WAI:** 51; *see also* United States Congress

United States Lawn Tennis Association: **DTI:** 236

United States Marine Corps: **DTI:** 33, 48, 55, 62, 71, 74, 98, 136, 163, 180-81, 188, 211, 219, 270, 275, 279, 280, 282-83, 288; **DTII:** 121, 123; **DTIII:** 14, 16, 17, 20, 59, 78, 158, 222; **DTIV:** 48, 76, 142; **WAI:** 356; **WAII:** 51, 277, 278, 281, 303; **WAIII:** 22, 77, 137, 232; **WAIV:** 20, 25, 26, 52, 223; **WAV:** 5, 22, 62, 235; **WAVI:** 35, 87; **HC:** 73; **ML:** 23, 55-56, 57, 96, 149, 150-51, 155, 167; **HT:** 67, 123; **RB:** 40

United States Military Academy (West Point): **DTI:** 32, 34, 282; **DTII:** 102, 167-68, 241; **DTIV:** 109, 235; **WAI:** 67, 68; **WAII:** 70, 118, 142, 276, 283; **WAIV:** 64, 95, 148-50, 215; **WAVI:** 71, 129, 184; **ML:** 74; **RB:** 39

United States Naval Academy (Annapolis): **ID:** 126; **DTI:** 32, 34, 264, 282; **DTII:** 102, 168; **DTIV:** 235; **WAI:** 66, 67, 68, 202, 215; **WAII:** 118, 142, 276; **WAIII:** 236; **WAIV:** 149, 215; **WAVI:** 184

United States Navy: **BS:** 28; **ID:** 113, 126, 128, 197; **L:** 18; **CA:** 123; **DTI:** 41, 52, 66, 99, 117, 143, 167, 174, 192, 244, 264, 275, 288-89, 303, 305; **DTII:** 82, 92, 161, 169, 194, 210, 230, 236; **DTIII:** 12, 21, 26, 30, 90, 93, 95, 159, 275, 279; **DTIV:** 30, 48, 133, 142, 150, 160, 189, 200, 203, 222, 240, 277, 300, 308; **WAI:** 21, 26-27, 66-68, 128-29, 189, 192, 202, 213, 245, 275, 329, 331, 332-33, 360-61, 367, 370, 371, 372, 373; **WAII:** 15, 27, 66, 85-86, 88-89, 115, 278; **WAIII:** 42, 48-49, 90, 111, 166, 229, 230, 253; **WAIV:** 19, 20, 76, 161; **WAV:** 10, 20, 34, 62, 100; **WAVI:** 35, 66-67, 97, 157; **ML:** 90, 125; **HT:** 67, 80; **RB:** 6, 170; size of, **DTI:** 174; appropriations for, **DTI:** 288-89, 298, 302, 305, 308, 309; reduction of, **DTII:** 229, 272; fleet of, **DTIII:** 281; **DTIV:** 76, 160, 166, 197, 240, 307; **WAI:** 66-67; in Hawaii, **DTIV:** 203; and bootleggers, **WAI:** 131; gunboats of, **ML:** 11, 23, 148; in China, **ML:** 148-49; pilots of, **HT:** 59

United States presidency and presidents: **BS:** 66; **ID:** 14, 54, 57, 88, 93, 94, 105, 108, 148, 159, 160, 167, 174, 202; **L:** 7, 19, 35-36; **CA:** 10, 12, 79, 98, 108; **DTI:** 52, 80, 92, 138, 151, 171, 175, 196, 207, 210, 219, 245, 267, 270, 274, 275, 289, 290, 302, 308, 314; **DTII:** 19, 25, 42, 60, 64, 77, 79, 92, 105-106, 140, 144, 172, 176, 181, 217, 248; **DTIII:** 10, 43, 276; **DTIV:** 29, 94, 109, 133, 246; **WAI:** 108, 115, 123, 150, 193, 194, 210, 262, 268, 282, 311, 314, 315; **WAII:** 2, 43, 45, 62, 89, 90, 91, 193,

114

239, 267, 275; **WAIII**: 32, 35, 109, 170, 203, 233, 260; **WAIV**: 3, 4, 60, 67, 68, 124, 126, 131, 137, 139, 194, 210; **WAV**: 1, 4, 6, 8, 20, 22, 32, 64, 84, 152-53, 166, 189-90, 191, 193, 195, 200, 205, 213-14, 224, 225, 227, 230; **HC**: 73, 86-87; **ML**: 3, 5, 6, 12, 15, 45, 95, 99, 109-10, 135, 161; **HT**: 15, 42, 103, 104, 107, 110, 119; **RB**: 14, 18, 32, 57, 72-73, 75, 125, 167, 174; salary of, **DTI**: 115; **DTIII**: 116; commissions named by, **DTI**: 268, 272; **DTII**: 46, 54, 98, 110, 112, 163, 212; **WAV**: 101; **ML**: 29-30, 70, 95-97, 100, 134, 153, 172; **RB**: 13, 14, 19, 62, 75, 76, 100; cabinet of, **DTI**: 290; **DTII**: 73; **WAII**: 15, 20, 45, 71, 251; **WAV**: 201; **HC**: 79-81, 90; **ML**: 95, 170; **HT**: 81, 90, 145, 151; inaugurations of, **DTI**: 308, 310, 315; **DTII**: 89; and executive privilege, **DTII**: 177, 178, 186; retreat for, **DTII**: 202; **DTIII**: 34, 52; **WAIII**: 232-35, 240; **WAV**: 33; retirement of, **DTIII**: 38; **WAIV**: 41-42; term of office of, **DTIII**: 232; speeches of, **ML**: 23

United States Senate and senators: **BS**: 8; **ID**: 12, 45, 96, 100, 126, 145, 148, 184, 195-96, 197; **PC**: 7, 9, 17, 19, 29; **P**: 4, 7-8, 33; **L**: 7, 9, 16, 24, 28, 29, 38, 44-45, 61, 65, 75, 83, 89; **CA**: 12, 13, 22, 34, 40, 50, 52, 66, 74, 75, 97, 98, 100, 102, 121, 126, 135; **DTI**: 14, 22, 23, 24, 36, 37-38, 48, 58, 61, 64, 66, 67, 68, 76, 145, 159, 169, 174, 180, 184, 188, 193, 202, 210, 214-15, 218, 222, 228, 234, 246, 268, 285, 288-89, 300-301, 303, 306, 309, 312, 315; **DTII**: 3, 7, 8, 9, 13, 16, 19, 20-21, 25, 26, 27, 32, 38, 40, 55, 61, 64, 68, 70, 76, 78, 79, 80, 81, 86, 92, 94, 95, 97, 100, 102, 106, 107, 113, 119, 121, 123, 125, 130, 134, 137, 139, 141, 143, 144, 152, 154, 155-56, 168, 170-71, 172, 174, 184, 185, 186, 188, 190, 191, 193, 198, 200, 202, 203, 206, 211, 213, 214-15, 229, 231, 233, 246, 248, 249, 255, 256, 257, 258, 265, 273, 274, 275, 278; **DTIII**: 3, 5, 8, 46, 66, 68, 86, 87, 95, 116, 125, 127, 128, 146, 155, 162, 166-67, 169-70, 172, 173, 175, 186, 192, 202, 203, 236, 242, 251, 261, 262, 263, 264, 265, 267, 268, 270, 272, 273, 274, 276, 277, 278, 279; **DTIV**: 5, 6, 12, 14, 15, 17, 27, 31, 32, 33, 38, 68, 70, 72, 93, 105, 109, 126, 127, 130, 132-33, 134, 141, 142, 144, 151, 158, 159, 161-62, 172, 176, 196, 241, 265, 266, 268, 270, 276, 278, 279, 280, 284, 303, 312, 321; 323-24, 326, 340; **WAI**: 6, 9, 10, 12, 13, 18, 20, 22, 23, 25-26, 32, 33, 42, 43, 53, 56, 59, 63, 71, 77, 90, 96-97, 106, 131-32, 134-35, 142, 161, 169-71, 180, 186, 190, 195, 201, 211, 214, 215, 216, 224-25, 229, 233, 244, 246, 248, 249, 250, 297, 302, 303, 307, 310, 311, 316-17, 319, 323, 327, 339, 356, 369; **WAII**: 5, 6, 7, 9-10, 11, 15, 20, 23, 24, 28, 41, 42, 43, 44, 61, 67, 75, 89, 90, 104, 105, 142, 153, 157, 158, 166-69, 175, 177, 178-79, 191, 194, 195, 197, 198, 199, 206, 230, 231, 253, 262, 283, 285, 286, 288, 289, 290, 292, 293, 311-12; **WAIII**: 19-20, 28, 37, 43, 68, 81, 82, 102, 115, 117, 132, 136, 137, 139, 146, 156, 174, 175, 198, 211, 217, 220, 221, 235, 236, 240, 251, 254, 258-59, 262; **WAIV**: 1, 8, 17, 18, 19, 24, 26, 27, 41, 50, 51, 55, 57, 58, 59, 60, 63, 65, 66, 77-78, 79, 85, 86-87, 89, 94, 96, 97, 105, 109, 111-12, 120, 122, 130, 131, 132, 137-40, 143-44, 149, 151, 153, 154, 156, 168, 172, 175, 184, 194, 205, 206, 213, 219, 230, 241; **WAV**: 4, 19, 20, 46, 64, 75, 84, 90, 91, 94, 111, 115, 150, 153, 154, 155, 159, 166, 182, 193, 195, 196, 200, 220, 223, 224, 227, 229; **WAVI**: 15, 16, 17, 18, 20, 24, 31, 34, 44, 66-67, 71, 79, 95-96, 102, 104, 105, 107, 109, 120, 121, 125, 134, 141, 155, 188, 210, 244; **HC**: 50, 55, 69, 90, 91, 110, 113; **ML**: 3, 7, 11, 17, 31, 38, 44-45, 49, 54, 65, 66, 75, 78, 80, 81, 100, 101, 102, 104, 107, 108, 109, 110, 111, 112, 119, 125, 126, 137, 139, 142, 145, 161, 162, 169, 170, 173; **HT**: 7, 15, 21, 22, 24, 48, 72, 83, 84, 95, 96, 103, 111, 118, 124, 146; **RB**: 13, 15, 17, 18, 19, 20, 21, 28, 29, 38, 42, 45, 51, 54, 57, 58, 60, 62, 78, 105-109, 123, 126, 128, 145-46, 147, 151, 152, 161; investigations by, **ID**: 125, 128, 131, 133, 137-41, 145-49; **L**: 75; **DTI**: 167, 182, 192, 210, 278, 279, 303, 306; **DTII**: 3, 76, 92, 96, 97, 107, 112; **DTIII**: 86, 152, 153, 155, 156, 157, 160, 188, 207, 276, 277; **DTIV**: 23, 103, 105-106, 142-43; **WAI**: 198, 200, 206-12, 215-16, 217, 219, 225, 226, 247-50, 317; **WAII**: 250; **WAIII**: 136, 145-47, 148, 234; **WAIV**: 78, 79, 86-87, 88-89; **WAVI**: 15, 79, 104, 105, 110; **HT**: 95; **RB**: 47, 100; filibusters in, **DTI**: 58, 61, 66, 77, 217, 287, 295; **DTIII**: 263; **DTIV**: 321; **WAI**: 32; **HT**: 21; rules of, **DTI**: 77; salaries of, **DTII**: 32; **DTIII**: 173; **DTIV**: 144; **WAII**: 6-8, 16-17, 166; presidential distrust of, **DTII**: 92; wives of, **DTII**: 139-40; women in, **DTII**: 153-54, 233; **HT**: 7; on prohibition, **DTII**: 173; direct election of, **DTII**: 200; **WAII**: 64; pages in, **DTIII**: 259; committees of, **WAI**: 190; insurgency in, **WAIV**: 138; Foreign Relations Committee of, **ML**: 98-99, 101, 104, 154; debate in, **RB**: 18; *see also* United States Congress

United States Shipping Board: **WAI**: 20; **WAII**: 250

United States Steel Corporation: **DTII**: 170, 223; **WAI**: 153; **ML**: 143

United States Supreme Court: **ID**: 88; **L**: 45; **DTI**: 65, 89, 187; **DTII**: 14, 144, 146, 156, 164-65, 170, 174; **DTIV**: 183, 245, 248, 261, 262, 266, 267, 275, 276, 279, 302, 314-15, 316, 317, 319; **WAI**: 60, 66, 70, 79, 213, 297, 308, 315; **WAII**: 58; **WAIII**: 31, 210; **WAV**: 182; **WAVI**: 192, 201, 202, 224, 229; **HC**: 76; **ML**: 143; **HT**: 81; **RB**: 160, 162-63, 164-65, 166-67, 170, 172, 173; decisions of, **DTII**: 130; and prohibition, **DTII**: 172

United States Tenth Cavalry: **DTIII**: 198; **DTIV**: 284

United States vice presidency and vice presidents: **PC**: 9; **L**: 8-9; **CA**: 9, 34, 35, 36, 38, 42, 54, 55, 87, 98, 99, 100, 107, 113, 121, 126, 140, 145; **DTI**: 117, 223, 225, 226, 228, 234, 245, 250, 263, 271, 289; **DTII**: 77; **DTIV**: 94; **WAII**: 42-43, 44, 288; **WAIII**:

Cumulative Index

139, 168, 203, 209, 210, 236; **WAIV**: 140; **WAV**: 90, 91; **HC**: 23, 34, 51-52, 68; **ML**: 38, 91; **HT**: 18, 82, 107, 108; **RB**: 17-18, 20
unity, in Japan: **ML**: 146
universities: *see* colleges and universities
Unknown Soldier, Tomb of the: **DTIV**: 32
Untermeyer, Samuel: **WAI**: 274-75
untouchables, in India: **RB**: 131
Upshaw, David W.: **HT**: 22
Upshaw, William D.: **L**: 26, 115; **CA**: 63; **DTI**: 57, 74; **WAI**: 18, 43, 246; **WAII**: 169, 194; **WAIII**: 222; **WAIV**: 176
Upton, Evelyn G. (viscountess Templetown): **WAII**: 235
Urban, Joseph: **WAVI**: 23
Urbana, Ill.: **WAII**: 134; **WAVI**: 143
urban areas: *see* cities
Uriburu, José F.: **DTII**: 209
Uruguay: **DTI**: 45; **DTIII**: 225-26; **DTIV**: 121; **WAV**: 1; **WAVI**: 201; currency of, **DTIII**: 225-26; revolution in, **DTIII**: 226; president of, **DTIV**: 151-52
used automobiles, dealers in: **WAIV**: 66
Utah: **ID**: 167, 172; **DTII**: 223; **WAI**: 94, 238, 259, 261; **WAII**: 167, 240; **WAIII**: 82; **WAIV**: 58, 66, 132; **WAV**: 84, 219; **WAVI**: 43, 168; **HT**: 54, 72; governor of, **DTII**: 156
Utah, Lake: **HT**: 55
Utah, U. S. S.: **DTII**: 156
Uvalde, Texas: **DTIII**: 93; **DTIV**: 94, 336; **WAV**: 92, 95; **WAVI**: 71

V

vacations: **DTI**: 201, 308; **DTII**: 46, 111, 151; **DTIV**: 17, 74, 194
vacuum sweepers: **WAI**: 54
vagrancy: **DTII**: 159
Vail, Edward F. R. (Eddie): **DTIV**: 310; **WAIV**: 92; **WAVI**: 207
Vail, W. Banning: **WAIII**: 7
"Valencia" (song): **L**: 43, 67
Valentino, Rudolph: **ID**: 45; **CA**: 34; **DTI**: 33; **WAI**: 23, 85, 102, 105, 117, 310, 312, 323, 337; **WAII**: 73, 74; personal effects of, **DTI**: 60
Vallee, Rudy: **DTII**: 139-40, 263; **DTIII**: 134, 208
Valley Forge, Pa.: **DTI**: 311; **DTII**: 275; **DTIII**: 36
Valls, John: **DTII**: 109
Van Brunt, William A.: **DTIV**: 310
Vance, Clarence A. (Dazzy): **WAII**: 69
Vancouver, Canada: **DTIV**: 344; **WAV**: 104, 105, 106, 107, 109, 143; **WAVI**: 249, 253; **ML**: 100, 101, 105, 107
Vancouver Island: **WAVI**: 254
Vandenburg, Arthur H.: **RB**: 139
Vanderbilt, Cornelius: **WAII**: 18
Vanderbilt, Cornelius, Jr.: **ID**: 112; **DTIII**: 45; **WAI**: 188
Vanderbilt, Cornelius, IV: **WAIV**: 8
Vanderbilt, Gloria L. M.: **DTIV**: 243; **WAVI**: 175

Vanderbilt, Harold S.: **DTIV**: 76
Vanderbilt, Rachel L. (Mrs. Cornelius, Jr.): **ID**: 112; **WAI**: 188
Vanderbilt, Virginia F. (Mrs. William K., II): **ID**: 202; **WAI**: 276
Vanderbilt, William K., II: **WAII**: 147-48
Vanderbilt family: **WAV**: 209, 236
Vanderlip, Frank A.: **ID**: 149, 153-55; **WAI**: 203, 204, 205, 211-12, 217
vanity, of men: **DTII**: 22
Vanity Fair (magazine): **WAII**: 156
Van Sweringen, M. James: **WAVI**: 54
Van Sweringen, Oris P.: **WAVI**: 54
Van Winkle, Rip: **WAI**: 295
Vanzetti, Bartolomeo: *see* Sacco, Nicola
Vare, William S.: **L**: 41, 75, 100; **CA**: 98, 100; **DTI**: 27, 37, 42, 48, 147, 156; **DTIV**: 76; **WAII**: 270, 285, 306; **WAIII**: 251; **WAIV**: 97, 176
Variété (film): **WAII**: 289, 290
Variety (periodical): **RB**: 88
"varsity drag" (dance): **DTI**: 247
Vassar College: **E**: 18; **WAI**: 334, 339; **HT**: 155
Vatican: **DTI**: 305; **DTII**: 68-69; **WAII**: 154; **WAIV**: 15, 62; **RB**: 24
vaudeville: **ID**: 94; **DTI**: 92, 270; **DTII**: 28, 85, 125, 203; **DTIII**: 73; **DTIV**: 216; **WAI**: 29, 317; **WAII**: 19, 130, 232-33, 246; **WAIII**: 47; **WAIV**: 26, 97; **WAV**: 79, 137, 148, 156; **WAVI**: 18, 21, 61, 62, 63, 124-25, 134, 141, 142, 143, 164, 193, 197, 227-28, 250; **HT**: 102, 114-15; Rogers in, **ID**: 93-96; **PC**: 6; **DTIII**: 73; **DTIV**: 218; **WAI**: 162, 193-96, 242, 317; **WAII**: 232-33, 270-71; **WAIII**: 63, 205; **WAIV**: 36, 170; **WAV**: 48-49, 137; **WAVI**: 62, 124-25, 164, 193, 197, 227-28, 250; **HT**: 3
vegetarians: **DTIII**: 89; **WAI**: 179; **WAVI**: 10
Venable, Evelyn: **WAVI**: 99
Venezuela: **DTIII**: 19-20, 79; **WAIII**: 90; **WAV**: 9, 18, 20; oil from, **DTIII**: 149
Venice, Italy: **WAII**: 213; **WAIV**: 112; **WAV**: 111, 122; **ML**: 75
Venizelos, Eleutherios: **DTIII**: 120; **DTIV**: 283; **WAVI**: 211-12
Ventura County, Calif.: **DTI**: 115
venue, change of: **DTI**: 296; **DTIII**: 87
Venus (goddess): **ID**: 190; **WAI**: 152; **HT**: 48
Venus (planet): **DTIII**: 60
Venus of Milo (statue): **ML**: 43
Veracruz, Mexico: **WAI**: 356; **WAV**: 17, 19; **WAVI**: 35
Verdi, Giuseppe: operas of, **WAII**: 265
Verdigris River: **ID**: 197; **WAI**: 27; **WAV**: 55, 101; **WAVI**: 231; **HT**: 36
Vergil: **L**: 75, 76
Verkhneudinsk, Russia: *see* Ulan-Ude
Vermejo Ranch: **DTIV**: 338
Vermont: **L**: 7, 72, 82, 105, 106, 114; **DTI**: 85-86, 106, 189, 267; **WAI**: 117, 169, 282, 312, 324; **WAII**: 1, 3, 9, 10, 20, 37, 119, 156, 311; **WAIII**: 37-38, 182, 209, 223; **WAIV**: 41; **WAV**: 10, 182; **ML**: 5, 8, 42; **HT**: 26, 37; election in, **DTIV**: 129
Verne, Jules: **WAV**: 49
Vernon, Texas: **DTIII**: 182

Versailles, France: **BS:** 14
Versailles, Treaty of (1919): **PC:** 20, 30; **DTI:** 295; **DTII:** 217-18; **DTIV:** 289, 298-99; **WAII:** 62; **WAIV:** 196; **RB:** 102-103; *see also* Paris Peace Conference of 1919
Vestris, S. S.: sinking of, **DTI:** 277, 284; **WAIII:** 224, 228
Vesuvius: **L:** 54, 80; **DTIII:** 120
veterans, of war: **CA:** 27; **DTII:** 173-74; **DTIII:** 32; **DTIV:** 177, 183; **WAIII:** 5, 59; **WAV:** 36; **WAVI:** 60; **RB:** 84; bonus for, **ID:** 196; **CA:** 29, 121; **DTI:** 44; **DTII:** 260, 265, 273, 276-77; **DTIII:** 39, 49, 79, 192; **DTIV:** 152, 156, 302-303, 310, 312, 313; **WAI:** 26, 142, 172-75, 202-203, 216; **WAII:** 2, 8, 10; **WAIII:** 59; **WAV:** 4, 74; **WAVI:** 107, 205; **RB:** 132, 157, 159-61, 164; disabled, **DTIII:** 171; pensions for, **WAVI:** 64; *see also* Bonus Army
Veterans' Bureau: **ID:** 128
veterinarians: **E:** 10; **ID:** 128; **WAI:** 202, 231-32
vetoes: **DTI:** 61, 97, 121, 216, 217, 219, 300; **DTII:** 141
vice presidents: corporate, **DTII:** 157; **DTIII:** 66; **HT:** 93, 94; of banks, **DTIV:** 83; *see also* United States vice presidency
Victoria, Canada: **WAV:** 107; **WAVI:** 254; **ML:** 103-104, 105, 108
Victoria, queen consort of Spain: **L:** 98
Victoria, queen of England: **DTII:** 38; **WAII:** 218; **RB:** 34, 37; biography of, **RB:** 37
Victoria Cross: **ML:** 130
Victoria Falls: **WAV:** 231, 233
Victoria Theatre (New York City): **BS:** 10; **WAVI:** 61
Victorville, Calif.: **HT:** 49
Vidor, Florence: **WAIII:** 34
Vienna, Austria: **BS:** 18; **DTIV:** 216, 217, 261; **WAV:** 106
Vienna, Congress of (1814-1815): **RB:** 81
Vierkoetter, Ernst: **DTI:** 9
Villa, Francisco (Pancho): **ID:** 95; **PC:** 23; **CA:** 8; **WAI:** 101-104, 195, 271, 357; **WAV:** 18, 121; **ML:** 43, 56, 134; raid by, **WAIV:** 5, 26
Vines, Henry E., Jr.: **DTIV:** 50
Vinita, Okla.: **DTI:** 226; **WAIII:** 59
Vinson Naval Parity Act of 1934: **DTIV:** 133
violence, in New York City: **DTIV:** 103
violets, songs about: **ID:** 46; **WAI:** 106
violinists: **WAII:** 54, 189, 264, 265
violins: **L:** 67
Virginia: **ID:** 196; **L:** 28, 29; **CA:** 136, 146; **DTI:** 52, 104, 281, 284, 291, 299; **DTII:** 42, 58, 61, 63, 64, 98; **DTIII:** 88, 147, 228; **DTIV:** 68; **WAI:** 26, 44, 268; **WAII:** 167, 208, 304-306, 311; **WAIII:** 109, 222, 225, 234, 240; **WAIV:** 16, 33, 47, 55, 56, 57, 85, 116, 168, 169; **WAV:** 182; **WAVI:** 42, 43-44, 48, 102; **HC:** 93; **ML:** 107, 158; **HT:** 118, 119, 129; **RB:** 14, 29, 30, 34, 38-39, 43, 136; presidential retreat in, **DTII:** 202; election in, **WAIV:** 85
Virginia City, Nev.: **DTI:** 68; **WAIII:** 13, 14; **WAIV:** 182, 186
Virgin Islands: **CA:** 113, 145; **DTIII:** 8, 10, 20, 201, 227; **DTIV:** 194; **WAV:** 11, 17, 19-22,
34; **WAVI:** 137-38; described as "poor house," **WAV:** 20-21
virtue: **WAV:** 39; **HC:** 64; in motion pictures, **WAV:** 27
visas: **BS:** 14-15, 30; **L:** 14-15
vitamins: **DTIII:** 212
Vitt, Oscar J. (Ossie): **WAV:** 72
Vladivostok, Russia: **BS:** 34; **WAV:** 106; **ML:** 125, 139
vodka: **BS:** 10, 13, 14, 15, 53, 63; **DTI:** 21; **DTIII:** 108; **WAVI:** 78, 110, 218-19
Vogué, Eugène M.: **ID:** 7
Volpi, Guiseppe: **L:** 65, 71
Volstead, Andrew J.: **ID:** 101, 161, 165; **DTIII:** 115; **WAI:** 24, 43, 58, 89, 102, 123, 238; **WAII:** 167; **WAV:** 8, 202; **WAVI:** 18; **HT:** 19
Volstead Act of 1919: **DTI:** 16; **WAI:** 70, 86, 134, 258
Voltaire, Francois: **ID:** 191; **WAI:** 153
Von Zell, Harry: **RB:** 102
voodooism: **DTII:** 96
voters: **L:** 44-45, 46; **CA:** 113; **DTI:** 23, 36, 120, 183, 186, 188-89, 212, 218, 219, 249, 269-70, 273; **DTII:** 154, 190; **DTIII:** 63, 72, 158, 171, 177, 201, 211, 214, 216, 243, 248; **DTIV:** 236, 288; **WAI:** 60, 93; **WAII:** 90, 254; **WAIII:** 68, 69, 94, 139, 202-203, 206, 217; **WAV:** 127, 196, 201; **HC:** 14, 15, 25, 49, 51, 76, 77-78, 100, 104, 109-10, 112; **ML:** 103; **HT:** 11, 14, 16, 42, 62, 83, 88-89, 91, 95; **RB:** 13, 174; women as, **CA:** 108; **DTIII:** 235; **HC:** 8, 39, 88; **HT:** 89-91; in Illinois, **DTI:** 218; Catholics as, **DTI:** 251; Jews as, **DTI:** 251; registration of, **DTIV:** 231; farmers as, **WAII:** 44; **WAIII:** 207-208, 221
voting: **P:** 35-36; **DTI:** 23, 40, 102; **DTIV:** 97-98, 102-103; **ML:** 53-54; **RB:** 53

W

Wabash River: **DTI:** 32; **DTIV:** 90
Wackwitz, Donald (Don): **DTIV:** 141
Waco, Texas: **WAII:** 132
Wade, Wallace: **DTII:** 253
Wade, William W.: **WAII:** 141
Wadsworth, Alice H. (Mrs. James W., Jr.): **L:** 9, 10
Wadsworth, James W., Jr.: **L:** 9, 10; **DTI:** 23, 58; **WAI:** 326; **WAII:** 253, 254; **HT:** 110; **RB:** 118
wagering: *see* gambling
wages: **DTII:** 52; **DTIV:** 177, 315, 318; **WAVI:** 162, 205; **RB:** 46; increase in, **DTIV:** 155; minimum, **RB:** 172
Waggoner, Daniel: **WAII:** 267, 268
Waggoner, William T.: **DTIV:** 252; **WAII:** 163; **WAV:** 45; **WAVI:** 69; ranch of, **DTII:** 181
Wagner, Charles L.: **BS:** 13; **WAII:** 202; **WAVI:** 173
Wagner, John P. (Honus): **DTII:** 222; **WAII:** 154, 258; **WAV:** 137
Wagner, Mrs. O. O.: **WAIII:** 133
Wagner, Richard: **WAII:** 265

Wagner, Robert F.: **WAII:** 253, 254
Wagner, Robert L. (Rob): **WAVI:** 90; **RB:** 120
Wagner Act of 1935: **DTIV:** 318
Wagoner, _____: **DTIII:** 224
wagon lits: **WAV:** 116, 120
Waide, Cudellas D.: **WAII:** 161
Waikiki Beach, Hawaii: **DTIV:** 202; **WAVI:** 158, 159
Wailing Wall (Jerusalem): **DTII:** 68, 89
waiters: **ID:** 33, 34-35; **ML:** 38
Waiting for Lefty (play): **WAVI:** 236
Wakatsuki, Reijiro: **DTII:** 125, 126
Walden, George S.: **ML:** 110
Waldorf Astoria Hotel (New York City): **WAV:** 210; **HT:** 141
Wales: **L:** 31; **WAI:** 274
Wales, Prince of: *see* Edward Albert
Walker, Charlotte: **WAVI:** 193
Walker, James J. (Jimmy): **CA:** 125; **DTI:** 1, 32, 39, 42, 59, 93, 173, 191, 231, 233, 271, 310; **DTII:** 6, 89, 107, 185, 208, 213, 214, 215; **DTIII:** 21-22, 27, 75, 76, 80, 101-102, 118, 170, 171, 201, 205, 209, 213; **WAII:** 12, 13, 80, 213, 259; **WAIII:** 70, 158, 214, 222, 235; **WAIV:** 64, 85, 186; **WAV:** 62, 70, 72, 85, 126; **HC:** 59; **ML:** 37, 136, 141, 162; **HT:** 41; opponents of, **DTIII:** 21-22; investigation of, **DTIII:** 98, 102, 196, 197, 198, 199
Walker, Janet Allen (Mrs. Jimmy): **WAII:** 213
Walker, William M.: **WAIV:** 155
Wallace, Henry A.: **DTIV:** 70, 71, 73, 178-79; **WAVI:** 97, 125, 126; **RB:** 125
Wallace, Henry C.: **WAI:** 180, 358
Wallace, Ilo B. (Mrs. Henry A.): **WAVI:** 97
Wall Street: **ID:** 39, 40, 87, 192; **P:** 34; **L:** 87; **CA:** 70; **DTI:** 196, 215, 223, 233, 283, 291, 301; **DTII:** 1, 31, 90, 96, 99, 101, 102, 106, 108, 146, 170, 231, 238, 255; **DTIII:** 6, 22, 36, 45, 52, 64, 79, 84, 92, 103, 139, 163, 187, 202, 210, 230, 263; **DTIV:** 4, 54, 56, 62, 75, 101, 143, 154, 156, 177, 187, 244, 260; **WAI:** 49, 50, 78, 154, 171, 322, 323, 325, 326, 354; **WAIII:** 107, 174, 208, 222, 230, 251; **WAIV:** 13, 64, 75, 83, 84, 89-91, 96, 127, 135, 191, 192, 223, 241; **WAV:** 3, 58, 82, 140, 188, 220; **WAVI:** 40, 202, 203; **ML:** 54, 82, 90, 97; **HT:** 75, 84, 91, 117; **RB:** 13, 42, 133, 139, 169; financial structure of, **DTII:** 61; investigation of, **DTIII:** 152, 153, 155, 156, 157, 160, 188; **WAV:** 146; *see also* stock market *and other related topics*
The Wall Street Girl (musical): **WAII:** 128; **WAVI:** 124
Wall Street Journal: **DTIII:** 140-41
Walsh, Edward A. (Big Ed): **WAII:** 297
Walsh, Thomas J.: **ID:** 137-40, 145, 146, 147, 149; **CA:** 74, 77, 80-82, 87, 139, 141, 142; **DTI:** 71, 182, 187, 209, 210, 258; **DTII:** 173; **DTIV:** 2; **WAI:** 206-10, 216, 219; **WAV:** 40; **WAIII:** 147, 163, 209; resolution by, **DTI:** 185
Walska, Ganna: **WAI:** 168
Walthall, Henry B.: **WAVI:** 133, 169
Waltham, Mass.: **WAVI:** 48
Walton, _____: **WAV:** 113

Walton, Izaak: **ML:** 63; **HT:** 143
Walton, John C. (Jack): **L:** 4; **CA:** 55, 58; **WAI:** 17, 135, 139, 141, 171, 185, 215; **WAII:** 121; **HT:** 143
wampum: **DTIV:** 21, 48, 102
Wanamaker, John: **WAIV:** 23
Wanamaker, Lewis R.: **WAIII:** 54
Waner, Lloyd: **DTI:** 135
Waner, Paul: **DTI:** 135
want ads: **DTII:** 238
war: **BS:** 18, 79, 80; **ID:** 5-6, 46, 47, 48, 87, 88, 95; **PC:** 16, 21, 22, 23, 26, 30; **P:** 15; **L:** 4, 19, 65, 66, 69, 89, 109, 110-11, 112, 114, 119; **CA:** 8, 17, 28, 37, 40, 87, 96, 99; **DTI:** 28, 29, 33, 42, 43-44, 52, 66, 77, 87, 116, 132, 142, 151, 153, 178, 267, 278, 283, 287, 295, 303; **DTII:** 12, 25, 34, 49-40, 51, 60-61, 62, 72, 80, 92, 95, 110, 120, 123, 137, 138, 151, 156, 161, 169, 191, 210, 211, 218, 224, 229, 235, 236, 266, 273, 277; **DTIII:** 33, 48, 62, 95, 96, 97, 104, 110, 132, 142, 171, 193, 196, 217, 243, 281; **DTIV:** 30-31, 40, 45, 63, 67, 71, 76, 77, 91, 93, 94, 104, 114, 132, 154, 188, 215, 216, 218, 219, 244, 250, 253, 255, 279, 283, 286-87, 289, 291, 307, 330; **WAI:** 5, 13, 15, 23, 78-79, 95, 96-97, 103, 105, 107, 108, 116, 140, 152, 159, 175, 180, 181, 182-83, 184, 186, 195, 216, 232, 275, 291, 308, 315, 332, 341, 349, 350, 353, 361, 363, 369, 372, 373; **WAII:** 49-50, 51, 52, 67, 78, 79, 107, 174, 179, 180, 197, 198, 215, 216, 217-18, 274, 289, 293, 296; **WAIII:** 17, 19, 22, 36, 37, 71, 97, 232, 235, 243-44, 253, 258; **WAIV:** 13, 18, 19-20, 26, 76, 78, 103, 104, 114, 115, 126, 134, 170, 195-97, 203, 205, 213; **WAV:** 5, 9, 34, 63, 83, 117, 126, 143, 147, 151, 172, 180, 228; **WAVI:** 7, 8, 60, 66-67, 81-82, 88, 109, 130, 190, 237-38, 255; **ML:** 21, 22-23, 56, 80, 104, 107, 126, 137, 138, 139, 142, 146, 153; **HT:** 7, 9, 53, 80, 138; **RB:** 4, 5, 52, 55, 60, 92, 126, 160; aviation in, **BS:** 27-28, 79; **DTI:** 285; **WAIV:** 103-104; involving Turkey, **ID:** 12; **WAII:** 144; poison gas use in, **DTI:** 44; in China, **DTI:** 71-72; **DTIII:** 78, 86, 262, 263, 280; **WAIII:** 22; **RB:** 5; outlawing of, **DTI:** 219, 249, 289, 305; in South America, **DTI:** 286; and military contracts, **DTII:** 49-50; diplomacy and, **DTII:** 51; between Peru and Colombia, **DTIII:** 223; in Tacna-Arica, **DTIII:** 223; in Europe, **DTIII:** 256; **DTIV:** 229-30, 327; in India, **DTIII:** 261; in Manchuria, **DTIII:** 78, 99, 102, 103, 109, 112, 113, 114, 118, 123, 124, 125, 126, 127, 128, 130, 131, 134, 137, 153, 217; **WAV:** 73, 105, 110, 112, 116-17, 121-22, 130, 134, 142-43, 181, 199, 239; **ML:** 107, 108, 116, 120-21, 124-31, 132-34, 136, 138, 142, 143, 146, 147, 149, 161, 162; women in, **DTIV:** 71; for democracy, **WAI:** 180; among Balkan States, **WAI:** 355; **WAII:** 106, 216; in Morocco, **WAII:** 49, 51, 62, 67, 118; between China and Russia, **WAIV:** 48, 52, 53-54; humor in, **RB:** 94; student protests against, **RB:** 117
War, U. S. Department of: **WAVI:** 48; **ML:** 122, 139; **HT:** 80

Ward, Fannie: **L:** 20
Ward, Mabel H.: **WAV:** 155
war debts and reparations: **BS:** 9; **L:** 4, 7-8, 9, 14, 42, 65, 71, 85-86, 101, 102, 105, 109, 110, 112-13, 115, 116, 117, 118; **DTI:** 2, 4, 6, 7, 9, 13, 27, 40, 42, 67, 68, 88, 95, 249, 276, 294, 308; **DTII:** 12, 23, 30, 34, 42, 45, 47, 66, 73, 130, 217-18; **DTIII:** 39, 56, 57, 85, 109-10, 122, 237-38, 240, 241, 242, 243, 248, 250-51, 252, 253, 254, 256, 258, 262, 265, 268, 271, 274; **DTIV:** 5, 27, 39, 42, 43, 44, 89, 100, 116, 119, 126-27, 168, 172, 181, 184, 213, 214, 272, 274, 314; **WAI:** 2, 8, 9, 11, 12, 23, 24, 116-17, 134, 140, 226, 270, 282, 333, 348-51, 360, 362; **WAII:** 36-37, 47, 78-79, 89, 112, 118, 137, 146, 173, 176, 177, 197-99, 215, 228, 229-30, 233, 236, 237, 245, 279; **WAIII:** 27, 29, 99; **WAIV:** 49, 62; **WAV:** 73, 95, 146, 151, 180, 213, 214, 223, 228-29, 234; **WAVI:** 7, 30-31, 39, 88; **ML:** 11-12, 17, 21-22, 51, 98, 104, 138; **HT:** 9, 110; **RB:** 65, 90, 98; of Russia, **DTI:** 9; of Greece, **DTI:** 309; moratorium on, **DTIII:** 44, 46, 50, 60, 82; **WAV:** 46-47, 48, 55, 94-95, 213; **WAVI:** 2, 17; cancellation of, **DTIII:** 96, 120, 121, 123, 157, 178-79, 190, 239, 246; default on, **DTIII:** 238-39
Warfield, David: **WAII:** 19-20, 172
War Finance Corporation: **WAI:** 91, 327
War Industries Board: **WAI:** 41, 326-28; **WAIII:** 227, 229; **HT:** 26; **RB:** 107
Waring, Charles W. (Dick): **WAV:** 156
war lords, in China: **ML:** 143, 145, 164
Warm Springs, Ga.: **DTI:** 278; **DTII:** 230; **WAV:** 128; *see also* Georgia Warm Springs Foundation
Warner, Glenn S. (Pop): **DTIV:** 297; **WAIII:** 196, 236-37; **WAIV:** 69; **RB:** 11
Warner, Henry Byron: **HT:** 102
Warner, Jack L.: **WAVI:** 67
Warner, James: **DTI:** 220
War of 1812: **WAIII:** 128
war profits: **ID:** 88; **P:** 22; **DTIV:** 253; **WAI:** 79, 160; **RB:** 107, 160-61; tax on, **DTI:** 28
Warren, Charles B.: **DTII:** 122; **WAII:** 9-10
Warren, Joseph: **DTI:** 286
Warsaw, Poland: **BS:** 18; **L:** 31; **DTIII:** 99; **WAV:** 105, 142
warts: **RB:** 153
Washington (state): **DTI:** 36; **DTII:** 77; **WAI:** 169, 170; **WAII:** 283; **WAIII:** 223; **WAVI:** 250; **HT:** 72; prohibition repeal in, **DTIV:** 73; lieutenant governor of, **DTIV:** 342
Washington, Booker T.: **DTI:** 186; **WAII:** 117, 141; **WAIII:** 247, 248
Washington, D.C.: **BS:** 5, 48, 66; **ID:** 2, 14, 40, 77, 88, 93, 94, 99, 102, 105, 117, 128, 131, 137, 138, 154, 155, 195-97, 209; **PC:** 16, 17, 30; **P:** 7, 8, 33; **L:** 7, 14, 24, 42, 44, 48, 73, 86-89, 90, 117; **CA:** 40, 57, 65, 66, 113, 121, 126; **DTI:** 8, 45, 74, 83, 87, 95, 114, 121, 122, 123, 145, 153, 167, 168, 170, 182, 183, 184, 193, 198, 217, 223, 227, 269, 282, 284-85, 290, 291, 294, 308, 314; **DTII:** 3, 12, 13, 15, 26, 36, 37, 51, 52, 57, 64, 78, 89, 96, 98, 101, 106, 111, 112, 116, 118, 143, 148, 157, 163, 171, 177, 201, 232, 259, 270, 278; **DTIII:** 3, 4, 17, 21, 23, 24, 50, 67, 71, 90, 94, 98, 107, 129, 130, 135, 155, 162, 166, 182, 188, 191, 193, 196, 229, 236, 239, 265, 267; **DTIV:** 4, 23-24, 25, 31, 32, 52, 67-68, 74, 89, 90, 93, 106, 107, 113, 125, 132, 134, 143, 144, 148, 156, 162, 167, 169, 181, 184, 188, 196, 221, 224, 230, 265, 266, 267, 269, 270, 272, 275, 280, 282, 286, 317, 322, 326; **WAI:** 2, 6, 7, 9, 22, 24, 25, 27, 33, 42, 43, 50, 51, 53, 55, 58, 59, 60, 63, 70, 71, 76, 79, 101, 104, 109, 131, 140, 142, 143, 144, 149, 151, 160, 170, 171, 172, 177, 178, 180, 186, 188, 192, 193, 194, 197, 202, 203, 204, 205, 206, 215, 223, 226, 232, 233, 244, 246, 247, 266, 267, 268, 270, 290, 301, 302, 304, 305, 316, 320, 328, 342, 347, 360, 370; **WAII:** 1, 2, 3, 5, 6, 11, 13, 15, 20, 22, 23, 26, 27, 28, 30, 42, 45, 46, 47, 83, 85, 89, 90, 102, 104, 112, 124, 126, 130, 136, 138, 165, 168, 169, 177, 178, 185, 191, 196, 230, 251, 253, 254, 282, 283, 284, 285, 286, 288, 293, 295; **WAIII:** 68, 70, 76, 99, 120, 128, 140, 151, 181, 210, 215, 231, 233, 234, 235, 240, 248, 251-52, 257, 259, 260; **WAIV:** 15, 18, 25, 26, 27, 31, 35, 40, 47, 55, 59, 77, 78, 79, 80, 85, 88, 89, 109, 119, 142, 150, 164, 169, 175, 184, 190, 230; **WAV:** 7, 22, 33, 36, 81, 90, 91, 92, 111, 120, 127, 139, 155, 178, 179, 207, 227, 228, 230; **WAVI:** 3, 18-19, 20, 24, 28, 30, 49, 54, 55, 64, 71, 72, 73, 95, 96, 101, 102, 103, 107, 120, 137, 141, 191, 192, 198, 205, 218, 224, 226, 229; **HC:** 93, 94, 98, 112-13; **ML:** 4, 10, 15, 38, 75, 101, 102, 105, 121, 130, 136, 142, 150, 162, 171; **HT:** 19, 21, 60, 96, 103, 104, 107, 118; **RB:** 9, 15, 19, 56, 61, 73, 74, 81, 93, 104, 105, 122, 128, 130, 146, 150; women in, **ID:** 102; police in, **L:** 24; tourists in, **DTI:** 122; Pennsylvania Avenue in, **DTI:** 284; **ML:** 168; weather in, **DTII:** 51; newspapers in, **DTIV:** 23-24; **WAI:** 185; prohibition repeal in, **DTIV:** 145
Washington, George: **BS:** 34; **ID:** 84, 149, 153; **L:** 45, 73; **CA:** 41; **DTI:** 60, 104, 138, 148, 243, 284, 310-11; **DTII:** 92, 140, 159, 252, 274-75; **DTIII:** 36, 77, 219, 233; **DTIV:** 142, 221, 243, 328; **WAI:** 48, 67, 150, 211, 304, 306, 307, 317, 368; **WAII:** 29, 103, 169, 187, 304-306; **WAIII:** 2, 87-88, 108-10, 177, 234, 235, 243, 251-52; **WAIV:** 4, 16, 23, 24, 45, 57, 62, 65, 125; **WAV:** 86, 196, 227; **WAVI:** 125; **HT:** 39, 61, 118; **RB:** 4, 16, 43-44, 45, 137; birthday of, **ID:** 153; **DTI:** 311-12; **WAI:** 203; **WAIII:** 98, 250, 251; home of, **P:** 32; diary of, **DTI:** 151; tomb of, **WAI:** 159; biography of, **ML:** 105
Washington, Lake: **WAVI:** 250
Washington, University of: **DTII:** 253; **DTIV:** 98; **WAII:** 140-41, 142
Washington, U. S. S.: **WAI:** 329-30, 332
Washington and Jefferson College: **WAIII:** 250-51; **RB:** 23
Washington Conference of 1921-1922: **DTI:** 103; **DTII:** 71, 148, 168; **DTIII:** 104; **DTIV:** 92, 337; **WAI:** 330-33, 357; **WAII:** 249; **WAIII:** 48; **WAIV:** 103, 108, 114; **ML:** 22;

Cumulative Index

HT: 80; treaties made at, **WAIII:** 232
Washington Monument: **L:** 108; **DTI:** 298; **DTIV:** 221; **WAII:** 2, 28; **RB:** 16
Washington Post: **ID:** 146; **WAI:** 209-10; **WAII:** 194
"The Washington Post March" (tune): **ID:** 146; **DTIII:** 140; **WAI:** 209-10
Washington Senators (baseball): **DTI:** 189; **DTIV:** 79, 87, 163; **WAI:** 60, 290, 298, 299, 302, 303, 304, 320; **WAII:** 182
water: **P:** 24, 32-33; **DTIII:** 206, 207, 271; **WAVI:** 59, 168, 245; **ML:** 29; **RB:** 51; users' rights to, **DTII:** 100, 141, 142; **ML:** 44
water buffalo: **ML:** 165
Waterford, marquess of: *see* Beresford, John C.
Waterloo, Battle of: **L:** 109; **WAIII:** 34; **HT:** 91
Waterloo, Ia.: **WAIII:** 140
Waterman, Frank D.: **WAII:** 80
water polo: **WAV:** 177
water power: **WAIII:** 221
Water, Water, Everywhere (film): **WAV:** 158
Watie, Stand: **WAVI:** 129, 171
Watson, James E. (Jim): **CA:** 99, 102; **DTI:** 32, 204, 209, 211, 212; **DTII:** 133, 140; **DTIII:** 3; **DTIV:** 16, 90; **WAII:** 4; **WAIII:** 152, 153, 163; **WAV:** 91, 182; **HC:** 90; **ML:** 62, 88; **RB:** 57
Watterson, Henry: **P:** 32
Waxahachie, Texas: **E:** 9
Waycross, Ga.: **WAVI:** 47
"Way Down Yonder in the Corn Field" (song): **ID:** 166; **WAI:** 259
WBBM radio station: **RB:** 59
W. C. T. U.: *see* Women's Christian Temperance Union
We (book): **DTI:** 130; **WAIII:** 111
Weadick, Guy: **L:** 49
wealth: **WAIII:** 50, 92, 208, 216-17, 234, 250; **WAIV:** 65, 80, 87, 129, 151-52, 153, 167, 214, 219, 226; **WAVI:** 85, 103; **HT:** 116-17; **RB:** 93, 171; people of, **ID:** 88, 196; **WAI:** 78, 26; **WAV:** 3, 9, 24, 70, 71, 139, 140, 206, 236; "drafting" of, **WAII:** 274; confiscation of, **WAV:** 139-40; redistribution of, **WAV:** 140; **RB:** 66-67, 126; of U. S., **ML:** 3; *see also* capital; the rich; *and other related topics*
"We Are Two Dude Ranch Cowboys" (song): **RB:** 78
weather: **L:** 36; **DTI:** 26, 83, 148, 167, 284; **DTII:** 38, 41, 42, 64, 72, 93, 198-99; **DTIV:** 75, 141, 143, 172, 195, 200; **WAV:** 46, 48; **WAVI:** 35, 73, 214; **ML:** 31, 111; **RB:** 14; in California, **ID:** 63-64; **DTI:** 54, 67, 112, 117, 118, 119, 146, 163, 300; **DTII:** 41, 111, 115, 116, 117, 220, 226; **DTIV:** 106, 123; **WAV:** 16, 75; **RB:** 10, 110, 120, 169; in Florida, **DTI:** 54, 55, 173, 189, 242; **DTIV:** 253; in East, **DTI:** 110, 176; **DTII:** 41, 116, 198; **DTIV:** 62; **WAII:** 172; in U. S., **DTII:** 198, 199; in Midwest, **DTII:** 203; in New York City, **DTIV:** 143, 144; **WAIII:** 228; and politics, **WAII:** 238-40, 243; in Hawaii, **WAVI:** 159-60; in Japan, **ML:** 121; *see also* climate
Weather Bureau, U. S.: **DTII:** 19; **WAI:** 27;

ML: 152
Weatherford, Lord: **L:** 49
Weaver, Walter R.: **DTI:** 186
Weber, Joseph M.: **CA:** 39
Webster, Daniel: **WAIII:** 169; **HT:** 119; **RB:** 44; speech by, **DTII:** 180
Webster, Noah: **DTI:** 214; **DTII:** 180; **HC:** 29, 49; **ML:** 80
Webster, Tom: **L:** 43
Wedell, James R. (Jimmy): **DTIV:** 189-90
Weed, O. R.: **DTI:** 243
weekends: **DTII:** 277; **WAIV:** 209
"Weekly Exposure": *see* Rogers, William Penn Adair (Will)
Weeks, John W.: **WAI:** 142, 143, 371-73
weeks, specially designated: **DTII:** 237; **DTIII:** 35; **DTIV:** 72; **RB:** 72
Weepah, Nev.: **DTI:** 67, 71
weight lifting: **DTIII:** 192
welfare: **DTIV:** 17, 63, 95, 118; **WAV:** 64-66, 70, 74; for children, **DTII:** 238; *see also* "dole"; relief, governmental
welfare fraud: **DTIV:** 271
Wells, H. G.: **L:** 2; **DTII:** 108; **WAII:** 219
Wells, Orson (Ort): **WAII:** 156
wens: **RB:** 153
Wentz, Louis H. (Lew): **WAII:** 263
Wesley, Charles: **DTII:** 115
Wesley, John: **DTII:** 115
West (as region of U. S.): **BS:** 63; **ID:** 7; **CA:** 41, 55, 70; **DTI:** 21, 27, 30, 32, 57, 78, 92, 97, 102, 108, 120, 125, 126, 191, 224, 253, 255; **DTII:** 1, 34, 43, 99, 159; **DTIII:** 29, 43, 52, 79, 172, 181, 206, 211; **DTIV:** 3, 9, 49, 58, 66, 69, 97, 116, 118, 154, 141, 160; **WAI:** 100, 114, 129, 171, 218, 282; **WAIII:** 68, 205; **WAV:** 182; **WAVI:** 49, 51, 58, 59-61, 124, 139, 167; **HC:** 99; **HT:** 3, 44; **RB:** 23, 25, 169-70; *see also* Old West
West, Mae: **DTIV:** 292, 302; **WAVI:** 14-15, 260; **RB:** 131-32, 154, 162, 169
Westarp, Kuno F. von: **DTII:** 43
West Baden, Ind.: **ID:** 207; **WAI:** 98; **WAVI:** 136
West Coast: **DTI:** 40, 192; **DTIV:** 67, 98, 115; **WAV:** 78, 79, 232
Western Air Express Company: **DTI:** 140; **DTII:** 91; **DTIII:** 53; **HT:** 46, 48, 50, 55, 69
Western Union: **WAIV:** 17
West Indies: **WAIII:** 152; **WAV:** 233, 235; disaster relief in, **DTI:** 256; hurricane in, **DTI:** 256-57
The West Is Still Wild (book): **WAV:** 216
Westminster, Archbishop of: *see* Norris, William F.
Westminster Abbey: **ID:** 100; **WAI:** 56; **WAIV:** 116; **ML:** 63
Westover, Oscar: **DTIV:** 145
West Point, Ind.: **WAII:** 152
West Point, N. Y.: *see* United States Military Academy
Westport, Conn.: **WAVI:** 179
West Texas: **DTI:** 37, 225; **DTII:** 268; **HC:** 41
West Virginia: **DTI:** 80, 204, 218; **DTIV:** 323; **WAIII:** 167; **WAIV:** 57; **WAV:** 182; **HT:** 29;

RB: 38-39; prohibition repeal in, **DTIV:** 47
Weyerhaeuser, George P.: kidnapping of, **DTIV:** 319-20
Whalen, Grover A.: **DTI:** 286, 290, 299; **DTII:** 28, 185, 208; **WAIII:** 241-42, 250; **WAIV:** 185
whaling: **WAVI:** 256, 259
wheat: **L:** 35; **DTI:** 3, 57, 224; **DTIII:** 54, 60, 62, 63, 67, 79, 109, 117, 135, 210, 261; **DTIV:** 47, 154, 210; **WAI:** 116, 280, 320, 323, 325; **WAII:** 44, 46; **WAV:** 102; **RB:** 125; tax on, **DTIV:** 51; producers of, **DTI:** 150; **WAI:** 103; **ML:** 145; price of, **DTII:** 50, 197, 199; **DTIV:** 51, 96; **WAI:** 132; **WAII:** 4; **WAV:** 55-57, 59-61, 102, 188; **ML:** 100; **HT:** 62, 116; overproduction of, **WAV:** 56-57
Wheaton, Ill.: **WAII:** 128
Wheeler, Burton K.: **ID:** 139, 140; **DTI:** 71, 75; **WAI:** 170, 207, 208, 226, 247, 249, 250, 313; **WAII:** 20, 311
Wheeler, Charles S.: **CA:** 17
Wheeler, Wayne B.: **DTI:** 80-81, 108, 125; **WAII:** 178, 179; **WAIII:** 20
Wheeler-Howard Act of 1934: **DTIV:** 182
When the Daltons Rode (book): **WAV:** 114
Whipple Ranch: **WAVI:** 227
whiskers: **WAIV:** 208
Whistler, James A. M.: **WAI:** 218
Whitby, England: **WAII:** 234
White, George: **L:** 43; **DTIV:** 58; **WAV:** 201; **WAVI:** 43
White, J. Andrew: **CA:** 117
White, James L.: **WAV:** 30
White, Percival G. (Percy): **E:** 1, 7-9, 11-12, 14, 15, 16, 18, 19, 23; **WAIV:** 55
White, Stanford: **L:** 77
White, William Allen: **ID:** 5; **DTI:** 39, 204, 210, 239, 246; **DTIV:** 188, 211; **WAI:** 241; **WAII:** 170-71, 292; **WAIII:** 153, 157, 167, 197; **WAIV:** 175; **WAVI:** 85; **HC:** 20, 57-58; **HT:** 88; **RB:** 122
White, William L.: **WAII:** 171
White & Co., J. G.: **ML:** 54-55
Whitefield, Henry L.: **DTI:** 69; **WAIII:** 3
White House: **BS:** 5; **ID:** 33, 53, 107, 111, 138, 160; **PC:** 17, 30; **L:** 8, 26, 36, 42, 50, 73, 105, 106; **CA:** 22, 23, 57, 71, 108, 143; **DTI:** 36, 77, 84, 121, 122, 139, 236, 245, 272, 284; **DTII:** 46, 77, 143, 181; **DTIII:** 196, 199, 265; **DTIV:** 13, 106, 165, 192, 228, 326; **WAI:** 12, 40, 62, 82, 111, 123, 150, 159, 163, 171, 186, 187, 207, 250, 268, 282, 301, 315, 316, 318, 328; **WAII:** 3, 6, 17, 23, 25, 42, 55, 66, 102, 105, 239, 261, 301; **WAIII:** 76, 101, 109, 128, 139, 163, 180, 233, 234, 235, 240, 252, 253, 259, 260, 261; **WAIV:** 20, 27, 38, 39, 41, 57, 60, 85, 123, 207, 213, 233; **WAV:** 75, 196, 225; **WAVI:** 30, 35; **HC:** 58, 69, 79, 85, 86, 88, 90, 91, 110, 113; **ML:** 3-17, 45, 75, 170; **HT:** 15, 20, 25, 104, 105, 106, 107, 110; **RB:** 20, 40, 73, 75, 93, 127, 128; fire at, **DTII:** 111, 112; cooks at, **WAII:** 90; reception at, **WAVI:** 96-97, 99; breakfasts at, **ML:** 14, 15, 45
Whitelaw, Alexander: **WAII:** 234
Whitelaw, Dorothy D.: **WAII:** 234
Whiteman, Paul: **L:** 30, 43; **WAII:** 117;

WAIII: 126; **WAIV:** 111; **WAV:** 158; **WAVI:** 231; **ML:** 64; orchestra of, **ID:** 113; **WAI:** 189; **WAII:** 3
White Pines, N. Y.: **L:** 105
White River: **DTI:** 86; **WAV:** 48
White Russians: **WAV:** 111; **WAVI:** 53; **ML:** 136-42, 167
"White Wings" (song): **WAV:** 156; **WAVI:** 124
Whitman, Walt: **ID:** 47; **WAI:** 107; **WAV:** 114
Whitney, John H. (Jock): **WAIV:** 200; **WAVI:** 102
Whitney, Mary Elizabeth A. (Lizzie): **WAVI:** 102; Silver Fox Farm of, **WAVI:** 102
Whitney, Mount: **WAV:** 184
Whitney, Richard: **DTIII:** 135, 153, 156
Whitney family: **HT:** 14
Whittier, Max: **WAIII:** 79, 80
Whittier, Paul: **WAIV:** 46
whittling: **RB:** 53
Who's Who (book): **ID:** 137; **L:** 12; **DTIII:** 279; **WAI:** 206; **RB:** 94
Wichita, Kan.: **DTI:** 311; **DTII:** 34, 74, 91; **DTIV:** 18; **WAIV:** 71, 142; **WAVI:** 20, 140; **HT:** 69
Wichita Falls, Texas: **DTII:** 265; **WAIII:** 167
Wickenburg, Ariz.: **WAII:** 204
Wickersham, George W.: **DTII:** 51, 259; **DTIII:** 37, 101, 132; **WAIV:** 48, 210; **WAV:** 83; **ML:** 96; **RB:** 74, 75
Wickersham Commission: **DTII:** 30-31, 184; **WAIV:** 209-10, 223; report of, **DTII:** 259, 260, 263, 268, 275; **DTIII:** 43, 62, 64-65; **WAIV:** 104-105, 241; **WAV:** 85; **ML:** 96; **RB:** 74, 75, 100
Wide, Edwin: **DTI:** 13
Widener, Joseph E.: **ID:** 202; **WAI:** 277
widows: **DTIII:** 65
Wiegand, Karl H. von: **DTII:** 174
Wienecke, Otto: **DTIV:** 147-48
wife beating: **RB:** 141
Wigmore, James A.: **DTIII:** 2
Wilbur, Curtis D.: **DTI:** 66; **DTIV:** 334; **WAI:** 215, 332, 372, 373
Wilbur, Ray L.: **CA:** 123; **DTII:** 213
Wilce, John: **DTI:** 46
Wild Bill Hickok (film): **WAI:** 237
Wilder, Thornton: **DTI:** 260
wild west shows: **DTI:** 127; **WAVI:** 37; Rogers in, **DTIII:** 102; **WAII:** 18-19; **WAIII:** 205; **WAV:** 75-77, 155, 163; **RB:** 85; *see also names of shows*
Wilentz, David T.: **DTIV:** 276
Wiley, Louis: **WAI:** 64
Wilhelm II, kaiser of Germany: **BS:** 22; **ID:** 15, 117; **PC:** 5, 6, 9, 12, 15, 21; **P:** 10, 18; **L:** 8, 109; **CA:** 41; **DTIII:** 157; **WAI:** 1, 33, 167, 296; **WAII:** 17, 26, 159; **WAIV:** 92, 217; **WAVI:** 80; **HT:** 9; kennels of, **ID:** 51; **WAI:** 161; sons of, **PC:** 6; grandson of, **WAVI:** 79
Wilkins, George H.: **DTIII:** 73, 74; **WAIV:** 11, 13
Willard, Jess: **PC:** 29; **WAI:** 72
Willard Hotel (Washington, D. C.): **WAIV:** 26; **ML:** 9
Willebrandt, Mabel Walker: **DTI:** 240, 258;

Cumulative Index

DTII: 4-5, 59-60, 86; **DTIII:** 64; **WAIV:** 7, 27, 28-29, 35, 64; **HC:** 59
William I, king of England: **WAV:** 130
Williams, _____: **DTIV:** 189; **HT:** 55
Williams, Alford J. (Al), Jr.: **DTII:** 63; **DTIII:** 11; **DTIV:** 232; **WAIV:** 183; **WAVI:** 51
Williams, Ben Ames: **WAIV:** 75
Williams, Egbert A. (Bert): **WAI:** 140; **HC:** 58
Williams, Guinn (Big Boy): **WAIII:** 32; **WAV:** 158; **WAVI:** 124
Williams, Hannah: **DTIV:** 54, 56
Williams, Hubert W. (Rube): **DTIV:** 67; **WAVI:** 51
Williams, James R.: **WAVI:** 220
Williams, John Sharp: **WAI:** 43; **RB:** 17
Williams, Percy G.: **DTIII:** 145; **WAVI:** 61
Williams, Roger: **HT:** 17; **RB:** 87
Williams, Roger Q.: **DTII:** 48
Williamson County, Ill.: **WAII:** 185
Willis, Frank B.: **ID:** 140; **DTI:** 193; **WAI:** 208; **WAII:** 167; **WAIII:** 151
Will Rogers (horse): **ID:** 77; **WAI:** 223
Will Rogers (hunting dog): **DTIV:** 240
Will Rogers Hotel (Claremore, Okla.): **DTII:** 135
wills: **WAII:** 36
Wills, Harry: **ID:** 161; **DTI:** 16, 59; **WAI:** 124, 295; **WAII:** 69, 155; **WAV:** 40
Wills, Helen: *see* Moody, Helen Wills
Willys, John N.: **L:** 34; **WAII:** 175, 267
Wilmer, Edward G.: **WAIII:** 126
Wilmington, Calif.: **WAVI:** 66
Wilson, Edith B. (Mrs. Woodrow): **CA:** 14, 109, 112, 139, 145; **DTIV:** 229
Wilson, Imogene: **CA:** 49
Wilson, Lewis R. (Hack): **WAIV:** 78-79
Wilson, Lois: **WAII:** 244
Wilson, Margaret: **WAI:** 267
Wilson, Mount: **HT:** 48, 72
Wilson, Woodrow: **BS:** 33; **ID:** 93-96, 148, 167; **PC:** 3, 5, 7, 8, 9, 11, 13, 14, 15, 16, 17-18, 20, 21, 22-23, 24, 25, 26, 27, 28, 29, 30-31; **P:** 27, 28-29, 39; **L:** 12, 111; **CA:** 10, 14, 16, 17, 22, 23-30, 53, 59, 62; **DTI:** 22, 83; **DTII:** 92, 119; **DTIII:** 255; **DTIV:** 125, 283; **WAI:** 40, 42, 211, 259, 304, 306, 326-27, 336, 369; **WAII:** 43, 148, 191, 231; **WAIII:** 138, 177, 198, 246; **WAIV:** 38, 60; **WAV:** 84, 85, 156; **WAVI:** 7, 134; **HC:** 77; **HT:** 25, 42, 77, 105; **RB:** 17, 24; death of, **ID:** 93, 96; **WAI:** 192, 196; **WAII:** 63; presidential cabinet of, **CA:** 26; presidential administration of, **WAI:** 4, 22, 41; **WAIII:** 181, 227, 246; and Rogers, **WAI:** 193-96
Wilson Peace Prize: **DTI:** 191
Winant, John G.: **WAVI:** 43; **RB:** 80
Winchell, Walter: **DTIV:** 35, 90; **WAV:** 217; **WAVI:** 33-34, 36, 42; **RB:** 72, 89
windmills: **BS:** 21
window dressers: **WAII:** 91
Windsor Castle: **DTII:** 38; **WAI:** 280; **WAIV:** 153
wine: **E:** 28; **P:** 27-30, 31; **DTI:** 243; **DTII:** 56; **DTIII:** 64; **DTIV:** 5, 36, 47, 167; **WAVI:** 9; **HT:** 126; **RB:** 51; making of, **P:** 12

Winnebrenner, Le Roy (Baby Le Roy): **DTIV:** 93, 148, 199
Winnemucca, Nev.: **DTII:** 207
Winnie Mae (airplane): **DTIII:** 53; **DTIV:** 278; **WAV:** 51; **WAVI:** 218
Winninger, Charles: **WAII:** 130; **WAVI:** 193
Winona Lake, Ind.: **DTI:** 238; **WAIII:** 191-92
Winslow, Ariz.: **WAVI:** 20
Winslow, Dan: **WAVI:** 209
Winslow, William B.: **ID:** 1-3
Winston-Salem, N. C.: **WAVI:** 115
Winter, Alice A. (Mrs. Thomas G.): **DTIV:** 318
Winter, W. Banks: **WAV:** 156; **WAVI:** 123-24
Winter, Winona: **WAV:** 156; **WAVI:** 124
Winter Garden Theatre (New York City): **ID:** 183; **ML:** 114
Wintergarten Theatre (Berlin): **WAIII:** 205; **WAVI:** 227
Winter Park, Fla.: **WAVI:** 172
Wirt, William A.: **DTIV:** 163, 164, 167
Wirth, May: *see* Martin, May Wirth
Wirth Brothers Circus: **WAV:** 107, 238
Wisconsin: **ID:** 45, 178; **PC:** 18; **CA:** 84; **DTI:** 210, 219; **DTII:** 124; **DTIII:** 213; **WAI:** 40, 105, 170, 292; **WAII:** 32, 106, 147, 256; **WAIII:** 181; **WAIV:** 51; **WAVI:** 18, 79; **ML:** 13; **HT:** 12, 99
wisdom: **DTI:** 64, 217
Wise, Stephen S.: **DTIV:** 32
Wiseman, Alaska: **WAVI:** 260
Wishart, Charles F.: **WAI:** 72
wives: **ID:** 172; **L:** 119; **DTI:** 133, 140, 149, 152, 209, 244, 288; **DTII:** 10, 11, 139-40, 159; **DTIII:** 169, 260; **DTIV:** 126; **WAI:** 77, 95, 168; **WAII:** 36, 66, 73, 74, 159; **WAV:** 52, 53, 87-88, 184; **HC:** 91; shooting husbands, **ID:** 191; **DTI:** 300; **DTII:** 188; **WAI:** 116, 181-82; **WAV:** 195; of clergy, **DTI:** 112; beating of, **DTI:** 302; of diplomats, **DTII:** 123; in India, **DTIII:** 169; of cabinet officers, **WAI:** 22; of senators, **WAI:** 22; of ranchers, **WAI:** 45; **WAV:** 54; of politicians, **WAI:** 171; **WAV:** 160; of comedians, **WAI:** 242, 243; of professional golfers, **WAIV:** 99
WJZ radio station: **DTI:** 269
WNAC radio station: **RB:** 54
Wolfe, Gilbert A.: **WAV:** 142
Wolfe, Herbert A.: **DTIII:** 151
Wolheim, Louis: **DTII:** 273
Wolsey, Thomas: **WAIV:** 21, 29, 30, 31
wolves: **WAIV:** 171
Womack, Lyle: **WAIII:** 100-101
women: **E:** 27; **BS:** 16-18; **ID:** 19, 20, 47; **P:** 13, 31, 36-37; **CA:** 49, 73, 102, 116, 122, 143; **DTI:** 98, 124, 140, 288; **DTII:** 1, 30, 63, 93, 143, 151; **DTIII:** 7, 124, 168, 243; **DTIV:** 73, 75, 146, 157, 173, 228, 285, 296, 308, 313; **WAI:** 22, 31, 53, 58, 59, 107, 114, 242, 286, 288, 310; **WAII:** 25, 33, 64, 69, 73, 74, 127, 143, 156, 180, 258, 272; **WAIII:** 12, 13, 59, 202, 249-50, 255-56; **WAIV:** 38, 59, 60, 76, 120, 136-37, 170, 177; **WAV:** 27, 52-53, 158, 166, 193; **WAVI:** 81-82, 120, 200, 210, 246; **HC:** 47; **ML:** 135; **HT:** 22, 54, 90, 128; **RB:** 14, 31, 32, 36, 155; in Russia, **BS:** 37; **DTIV:**

212; fashions for, **ID:** 19; **DTI:** 288; in Washington, D. C., **ID:** 102; as convention delegates, **ID:** 172; **CA:** 10; as peace delegates, **PC:** 27; suffrage for, **P:** 34; **DTII:** 138, 205; **WAI:** 181; **RB:** 165; as voters, **CA:** 108; **DTIII:** 235; **HC:** 8, 39, 88; **HT:** 89-91; in politics, **CA:** 109, 112, 137; **DTI:** 71, 198, 204-205, 258-59; **DTII:** 153-54, 155, 225, 233; **WAI:** 266; **WAII:** 101, 123; **WAIII:** 135, 179-80, 219, 249; **WAIV:** 6-8, 205; **HT:** 90; physical strength of, **DTI:** 8; as swimmers, **DTI:** 8; **DTII:** 226; in aviation, **DTI:** 123, 124, 139, 142, 149, 205; **DTII:** 23, 63, 64, 65, 129; **DTIV:** 265, 296; **WAIV:** 11; **WAVI:** 216; in Congress, **DTI:** 193; on juries, **DTI:** 273; modern, **DTI:** 312; **WAV:** 16; in Russian army, **DTII:** 151; in Senate, **DTII:** 153-54, 233; **HT:** 7; as parachutists, **DTII:** 188, 193; in athletics, **DTII:** 196; **WAV:** 147, 170, 173-74; as golfers, **DTII:** 226; in college, **DTIII:** 6; as holders of speed records, **DTIII:** 75; as pipe smokers, **DTIII:** 152; as antiprohibitionists, **DTIII:** 184; and babies, **DTIV:** 23; and war, **DTIV:** 71; in Hollywood, **DTIV:** 96; as automobile drivers, **DTIV:** 326; **WAI:** 356; in journalism, **WAI:** 39; marksmanship of, **WAI:** 181-82; **WAII:** 180; organizations of, **WAI:** 191; **RB:** 7-8, 138; at Democratic conventions, **WAI:** 261, 266-69; in crime, **WAII:** 82-83; in public office, **WAII:** 121; and dieting, **WAIV:** 56; and cosmetics, **WAIV:** 76; and taxes, **WAV:** 12; from farms, **WAV:** 53; on radio, **WAV:** 195; as pioneers, **WAV:** 234; in small towns, **WAVI:** 7; and truth, **ML:** 9; in Mexico, **ML:** 34, 41; in Harbin, China, **ML:** 140-41, 142

Women's Christian Temperance Union (W.C.T.U.): **CA:** 108; **DTIII:** 81; **WAVI:** 219

Women's Federation of Churches: **ID:** 112; **WAI:** 187

Wood, Garfield A. (Gar): **DTIII:** 74

Wood, Leonard: **ID:** 147-48, 149; **CA:** 9, 13, 15, 17, 18, 23; **WAI:** 210, 211; **WAIII:** 102; son of, **ID:** 147; **WAI:** 210

Wood, Louisa A. C. S. (Mrs. Leonard): **WAIII:** 102

wood alcohol: **ID:** 54; **WAII:** 52

Woodin, William H.: **DTIII:** 279; **DTIV:** 25, 105

Woodruff, Roy O.: **DTIV:** 340

Woodward, Okla.: **WAV:** 38

Woollcott, Alexander: **WAVI:** 181

Woolley, Mary E.: **DTIII:** 124, 125, 126, 150

Woolworth, Frank W.: **L:** 43; **WAII:** 53; **WAIII:** 18; **HT:** 98; stores of, **HT:** 141

Woolworth Building (New York City): **WAI:** 67, 324; **WAII:** 53, 170; **WAIII:** 18; **HT:** 98

Wooster, Ohio: **WAI:** 72

Worcester, Mass.: **WAII:** 132

words: **DTIV:** 4; **WAVI:** 68-69

Work, Fred: **DTII:** 98

Work, Hubert: **DTI:** 231, 300; **HC:** 47, 49, 52, 79, 90, 93

workers: **RB:** 175

work hours: **DTIV:** 14, 98, 153, 318; staggering of, **DTIII:** 154; maximum, **RB:** 172

Works Progress Administration (W.P.A.): **DTIV:** 260

World Almanac: **DTIII:** 279

World Court: **ID:** 87; **L:** 93; **DTI:** 16; **DTII:** 40, 70-71, 155, 247-48; **DTIII:** 217; **DTIV:** 10, 265-66, 268, 270; **WAI:** 60, 62, 63, 78, 90, 307; **WAII:** 144, 146, 159, 175; **WAIV:** 4, 63, 214; **WAV:** 140; **WAVI:** 201; **ML:** 11, 17; **HT:** 20-21

World Disarmament Conference of 1932-1934: **DTIII:** 124-27, 140, 144, 150

World Grain Conference of 1931: **DTIII:** 34-35

World Monetary and Economic Conference of 1933: **DTIV:** 36, 40, 42, 44, 45, 217; **DTIV:** 10, 265-66, 268, 270; **WAVI:** 30-31, 38, 40-41, 72, 85

World's Columbian Exposition of 1893 (Chicago): **DTI:** 51; **DTII:** 183

World Series: *see* baseball

World War I: **BS:** 60, 65; **ID:** 45, 96, 106, 117, 191, 192, 195; **PC:** 2, 6, 8, 12, 15, 20, 21, 24, 26; **P:** 8-9, 18, 20, 32; **L:** 4, 19, 29, 57, 67, 93, 101, 108, 109, 110-11, 112-13, 118; **CA:** 24, 27, 29, 41, 57, 72; **DTI:** 27, 28, 42, 44, 150, 153, 301, 309; **DTII:** 34, 45, 50, 56, 60, 62, 73, 95, 112, 113, 119, 138, 217-18, 224, 235, 245, 277; **DTIII:** 66, 81, 109-10, 124, 138, 157, 164, 188, 190; **DTIV:** 46-47, 64, 76, 92, 99, 139, 148, 154, 177, 201, 286; **WAI:** 3, 10, 15, 24, 64, 67, 75, 89, 97, 103, 109, 140, 141, 153, 154, 156-57, 160, 172-75, 180, 183, 192, 195, 196, 226, 275, 291, 296, 321, 330, 355, 356, 357, 366, 371, 372; **WAII:** 16, 18, 22, 26-27, 70, 80, 137, 197, 206, 219, 230-31, 232, 274, 294; **WAIII:** 22, 32, 42, 49, 50, 51, 52, 53, 59, 85, 93, 94, 95, 122, 137-38, 224, 227, 246-47; **WAIV:** 37, 106, 116-17, 196, 205, 218, 226; **WAV:** 1, 19, 36, 47, 74, 87, 109, 117, 126, 143, 180, 201, 206, 208, 224, 229; **WAVI:** 2, 28, 39, 76, 129, 134, 137, 161, 188; **HC:** 68; **ML:** 21, 61, 86, 100, 127, 138, 139; **HT:** 5, 6, 7, 53, 79, 110, 122, 126, 130; **RB:** 4, 12, 15, 16, 30, 33, 45, 50, 103, 124-25, 154, 160, 161, 164; books about, **PC:** 2; food rationing during, **WAIII:** 138

worms: **DTI:** 102, 108; **DTIII:** 204, 206

worry: **RB:** 147

wrestling: **DTIII:** 55; **DTIV:** 338, 341; **WAV:** 173

Wright, Harold Bell: **DTI:** 207; **WAVI:** 100

Wright, Orville: **DTII:** 88; **DTIV:** 20, 252-53; **WAI:** 341, 354; **WAIII:** 36; airplane of, **DTI:** 187

Wright, Robert C.: **WAIII:** 2

Wright, Wilbur: **DTIV:** 20, 252-53; **WAI:** 341, 354; **WAIII:** 36; airplane of, **DTI:** 187

Wright, William L. (Will): **ML:** 28

Wrightsman, Charles B. (Charley): **WAIV:** 199

Wrightsman, Charles J.: **WAIV:** 184

Wrigley, Philip K.: **DTIV:** 155

Wrigley, William, Jr.: **ID:** 51-52; **DTI:** 48; **DTII:** 240; **WAI:** 161-62; **WAIII:** 160; **WAIV:** 24

Wrigley Building (Chicago): **WAI**: 161; **RB**: 59, 60, 61

writing and writers: **BS**: 1; **ID**: 5, 6-7, 11, 75, 189, 192, 203; **P**: 1, 3; **L**: 1; **CA**: 7; **DTI**: 80, 82, 136, 177, 205, 236; **DTII**: 3, 94; **DTIV**: 8-9, 17, 70, 115, 187; **WAI**: 3, 5, 151, 154, 221, 278, 334; **WAII**: 12; **WAIII**: 76, 91, 108, 134, 187; **WAIV**: 75, 155, 208, 227; **WAV**: 161, 162, 209, 210, 224; **WAVI**: 26-27, 219-21; **HC**: 29, 77; **ML**: 151, 152; **HT**: 98; **RB**: 152; Rogers as, **BS**: 1, 6; **ID**: 1-3, 5, 7-8, 14-15, 58, 69, 189; **PC**: 1, 2; **P**: 1-3; **L**: 2, 3; **CA**: 7, 12, 25, 37, 39, 78, 83, 87, 142-43; **DTI**: 205, 310; **DTIII**: 73, 141, 240-41, 243; **WAI**: 1, 3-4, 5, 125-26, 136, 139, 151, 165-66, 225, 275, 283; **WAII**: 90; **WAIII**: 107; **WAIV**: 58; **WAV**: 98, 187-89; **WAVI**: 68-69, 87, 99, 219, 220-21, 247; **HT**: 60, 98-99, 102, 111, 116; **RB**: 108; of editorials, **ID**: 45, 46, 75, 145, 146, 189; **DTI**: 82, 85, 214, 274, 313; **WAI**: 151, 222; **ML**: 46-47; of letters, **DTIII**: 216; in Russia, **DTIV**: 179, 212; political, **WAI**: 240; **WAIII**: 70; for motion pictures, **WAV**: 27, 183, 215-16; **WAVI**: 3, 4, 26; **HT**: 74; in New York City, **WAV**: 213; club for, **WAVI**: 65; for newspapers, **WAVI**: 67-69; of biographies, **WAVI**: 69; for Associated Press, **ML**: 67

Wurzbach, Harry M.: **WAV**: 95

Wynn, Ed: **WAI**: 242; **WAVI**: 44, 151; **RB**: 87-88, 97; wife of, **WAI**: 242

Wynyard, Diana: **WAVI**: 9

Wyoming: **CA**: 39; **DTI**: 141; **DTIII**: 52; **DTIV**: 58; **WAII**: 121; **WAIII**: 82, 151, 223, 235; **WAIV**: 66, 168, 203; **HT**: 35, 54, 69, 70; **RB**: 80

Wyoming, University of: **WAIII**: 173

X

Xerxes I, king of Persia: **RB**: 44
XIT Ranch: **DTII**: 76; **DTIV**: 195; **WAIII**: 60
Xochilmilco, Mexico: **ML**: 75
xylophones: **WAV**: 148

Y

yachting: **DTII**: 212, 213, 214, 215; **DTIV**: 75, 217-18, 219, 220; **WAI**: 157; **WAII**: 147; **HT**: 128, 130, 132-33; see also America's Cup

yachts: **DTII**: 12; **DTIII**: 66; **WAIII**: 234, 245; **WAVI**: 156-57; **ML**: 50; **HT**: 23; **RB**: 105, 132, 170

Yager, Frank R.: **HT**: 56, 58
Yakima, Wash.: **WAVI**: 13
Yale Bowl: **WAII**: 116
Yale University: **L**: 26; **DTI**: 30, 84, 205, 279, 280, 281, 308-309; **DTII**: 84, 237, 239, 252; **DTIII**: 259; **DTIV**: 51, 158-59, 187, 235, 323; **WAI**: 301, 339; **WAII**: 115, 116, 117-18, 120-21, 135; **WAIII**: 237; **WAIV**: 148, 215; **WAV**: 66, 120; **WAVI**: 42; **HT**: 17, 87, 155; **RB**: 11, 136; students from, **WAII**: 205; **WAVI**: 11

Yancey, Lewis A.: **DTIV**: 48
Yangtse River: **WAV**: 211; **ML**: 11; **RB**: 40; valley of, **ML**: 165-66
Yankees: **DTI**: 18, 135; **DTII**: 174; **WAVI**: 130, 171; **ML**: 124; **HT**: 88; from New England, **DTI**: 115; **DTIV**: 42
Yaphank, N. Y.: **DTII**: 34
Yaqui Indians: **DTIV**: 339
Yaqui language: **ML**: 82
Yellowstone National Park: **DTI**: 187; **WAV**: 28; **WAVI**: 58; **ML**: 168
"yes men": **DTI**: 267; **DTIV**: 101
"Yes, We Have No Bananas" (song): **ID**: 45-48; **L**: 43; **DTII**: 130; **WAI**: 105-108, 169, 243, 331
Yiddish language: **DTI**: 292
yodeling: **DTI**: 13, 73; **WAVI**: 55
Yokohama, Japan: **DTIII**: 104; **DTIV**: 66, 204, 205; **WAV**: 105, 117; **WAVI**: 161; **ML**: 111
Yolanda, princess of Italy: **WAI**: 61
Yom Kippur: **DTI**: 273; **WAVI**: 100; **RB**: 65
Yonkers, N. Y.: **WAI**: 274; **WAII**: 145
York, Alvin C.: **CA**: 40
York, Duchess of: **HT**: 130; children of, **DTII**: 203, 204
York, Duke of: see Albert Frederick
York, Neb.: **WAVI**: 209
York, Pa.: **DTII**: 96
York House: **L**: 46, 49; **WAII**: 289; **RB**: 36
Yorktown, Va.: **DTIII**: 88
Yosemite National Park: **DTII**: 201, 202; **WAIV**: 179; bears in, **WAIV**: 181
Yost, Fielding H.: **DTIV**: 297
Yost, Lloyd O.: **DTI**: 192
Young, Brigham: **ID**: 167; **DTI**: 140, 305; **WAI**: 238, 259; **WAII**: 170; **WAIV**: 66, 132; **WAV**: 123; **ML**: 14; **HT**: 54, 121; **RB**: 44
Young, Clarence M.: **DTIV**: 20; **WAV**: 100
Young, Clement C.: **DTI**: 67; **WAIV**: 178
Young, Owen D.: **CA**: 140; **DTI**: 308; **DTII**: 23-24, 34, 86, 113, 149-50; **DTIII**: 47, 72, 87-88, 173; **WAII**: 126; **WAIII**: 226; **WAIV**: 40, 49, 96; **RB**: 25, 65, 67; reparations plan of, **RB**: 65
Younger brothers: **WAV**: 106
Young Marshall: see Chang Hsueh-liang
Young Men's Christian Association (Y.M.C.A.): **DTI**: 192; **WAVI**: 211
young people: **DTII**: 40-41; **DTIV**: 242-43, 326; **WAV**: 33, 177-79, 182, 234; **RB**: 53
Young Pioneers: **WAIV**: 222
Youngstown, Ohio: **ID**: 139; **CA**: 51; **DTI**: 17; **WAI**: 207; **WAVI**: 173; **RB**: 65
Young Voters' League: **WAIV**: 122
Yugoslavia: **ID**: 126; **L**: 69; **DTIV**: 254; **WAI**: 201; **WAVI**: 109, 137; relations with Italy, **DTI**: 71, 153; king of, **DTIV**: 229, 230; relations with Hungary, **DTIV**: 250
Yukon Territory, Canada: **WAVI**: 256, 259
Yuma, Ariz.: **WAI**: 231, 348; **WAIII**: 126

Z

Zabala, Juan C.: **WAV**: 178
Zaharias, Mildred (Babe) Didrikson: **DTIII**:

194, 198, 253; **WAV:** 173
Zapata, Emiliano: **WAIV:** 5
Zara Agha: **DTIV:** 147
Zephyr (train): **DTIV:** 178
zeppelins: *see* dirigibles
Zetland, marchioness of: *see* Dundas, Lilian S. E.
Zetland, marquess of: *see* Dundas, Lawrence
Zev (race horse): **ID:** 132, 140, 189, 202, 204; **WAI:** 151, 197, 208, 277, 278
Zeverly, William J.: **ID:** 140; **WAI:** 208
Ziegfeld, Billie Burke: **DTIV:** 110; **WAI:** 312; **WAII:** 152; **WAV:** 78, 142, 188-89; **WAVI:** 116, 118, 200
Ziegfeld, Florenz (Flo), Jr.: **E:** 13; **BS:** 75; **ID:** 52, 69, 131, 154; **L:** 13, 78; **CA:** 41, 69; **DTI:** 81, 99; **DTII:** 59, 108, 189; **DTIII:** 130, 189; **DTIV:** 83; **WAI:** 52, 162-63, 197, 205, 213, 238, 244, 256-57, 272, 291, 300, 312, 323, 329, 365; **WAIII:** 45, 133; **WAIV:** 136, 185; **WAV:** 78-80, 208; **WAVI:** 22, 180, 193, 200; **HT:** 4; **RB:** 3, 35
Ziegfeld, Patricia Burke: **BS:** 1; **L:** 50; **WAI:** 300
Ziegfeld Follies: **BS:** 59, 75; **ID:** 39-41, 53; **L:** 15; **CA:** 25, 49-50, 76, 121; **DTI:** 37, 176; **DTII:** 59, 108, 189; **DTIII:** 87, 104; **DTIV:** 83; **WAI:** 4, 5, 32, 48-49, 52, 57, 62, 74, 80-81, 140, 163, 205, 237, 238, 244, 248, 264, 268, 272, 273, 279, 280, 291, 323, 326, 329, 348; **WAII:** 3, 5, 6, 11, 20, 33, 54, 62, 68, 95, 102, 103, 110, 116, 133, 134, 135, 152, 190, 202, 249, 286; **WAIII:** 153, 198, 203; **WAIV:** 28, 136; **WAV:** 48, 78-79, 215, 236; **WAVI:** 23, 111, 118, 139, 180, 197, 200, 252; **HT:** 4, 114, 144; Rogers in, **E:** 22; **ID:** 3, 11, 20, 39-41, 52-53, 69, 101, 154, 184; **CA:** 22; **DTI:** 176; **DTII:** 108; **WAI:** 5, 10, 12, 29, 32, 48-49, 50-51, 52, 57, 62, 75, 80-81, 83-84, 136, 162-63, 237, 238, 244, 254-57, 272, 273, 274, 280, 291, 298-99, 327-29; **WAII:** 3-4, 11, 19-21, 33, 34, 63, 95, 102, 103, 110, 133, 134, 202, 249; **WAIII:** 153, 198, 203; **WAIV:** 28, 75, 89, 136; **WAV:** 78, 208, 215, 236; **WAVI:** 111, 180, 193, 197, 200, 252; **ML:** 114; **HT:** 4, 144; **RB:** 3, 22, 31, 35, 36, 39, 43, 49, 88; show girls in, **ML:** 27
Ziegfeld's Midnight Frolic: **ID:** 131, 132; **WAI:** 102, 197; **WAII:** 150, 152; **WAV:** 80, 208; **WAVI:** 179, 200; **HT:** 4
Ziegfeld Theatre (New York City): **DTI:** 81; **DTII:** 59
Zimmerman, Henry (Heinie): **DTII:** 222
Zion National Park: **DTIV:** 339; **HT:** 54
zippers: **WAVI:** 53
zoos: **ML:** 152; **HT:** 145-47; **RB:** 80, 111
Zukor, Adolph: **DTI:** 56; **HT:** 18, 145-47

ABBREVIATIONS

The list is arranged according to the organization
of *The Writings of Will Rogers.*

E	*Ether and Me, or "Just Relax"*
BS	*There's Not a Bathing Suit in Russia & Other Bare Facts*
ID	*The Illiterate Digest*
PC	*The Cowboy Philosopher on the Peace Conference*
P	*The Cowboy Philosopher on Prohibition*
L	*Letters of a Self-Made Diplomat to His President*
CA	*Convention Articles of Will Rogers*
DTI	*Daily Telegrams: Volume 1, Coolidge Years, 1926-1929*
DTII	*Daily Telegrams: Volume 2, Hoover Years, 1929-1931*
DTIII	*Daily Telegrams: Volume 3, Hoover Years, 1931-1933*
DTIV	*Daily Telegrams: Volume 4, Roosevelt Years, 1933-1935*
WAI	*Weekly Articles: Volume 1, Harding/Coolidge Years, 1922-1925*
WAII	*Weekly Articles: Volume 2, Coolidge Years, 1925-1927*
WAIII	*Weekly Articles: Volume 3, Coolidge Years, 1927-1929*
WAIV	*Weekly Articles: Volume 4, Hoover Years, 1929-1931*
WAV	*Weekly Articles: Volume 5, Hoover Years, 1931-1933*
WAVI	*Weekly Articles: Volume 6, Roosevelt Years, 1933-1935*
HC	*"He Chews to Run": Will Rogers' Life Magazine Articles, 1928*
ML	*More Letters of a Self-Made Diplomat*
HT	*"How to Be Funny" and Other Writings of Will Rogers*
RB	*Radio Broadcasts of Will Rogers*